INSTITUIÇÕES
DE DIREITO

PAULO FERREIRA DA CUNHA
(Org.)

INSTITUIÇÕES DE DIREITO

I Volume
FILOSOFIA E METODOLOGIA DO DIREITO

VIRGÍNIA BLACK – ANTÓNIO JOSÉ DE BRITO – JOSÉ CALVO GONZÁLEZ – MÁRIO BIGOTTE CHORÃO – MANUEL FERNANDES COSTA – LUÍS COUTO GONÇALVES – PAULO DOURADO DE GUSMÃO – PATRÍCIA JERÓNIMO – MÁRIO REIS MARQUES – FERNANDO SANTOS NEVES – RUI CONCEIÇÃO NUNES – ANTÓNIO CARLOS PEREIRA MENAUT – FRANCISCO PUY – ANTÓNIO BRAZ TEIXEIRA – JEAN-MARC TRIGEAUD – STAMATIOS TZITZIS – FRANÇOIS VALLANÇON

PREFÁCIO DE VÍTOR AGUIAR E SILVA

LIVRARIA ALMEDINA
COIMBRA – 1998

TÍTULO:	INSTITUIÇÕES DE DIREITO
ORGANIZADOR:	PAULO FERREIRA DA CUNHA
EDITOR:	LIVRARIA ALMEDINA – COIMBRA
DISTRIBUIDORES:	LIVRARIA ALMEDINA ARCO DE ALMEDINA, 15 TELEF. (039) 851900 FAX (039) 851901 3000 COIMBRA – PORTUGAL Livrarialmedina@mail.telepac.pt LIVRARIA ALMEDINA – PORTO R. DE CEUTA, 79 TELEF. (02) 2059773 / 2059783 FAX (02) 2026510 4050 PORTO – PORTUGAL EDIÇÕES GLOBO, LDA. R. S. FILIPE NERY, 37-A (AO RATO) TELEF. (01) 3857619 1250 LISBOA – PORTUGAL
EXECUÇÃO GRAFICA:	G.C. – GRAFICA DE COIMBRA, LDA. JUNHO, 1998
DEPOSITO LEGAL:	124 319/98
	Toda a reprodução desta obra, por fotocópia ou outro qualquer processo, sem prévia autorização escrita do Editor, é ilícita e passível de procedimento judicial contra o infractor

ÍNDICE
I VOLUME: Filosofia e Metodologia do Direito

PREFÁCIO... VII

INTRODUÇÃO.. IX

PARTE PRIMEIRA: Ser e Compreender (o) Direito
(Ontologia e Gnoseologia Jurídicas) 1

CAPÍTULO I – Do Direito, do seu Estudo; dos Juristas e da sua função. Propósito e forma da presente obra – *Paulo Ferreira da Cunha*............. 3

CAPÍTULO II – Uma concepção preliminar do Direito e algumas noções básicas – *Paulo Ferreira da Cunha* 13

PARTE SEGUNDA: Ver (o) Direito
(O Direito e a sua circunstância: natureza, cultura, e história) 27
Para uma teoria humanística do direito 27

TÍTULO I: *Natureza, Realidade, Pessoa e Direito* 29

CAPÍTULO I – Nature, Law, Natural Law – *Virginia Black* 31

CAPÍTULO II – Phénoménologie du Droit – *François Vallançon* 47

CAPÍTULO III – Bioética, Biodireito e Biopolítica (Para uma nova cultura de vida) – *Mário Emílio F. Bigotte Chorão* 65

CAPÍTULO IV – Le droit et la personne ou l'élémentaire de la tolérance – *Jean-Marc Trigeaud* 77

TÍTULO II: *O contexto sincrónico do jurídico*... 89

CAPÍTULO I – Direito e Sociedade – *Fernando Santos Neves* 91

CAPÍTULO II – Civilizações, culturas e Direito. O "Direito Comparado" – *Patrícia Jerónimo* 97

CAPÍTULO III – Economia, Direito e Política. "A Família da Menina Economia" – *Rui da Conceição Nunes* 125

CAPÍTULO IV – Importância da Filosofia para o Direito – *António José de Brito* 133

CAPÍTULO V – Problemática e Sentido da Filosofia do Direito
– *António Braz Teixeira* 141

CAPÍTULO VI – Política y Derecho. Doce tesis sobre la Política
– *António-Carlos Pereira Menaut* 149

TÍTULO III: *O Contexto diacrónico do jurídico* 189

CAPÍTULO I – La Naissance du Droit em Grèce – *Stamatios Tzitzis* 191

CAPÍTULO II – A Fundação epistemológica do Direito em Roma. *Ius redigere in artem* – *Paulo Ferreira da Cunha* 201

CAPÍTULO III – Grandes linhas de evolução do Pensamento e da Filosofia Jurídicas – *Mário Reis Marques* 217

CAPÍTULO IV – Panorama do Pensamento Jurídico Contemporêno – *Paulo Dourado de Gusmão* 287

CAPÍTULO V – A Teoria da Justiça no Pensamento Portugês Contemporâneo – *António Braz Teixeira* 307

PARTE TERCEIRA: Nascer Direito
(Teoria das Fontes e das Normas) 327

TÍTULO I: *Teoria geral das Fontes do Direito* 329

CAPÍTULO I – A Utopia das Fontes – *Paulo Ferreira da Cunha* 331

CAPÍTULO II – A Tópica das Fontes – *Paulo Ferreira da Cunha* 347

TÍTULO II: *Teoria Especial da Norma Jurídica* 359

CAPÍTULO I – A Norma Jurídica – *Manuel Fernandes Costa* 361

CAPÍTULO II – Da Lei – *Manuel Fernandes Costa* 381

CAPÍTULO III – A Aplicação da Lei no Tempo – *Luís A. Couto Gonçalves* ... 395

PARTE QUARTA: Ler e Fazer Direito
(Metodologias Jurídicas) 407

CAPÍTULO I – La Tópica Jurídica – *Francisco Puy* 409

CAPÍTULO II – Judicialismo – *António Carlos Pereira Menaut* 427

CAPÍTULO III – Hermenêutica Jurídica: do problema em geral e da clássica visão "factualista" e "interpretativa" – *Paulo Ferreira da Cunha* 433

CAPÍTULO IV – ¿Que va a ser de la interpretación jurídica?
– *José Calvo González* 453

PREFÁCIO

São cada vez mais raros, felizmente, os professores universitários que menosprezam, com orgulho e desdém, as questões pedagógicas e didácticas. O professor universitário, hoje, tem de ser um investigador que, no domínio do saber que cultiva, é capaz de construir, com originalidade e autonomia, conhecimento novo, mas tem de ser também um docente com a capacidade de comunicar aos seus alunos, com clareza e rigor e, se possível, com entusiasmo e sedução, o saber que professa. Parafraseando o sábio e prudente Horácio, diria que um professor de boa qualidade pedagógica deve tanto à natura como à ars, pois que aquela sem esta facilmente se transvia e esta sem aquela decerto se esteriliza num receituário mecânico e enfadonho.

A actividade pedagógica e didáctica do professor universitário, alimentada sempre a montante pela investigação científica, não se confina ao espaço e ao tempo da aula, embora seja aí que o acto de ensino formal alcança a sua realização por excelência. De modo organizado ou de modo informal, a acção pedagógica e didáctica do professor universitário manifesta-se e projecta-se em múltiplas áreas, para além do âmbito da aula. Uma das mais importantes, senão mesmo a mais importante, dessas áreas é a publicação ou a editoração de manuais que, oferecendo com rigor, solidez e originalidade, the state of art numa determinada área do conhecimento ou numa determinada área disciplinar, constituem valiosos instrumentos de estudo e trabalho para os alunos universitários. Por definição, este aluno – e por maioria de razões, como é óbvio, o docente universitário – não deve ser homo unius libri, mas é desejável e salutar que tenha à sua disposição, tanto em disciplinas propedêuticas como em disciplinas especializadas e terminais do seu curso, um manual cientificamente acurado e actualizado, com qualidades pedagógicas *e didácticas, que seja o cais seguro donde partir para conhecer mais alargadamente e com maior profundidade outros mares, outros continentes, outros horizontes.*

A obra agora editada – no sentido anglo-saxónico do termo – pelo Doutor Paulo Ferreira da Cunha consubstancia modelarmente a ideia do manual universitário assim entendido e demonstra como um professor que ostenta no seu currículo trabalhos de investigação sólida, original e inovadora, nos domínios da Filosofia do Direito e do Direito Constitucional, tem uma sensibilidade apuradíssima para as dimensões pedagógicas e didácticas do ensino universitário. Nestes Grundlagen *da ciência do Direito, o Doutor Paulo Ferreira da Cunha soube associar a colaboração de mestres consagrados e a colaboração de jovens e promissores assistentes; não ficou refém de quaisquer "Tordesilhas" juscientíficas; soube articular multidisciplinar e transdisciplinarmente perspectivas e horizontes teoréticos e metodológicos.*

No convívio intelectual que, nestes últimos três anos, mantive com o Doutor Paulo Ferreira da Cunha, por motivos de natureza institucional e por gosto e curiosidade de leitor, tenho admirado a sua criatividade, a amplitude da sua cultura humanística, o anti-paroquialismo da sua forma mentis, *a elegância do seu discurso. Um professor com estas qualidades – rasuro intencionalmente o estereotipado vocábulo "perfil", que esvazia de densidade e profundidade o que deve ser denso e profundo – é um* pedagogo *no sentido originário e mais belo da palavra, porque sabe conduzir e guiar os jovens na viagem complicada, trabalhosa e fascinante, da aquisição e construção do conhecimento.*

Com a publicação deste livro, a relação dialógica do pedagogo *com o aluno torna-se mais pragmática, mais tangível e, pelo menos em certo sentido, mais produtiva. Numa Universidade* nova, *no duplo sentido do termo, como é a Universidade do Minho, esta é uma lição que todos nós, docentes e discentes, temos a agradecer ao Doutor Paulo Ferreira da Cunha.*

VITOR AGUIAR E SILVA

INTRODUÇÃO

Como utilizar as "Instituições de Direito"

Paulo Ferreira da Cunha

1 – CONSIDERAÇÕES SOCIOLÓGICAS, TEÓRICAS E FILOSÓFICAS (PASSAR ADIANTE SE TIVER MUITA PRESSA)

Encontra-se solidamente arreigado entre nós o nefando preconceito segundo o qual a Introdução ao Direito, nos cursos jurídicos, seria pura e simplesmente uma propedêutica do Direito Civil. Algumas tentativas de superação deste autêntico obstáculo epistemológico esbarram sobretudo com três oponentes:

1) quando predomina o tentâmen de cariz filosófico, a impreparação (e até aversão dita congénita) dos discentes repele e abomina tais estudos, que funcionam *malgré eux-mêmes*, como proficiente vacina especulativa muito eficaz e duradoura;

2) quando é dado maior relevo à componente cultural, humanística, interdisciplinar, apossa-se dos estudantes a perplexidade quanto ao rigor, importância e necessidade de tais temáticas, obcecados como (normal e infelizmente) muitos estão hoje pela aprendizagem daquele belo saco de truques da prática forense, que os conduzirá – crêem – à fortuna e à fama;

3) finalmente, funciona, talvez pelo conhecimento dos dois primeiros problemas, uma espécie de autocensura e de reflexo condicionado positivista. Neste último caso, nas palavras gracejantes dum grande jusfilósofo, o docente (ou o manual) é *jusnaturalista até ao Natal*, e depois começa a debitar-se "a matéria" (a tal dita verdadeira "matéria") com a tranquilidade satisfeita dos que não recusariam o *pereat mundus* de Shylok. Até com uma tranquilidade maior, deve dizer-se: porque parece ter-se salvo a alma primeiro, podendo agora espraiar-se a metodologia e a técnica pelos mais estéreis e frios caminhos do legalismo puro e duro.

Nem todos serão assim, evidentemente. Há matizes, há hibridações...

E, todavia, apesar de fortíssima pressão "monopolista" privatística (não de todos os privatistas, como é óbvio, que ele há privatistas esclarecidos, Deus os guarde!), e das dificuldades das restantes visões, o "género" "Introdução ao Direito" ou similar tem tido entre nós não poucos cultores. E não poucos que pairam muito acima da rasteira exegese legal(ista).

Tal significa, realmente, um recuo doutrinal do positivismo, que anda associado normalmente (embora nem sempre) à ideia de que o importante é fornecer aos estudantes chavetas e esquemas, "transparências" (ou "acetatos"), debitando o que dizem as leis – e nada mais. Ou pouquíssimo mais. E nada para isso como o clássico e tecnicamente apurado e testado (e relativamente estável) Direito Civil.

Nada impediria que a experiência fosse feita através de outro domínio: por exemplo, pela via do rendilhado da filigrana conceitual do Direito Penal, ou pela banda do fôlego abrangente e interpelante do Direito Constitucional. Não tem sido hábito fazê-lo, talvez por se considerar que o primeiro é demasiado complexo (e especial – ou até excepcional) para uma introdução, e o segundo acaba por se introduzir a si próprio nas cadeiras de Direito Constitucional dos primeiros anos de Licenciatura, ou precedido da Ciência Política ou cadeira similar. Cumpre dizer-se, entretanto, que o desamparo de matérias introdutórias em que se vê o Direito Constitucional é gritante (com o risco de qualquer dia ser ininteligível, por falta de bases de conhecimento elementar da política, do Estado, da sociedade, etc.), e que o Penal se arrisca a um estiolamento tecnicista (quando é sensitiva e pedra de toque da filosofia jurídica) por cauterização ética geral, alheamento aos problemas do Justo.

Mas retomemos o nosso fio. Outra disciplina que poderia ocupar um lugar de precedência, simultaneamente formativa e técnica, face a essa introdução privatística seria, precisamente, o Direito Romano. Mas pessoalmente perfilhamos a opinião de que a técnica levada às últimas consequências não é *pedagogicamente* adequada no dealbar da formação jurídica. Pelo que, se saudaríamos a inclusão ou a manutenção, nos vários planos de estudos, do Direito Romano, tal não deveria, em nosso entender, constituir forma de compressão ou apoucamento da História do Direito, que, nos dias de hoje, e sem intuitos maximalistas descabidos, não se nos afigura possa restringir-se nem à História do Direito Português, e muito menos à História do Direito Português Medieval... ou visigótico... ou a qualquer tema monográfico.

Simplesmente, o *supra* aludido recuo doutrinal, não apenas, como é sabido, não logrou vincar em absoluto a dimensão filosófica, humanística, cultural, formativa (sem prejuízo da utensilagem técnica básica sem a qual se esbraceja no vácuo) da Introdução ao Direito, ao nível académico, como, na verdade, acompanhou o soberano desprezo de muitos dos práticos por "isso que os universitários fazem", ou seja, a doutrina.

Um autismo múltiplo se pode presenciar, assim.

E um tal autismo é, antes de mais, muito condenável entre os juristas. Que os há jurando só querer saber do Código Napoleão, ou no que o haja substituído, no tempo ou no espaço. Estes são os principais responsáveis pela péssima imagem – caricatural até – do jurista decorador de sebentas, de códigos, indivíduo sem chispa, *sem graça, sem jeito* – apetece dizer, um tanto em homenagem ao saboroso português do Brasil.

O pior é que há quem, com um contacto mais ou menos profano com esse tipo de juristas (e muitos deles são, por esse mundo fora, professores – e até de renome), não o sendo, nem tendo tido contacto com a barra dos tribunais, nem com o laboratório continuamente borbulhante das bibliotecas de Direito, esteja piamente convencido de que saber a Jurisprudência, conhecer a Ciência Jurídica, se limita precisamente a uma das três versões do positivismo jurídico:

1) Normalmente, considerando que tal conhecimento se confunde com o dessas técnicas imediatistas ligadas à lei vigente, e caducas aquando da já próxima alteração legislativa (este é o caso corrente do positivismo legalista, como se sabe);

2) Noutra versão, mais ingénua ou mais ideologizada, propendendo para uma análise sociológica ou económica do Direito – a qual, mesmo para cursos de sociologia e economia, está longe de ser a mais adequada, até pela ausência de desfocagem face ao objecto – essencial à progressão e apreensão do *alter* epistémico;

3) Finalmente, numa posição visivelmente politizada, confundindo basicamente justiça jurídica com uma qualquer visão a que possam denominar como "justiça social", dominada por qualquer escatologia – e propugnando uma amálgama desprovida de todo o rigor, fundamentalmente ideologizada, empenhada, apologética e demagógica.

As razões por que é tão difícil a um jurista ensinar a sua disciplina a não juristas, juntam às gerais dificuldades advenientes de um ensino secundário totalmente *facilitista*, impreparador, a falta de empenho e de vocação dos destinatários (que raramente se convencem do altíssimo valor formativo do Direito e da sua utilidade prática – ainda que lhes não sejam ministrados conhecimentos aparentemente "práticos"). A sem dúvida ingrata tarefa de sensibilizar e entusiasmar turmas de não juristas, universitárias ou do politécnico, não é, porém, impossível. De modo algum.

Temos a gratíssima experiência de o haver conseguido repetidas vezes, em várias instituições (e invocamos o nosso exemplo apenas por testemunho vivencial), em diversos pontos do país.

E curiosamente: sem nunca ter abdicado por um instante sequer do necessário rigor, e da perspectiva anti-positivista que sempre nos animou.

Pasmarão os cépticos. Duvidarão maldosos. Mas consideramos que tudo depende da capacidade de o professor, em empatia com a turma, abrir essas janelas rasgadas dos novos horizontes do Direito, e que tantos sábios de outras matérias cuidam serem apenas grades de prisão.

É evidente que um economista ou um gestor têm de saber Direito Comercial, por exemplo. Ou que um politólogo, ou um sociólogo, necessitam de sólida preparação em Direito Constitucional. Que um especialista de Administração Pública se não compreende sem saber Direito Administrativo. Que mesmo um estudante de filosofia deveria saber Filosofia do Direito e do Estado e Filosofia Política, etc., etc.

Mas isso não é objecto próprio das introduções ao direito desses cursos. Porque não há um direito para juristas e um direito para contabilistas. Ou um direito para filósofos e um direito para engenheiros. O direito é apenas ele: muito vário, muito animado nas suas contínuas disputas e contradições, mas igual a si próprio.

Seria vergonhoso afeiçoar um "direitinho" de segunda classe para discentes de outros cursos: constituiria tal um certificado de menoridade aos mesmos, uma espécie de *capitis diminutio*.

Isto não quer dizer, como é óbvio, que em cada curso em que o direito (e sobretudo uma sua *Introdução* ou *Princípios Fundamentais*) seja prelecccionado, não deva o docente mostrar particular sensibilidade à *forma mentis* dos discentes, apresentando-lhes nomeadamente os diferentes pontos programáticos com recurso a exemplos que compreendam e lhes interessem, consoante a sua formação e vocação.

Tal não significa, como é evidente, que uma Introdução ao Direito não tenha que ser muito deontológica e introdutória à metodologia. Por exemplo: introdução para "filósofos", ou alunos de outras áreas

Introdução

"culturais" ou "políticas", ou "sociológicas", em que o Direito, longe de ser um conjunto de técnicas, que devam dominar nas suas práticas profissionais futuras, tem o papel de disciplina formativa há-de ter isso mesmo em conta.

Não se nega que possa importar – pelo contrário, tal se afirma como indispensável – dar a conhecer a estes estudantes a *forma mentis* jurídica, o modo de operar na resolução de casos, de pensar os problemas. Mas torturá-los com longas e complexas hipóteses técnicas – é sadismo!

Pelo contrário, poupá-los ao que é formativo, ao que é interdisciplinar, isso é precisamente o inverso da função de tais cadeiras nos respectivos cursos: mais valeria acabar com elas. Para bem de todos.

Estranharão – se não ficarão mesmo escandalizados – os menos abertos às novidades que este livro sejam multilingue. Confessamos haver oscilado quanto à tradução ou não dos excelentes contributos que Mestres, Colegas e Amigos que não falam o Português (pelo menos como língua materna). Depois de consultados alguns especialistas (não todos, evidentemente) e pedida a opinião de um ou outro dos autores portugueses (os estrangeiros não foram ouvidos em causa "própria" – e também não puderam "defender-se": mas, realmente, todos concordaram depois), e com a coragem e vistas largas do Editor, a unanimidade estabeleceu-se. Vamos relatá-la tal como a interpretamos, não tal como cada um a justificou.

É simples, afinal: o Mundo de hoje é o mundo dos contactos internacionais, é o mundo em que as línguas cultas e principais (entre as quais, evidentemente, a nossa, a quem todavia alguns estão insultando como "língua rara" em *fora* internacionais – e isso é um enorme risco que poucos sabem estarmos a correr) passaram a ser como *dialectos* da nossa própria Língua Materna de ontem. Não saber entender, ler, escrever, falar, comunicar, com o seu semelhante e seu vizinho cada vez mais próximo – o outro cidadão do Mundo –, na língua dele, é, realmente, uma debilidade, um *handicap* sem nome. A *Internet*, a informática em geral, todo o ensino e toda a investigação, toda a reciclagem, que sei eu!... Tudo isso será opaco e impenetrável ao novo analfabeto que não seja capaz de sequer ler um texto da sua especialidade numa língua estrangeira das mais acessíveis ao seu universo cultural, como as que aqui se encontram, lado a lado com o Português.

| XVI | *Instituições de Direito* |

Seria enganar mais uma vez os estudantes do Ensino Superior português, em tempos de mundialização civilizacional, de mediatização da vida e de invasão comunicacional, em línguas estrangeiras, apontar-lhes restritamente o nosso idioma como veículo de aquisição de conhecimentos.

Nem se diga que o Direito é um caso especial, como poderia, talvez, numa versão ainda assim profundamente estadualista e positivista afinal, dizer-se outrora. Hoje, apesar das legiões de tradutores, sempre insuficientes, das organizações internacionais, a nossa presença na União Europeia impõe-nos tanto que ousemos falar nesses areópagos a nossa Língua, de cabeça levantada, quanto nos obriga a, de ouvido atento, ser capaz de, sem auscultadores, compreender a Língua dos demais. Pelo menos as línguas maioritárias e as que, na sua Alma ou na sua História, nos sejam mais afins.

Mas também teremos de ser capazes de, perante um público que não compreenda a nossa língua, falar escorreita e elegantemente idioma que por ele seja entendido.

Os Portugueses, que deixaram a sua língua pelos quatro cantos do Mundo, também a enriqueceram com vocábulos e expressões que testemunham essa diáspora. Para mais, têm um dom natural da comunicação e da compreensão dos outros que lhes facilita incomensuravelmente a permeabilidade linguística. Por outro lado ainda, o Português, na sua complexidade gramatical, na sua riqueza lexical, constitui para nós um treino de expressão capaz de nos permitir integrar sem muita dificuldade línguas menos elaboradas, constituindo também bom patamar para acedermos às tanto ou mais complexas que a nossa.

O problema é só de mentalização. E de um pouco de trabalho sistemático.

II. *Método de manusear*

Julgamos não ser insultuoso nem infantilizador explicitar desde já como entendemos possa ser um estudo, uma leitura ou uma consulta destas "Instituições".

Na verdade, estudo leitura e consulta são coisas diferentes entre si. Esta obra pode destinar-se a um público interessado no conhecimento da realidade jurídica em geral, para fins formativos, de cultura geral, simples curiosidade, etc.. E aí estaremos no plano do que denominamos simples "leitura".

Não há regras para esta forma de conhecimento. Ela corresponde ao ímpeto de apreender ou de informar-se. Apenas convirá folhear a obra, ler o índice, procurar os assuntos de interesse, e começar.

A atracção por este ou aquele tema será o móbil suficiente.

A consulta também se justifica aqui, tratando-se, como se trata de uma obra com algo de englobante, de quase enciclopédico – e lembre-mo-nos que "enciclopédia jurídica" se chamou também, em algumas reformas, à cadeira introdutória ao Direito – expressão que, não autonomizada, mas como estudo dos diferentes ramos, subsiste ainda hoje no Brasil. E assim especialmente se chama o nosso II volume.

A consulta pressupõe uma interrogação, um pedido de resposta com que se inquirirá a obra. Aí a consulta do índice é essencial. Mas, além disso, é importante não esquecer que há temáticas sobrepostas, cruzadas, intersectadas, e o consulente ganhará em, com habilidade, procurar lugares paralelos, não se contentando com a primeira resposta obtida – a que mais obviamente ressalte do índice, por exemplo. A este recomendamos a manha de extrair do trabalho o que ele parece furtar--lhe à vista, permanecendo encerrado.

A prova deste facto singular tem-na quase sempre o consulente que já leu a obra, que já encontrou o que queria, e agora, folheando cada tomo de todos os lados, parece não encontrar aquela referência, aquele autor, aquela informação, aquela reflexão, enfim...uma pista, uma reminiscência.

E todavia ele sabe que está aqui o que procura. É preciso paciência, e esgotar as formas de abordagem e de assalto à fortaleza que cada livro é: tem de se apertar o cerco – e de se procurarem outras portas.

Começámos pela leitura e pela consulta porque elas devem também fazer parte do verdadeiro e próprio estudo, embora este nestas modalidades se não esgote. O estudante deve consultar, e deve ler.

Mas deve sistematicamente ler.

Antes de tudo o mais ler o quê?

E aqui dirigimo-nos especialmente aos nossos colegas docentes.

A grande arte e o possível êxito na utilização deste "Manual" estará na selecção de percursos que, nele, previamente seja feita pelo Professor.

Trata-se de uma obra em princípio introdutória, mas é bem possível, dada a extensão e profundidade de que aqui se revestem tais matérias, que possa ser também utilizada como *textbook*, ao menos de apoio, em cadeiras tão diferentes como História do Direito, Direito Constitucional, História do Pensamento Jurídico, Filosofia do Direito, nas nossas Universidades, e, pelo menos no ensino Politécnico, não cuidamos ficasse mal até num DESE (Diploma de Estudos Superiores Especializados, legalmente equivalente, ao que julgamos ainda saber, a uma Licenciatura) que incluísse matérias de Direito Privado, designadamente de Direito Civil.

Se para a Universidade, e especificamente nas Licenciaturas em Direito, nenhuma das aludidas cadeiras nos parece poder bastar-se, ainda que do ponto de vista das simples "Lições", com este texto – porque simultaneamente excessivo e escasso, em cada uma, já algumas das suas partes podem a nosso ver cabalmente servir nesse sentido no ensino Politécnico, e até em cursos universitários não jurídicos.

Além do referido exemplo do ensino Politécnico, pessoalmente não nos repugnaria que num curso semestral de História do Pensamento Jurídico, num curso de História, ou até de Filosofia do Direito num Curso de Filosofia, ou de Direito Constitucional num Curso de Comunicação Social, Relações Internacionais, ou Sociologia, ou em cadeira de Direito Privado num Curso de Economia – só para dar alguns exemplos – se pudesse fazer um percurso por entre as muitas páginas que, expressamente, a cada um dos respectivos temas aqui são votadas.

Consoante o tipo de curso ou cadeira em que possa ser recomendado, assim o respectivo docente indicará os capítulos mais expressamente importantes. Sem prejuízo, evidentemente, da unidade do todo, do carácter relacional das matérias, e sem pear a liberdade e a curiosidade intelectuais dos estudantes. Isso nem seria preciso dizer.

Mas mesmo numa Cadeira de Introdução ao Direito para Juristas importará fazer alguma (talvez não excessiva) selecção.

Desde logo, tudo dependendo da vizinhança que o docente da cadeira tenha. Quer dizer: se prelecciona a matéria a par ou antes do Direito Constitucional, se tem a seu lado uma cadeira de História do Direito, e de que tipo, qual o peso das cadeiras privatísticas e das publicísticas no plano do curso em que se insere, etc., etc..

Introdução XIX

Evidentemente que o aligeiramento do estudo, numa cadeira, poderá implicar o seu aprofundamento noutra. Daí que se trate, também por isso, de um trabalho transdisciplinar.

Realmente ficaríamos muito gratificados se, numa Universidade, esta obra pudesse ser usada, em *Introdução ao Direito*, ou em *Metodologia e Filosofia do Direito I* (que é o que a cadeira é realmente), no seu *corpus* global, em *História do Direito*, em *Metodologia/Teoria/Filosofia do Direito* (II), e mesmo em *Direito Constitucional* e até ainda noutras disciplinas, embora de modo ancilar.

Não somos defensor do livro único, mas cuidamos útil haver um guia ou um par de guias, ou, no máximo, uma meia-dúzia deles. Julgamos que este poderá ser um desses guias.

Hoje, os hábitos informáticos mais difundidos já nos permitirão explicitar melhor como vemos o uso deste livro. De algum modo, como um CD Rom em que se escolhem pistas, e umas conduzirão às outras. Aparentemente, pode parecer uma mole imensa e desconexa de dados: só que – e disso, infelizmente, nos esquecemos demasiadas vezes – a ordem não está tanto nas coisas, como em quem as vê e usa, isto é, lhes confere um sentido.

Não se encontra aqui, porém, todo o saber possível, nem todo o que desejaríamos – há que confessá-lo.

Concebemos este trabalho essencialmente a pensar nas duas correntes que partilham, de facto, entre si o estudo introdutório ao Direito: a civilística e a humanística.

Todos sabem qual preferimos, por vocações e perspectivas pedagógica e didáctica. Mas há abundante material de direito privado, porque a visão humanística, longe de querer proscrever qualquer ramo de Direito, a todos pretende acolher.

Encontra-se este trabalho fundamentalmente menos completo em dois pontos, cuja inclusão, com o tratamento devido, em extensão, à vontade lhe duplicariam o já substancial tamanho. E, na verdade, não consideramos absolutamente indispensável incluí-los.

Trata-se, por um lado, de um estudo mais detido da Hermenêutica jurídica à luz das novas metodologias e posições filosóficas e ciências filológicas, semióticas e estudos interdisciplinares. Fornecemos, naturalmente, um artigo sobre a Tópica, outro sobre o Judicialismo, e recordamos nós próprio o arsenal clássico, do passado para fechar com um outro, de balanço e prospectiva da interpretação. Ir mais longe seria

XX   *Instituições de Direito*

muito fascinante, mas muito longo. Cuidamos que a matéria tem afinal mais cabimento, a partir de um certo nível, numa específica Metodologia do Direito, que deveria autonomizar-se da Filosofia, sempre que possível, por razões didácticas, e que se justifica plenamente o seu tratamento em volume autónomo – sendo árdua a concentração, até porque matéria em permanente ebulição doutrinal, pouco adequada, por consequência, às sínteses – sobretudo quando prematuras.

E trata-se, por outro lado, da ausência do expresso desenvolvimento de alguns ramos do Direito Público não tão especificamente político como o Constitucional ou o Internacional Público.

Afinal cedemos ao complexo irresistível do civilismo ou do privatismo? De modo nenhum.

A verdade é a seguinte: de nada serviriam uns rudimentos abstractos e quiçá impenetráveis de algumas disciplinas que têm um peso doutrinal e uma subtileza teóricas considerabilíssimas. Seria preciso enfrentar a questão muito de frente: e a verdade é que não conhecemos sequer exemplos de tais procedimentos – não há epítomes destas matérias. Os volumes são sempre volumosos. Quem e como se iria arriscar a resumir, a vulgarizar?

Mas há outra razão de maior tomo, aliás semelhante à aduzida já para a Hermenêutica. Estas matérias estudam-se normalmente na sua sede própria. No futuro, prevemos que venha a haver licenciaturas em Direito em que, respectivamente, o Direito Administrativo ou o Direito Penal (com as suas respectivas autonomizações e matizações) possam ter até umas cinco cadeiras, ou mais. Tal só sucedia outrora com o Direito Civil...

Isto significa que – sem que tal constitua uma promessa, evidentemente, ponderamos a possibilidade de vir a pensar num outro volume, de *Instituições de Direito Público*, em que exclusivamente fossem tratados os ramos a ele atinentes, com o devido desenvolvimento.

Para já, era questão também do público – confessamo-lo, sem pejo: pois é uma evidência. O facto é que, por todo o país, os cursos que reclamam o concurso do Direito (salvo, talvez, os que, por moda ou em mira de subsídio, procurem as especiarias sem curarem dos pratos fortes), para além do jurídico, estão sobretudo centrados no domínio da Economia e especialmente da Gestão, da Contabilidade, da Informática de Gestão, etc.. Ora estes pretendem sobretudo conhecimentos que os auxiliem nas respectivas matérias.

E se, evidentemente, cada vez mais, o Direito Público aí está presente (e os direitos de carácter misto, como o empresarial, muitas vezes tido até como mescla de fiscal e do trabalho), não se trata do administrativo, do fiscal ou do penal na sua teoria geral, mas de especificidades que terão de ser preleccionadas em cadeiras específicas, depois de sabidos os fundamentos gerais do Direito. E nesse caso, não se irá recorrer a um trabalho como este, mas aos consagrados manuais e tratados das matérias em causa.

Não negamos que por vezes nos assaltou algum desconforto por não figurarem aqui substanciais capítulos de importantes ramos do Direito. Todavia, quando mais cursos não jurídicos começarem a clamar especificamente por eles (e esperemos que tal não tarde), decerto numa nova edição a lacuna poderá vir a ser preenchida. Mas ainda assim, sem negar que tal não bastará.

Tendo passado em revista o que mais salientemente falta ou aparenta faltar neste volume, não podemos deixar de referir, como organizador, que, na estratégia de há muitos anos de procurar ensinar as bases do Direito a juristas e não juristas, este volume tem, a precedê-lo, falando somente da nossa própria lavra, um conjunto de outros, cada um com a sua função, e que poderão ser chamados a suprir outras lacunas. Perdoar-me-ão os Excelentíssimos Autores esta referência, que não é propaganda, mas informação. É que, de facto, tendo regido vários anos cadeiras introdutórias, fomos dando a lume estudos que deste podem ser adjuvantes.

Lembremo-los aqui: a nossa síntese filosófica e metodológica encontra-se em *Princípios de Direito*, e em *Amor Iuris*. A introdução à Filosofia Jurídica, nas *Lições Preliminares da Filosofia do Direito*. Para o ensino secundário, *Direito*, e *"Peço Justiça!"*, este mais actualizado. Como léxico de ideias correntes e vocabulário jurídico, *cum grano salis*, saíu a lume *Tópicos Jurídicos*. Como roteiro para quem se pretenda iniciar nas coisas do Direito, colaborámos com o insigne Professor Doutor Javier Hervada num *Guia* de estudos universitários de Direito. E numa perspectiva civilística da introdução ao Direito, para o ensino Politécnico, colaborámos com os nossos prezados Colegas Drs. Meneses Falcão, Fernando Casal, e A. Sarmento Oliveira em *Noções Gerais de Direito*, que foi mesmo traduzido para o chinês e adoptado em Macau. Demos ainda a lume um livro de exercícios sobre todos estes tipos de questões, *Problemas Fundamentais de Direito*.

XXII   *Instituições de Direito*

Esse percurso leva-nos agora a esta nova concepção, mais descentrada e plural de vozes que, sem qualquer uníssono, podem indicar caminhos e revelar a pluralidade da realidade todavia una do Direito.

Verá o leitor que nenhum de nós se eximiu a exprimir o seu pensamento, e que mesmo quando o organizador revela o seu, deverá o leitor distanciar-se, notando que ali não fala senão a voz do colaborador que teve a ideia, e a sorte de contar com quem o acompanhasse.

Resta-nos agora a todos esperar sermos também acompanhados, na leitura, na consulta e no estudo.

Confiamos que sim, e esperamos nos cheguem as sugestões e críticas que nos permitam melhorar o presente trabalho, cujo ineditismo entre nós (e, em muitos casos, não apenas entre nós) necessariamente terá de ser mesclado com alguns lapsos, que o organizador assume como só seus, deles se desculpando ante o público e ante os seus beneméritos companheiros de viagem, que aceitaram partir sem quadrante e sem cartas, provando que no nosso mundo intelectual hodierno há ainda Colegas com o sentido do risco e da coragem, e também da generosidade e do empenhamento.

PARTE PRIMEIRA

SER E COMPREENDER (O) DIREITO

(ONTOLOGIA E GNOSEOLOGIA JURÍDICAS)

CAPÍTULO I

Do Direito, do seu Estudo; dos Juristas e da sua função. Propósito e forma da presente obra

Paulo Ferreira da Cunha

Embora o ideal de Justiça seja eterno e universal, animando, ou devendo animar, as concretizações positivadas do Direito, é incontrovertível que cada ordem jurídica em particular dialoga antes de mais com o seu tempo e os problemas que nele desaguaram.

Durante o optimista século XIX (a que alguns chamaram injustamente "estúpido", porque esqueceu coisas essenciais, embora houvesse sabido preservar saberes que o nosso tempo completamente esqueceu e desprezou), tal como já no século das Luzes (que teve também momentos de obscurantismo bem sombrio), ganhou foros de verdade apodíctica, inatacável, a ideia (o mito) do Progresso e da Ciência e do Progresso pela Ciência. Este mito ainda está entre nós muito vivo. Tal viria a ter, evidentemente, relevantes consequências jurídicas de que ainda sofremos a influência.

O programa dos estudos gerais e particularmente universitários houvera já sido completamente modificado entre nós (aliás, como mais ou menos por todo o lado), com o Marquês de Pombal, e as disciplinas que seguiam na linha dos antigos *trivium* e *quadrivium* escolásticos foram dando lugar a novos conhecimentos. Quarenta lentes ou mais foram demitidos, nesse novo terramoto pombalino, como lhe chamaria adequadamente, na sua sempre estimulante *História de Portugal,* o escritor Oliveira Martins.

A importância relativa das diferentes disciplinas tem mudado muito. Augusto Comte, pai algo contraditório do positivismo, augurara à antiga "física social", depois baptizada como "sociologia", o lugar de rainha dos saberes que outrora fora trono da filosofia, e mais tarde da teologia. Imagine-se a revolução então operada!... E tudo o que foi ocorrendo desde esse tempo!

O problema parece não ter nada a ver com o nosso objecto. Mas tem. Não há ensino superior do Direito desgarrado da instituição em que é estudado. E hoje, depois de tanta água passada sob as pontes da História, já ninguém reconhece a Universidade de outrora. Nem a medieval, nem a reformada, nem a britânica (*oxbridge*, ou sequer *redbrick*), nem a prussiana, nem a napoleónica... Nem mesmo a dos Maio de 68 e das nossas crises de 62 e 69, e da que se lhe seguiu.

A forma tumultuária como se criam, baptizam e publicamente ganham "fama" os cursos, desde o nível mais elementar ao mais alto de todos, deveria fazer-nos pensar muito seriamente nesses antigos projectos, ingénuos mas apesar de tudo racionais, de pôr ordem na casa do saber. E a casa do saber anda muito desorganizada.

Não multiplicaremos exemplos para não assustar ninguém: mas o diletantismo e o turismo universitários arriscam-se a tomar conta do que ainda resta. Quem, senão um nihilista militante, coisa rara e contraditória, poderá comparar o valor de um diploma em culinária, ciências ocultas, estudos ambientais, pólo aquático, ou medicina? Não serão coisas muito diferentes, a requerer tratamento diverso? A Universidade também foi significando, além da comunhão de mestres e discípulos, a universalidade dos saberes: mas sempre foi saber de nível superior. Poderá um Prémio Nobel da Física querer ser tão doutor quanto um analfabeto que joga *baseball* na equipa da Universidade?

Ora estas considerações aparentemente algo azedas – mas que julgamos oportunas – vêm, além das razões já aduzidas, também a propósito das vicissitudes de um saber que, com os seus altos e baixos, apesar de tudo, ainda vai mantendo o seu prestígio no conclave das velhas ciências. Esse saber é o da Jurisprudência, da disciplina da arte, ciência e prudência dos juristas, ou seja, a *Scientia* do Direito.

Não é de admirar que mais novas e menos admiradas ciências, artes, saberes, ou actividades dela desdenhem, ou a caluniem, assacando-lhe maldades de repressão policial ou afim e perfídias de rapaces togados, quando não outras coisas piores... Também não é de estranhar que *epistemai,* efectivamente em grande ascensão, social, "mediática" e de remuneração, procurem desbancar o Direito dos seus pergaminhos.

Mas – já o temos dito – o pior inimigo do Direito é o próprio Direito, ou seja, um falso entendimento de si mesmo. Por isso, são até divertidas essas quezílias entre caloiros que disputam sobre se vale mais este ou aquele curso.

Ora, para evitar confusões, voltemos ao princípio: o positivismo, o iluminismo, o humanismo,... todos reformaram os estudos, todos disseram péssimas coisas a propósito (e a despropósito) do Direito, e todavia nenhum acabou com ele, todos o apoiaram, a seu modo, todos o reforçaram de alguma maneira. Simplesmente porque ele seria também um insubstituível instrumento do seu novo poder? É uma explicação não descurável, mas quiçá demasiado óbvia e fácil. Conhecido, o Direito é uma disciplina que cativa mesmo os seus aparentes adversários – é uma estrada de Damasco.

E o problema é que, com todas as suas mutações, desde as escolas sofísticas gregas, até aos *campus* dos nossos dias, ainda se não liquidou de vez com esses estudos ou cursos, que normalmente todos têm por aborrecidíssimos, martirizantes, entediadores e frequentados por gente pouco mais considerada que o *snob* que se dá ares de ser alguém, ou o Zé Ninguém a quem não se sabe que capricho do destino impeliu para o mesmo sonho. No Direito se encontram tanto o esforçado e o *dandy*, como o vilão e o incorruptível. Não só no Direito, decerto, naturalmente. Mas aqui essa mescla, sobretudo nos nossos dias, parece mais impressiva – e causadora de não poucos problemas, aliás.

Todos reconhecem excepções. Mas, no geral, o Direito não tem boa fama. E todavia tem prestígio. Isso só pode significar que é uma força.

Tinha mesmo de o ser. Não estamos a ver os humanistas invejosos dos réditos dos juristas, nem os *philosophes* cobiçosos da sua verve e influência política, poder e ligações económicas, nem os cientistas sociais que se lhes sucederam, tão pouco convertidos aos silogismos judiciários como à idade metafísica, não estamos a ver nenhuns deles (e alguns eram juristas de formação – e não poucos) a transigir com uma congregação, um conjunto de corporações, um tipo de *forma mentis* tão enraizado e tão adverso. Já os canonistas e teólogos haviam, nos tempos medievos, aproveitado boa parte dos esquemas conceptuais dessa casta nunca muito bem vista por qualquer credo: desde o Islão, que atira a maioria dos juízes – *cadis* – para o inferno, a Lutero, que considerou todo o jurista um mau cristão.

Os juristas têm tido alguma força. Pelo menos, a suficiente para subsistirem até hoje. Passaram pela negra barbárie medieval inicial, com o seu saber e o seu poder confiscados, para renascerem, precisamente à sombra dos palácios e das universidades. Direito e barbárie decididamente não combinam.

Mas qual é a força dos juristas? Deveríamos antes perguntar: qual a sua utilidade, qual a sua especificidade? Porque aí residirá a sua força. A da toga, não a do gládio. E quem fala nos juristas, fala no Direito.

O jovem caloiro de Direito, que entra de sapatilhas e de *shorts*, displicente, despenteado ou desgrenhado e sempre palrador, num anfiteatro, onde vai cursar Direito, depois de uma noite de farra, saberá que é herdeiro dos goliardos medievais, os quais deveriam nas aulas dos austeros mestres (se aí se atrevessem a entrar, mas disso não estamos certos...) produzir um efeito semelhante? É preciso que saiba, para conhecer as suas raízes e delas se orgulhe.

Os homens são sempre muito parecidos. Os grupos também. Embora tenhamos ficado impressionado com uma fotografia de uma classe do liceu, em 1938, publicada num recentemente editado Dicionário sobre o Estado Novo. É ver aquela gravidade e aquela pose, aquele silêncio e aquela concentração. Aconselhamos os cépticos a procurarem a belíssima estampa. E os nossos estudantes a perguntarem aos avós (alguns quiçá aos pais) como era possível que fossem já "tão velhos" aos dezasseis ou dezassete anos... Eles decerto ainda guardam velhos albuns de família.

Regressemos à casa do Direito, depois deste excurso geracional e fotográfico. O certo é que os tempos actuais, mercê de um sem número de condicionalismos, de mitos, de preconceitos, de acelerações, de contradições, de tal forma nos fizeram a todos perder o pé, que nos arriscamos a já não ver o que é evidente, e a não entender o que entra pelos olhos. E sobretudo a manter aqueles equilíbrios que a todos nos permitem conviver. Os juristas ainda são atacados, o que prova que ainda têm poder. Os juristas ainda existem. Ainda há candidatos – muitos por um lado, poucos por outro – a futuros juristas. E contudo, pergunta-se: ainda se sabe o que é ser jurista, ainda se sabe o que é o Direito?

Estes problemas não são para responder já. Mas apenas para ir respondendo... São, aliás, problemas aporéticos, insolúveis em grande medida. Mas lá iremos...

Uma coisa é certa: se o Direito já não é, em larguíssima medida, uma pálida imagem do que era, se prossegue novos fins, se tem novos objectivos, se está dotado de meios e vias completamente distintos do projecto incial, se, numa palavra, quiçá já nem existe pelo desvir-

Ser e Compreender (o) Direito 9

tuamento de si mesmo, e se os juristas (ou os que como tal se apresentam) são também muito diversos dos de outras épocas – as palavras, as instituições, alguns rituais e alguns factos subsistem. E continuam a ter, pelo menos, o prestígio de uma veneração formal.

É portanto necessário conhecer o Direito, estudá-lo. E melhor seria se pudesse, ele e os juristas, ver resgatada a sua honra.

A intenção deste livro foi precisamente a de convocar eminentes juristas de renome e diligentes e promissores jovens juristas, pedindo-lhes que, cada um a seu modo, depusessem sobre o Direito. Com eles, convidámos reputados especialistas de áreas conexas, para dialogarmos, e todos melhor nos esclarecerem sobre o que somos e este trabalho que fazemos. Confessamos que começámos pelos mais próximos, convidando Mestres, primeiro, e depois colegas e colaboradores, sobretudo nas Universidades, portuguesas e estrangeiras, que pessoalmente melhor conhecemos.

Mas o critério, sendo discutível, não é de forma alguma, nem de "capelinha" nem de amizade intelectual ou pessoal: procurou ser rigorosamente isento e científico.

Ao produto final não será ainda certamente alheio o facto de o plano desta obra ter sido por nós concebido e posto em marcha durante os frenéticos e escassos meses em que fomos Director do Núcleo de Estudos de Direito da Universidade do Minho.

É óbvio que só por um acaso – nem sequer feliz – estaríamos de acordo. Não dizemos de modo algum todos, mas mesmo alguns. Não são unanimidades nem maiorias o que se pretende: é antes que o jovem iniciado se aperceba de como, falando todos nós uma linguagem semelhante, retomando todos afinal o mesmo tipo de problemas fulcrais, nos posicionamos diversamente – em conteúdos e em estilos muito plurais. Essa é uma das riquezas do Direito. Nenhum de nós levará a mal a contradição ou a discordância do Colega, do Mestre, ou do Discípulo. É esse o princípio dialéctico que está na base da nossa metodologia. Pois nos tribunais também não é assim, tese contra tese (ou antítese)? E a síntese da sentença ainda é sujeita a recurso. Só o caso julgado é a síntese final – e apenas porque os litígios têm que ter um fim.

É próprio das disciplinas só probabilísticas, como as humanidades, sobretudo as humanidades normativas, terem de proceder por aproximação por verosimilhança. Pois quem é dono da verdade? Pilatos era jurista e foi o que mais desejou saber da boca de Jesus:

o que é a Verdade? (No *Evangelho Apócrifo* de Nicodemos recebeu mesmo resposta).

Porém, esta amostragem da variedade do multicolorido mundo do Direito não se pretende assistemática. Pelo contrário. Muito pelo contrário.

Segue-se aqui um plano, que se deseja coerente, como em qualquer *Manual* introdutório ao estudo do Direito. A autoria das diversas divisões e subdivisões é que é diversa, o que impõe ao leitor um pequeno esforço de sucessiva re-sintonização, mas faz ganhar muito em maleabilidade de espírito e sensibilidade às diferenças.

Todavia, importa salientar desde já que os contributos são de tipo diverso: alguns integram-se mais do que outros na fórmula normal de um capítulo de um manual colectivo. Os mais heterodoxos não causarão dificuldades, antes procurarão ilustrar particularidades que perfeitamente comportam a forma que assumem. Forma e fundo são solidários.

Ao coordenador ou organizador da obra coube a, ao mesmo tempo, grata e ingrata tarefa de, além de muito mais, juntar boas-vontades, consultá-las, gizar um plano, sugerir ou distribuir temas, e sobretudo de redigir o que ia ficando para trás, por recusa, desistência, ou demora – o que, sendo ocorrências raríssimas, todavia o obrigaram a um trabalho que não contava fazer, e que teve de realizar sob a pressão dos clamores de prelos, ávidos de originais.

Além disso, não enjeita que, na concepção da obra e nos textos que assina, entre os dos demais Autores, vai plasmada a sua ideia pessoal de Direito. E, como é mais que patente, no produto final, agora apresentado, tende a ver, embora criticamente, neste mundo sublunar, a imagem do arquétipo do Livro que idealizou pairando no platónico reino das ideias puras. E só o não transpôs para estas paragens profanas pela sua própria inaptidão, pois os Autores não puderam ser mais diligentes, rigorosos e cooperadores na tarefa que com eles empreendeu. Assume, pois, todas as culpas e todas as faltas – e só para si.

O Livro não é seu, é obra colectiva. Mas, consultando ora um, ora outro, acabou por – deve confessá-lo – estimá-lo muito, tanto que, mesmo face aos textos com os quais, pontualmente ou mais que isso, não está de acordo, se coibiu absolutamente de intervir, como era evidente, e ainda: quase dialecticamente começou a incorporar tais diversidades numa visão mais global do problema. Salvo raras e

Ser e Compreender (o) Direito

justificadas – excepções, a abstenção foi ao ponto de respeitar a organização interna e externa do texto de cada Autor: realmente para quê articular toda a obra do mesmo modo, se cada contributo é uma voz própria, singular? Heterodoxamente, optou-se por deixar transparecer essas idiossincrasias. Também elas ajudam a conhecer as diferentes "estratégias" estruturais da *dispositio* do discurso de cada Autor. À antítese prefere a síntese, mas sobre esta prevaleceu ainda a questão em disputa, e o diálogo a mais de trinta vozes. Um coro que, em cânone, acaba por estar bem afinado – os juristas têm mais em comum entre si do que parece. A pluralidade implica isso mesmo: que os testemunhos fossem múltiplos e que ninguém se sentisse incomodado com a vizinhança de posição ou perfil que lhe não fosse simpático.

Tal é, ao que julgamos também, um grande exemplo de maturidade universitária e até cívica de todos quantos acederam em colaborar neste projecto: mostraram a sua abertura de espírito e, até, a sua grandeza de alma, num tempo de mesquinhas querelas de campanário, e particularismos muito discutíveis. Não nos cumpriria a nós este reconhecimento (porque não é elogio, mas verificação de facto), embora corramos o risco de parecer propagandístico, por desejarmos ser justo e que a justiça seja prestada: e, para o ser, é preciso que seja reconhecida.

Seria para com todos desleal que o organizador não começasse este livro por muito sucintamente expor a sua ideia de Direito e do Jurista (com as suas dúvidas e angústias, naturalmente), ideia essa que – talvez porque é plural e tópica, sem ser, evidentemente, sincrética – o conduziu aos convites que entendeu endereçar, e cuja aceitação aqui fica patente pelos contributos que se seguem. Desejou uma pluralidade harmónica, consonante. Mas em que cada um se não sentisse constrangido pela opinião alheia. Um acordo discordante, por vezes. Tanto no dito como no não dito. Se se redistribuíssem os capítulos, pelos mesmos Autores, naturalmente, a cada rodar da sorte, obteríamos um livro bem diverso. Parece-nos óbvio, e salutar.

Não pretendendo escrever mais um *Manual de Introdução ao Direito* por procuração – para mais buscando nomes ilustres, o que seria estulto contrasenso – o organizador desejou ter a audácia de juntar pessoas diversas num projecto comum, o qual pudesse funcionar, pela sua completude e até vastidão, como umas *Instituições de Direito*. Não feridas da intangibilidade de livro único, como numa das teorias interpretativas do regime do livro homónimo do *Corpus Iuris Civilis* bizantino. Que isso seria opróbio e não honra. Mas com a capacidade de poderem ser lidas por muitos, de muitos quadrantes, e por discípulos de vários Mestres.

O futuro e as eventuais novas edições, para as quais estão prometidas já valiosas colaborações de alguns Mestres de primeira plana, a quem a ditadura dos prazos impediu aqui figurassem já, dirão do acerto ou desacerto deste plano, inovador entre nós, e por isso talvez susceptível de reservado acolhimento.

Mas não o sabemos. E deploraríamos se assim sucedesse.

A ideia é de pôr à disposição de muitos docentes e muitos estudantes do ensino superior em que se estuda Direito, um conjunto de textos articulados, mas também susceptíveis de leituras transversais e modulares, adaptáveis a cada Programa e a cada específica formação em causa. Um Manual *à la carte*: porque não?

Mas, apesar de tudo, uma obra coerente – pelo menos com essa coerência hábil e dialéctica, de quem recusa unilateralismos e se não pauta apenas pela verdade das capelinhas mutuamente adversas.

Resta-nos agradecer aos incansáveis Autores, a benevolência e a paciência, e sobretudo a magnanimidade com que tiveram a coragem de embarcar nesta aventura, e ao Editor, Senhor Joaquim Machado, bom Amigo de há longa data, pela mesma última razão, esperando que tudo se não volva em mais um empreendimento mecenático, no autismo cultural e jurídico em que vivemos.

Bem hajam todos!*

---

* Dois agradecimentos é da maior justiça deixar ainda registados: ao Senhor Prof. Doutor Guilherme de Oliveira, que esteve na génese da inspiração para o presente livro, e à Senhora Dr.ª Clara Calheiras, pela sua dedicação e rigor na correcção das últimas provas deste volume.

CAPÍTULO II

Uma concepção preliminar do Direito e algumas noções básicas

Paulo Ferreira da Cunha

Dizíamos no início deste livro que houve tempo em que a Ciência acreditava em si própria. Hoje não. Um ainda recente Prémio Nobel da Química apregoava, em livro, o fim das certezas. Primeiro, era o não científico que não era de fiar. Hoje, desconfia a Razão, outrora deusa, não só da sua divindade – mas da sua "fiabilidade".

E contudo, como Galileu num gesto de vontade, que também era uma certeza científica: *e todavia ela move-se*!

Diremos nós: e apesar de as outrora puras e intocáveis ciências físico-naturais já acreditarem em excepções, entropias, caos, estarem próximas da gnose e da crença, e ao mesmo tempo, aceitarem a teoria do *erro* que tudo deita por terra, e a do *paradigma*, que é outra forma de falar em superação ou mutação, logo, em fim do saber seguro, apesar de tudo isso, este velho Direito, cravejado de crises, martirizado de maus tratos, este velho Direito ainda sabe o que é. Ou melhor: ainda há quem se não tenha sinceramente por dogmático e autista e contudo encontre lugar para um Direito com pernas para andar. E com cabeça própria para pensar.

Mas voltemos às ciências: quando se começou a perceber que existia um profundo conflito científico (não só congregacional, mas metodológico, etc.), especialmente entre vizinhos epistemológicos, e quando se foi também difundindo a ideia de que dentro duma ciência há teorias, há visões, há singularidades, há, afinal "autores", que são "cientistas" não meramente aptos a ser imortalizados (e mortos) em bronze ou em mármore, mas de igual modo dispostos e sujeitos a "mourir pour les idées", nesse momento a pedagogia científica terá tido um colapso.

Não sabemos o que sucedeu àqueles zelosos professores liceais que ensinavam placidamente os três estados físicos da matéria, como uma Trindade celeste em que fizessem profissão de fé. E eis que não são só três estados. E também que a linha recta pode não ser, em certas geometrias, a mais curta distância entre dois pontos. E que duas paralelas têm um infinito à sua frente onde se encontrarem.

Pessoalmente, não sabemos dos dramas pessoais destes esteios insubstituíveis da difusão do saber que eram esses docentes cumpridores, assíduos, entusiastas até, por vezes, que viviam da missão sagrada que efectivamente cumpriam. À maravilha.

Mas, um belo dia, as coisas mudaram. Nas universidades, começaram a ouvir-se nas primeiras aulas (ou até já nos últimos anos do liceu) que toda a Matemática, toda a Física, toda a Biologia... até então estudadas, sim senhor, eram interessantes, haviam treinado a memória e adestrado o raciocínio, mas *ponto final*: estavam caducas, ultrapassadas.

Não sabemos como foi o colapso dos alunos.

Sabemos é que temos algo a aprender com estes nossos colegas cientistas naturais e/ou puros, que sempre – mesmo hoje, que estão cépticos e perplexos – acreditaram muito mais no que faziam do que os cultores das Ciências Humanas, aí incluindo o Direito.

Temos, antes de mais, de aprender a ser humildes.

Mas não temos que aprender, ao contrário do que sucederá quando se muda de Newton para Einstein, que o nosso próprio universo mudou.Temos que estar preparados para aprender coisas que depois de bem sabidas e tidas como intocáveis, outros virão dizer que são rematados disparates. Mas raramente seremos tão estultos que tenhamos aderido a uma teorização assim absurda, ao ponto de cair por terra à primeira investida do *arauto* de uma moda nova.

Pois bem: preparados para compreender que "há mais mundos" (como logo na nossa primeira aula de Introdução ao Direito lembraria o Senhor Professor Doutor Castanheira Neves) e aptos à mudança, se ela se justificar, devemos contudo aprender com os nossos colegas cientistas que é preciso saber a numeração para depois aprender a escrever os números nas mais bizarras bases, e ainda por cima reconhecer que isso – aparentemente sem interesse – foi o princípio dos computadores.

Vamos expor quase por tópicos o nosso credo jurídico, tal como hoje o conhecemos. Não o de todos os Autores do livro, mas o do seu coordenador – permita-se-lhe essa prerrogativa, na medida em que, a partir dele, e de outras informações mais inócuas que a partir dele se veicularão, se pressupõe poderão encontrar os leitores a chave para as convicções do demais Autores. Confessamos haver oscilado antes de tomar a presente liberdade. Mas a referida parábola científica (verdadeira) convenceu-nos. Pouco importa por onde e por que teoria se comece, conquanto nos ensinem a adestrar o sentido crítico, nos mostrem as deficiências dessa teoria, no-la cotejem com outras, de forma quanto humanamente possível leal. Foi o que procurámos fazer. Fala agora a nossa parcialidade, tentando, porém, elevar-se para além de si própria:

Se quiséssemos encontrar etiquetas (mas nós realmente não gostamos nada delas: são tão traiçoeiras!...) diríamos tratar-se de um credo justicialista jurídico, tópico, realista (digamos *neo-clássico*), atento à politicidade e à axiologia do e no Direito, para o qual a grande trilogia jurídica é Justiça, Liberdade e Amor, aliás de acordo com o que consideramos ser o mais genuíno pensamento jurídico galaico-luso--brasileiro, ou, talvez melhor, lusófono e lusófilo. Mas para precisar estas ideias seriam precisos tratados, e alguns adjectivos mais.

Como interessa muito mais afirmar "coisas", ainda que "coisas mentais", do que teorias, passemos a algumas noções essenciais, vistas do nosso ângulo, da nossa torre de vigia.

O Direito não pode definir-se, ou descrever-se, pelo menos de forma normal, como qualquer outra entidade. Mesmo uma indiciação tópica do que seja ele pode cristalizar num dogma, num *slogan* repetitivo. A intrínseca ligação do Direito com a Justiça ainda pareceria ser a aproximação mais segura: mas a polissemia desta também não ajuda muito.

À falta de melhor fórmula, e procurando conciliar várias correntes numa harmoniosa síntese, costumamos dizer que Ulpianus fundiu admiravelmente na sua talvez mais célebre passagem, recolhida no *Digesto*, três tópicos essenciais da juridicidade: o *suum*, o seu de cada um (o lado objectivista do Direito); a *Persona*, a pessoa humana com a sua irrefragável dignidade (a vertente subjectiva, prosopológica, ou personalista da juridicidade), e finalmente o elemento mais indefinível, e por isso objecto, segundo o jurista romano, de constante e perpétua vontade (ou busca), que é a própria *Iustitia*, ou Justiça. A Justiça é o *alpha* e o *oméga* do Direito. Este dela vem e para ela tende.

Mas o Direito, sozinho, não garante a Justiça. Nem pela mais rigorosa aplicação da tríade referida. É que, como diziam os romanos, *summum jus, summa injuria*: o máximo direito é a maior injustiça. Donde o Direito tenha de ser temperado com a clemência, ditado sempre com prudência e oportunidade, lembrando-se o jurista que a Justiça é Amor, não punição cega.

Tudo o que acabamos de dizer sobre o Direito é profundamente diverso do que pode colher-se em múltiplos outros trabalhos de juristas. Haverá alguém errado? Será este um verdadeiro livro de Direito?

O que sucede é que nos não livramos nunca de uma bifurcação essencial que divide completamente, sem grandes hipóteses de conciliação, a família dos juristas. Há quem não preste atenção ao problema; quem o julgue ultrapassado. Mas o certo é que o estudante de Direito deparará sempre com dois tipos de manuais: os que lhe dirão que o Direito é um conjunto de normas e/ou regras impostas coactivamente pelo Estado – ou o super-estado – para a obtenção da paz social ou a decisão dos conflitos de interesses (ou algo similar), e os que negarão ponto por ponto, expressa ou tacitamente, esta definição, aliás a mais corrente.

Pois bem. Os que consideram que o Direito provém do Estado ou do Poder, que outorga eventualmente direitos a súbditos ou a cidadãos, que tem legitimamente o monopólio da coacção, característica essencial do jurídico, etc., são os positivistas, ou, mais correctamente, os juspositivistas. Para eles só há um direito, o *posto* pelo homem: pela lei (posição dos *juspositivistas legalistas*, os mais frequentes e, por enquanto, os mais instalados); pela sociedade (ou por alguns activistas nela – e aqui somos "parciais" –, tese advogada pelos *juspositivistas sociologistas*, que todavia frequentemente criticam os primeiros, identificando positivismo apenas com legalismo); pela história (escatologicamente considerada – e aqui cometemos o mesmo pecado –, posição defendida pelos *juspositivistas historicistas*, sobretudo "em alta" nos tempos épicos do materialismo histórico e dialéctico, mas hoje menos frequente). A vontade do homem, mormente do que detém o poder político, faz o Direito. Por isso é fácil, útil e necessário definir o Direito para um positivista.

Não partilhamos esta concepção, de modo nenhum.

Sem negar que, na prática, o que mais se vê é a política da força, e as instituições jurídicas, sobretudo em países onde reina a tirania, se encontram vergadas ao jugo do Poder, acreditamos que pode e deve haver outra forma de convivência social e de distribuição de competências e prerrogativas. E que o mundo não pode estar condenado à submissão dos fracos aos fortes, para mais sob o manto hipócrita de um Direito ou de uma Justiça.

Ao invés, consideramos que, acima do direito positivo, fruto circunstancial da vontade de um poder – cada dia mais caprichoso, ou por si próprio mutável, ou porque cedendo aos grupos de pressão, ao capital, à rua e à greve, às sondagens e às audiências das televisões –, se pode conceber uma outra instância de julgamento desse mesmo Direito: na prática tem pouca importância o seu nome. Mas há autores que lhe chamam direito divino, outros lei moral, outros natureza das coisas, outros moral, outros direito natural, outros direito vital... Não desconhecemos as agudas polémicas entre estes dualismos jurídicos, nem as especiosas distinções que alguns tentaram estabelecer entre os diversos conceitos: mormente concatenando-os, distinguindo-os, sistematizando-os, etc.. Estas ideias parecem-nos úteis, neste momento, não tanto para traçar uma carta astral das determinações ou tendências cósmicas do Direito terreno (com as respectivas "casas" e lutas de forças *influentes*), mas sobretudo para atestar que algo paira por cima da aparente liberdade de determinação do que seja lei, ou deva valer como Direito. E que, mesmo quando ditames essenciais não venham a ser cumpridos, o homem comete então – mesmo aparentemente na legalidade, e enquanto legislador – uma falta, do género *hybris*, como diziam os gregos, uma desmesura, de algum modo protagonizando um prometeísmo ou espírito fáustico que, longe de constitir a emancipação de uma menoridade (na perspectiva iluminista kantiana) acaba por ser puerilidade pretenciosa de aprendiz de feiticeiro num mundo que desconhece e conjurando forças que verdadeiramente ignora e não é capaz de controlar.

Embora todos os "ismos" tenham consigo graves perigos, pode latamente chamar-se jusnaturalismo a esta corrente dualista, e que procura uma base natural (e não artificial, construída) para fundar o Direito. Evidentemente que o primeiro grande problema do jusnaturalismo é o da variabilidade das noções de Natureza. E o século XVIII pregar-lhe-ia uma partida de tomo, com uma pulverização delas e uma sua reconstrução tal, que, de facto, o que era jusnaturalismo realista, clássico, passou então definitivamente a ser, na sua versão moderna, jusnaturalismo racionalista, ou jusracionalismo. Um Direito natural que, na prática, acabará por tanto depender da Razão humana que passará a ser composto, em percentagem muito elevada, por elementos já verdadeiramente positivistas (como assinalou Michel Villey). Mas isso será visto a seu tempo, na parte de história do pensamento jurídico. Voltemos aos prolegómenos.

É um grave erro pensar-se que este direito não positivo, pré- e supra-positivo (a que preferimos chamar "natural") é um direito puro e ideal, enquanto o positivo seria o direito corrente, imperfeito e injusto. Não se trata disso: não pode haver direito natural eficaz, vigente, sem que impregne profundamente o direito positivo. Sem que se faça direito positivo. Ou, o que é dizer o mesmo de outra forma, sem que o direito positivo o assuma e com ele se conforme, adaptando-o às circunstâncias em cada momento e lugar.

Trata-se, por consequência, de uma questão de conformidade. Não de concorrência e de exclusão. Além disso, um mesmo ditame, positivo, negativo, ou permissivo de direito natural é passível em regra de um sem número de soluções positivas justas e outro sem número de soluções positivas injustas.

Atribuir a cada um o que é seu (*suum cuique tribuere*) é, depois de *fazer o bem e evitar o mal*, em geral, o grande princípio do Direito Natural. À pergunta pelo que venha a ser o "seu" de cada um não se pode, a nosso ver, dar uma resposta reducionista, simplesmente titularista, que, no fundo, nos conduzisse a um novo positivismo (ou, na verdade, a um contraditório "jusnaturalismo positivista"). A natureza humana de todo e cada ser humano impõe *deveres* para com o semelhante que são essenciais elementos do Direito natural: é principal dever de cada um de nós, dar a outrem o seu. Ainda que esse seu seja o mínimo de subsistência. Não é só uma obrigação estadual, com que lavaríamos as mãos da consciência, mas uma obrigação sócio-estadual solidária, em que cada um tem uma quota parte de sujeito passivo. E não falamos apenas de bens, mas de honras e de poderes. Pelo que todos nós somos pessoal e solidariamente responsáveis no dever natural de assegurar aos demais os seus direitos económicos, sociais e culturais básicos, a sua dignidade e a sua cidadania, expressa na participação política, ou, ao menos, na possibilidade do seu exercício. Mais do que "direitos humanos" (que politicamente são defensáveis, quando forem veros direitos) está-se perante deveres humanos, como recordou certeiramente Álvaro d'Ors, não deixando assim sem posteridade o problema que já Villey levantara, antes de um "suave milagre" ter confundido os conceitos em presença.

Além do mais, cada um é também o outro de si mesmo, pelo que, tanto ética como juridicamente, temos deveres para connosco mesmos – desde logo, o dever de formação recta da própria personalidade, entre outros. A criminalização do suicídio, e, em certa medida, da eutanásia, parece-nos poder residir filosoficamente (em sede de direito natural, para quem perfilhe tal posição) também nesta dimensão de "outro" que cada um é para consigo próprio, e pela ofensa a uma pessoa que cada qual pode perpetrar se a si mesmo se ofender: designadamente praticando actos degradantes, vis, humilhantes – como, por exemplo, muitos dos que se vêm (com passividade total, que saibamos, de quem de Direito) em televisões pelo mundo fora, em que precisamente uma limitação agressiva e abusiva do direito de personalidade geral de dignidade é posta em causa: ainda que consentida, *a priori*, ou, o que é mais grave, *a posteriori*, e na mira de prémios e outros ganhos.

Toda esta discussão – sobretudo na sua radicação teórica e filosófica – não tem sentido para o positivismo, que apenas pode remeter para a luta política a prevalência ou a outorga de mais ou menos direitos ou deveres.

Ora é precisamente face à política, como face a outras ordens sociais normativas, que esta visão se distingue muito da positivista, sobretudo da legalista (já que a sociologista e a historicista no fundo propugnam um vanguardismo ideologicamente comprometido – na nossa "parcial" opinião – e por isso são suspeitas). O positivismo legalista, pretensamente asséptico politicamente, deixa a quem detiver o poder a decisão, sempre. Logo, o jurista será o tecnocrata da coacção estadual – nada mais.

Quereis conhecer um positivista? Ou, como diz um provérbio português: *quereis ver o vilão*? Responde o provérbio: "metei-lhe a vara na mão". Evidentemente que os positivistas não são vilões, por perfilharem tal tese. Mas vê-se bem o que é o positivismo pela visão maquiavélica da sociedade e do poder que naturalmente gera, inculca. Enquanto se está "na mó de baixo", aguarda-se, mina-se, sorri-se, serve-se mesmo, se preciso for. Quando se passa para a "mó de cima" – voltamos aos provérbios –, "mão que se não beije, corta-se": já se está então à vontade para a mais livre e total das ditaduras.

Mas o jusnaturalismo também não estará isento de críticas: há quem o acuse de ter sempre na manga um trunfo "falso" para impor a sua vontade, onde a lei o não permita, onde a autoridade o contradiga.

Quereis ver o jusnaturalista? – perguntar-se-á então. E que provérbio lhe cabe? "Água mole em pedra dura, tanto dá até que fura."

Não sabemos se este convém plenamente. Mas o jusnaturalista vai subtilmente abalando as certezas do poder, vai sempre invocando uma razão contra a opinião. Ou esta contra aquela. E uma bela manhã, o que outrora era utopia e sonho, faz-se lei. Triunfa.

Parece haver alguma irrequietude no jusnaturalista. Ou uma mania infinita de tornear as coisas. Ainda na nova lei que ajudou a fazer vê imperfeições – porque está atento aos homens, aos dramas do *summun ius, summa iniuria*. Ou – dirão outros – porque nunca aceita as convenções, os pactos, e deseja o arbítrio sob a capa da justiça.

Mas, como nos aproximamos muito mais do jusnaturalismo que do juspositivismo, tudo ponderado, consideramos que, se pode haver casos desses – em que, pela magia da retórica, ou pelo argumento da autoridade dos clássicos, das ᵗradições, ou das divindades, se tira da manga o veto inesperado (e admite-se que nem sempre leal ou acertado) –, na maioria dos casos do que se trata é de uma constante luta pela Justiça. Muito ingrata, até porque, por vezes, poderá parecer subversiva.

O defensor do dualismo jurídico (apresente-se como jusnaturalista ou não), independentemente do seu credo político, avaliará concretamente os actos jurídicos do poder com um critério supra-ideológico e em grande medida comum, não porque sociologicamente consensual num dado instante, mas porque decorrente da natureza do Homem e das coisas, do seu sentimento de Justiça, dos princípios que, ao longo da marcha dos tempos, a Humanidade foi adquirindo como constituindo concretizações da Justiça: desde os direitos, liberdades e garantias, aos direitos ambientais, por exemplo. Ou, se preferirmos a nomenclatura anterior: desde os deveres de respeito pela cidadania e pela liberdade, aos de respeito pelo ambiente. Só para exemplificarmos, é claro, com as duas franjas-limite da mesma realidade.

Já vimos que muito se pode objectar ao jusnaturalista: desde o seu idealismo e utopismo, às sua contradições internas, à insindicabilidade e subjectivismo do que crê serem direitos ou deveres supra--positivos, se não se quiser ir mais longe e caluniá-lo como fundamentalista religioso que deseja fazer passar uma fé pelo filtro de uma filosofia jurídica.

Ao positivismo legalista só há a opor que deixa sem defesa jurídica e trans-política valores essenciais, que se curva ante qualquer poder.

Os primeiros replicarão muito possivelmente que o cepticismo e o nihilismo já levaram à ascensão de dois monstros anti-jurídicos, em que só a política imperou. E que se um foi derrotado com sangue, suor e lágrimas, o outro caiu pela sua interna contradição... ou por milagre. Pelo que há que crer e lutar por valores.

Os segundos não hesitarão em subir também o tom e replicar que o Jusnaturalismo foi, mais ou menos, doutrina de algum modo oficiosa de várias ditaduras mediterrânicas ou sul-americanas. E com isso procurarão provas, retirando aliás também argumentos dos adversários, que tudo o que decide é a política, e o direito é, afinal, uma técnica – quando muito uma subtileza para minorar os erros da política.

Indignar-se-ão os jusnaturalistas com a acusação. E a tentação de falarem em "direitos humanos" será talvez demasiado forte.

De novo a confusão conceitual. De novo a política.

Parece, por aqui, que os positivistas ganham aparentemente o debate – sobretudo se forem cínicos, sarcásticos, e muito apegados ao real. Ganham-no (sobretudo se diante de um público emotivo e impreparado) porque tem ganho a realidade injusta que eles tomam pela única possível. Só por isso.

Ninguém poderá negar que ser partidário do dualismo jurídico é sempre incómodo se tal não corresponder apenas a uma "fé dominical", que conviva com uma prática semanal de legalismo servilista. Defender valores, ter valores a martirizarem-lhe a consciência, e a guiarem-lhe jubilosamente a acção, é como ter um amor ou uma Pátria: como desta última *doença* diria Miguel Torga, "dói muito". Só um distraído habitante da cidade geométrica dos filósofos, duma Laputa de Jonathan Swift nas *Viagens de Gulliver*, só um ser distraído e ingénuo, poderá assumir tal posição com tranquilidade. Se ser jurista é já assumir muita canseira e uma boa dose de angústia – como afirmava um Mestre nosso – ser jusnaturalista ou partidário de um qualquer dualismo jurídico, então, é caso sério. Nada fácil: pelos riscos, pelas incompreensões, pelas calúnias, pelos atraques, e pelas internas dúvidas e escrúpulos, que no fundo marcam a diferença entre o jurista militarizado (peça da engrenagem de uma cadeia de comando – como é o caso da sempre presente pirâmide normativa de Kelsen, *escada de Jacob* subconsciente em toda a juridicidade) e o jurista emancipado e livre.

Decerto o juspositivista poderá dizer coisas semelhantes da sua condição. Mas como é cumpridor, só poderá ter problemas de consciência. Todavia, concebendo o Direito como esse "trabalho" a fazer, aparentemente dormirá um sono mais tranquilo. Posto que o do dualista jurídico (recordamo-lo ter dito alguém) parece aparentar-se, ao menos para alguns, ao verdadeiro *sono dos justos*. Expressão simpática, mas também polissémica: pelo menos tanto quanto se diz que a justiça (positivista ou não) é cega.

Mas há ainda que afastar o Direito, e em especial o Direito Natural, de outras realidades. Claro que não é ele confundível com a urbanidade (ou o protocolo e as mesuras) das normas de trato social, nem com as convicções (íntimas e insusceptíveis de tal proselitismo encapotado) religiosas, nem sequer com a moral, pois que esta é mais exigente que o "mínimo ético" (*hoc sensu*) que o Direito se limita a exigir.

É, porém, evidente, que o Direito não pode ser *imoral*. Quer dizer, essencialmente imoral. Não pode, por exemplo, seguir o conselho do Marquês de Sade da legalização do homicídio. Pode, porém, transigir (por tal não ser do seu foro – da coesão comunitária sobre o que é fulcral) com pecadilhos e imoralidades, segundo os usos dos tempos. Aliás, do ponto de vista estritamente social e político, que não do ético, moral, ou religioso, será até importante que alguns vícios privados equilibrem as virtudes públicas. Pequenos desvios, mesmo do ponto de vista normativo, são muitas vezes a solução preventiva (e o escape) para grandes crimes. Os jornais de parede da revolução maoísta eram catarse pontual, permitida, para a ausência de liberdade – de expressão, e de muitas mais.

Mas até que ponto se poderá transigir? Onde acaba o poder ético do jurídico? Tal é muito especialmente visível no Direito Penal. Há debates lancinantes a este propósito. Legalizar drogas, aborto, eutanásia? Será isso mera questão táctica, de eficácia e política criminal, ou estão em jogo aquilo a que os especialistas chamam *bens jurídicos*, realmente jurídicos, essenciais, a tutelar, a proteger?

E a pena de morte? É atentado ao direito à vida, insustentável, ou último recurso intimidatório geral e/ou especialmente (e radicalmente) preventivo, ou ritual retributivo por graves crimes?

Mesmo que todos aceitássemos os princípios que acabámos de enunciar, estes casos concretos, e os casos concretos dentro dos casos concretos, haveriam de nos dividir. Dividem-nos certamente.

Mas essa é precisamente a grande aventura (o grande risco) do ser jurista. "Nada do humano nos é alheio", e temos sob os nossos ombros, uns mais, outros menos, mas todos, por acção ou por omissão, a especializada tarefa de, como os deuses, dizermos do Bem e do Mal. Foi esse o legado da serpente tentadora no jardim do Éden, segundo o relato do Génesis: comemos do fruto proibido, agora somos como deuses. Cada vez mais o Homem parece sozinho com um imenso poder que não sabe utilizar. Alguns filósofos especiosos falaram da solidão de Deus antes da criação. Saberemos nós, homens, criar? Que criamos nós?

Mas isso já não é Direito.

Para as polémicas e as interrogações, jurídicas e políticas, e filosóficas, aqui envolvidas – para estas e para outras, felizmente não estamos sozinhos, mesmo que não sejamos capazes de criar absolutamente nada. Há muitos, muitos livros em que buscar inspiração. Um bom número de sábios disponíveis que nos ajudarão no caminho que seguirmos – seja ele qual for. E sempre nos entrará pela consciência adentro o peso moral ou a deontologia profissional a olhar-nos, inquirindo da nossa sinceridade e do nosso empenhamento.

Esta é a via estreita no mundo dos juristas. É a via que se preocupa com a Justiça e não com os réditos, as benesses, as mordomias. O que não significa que não haja positivistas rectíssimos e impolutos, é claro.

A via larga, é a da cega obediência a Mefistófeles. Que começa em concordar sempre com cada um e todos os professores por que passarmos, mesmo com os eventualmente jusnaturalistas, que passa por decorar bem as sebentas, os códigos e os tratados, que passa por todos os meandros do dizer que *sim* e termina, com sorte, na glória, no sucesso, na fama, na consagração – e na mediocridade, no vazio, no desespero (se ainda houver tempo).

PARTE SEGUNDA

VER (O) DIREITO

(O DIREITO E A SUA CIRCUNSTÂNCIA: NATUREZA, CULTURA E HISTÓRIA)

Para uma teoria humanística do direito

TÍTULO I

Natureza, Realidade, Pessoa e Direito

CAPÍTULO I

Nature, Law, Natural Law

Virginia Black
Natural Law Society (Founder)
Professor, Pace University, New York

1 – THE CONTEMPORARY STATUS OF LAW AND MORALS

Their connection. Natural law, a moral philosophy that criticizes, regulates, and sometimes voids the positive laws of nations, figures prominently in the last half of the 20th century. In our times, natural law has enjoyed a monumental resurgence. After World War II, trials held at Nuremberg, Germany, protested the atrocities of Nazi rule by bringing under the rubrics of natural justice those persons who ordered or executed these atrocities.

The trials were not a local event. They carried universal importance. They extended their meaning and moral message vastly further than the consciousness of plaintiff, convicted, and jury. By proxy and symbolism, the Nuremberg trials fought against the horrors of *all despotism* by fastening judgment, under self-evident, judicial postulates of equity and humanness, upon those who perpetrate egregious abuses against innocent men and women, in peacetime and in war – anywhere. These post-War trials brought to vigorous awareness the natural law tradition as it intersects with the positive laws of sovereign nations. Man-made laws and the power of national regimes that foster them are not invulnerable or supreme. They are always subject to moral scrutiny.

For a time – since the Enlightenment, and since the Utilitarian philosophy and the influential, self-authoring deontology of Immanuel Kant and his proponents – natural law moral philosophy and its centuries' long tradition in arguing for the basic moral values we should aspire to, sat quietly on a back shelf. But the atrocities of modernity, the vast scale on which they were, and can again be, committed, and the complex, laborious frustrations in dealing with them fairly and judicially, demonstrate something we should not forget: If we are to preserve the cultural dignity of mankind into the future, we must forbid certain intolerable actions that nations and governments do. Correspondingly, we need to insist upon certain impregnable principles that nations must legally enforce.

Today in South Africa, other trials stand in judgment on crimes of prejudice and partisanship approved by the former apartheid government. Soon we hope to see justice rendered in The Hague against crimes of rape, torture, and genocide perpetrated during the recent Bosnian confrontations. We expect, too, to see the suffering and tragedy of the peoples of East Timor ended by a consensus of judgment against Indonesian oppression of this nation. The acclaimed Nobel Peace Prize was, today as I write, awarded to a bishop and his associate who worked tirelessly at settling this terrible tragedy.

Efforts such as these confirm why we have to invoke a universal ethic, or natural law, to transcend territorial disputes by using irrevocable standards in league with judicial solutions, and why we must strongly and continuously condemn cruelty against persons wherever it arises. Recent war crimes and human rights violations provoked in Bosnia, Rwanda and Uganda, Liberia, Ethiopia, Guatemala, Argentina, Turkey, Indonesia, China, Mexico, Afghanistan, Libya, Iraq, and other nations, are today threatened with subjection to outside curial investigation. The central purpose would be to declare aggressive nations legally responsible for the transgressions that they empower. This is the provenance of natural law setting into place a judicial counterpart in order to deal enforceably with atrocities that brutalize human existence.

The theoretical problem. Calling for a universal moral law to assess nations' laws gives rise to a philosophical dilemma with practical import. The dilemma transcends the special laws of separate nations as moral law submits to judgment errant individuals and national conduct. The dilemma drives us toward a moral solution: holding criminal wrongdoers legally accountable. But how? The question is this:

When a nation uses its own law to do unconscionable evil to its own or to other peoples, how legally can we express outrage at such criminal behaviors except by punishing those who are guilty? Yet, paradoxically, how can we legally punish torture, murder, genocide, or other egregious acts if these are authorized by the sovereign laws of the very nations that perpetrate them? Normally, law is a force for good. How then shall a civilized people justifiedly react when law is used as a force for evil? And who shall legally judge these evils, and by what right, when nations are sovereigns unto themselves? For we do not ordinarily draw upon the laws of Nation X to punish those who only obey the laws of their own nation, Z.

Can we bring international law to bear? International law is incompletely formed and may not contain the necessary procedures or laws for competent, satisfying trial. Such law is, moreover, incompletely enforced. Can international law courts then be used? Not all nations agree to abide by the decisions of these courts. Nations guard jealously their jurisdictional autonomy, and they have strong historical reasons for doing so.

The philosophical dilemma is resolved by factoring in a reference to natural law: Certain principles of morality seep ineliminably through the human condition. They define what our nature inclines to (they are "natural"), and they set out what civilized and reflective people everywhere have come to recognize and agree to as reasonably expectable in social relations. These fundamental moral principles, such as the duty to cherish – certainly not to destroy – human life, knowledge, family, health, charity, friendship, civil society, and reason – and the duty not to injure or to cause needless suffering – these enduring values and proscriptions are of greater substance and validity than the man-made laws of different societies. The obligatory weight they bear is more powerful, deeply rational, and ontologically grounded than the rules we willfully legislate to meet our local, changing needs. Hence, we can justify using the morality of our rooted, human-natu-responsored obligations to indict legally those persons or nations that vigorously and deliberately violate its principles.

Some would argue that if a given positive law is evil, it cannot even retain its status as valid law; it cannot retain its identity as a general rule or authoritatively be enforced upon a people. This is because law's purpose cannot command that we do evil. When, then, a purported law of a nation commands and justifies evil, it is simply not law. If this claim is thought unprovable, we can at least declare that such laws are not to be obeyed. But if they are obeyed, then a higher law taking judicial precedence over the commanded evils has a duty to indict them.

Natural law defined. Variations exist on the model of natural law in overriding the positive law. More than one model or set of reasons expresses the connection – or denies it, as we shall see some legal philosophers do. One paradigm with continuing merit holds that law is a species of morality; morality is the more comprehensive domain. On this model, no way exists to allow legal strictures to escape moral judgment. Another model holds that whatever the relationship may be – law and morals as positively correlated, or as logical entailments, or at least as conceptually welded – nevertheless a foundational morality must somehow represent itself *within* the law so that difficult cases where law and morals intersect can be given a *legal* decision. In this way, the decision does not have to reach outside the law to locate the "holding", the appropriate, substantial, and central moral reason that binds the ruling.

Thus is natural law perceived in its historic function as censor of human abuses everywhere and always. A nation whose tradition and history have engendered in its people an opportunity to know the moral law is rightly brought under its enforceable restrictions if that nation commits serious wrongs which its positive law condones, or at least does not prevent. For its loyalty to practical reason, to purposes, duties, equities, and goods that carry serious weight with our human inclinations, and to a concomitant criticism of interference with these goods, a judicialized natural law morality has come to be seen as antidote to statist criminality. Today, bringing universal moral imperatives to censure or indict war crimes, rights abuses, and the acts of despots continues worldwide.

Requiring moral imperatives to control the positive law, especially in the breach, is the origin of civil disobedience. It is the origin of our moral duty to resist the oppressor. It is the origin of placing human rights above the laws of nations where these laws and human rights conflict. It is the origin of legal tribunals whose goal is both to serve and to symbolize justice. It is the origin of courts of human rights, such as the European Convention on Human Rights endowed with jurisdictional legitimacy in deciding whether individuals' rights have been degraded by their own or others' national governments. A new International Tribunal for the Prosecution of Persons Responsible for Serious Violations of International Humanitarian Law has yet to render its first judgment. But in time it will. Natural law lies behind these great legal institutions.

Ver (o) Direito

2 – BRIEF HISTORICAL SURVEY OF LAW AND MORALS

The development. Morality and the positive law have been linked since the beginning of philosophy. The protagonist Antigone in Sophocles' tragic drama *Antigone* (written in the fifth century B.C.E.) declared that an unjust law is not a law. By so doing, she brought together into one awesome, unifying idea morality and the positive law, giving precedence to the ethical concept of natural justice and positive law's submission to it. Antigone's uncle, King Creon, issued a decree that she not be allowed to bury her brother because he was accused of treason against the King. But Creon's decree, she believed, was arbitrary and evil, for it violated the enduring family ritual of burial and respect for the dead. These are social rudiments far more obligatory than the transient, jealous dictate of a king.

"Nor could I think that a decree of yours
– a man – could override the laws of Heaven...."

Kings make the positive law, they are but men. Heaven makes natural justice. Nothing can override Heaven, for no man-made law can override eternal justice. The significance is simple but electrifying: If man-made law is not consistent with the moral law, then man-made law is illegitimate and need not be obeyed.

Natural justice is an early conception. The preSocratic philosopher Anaximander, born two centuries before Sophocles wrote *Antigone* setting forth the notion that morality supersedes law when the two domains conflict, believed that nature and justice were deeply associated. Since nature is law-abiding, it brings law and morality together, bridged through the concept of order which both nature and human law express. Nature's governing principle, like a case at law, is a balance of "opposites". A hot summer requires a cold winter to maintain the balance in nature. A rainy day requires a dry day to reinstate the cycle by rectifying the balance. Thus the ontology that is nature is governed by a form of justice: the seasons make "reparation" to each other: Each must be rectified by its opposite. Each in its time must have its due. Justice is therefore a "natural law." Just as a moral order inheres in nature, accordingly, a moral order inheres in human nature. Morality is ontologically grounded. We can know its truths.

For the ancient Greeks, the ambiguity in "law" (physical law, moral law, positive law) is bridged by reason. Law is rational; morality is rational (for it is the product of the mind); and nature is rational. We no longer accept rationalism as the epistemology for physical theory. But it still can be accepted as the epistemology for *human* nature, from which morality and law take their source and justification.

Since we can, and do, make laws that violate our human nature, there can be no obligation of obedience to such laws. There is, rather, an obligation to obey the "higher law" that reflects our human nature, the law of Antigone's Heaven, the law of nature's inherent ethic. This golden thread of natural law in governing the positive law weaves its long and continuing way through Western history and culture; never leaving the loom, it weaves moral and legal philosophy together into one tapestry.

The early Sophists in the fourth century B.C.E. denied that man-made laws are submissive to natural justice, because they denied that we can know what nature (reality) and justice are. Hence, since truth does not exist, moral truth also does not exist. Conformity to the appearance of good, moral opinion, is all we can expect. Law, accordingly, follows the same pattern: no "higher morality" that we can know justifies our criticism of the laws of men. Having no measure of right, might can therefore be right. If the law of the mightiest prevails, it is because no criterion of a higher good exists to pronounce it wrong or to rectify our judgment that raw power must not, under the rule of law, be tolerated.

Sophists today, legal "positivists", deny the law-morals logical integration. Their language is not so raw-edged, or their reasons against natural law and moral truth so gross as that of the early Sophists. They meet their natural law opponents with fair arguments, acute and finely tuned. And so the early controversies, although less prominent in contemporary legal philosophy than they used to be, continue to excite philosophical interest.

Taking the integrity and courage of Socrates as their model for the endless search for moral truth, and contradicting the Sophists, the Stoic philosophers (from the third century B.C.E. until the second century C.E.) held that morality consists in conforming our wills to the regularities and harmonies of the natural order. There is a natural order, we can know it, and this is what we mean by being moral. Morality and equality are as ontologically real as nature's physical order. If positive law comports with natural justice, it can assist in keeping our human nature orderly, reasonable, and moral, and our society peaceable; if it does not comport with natural justice, it confuses and degrades our social life.

Stoic philosophy thus endorsed the morals over law subordination. Its outstanding proponent was the lawyer-orator-statesman Marcus Tullius Cicero. His copious writings and political speeches on law, virtue, and the good polity breathe natural law philosophy through their pores. Cicero and Aristotle importantly influenced the natural law conversation that was carried on dominantly and without interruption from the 14th century onward into the founding era of the United States, whose major legal document, its Constitution, encapsulates the natural law position deeply and explicitly in its Declaration of Independence, in its legal structure that is one of divided and minimum powers of government, and in its often emulated Bill of Rights.

From antiquity through the middle ages. Aristotle stressed the social and legal precepts of equity, the decisional latitude that keeps legal rules just when they encounter extraordinary cases. He differentiated the forms of justice, recognizing its formal requirements: "give each his due", "give honor where it is deserved", "treat like cases alike" "distribute equitably". The exquisite rationality that defines the core of justice resonates in Aristotle's philosophy with our human nature.

Importantly, Aristotle stressed *prudentia*, practical reason itself, as the master virtue that evaluates the means and measure by which our ideas are applied with judicious moderation to yield proper moral and legal judgments. In the many and varied topics that Aristotle discusses in his *Nicomachean Ethics* and *Politics*, positive law is brought under the conceptual dominion of natural justice.

That idea that law is not law if it is immoral appears in the philosophical writings of St. Augustine in the fifth century C.E. Earlier, in the late Roman Republic and continuing throughout the early Empire, the same view was envisioned in the *ius naturale*, explicitly implemented through the *ius gentium*, the law of all peoples. Legionnaires and consuls who traversed the Empire discovered commonalities in the customs of conquered peoples. These gave credence to the idea that empirical evidence can support the natural law – it is not a mere ideal – and that its application is benign if it issues from certain customs already in peoples' social practice. Nevertheless, the Empire endorsed the doctrine of absolutism. The holder of power is the source of law.

In the law codes of Emperor Justinian in the sixth century C.E., natural laws, among others, were systematized. They were taught in the universities of Bologna and Paris, Oxford and Prague, and for more than a thousand years afterwards appeared in the canon of the Church and the secular law of principality and nation.

The principal curator of natural law as a product of practical reason was the 13th century Thomas Aquinas who, drawing from Aristotle, delivered in his *Summa* (systematic and coherent in its logic) a full and cogent account of political society. Thomas sets forth the most rudimentary precepts of natural law as political society's guardian. Politics is a branch of ethics, reason is "the first principle of human action," and human law is *derived* from the natural law. Thereafter, in Europe throughout the 16th century and until the 17th century empirical philosophy culminating with the English philosopher John Locke, a natural law advocate himself, and later with David Hume and John Stuart Mill, who both questioned its tenets, a resurgence of natural law spilled itself out. The Spanish Scholastics, Suarez, de Vitoria, Vico, Grotius on the laws of war and peace, Hooker – text after text by both major and minor writers expound on the vast subject of morality and law.

We saw already that since the Nuremberg trials, contemporary studies in natural law philosophy have flourished. Del Vecchio, Simon, d'Entrèves, the neo-Thomist Jacques Maritain, Grisez, Davitt, George, Bodenheimer, Fuller, Finnis, Rentto – certain writings of the moderns seem fixated on the subject.

A.P. d'Entrèves writes in *Natural Law* (1972),

> The relation between law and morals is the crux of all natural law theory. The theory not only requires an extension of the notion of law. It also implies a definite view about its compass....The content of law is a moral one. Law is not only a measure of action. It is a pronouncement on its value. Law is an indication of what is good and evil. In turn, good and evil are the conditions of legal obligation.

The natural law at once both moral and legal is still more ancient than classical Greece if one accepts the findings in biblical literature of scholars like David Novak and Jacob Neusner (*Vera Lex*, Vols. VI, XIII, XIV). The Noahide laws in *Genesis* and the Mosaic laws in *Deuteronomy* represent universal moral commands. For the Hebrew tribal peoples, law, morality, and divine authority constituted one command.

In the sagas of the tribes, with exile and settlement, internecine war, monarchal rivalry, peace and recovery – the voice of the Prophets rings with echoes of universal morality. "Justice, justice, shalt thou pursue...", Isaiah cries out. Hebrew Scripture is one long story morally critical of human conduct, painful and often tragic lessons learned from violating God's moral law. Christian Scripture is one long admonition and appeal to elevating our moral behavior toward love, charity, and spiritual dignity – toward Antigone's "laws of heaven."

When they can get by with it, cruel rulers use law deceptively, as did many of the Roman emperors, to hide their real intentions: self-interest and power-aggrandizement. Throughout its long moral history natural law philosophy quarreled with these misuses of power, grounding – its quarrel in reasoned arguments and drawing upon great and well-acknowledged human models of virtue and courage. In its role as moral critic of unjust law, the credentials of natural law are precious and strong. They continue to awaken our thinking and actions about what abuses of human dignity we will not tolerate.

Social experience has taught us that peaceable solutions to misuses of coercive power, however far-ranging, often effectively present themselves in the form of curial counter-action. Hence, for hundreds of years, natural law ideas have been drawn upon in the dicta and holdings of law courts to thwart political corruption, brutality, and deception, and to pre-empt their potential. Applied with prudent recognition that different situations warrant different social responses and legal approaches, natural law ideas limit the scope and omnicompetence of political tyranny, justify disobedience to moral wrongs hiding behind the mask of law, protect from ad hoc administrations the freedom and rights without which we are scarcely human, and certainly without which we cannot effect what we innately desire: to improve our lives and our families and cultures. Enforcing imperatives that are constitutive of the very meaning of a society and of civilized conduct of people everywhere is one of the most successful ways men and women maintain their dignity as human

42   *Instituições de Direito*

beings. Natural law's reminder is that we ought absolutely to refuse conformance to inhumane edicts inflicted upon us.

3 – LINGERING QUESTIONS IN THE LAW AND MORALS RELATIONSHIP

Legal scholars today tend to orient themselves toward practical problems. Some of these, like the Nuremberg trials and their justification and the readiness with which we rush to an assault on violations of human rights, result from natural law's traditional vigilance over positive laws. But all of these practical problems are also conditioned by peculiarly modern phenomena.

Four controversial issues, below, aptly illustrate the turn to modernity in natural law thought. They can be clearly stated, although here we cannot develop their lines of evidence and argument. All are current; all are interesting; and all bear legal implications.

1. Human nature and reason. Our modern age has altered the contexts in which we think about the relations between law and morals. We saw that "nature" and "human nature" were early associated with morality. They have not ceased to be so associated. But since the rise of the physical and social sciences, especially anthropology and psychology, "nature" is no longer identified, as it was with the classical Greeks and medievals, with the rational element in human beings. Reason may be unique to our human species, but no longer is it construed as dominant or defining our nature. Thus loosened from nature, reason is loosened likewise from an ontology. Law's reasons are therefore not necessarily natural. And so they are not necessarily universal either. The way is open for convention, the legal relativism stressed by the Sophists.

Locating moral principles on the map of human inclinations, or demonstrating how we can rely on human intelligence (*prudentia*) to adequately assess the application of moral principles to concrete situations – has radically changed course. Several things follow from this modern orientation:

(1) The implications of moral law as natural, and of those aspects of the positive law we call natural justice rather than purely con-

ventional, normatively constructed, or relative to differing cultures, have to be re-examined.

(2) *Prudentia*, or practical reason, as the primary modality for moral and legal judgment may be a misleading procedure for understanding law. At least what is morally and legally prudent and reasonable admits of wider interpretation than we previously considered. Also criteria for what "reason" may validly estimate may themselves be difficult or impossible to agree upon.

(3) The inference from nature (from what exists) to what ought to be our duties, values, good ends, and right actions is questionable. The so-called logic of "ought from is" (values conceptualized from facts) whereby morality is grounded on our nature requires re-formulation. Perhaps the analogue needs to be summarily rejected. If so, the dissociation of morality from nature implies, again, moral and legal relativism. If taken seriously, no resolution can ever again argue that any authority whatsoever is evil or must not be obeyed.

These modifications, and others, on what earlier was taken for granted, direct scholarly literature today, even though such theoretical questions have often given way to the practical. There are countervailing voices though. Beyleveld and Brownsword in their article, "The Practical Difference between Natural-Law Theory and Legal Positivism" (1985), keep to the originating Antigone position. "...the concept of law is the concept of a morally legitimate power."

2. Rights. There is a problem as to whether what are called natural or "inalienable" rights, human rights, or civil and social rights are properly understood as a gradual development from natural law philosophy. Or, at least since John Locke's apotheosis of individualism in its war against the power of the state, are rights best understood as a deviance from natural law – a radical, new direction in moral and social thought? Leo Strauss argued for this latter position in his watershed book, *Natural Right and History* (1953). Since then, the pros and cons of natural right's philosophical parentage have been debated. Joseph de Torre's extensive work on Francisco de Vitoria's (1486-1546) previsioning insights on human rights while yet Vitoria was working out of the medieval tradition, closely associates rights with natural law almost two centuries before Locke presented us with modern rights. So, too, do the current writings of Vittorio Possenti.

He argues that both our moral duties and our right not to have these duties legally forbidden us produce their exact parallel in (and are the logical counterpart of) the Mosaic prohibitions, which are themselves natural laws. Henry Veatch, another modern natural legalist, contends that unless we securely enjoy the legal rights that constitute our civil freedom, we cannot fulfil our natural duties, the very precepts of natural law. Veatch's position does not equate natural law and natural rights or entail one from the other, but it shows them to be not so conceptually separate as Strauss contended. Indeed in Veatch's theory, they are mutually dependent. The debate continues.

3. Moral freedom. This issue properly belongs to the definition of the moral life in relation to personal freedom that makes us responsible for our choices. But it bears immediate ramifications for law. The question is whether we adequately define personal freedom as "the absence of restraint on doing what we want to do" (D.D. Raphael, *Problems of Political Philosophy*, 1992) or, instead, as necessitating a "morally right" component. In common parlance, personal freedom is doing what we want to do without restraint. But the opposing view, deriving from the Idealist school in philosophy, argues that acting merely on our desires or choices – what we want to do – can make us a slave of mindless passion. We are not free when we are determined by our emotions; we only think we are free (apparent freedom). It therefore seems that acting rationally is essential to being free. Certainly reason is at least essential to *knowing* what we want to do. Reason also is essential to measuring our actions prudently so as to bring about our ends – would we want it otherwise? – and, again, to *know* that we have brought about what we truly want. If, then, reason is part of the definition of being personally free, then "Only the doing of what is right is free, because it is rational." (The logical mistake is avoided if we identify being moral with being rational, which Idealists in the Greek tradition would tend to do.)

The argument has legal ramifications; for in courts of law, juries and judges have to decide whether or not the accused was free to have done what he is accused of doing. Since legal punishment takes its cue from moral and legal accountability, it is important to know what we mean by personal freedom.

4. Ius gentium. Several contemporary movements in *realpolitiks* suggest that our usual notion of the state as having supreme rights of autonomy and jurisdiction over its actions is changing. New interdependences in trade and communications, the global impact of distant events, and our increasing awareness that the environment is a single ecosystem are compelling causes of these changes creeping into our philosophies of border sovereignty. It is clear that these interactions and some of the complex, difficult challenges that internationalism currently presents are causing us to modify earlier views of absoluteness with regard to what nations can be and do on their own.

New concepts about nations and their relationships therefore are evolving that go beyond the old opportunistic treaties and balances of power. These new border-penetrating concepts and relationships have to do with things like security arrangements; neutral, outsider arbitration; protection of important sites or institutions thought to be "owned" by everyone; trade and travel relations that mark out access routes where more than one border must be crossed; shared uses of military patrols and police, or of buildings and official personnel; overlapping, sequential, or temporary contracts allocating resources and nurturing the environment. Territory-intruding and jurisdiction-compromising novelties seem to be upon us. Perhaps new federalisms are being generated. These new things in history have to be rethought, tried out, and, for the time at least, justified in terms that satisfy our common and equal needs for survival, social peace, improvements in our quality of life, and apparent yearning for a spiritual higher ground called dignity. These good ends suggest we need modifications in the rights of states fully to determine their own goals and actions.

Western nations are seen – and rightly so – not only as protectors of citizens' rights and therefore models for other nations to copy. States that claim for themselves decisional absoluteness are now sometimes seen as a potential threat to the rights of "outsiders", to aliens and strangers, and even to a nation's own disliked minorities. What are we to do with displaced citizens, with non-citizens or those whose national identities are questionable, with wandering immigrants, and with the huge worldwide migrations, deportations, and expulsions of refugees globally dispossessed and desperately seeking asylum? Changes from the generous meaning of *nonrefoulement* to *nonentrée* are causing bewilderment and chaos among makers of national policy, and certainly among the unfortunate peoples outside the gates. These new phenomena should lead us to re-examine the nature and *raison-d'etre* of omnipotent regimes.

But there is a bonus here! Re-examining the meaning and value of an older concept of nationhood reawakens the universal *ius naturale* with *ius gentium* as its practical guide. For by its nature and essence, natural law's questions of the positive law are exactly its questions of the hegemony of the legally autonomous nation. D'Entrèves writes that sovereignty appears "to undermine the very possibility of natural law thinking. Natural law is not properly law if sovereignty is the essential condition of legal experience" (*Natural Law*). Re-thinking the changes that contour the forms and functions of the state opens the blockages caused by legal and political walls.

While the protection of rights that civilized nations offer their citizens still must securely be implemented, some way has to be found to contrive legal borders that are more liberally understood and flexibly reconstituted. It may be that the idea of a unified, internally compact nation cannot fully be dismissed, or what it refers to dissolved; but more adjustable boundary and property arrangements for the *Rechtstaat* may help to resolve the dilemma stated at the beginning of this essay: Moral universals need no longer stand in intrinsic conflict with the sovereign dictates of independent states. If omnipotent states no longer function in securing life, peace, and human rights for citizens, then newer arrangements may cure past evils.

CAPÍTULO II

Phénoménologie du Droit

François Vallançon
Professeur de Philosophie du Droit
et Ancien Sécrétaire Général du
Centre de Philosophie du Droit,
Université Panthéon-Assas, Paris II

1 – INTRODUCTION

Napoléon n'avait que mépris pour les idéologues et plumitifs de tout acabit. Et pourtant c'est à lui, en grande partie, qu'on doit la définition du droit comme un ensemble de règles écrites, dont son code civil est le monument le plus célèbre.

D'où vient que la crainte de l'écrit ait été cause du culte de l'écrit?

Sans aller chercher la racine de ce paradoxe, n'est-il pas plus sage pour présenter le droit, d'offrir un croquis plutôt qu'un discours et, répondant au vœu de l'Empereur qui préférait un dessin à dix pages d'explications, de devancer celui de nos lecteurs en leur mettant sous les yeux comme l'image, de ce qu'est le droit, à partir de l'image de ce que fait le juge: une phénoménologie du droit, où l'intelligibilité du concept serait cherchée à partir de la perception de ses effets sensibles dans un jugement concret, mais pour cheminer d'un pas toujours plus assuré en direction de l' *ars boni et aequi*. Phénoménologie du droit selon Edith Stein plutôt que selon Kojève.

Qu'est-ce que le droit? N'est-ce pas rendre à chacun ce qui est à lui? – *jus suum cuique tribuendi* selon la formule romaine [1] – Et n'est-ce pas ajouter à celui qui n'avait pas, restituer à celui qui a été volé? Et donc n'est-ce pas ôter à celui qui a trop, enlever à celui qui a pris sans cause pour redonner à celui qui a été privé sans cause?

Qu'est-ce que le droit? N'est-ce pas faire venir heureusement au jour ce qui était fâcheusement dans l'obscurité?–"le commandement révèlera l'homme", ou encore *magistratus virum declarabit*, selon la parole de Bias citée par Aristote [2] –. N'est-ce pas rendre visible, extérieurement ce qui ne l'était pas, sinon intérieurement? N'est-ce pas distinguer ce qui paraissait confondu, séparer ce qui paraissait

---

[1] Digeste, 1, 1, 10, ps (Ulpien lib. 1, Reg)
[2] Aristote, Eth. à Nic. Livre V.3, 1130 a 1.

50   *Instituições de Direito*

enlacé, et donc unir, mettre en possession, ou en commun, ce qui paraissait séparé, opposé, disloqué?

Si tel est le droit, n'est ce pas exactement ce dont le jugement de Salomon nous offre l'illustration la plus fameuse?

Regardons la scène telle qu'elle est racontée au premier livre des Rois, 3, 16.28 dans la traduction de la Bible de Jérusalem:

16 " Alors deux prostituées vinrent vers le roi et se tinrent devant lui. 17 L'une des femmes dit: " S'il te plaît, Monseigneur! Moi et cette femme, nous habitons la même maison, et j'ai eu un enfant alors qu'elle était dans la maison. 18 Il est arrivé que, le troisième jour aprés ma délivrance,cette femme aussi a eu un enfant; nous étions ensemble, il n'y avait pas d'étrangers avec nous, rien que nous deux dans la maison. 19 Or, le fils de cette femme est mort une nuit, parce qu'elle s'était couchée sur lui. 20 Elle se leva au milieu de la nuit, prit mon fils d'à côté de moi pendant que ta servante dormait; elle le mit sur son sein, et son fils mort, elle le mit sur mon sein. 21 Je me levai pour allaiter mon fils, et voici qu'il était mort! Mais, au matin, je l'examinai, et voici que ce n'était pas mon fils que j'avais enfanté"! 22 Alors, l'autre femme dit: "Ce n'est pas vrai! Mon fils est celui qui est vivant!" Elles se disputaient ainsi devant le roi 23 qui prononça: "Celle-ci dit: "Voici mon fils qui est vivant, et c'est ton fils qui est mort!" et celle-là dit: "Ce n'est pas vrai! Ton fils est celui qui est mort, et mon fils est celui qui est vivant!" 24 "Apportez-moi une épée", ordonna le roi; et on apporta l'épée devant le roi, 25 qui dit: "Partagez l'enfant vivant en deux, et donnez la moitié à l'une et la moitié à l'autre." 26 Alors la femme dont le fils était vivant s'adressa au roi, car sa pitié s'était enflammée pour son fils, et elle dit: "S'il te plaît, Monseigneur! Qu'on lui donne l'enfant vivant, qu'on ne le tue pas!" Mais celle-là disait: "Il ne sera ni à moi ni à toi, partagez!" 27 Alors le roi prit la parole et dit: "Donnez l'enfant vivant à la première, ne le tuez pas. C'est elle la mère." 28 Tout Israel apprit le jugement qu'avait rendu le roi, et ils révérèrent le roi, car ils virent qu'il y avait en lui une sagesse divine pour rendre le justice."

Ce texte est assurément un texte théologique et il pourra sembler impertinent qu'un juriste en remontre à son curé.

Parlons le langage des théologiens sur les quatre sens de l'Ecriture, selon le distique d'Augustin de Dacie:

Littera gesta docet, quod credas allegoria,
Moralis quid agas, quo tendas anagogia.

Le sens littéral raconte les faits et gestes, le sens moral en tire ce qu'il faut faire de bien et éviter de mal, le sens allégorique renvoie à ce qu'il faut croire et le sens anagogique nous entraîne à notre fin dernière.

Ici, les trois derniers sens selon les interprètes autorisés peuvent ne pas faire difficulté: au plan moral, on voit aisément quelle est la mère voleuse et meurtrière et quelle est celle qui ne l'est pas; au plan allégorique quelle est l'image de la Synagogue et quelle est l'image de l'Eglise, selon Grégoire le Grand et Raban Maur notamment; au plan anagogique, à quoi ressemble l'Enfer et à quoi ressemble le Paradis.

Le plan qui risque de faire le plus difficulté est le plan littéral, dont le sens et l'intelligence commandent cependant les trois autres.

Parlons donc le langage des juristes en nous bornant au sens littéral qui est celui d'un procès banal, à l'image de tous les procès, examinons comment se noue, et puis comment se dénoue la difficulté: comment il y avait d'abord un soir, une obscurité, et comment lui a succèdé un matin, une clarté.

Ce faisant nous verrons que si l'oiseau de Minerve prend son vol à la tombée de la nuit, ce n'est pas pour se complaire dans les ténèbres mais pour préparer l'aurore, et nous rappeler à une métaphore autrement plus juste que celle de Hegel, celle d'Euripide cité lui aussi par Aristote selon laquelle la justice est si belle qui "ni l'étoile du soir ni l'étoile du matin ne sont ainsi admirables". [3]

Deux parties donc diviseront cette présentation:

"Il y eut un soir" ou comment se noue la difficulté, par la contestation.

"Il y eut un matin" ou comment se dénoue la difficulté, par l'attestation.

2 – IL Y EUT UN SOIR, OU DE LA CONTESTATION

Deux prostituées viennent demander justice au roi Salomon.

Si l'on confondait morale et droit, ou religion et droit, il serait tentant de les laisser se débrouiller toutes seules.

---

[3] Aristote, Eth. à Nic. Liv. V.3. 1129 b 27.

Vous n'aviez qu'à bien vous tenir, dira un partisan du laissez faire, laissez passer.

Je m'en lave les mains, dira Pilate, explicitement cité en ce passage par les anciens commentateurs.

Comme quoi le déni de justice est conséquence nécessaire du libéralisme pris comme absolu, et pas d'abord infraction au texte de l'art. 4 du Code civil.

D'autant que de texte violé, il n'est pas question ici.

Ce n'est pas un texte qui appuie la requête de la mère frustrée. Ce n'est pas un texte qui est cause de sa désolation.

Avez-vous un texte? dira un partisan du positivisme juridique. Mais si fondamentale qui soit la norme sur laquelle s'appuie la question d'un tel juge, aucune absence de texte ne l'exonérera du déni de justice s'il renvoie les plaideurs sans les juger, au motif qu'il n'y a pas de texte violé.

Du reste ce ne sont pas les deux prostituées qui demandent justice, mais l'une des deux.

L'autre s'est fait justice à elle-même en prenant l'enfant vivant à sa voisine et en lui donnant l'enfant mort.

La première ne veut pas, ne peut pas se faire justice comme si l'expression n'était pas contradictoire, et comme si la réclamation qui a dû suivre d'abord la découverte de la substitution, faute d'aboutir par le dialogue restreint aux interlocutrices, ne pouvait aboutir que par l'intervention d'un tiers.

Ainsi pour qu'il y ait demande de justice, il n'est pas nécessaire qu'il y ait des textes qui la prévoient, mais il est indispensable qu'il y ait insatisfaction d'une des parties au moins, c'est-à-dire distance, et douleur subséquente, entre ce qui est et ce qui paraît. Et il faut qu'il y ait espoir de satisfaction prochaine.

Cette insatisfaction serait impossible si l'être ne se distinguait en rien du paraître, comme le prétend la phénoménologie hegelienne. Mais aussi elle ne saurait être absolue puisqu'elle n'aurait pas lieu d'être si les deux enfants étaient morts ou si nulle substitution n'avait été accomplie. Comme quoi, nous sommes bien dans le monde du relatif ou du "sublunaire"[4].

---

[4] Ainsi que le dit Aristote à propos de la justice et du droit dans l'*Ethique à Nicomaque*, au livre V, *passim.*

Il y a, chez la mère frustrée, souffrance, dûe à un mal, à une inégalité; et il y a espérance, d'une guérison, d'un rétablissement de l'égalité.

La souffrance est au bord, et l'espérance est au fond.

Nous reconnaissons la vieille histoire de Pandore, et, *mutatis mutandis*, celle de la Samaritaine [5].

Souffrance et espérance précèdent le jugement de Salomon et, sans préjuger de ce qu'il sera, sont par rapport à lui comme autant de préjugés ou de pré-supposés qu'un juriste positiviste oublie, mais qu'un juge juste ne saurait taire.

La demande de la femme frustrée suppose le refus d'une certaine inégalité, entre les deux mères, en référence à une certaine égalité; et elle suppose tout autant l'affirmation d'une certaine inégalité, entre la femme et le roi, entre les deux mères, en référence à une certaine égalité.

La demande présuppose le refus d'une certaine obscurité, personnelle, interpersonnelle, mais aussi civile et sociale, en référence à une certaine clarté de même extension. La mère volée n'accepte pas l'obscurité de la nuit qui a permis le vol, non plus que le vol qui cache ce qu'elle venait de mettre au jour. Elle récuse tout autant que soit dissimulée la vilenie de l'autre mère et que sa propre situation civile [6], dans l'Israel de ce temps, déchoie, et donc tombe du clair vers l'obscur.

La demande présuppose l'affirmation d'une certaine clarté– –*diligentius intuens clara luce*– dit elle [7], grâce à laquelle l'une des femmes voit clair, tandis que l'autre, voit autrement, c'est-à-dire s'aveugle, et voudrait que tout le monde voie autrement, c'est-à-dire s'aveugle comme elle.

Si donc la clarté est chose purement subjective, la mère frustrée n'a pas de raison de se plaindre, pas de moyen de faire entendre sa plainte. Elle n'aura, au mieux, que ses yeux pour pleurer, toute seule, et sans conséquence juridique.

Si la clarté, à l'inverse, est chose strictement objective, la mère voleuse n'a pas moyen de tromper qui que ce soit: le cas relève de l'évidence, il n'y a qu'à regarder pour voir, et le roi Salomon n'a qu'à

---

[5] Et celle de St. Paul aux Romains VIII, 19, *expectatio*, dit la Vulgate.

[6] On sait qu'alors en Israel une femme sans enfant était déshonorée.

[7] Selon le latin de la Vulgate "regardant plus attentivement en pleine lumière".

trancher: quoi qu'il dise, ce sera la clarté, objective, comme sera dit objectif un tel droit, posé par un tel roi.

Montons d'un degré. Si chacun a sa vérité, la vérité de l'une des mères ne vaut pas plus que la vérité contraire de l'autre mère; l'échange d'enfant, est indifférent au droit, ou impossible, car l'un des enfants est parfaitement identique à l'autre. Si chacun est fermé à la vérité invisible, ou n'accéde qu'à l'apparence, ou seulement à la vérité empirique, la substitution d'enfant est sans remède, autre que magique ou charismatique (Max Weber).

Si donc, dans le droit, tout est positif, tout est écrit, on ne saurait comprendre comment le problème soumis à Salomon peut se poser, et encore moins comment il peut se résoudre.

Si, dans de droit, tout est objectif ou subjectif seulement, le problème posé à Salomon n'est pas un problème juridique.

Si, dans le droit, tout est naturel, exclusivement naturel de sorte qu'on soupire après un "juge nul", comme Montesquieu et Napoléon, on ne saurait davantage saisir comment une femme peut détériorer la nature et comment un roi peut la retrouver.

Examinons comment naît la difficulté.

La difficulté naît-et l'obscurité s'étend-pour trois motifs principaux qui, chacun, se dédoublent, et s'entremêlent.

Il y a problème parce que deux femmes de même état, prostituées, vivent sous le même toit, et ont l'une et l'autre un enfant.

Ce sont là des conditions de proximité, qui impliquent quelque éloignement, et des conditions de similitude qui impliquent quelque différence.

Il y a problème parce que, de nuit, l'une prend la place de l'autre ou met son enfant mort à la place d'un enfant qui n'est pas le sien.

Ce sont des conditions d'obscurité qui emportent un minimum de clarté, et des conditions de substituabilité qui laissent intact quelque chose d'irremplaçable.

Il y a problème enfin parce qu'un enfant vivant vaut mieux qu'un enfant mort et que s'il appartient à l'une, il n'appartient pas à l'autre.

Ce sont des conditions de vitalité et de mortalité, de bien et de mal, et des conditions de possession en commun ou en propre.

Ainsi ce qui est obscur, caché aux yeux de tous, peut être clair et lumineux aux yeux d'une seule femme.

Comment passer de l'obscurité à la clarté?

Par un jugement, par un juste jugement, bref par la justice.

Et qu'est-ce que la justice, si ce n'est une lumière?

3 – IL Y EUT UN MATIN OU DE L'ATTESTATION.

Rendre justice, faire justice, faire droit, est-ce assèner à tous les sujets la lumière subjective de l'un d'eux, auquel cas le juge ne serait pas juge, mais partie, partisan, et partisan d'un sujet contre tous: non unification, mais uniformisation?

Ou est-ce répandre sur tous les sujets la même et unique lumière qui éclaire un seul d'entre eux, déjà, et pas encore tous les autres?

La justice vient-elle des sujets, ou vient-elle aux sujets? N'est-elle plus élevée qu'eux, éclairante, que parce qu'ils l'installent, la posent, droit positif et étatique, au dessus d'eux, avec la contrainte de la maintenir à bout de bras? Ou est-elle plus élevée parce qu'elle vient de plus haut et descend vers eux, avec cette conséquence [8] que si elle n'éclaire pas, ce n'est pas qu'elle fasse défaut, c'est qu'il y a des obstacles entre les sujets et elle, ou dans les sujets?

Si la justice vient des sujets, et d'eux seuls, on peut entendre les deux femmes pendant longtemps, la durée ou la brillance de leur discours ne servira de rien puisque l'un détruit l'autre. On refusera de juger ou on tranchera pour des raisons qui n'ont pas de rapports avec la cause: beauté de cette femme-ci, ou éloquence de cette femme-là, ou conformité idéologique.

Pour qu'il y ait solution possible, il faut sortir du registre du discours et sortir du registre des faits.

C'est bien la nuit. Et la nuit, tous les chats sont gris.

Comment faire pour que la lumière éclaire les mots et éclaire les choses? Et, ce faisant, éclaire les mères, et tous les auditeurs et spectateurs?

Comment faire pour qu'après la naissance, qui a eu lieu, après la connaissance qui est ici partielle, il y ait en outre la reconnaissance, qui est seule satisfaisante, car publique?

---

[8] Et cette conséquence qu'elle n'est pas plus contraignante pour les hommes que le soleil pour les fleurs. Les hommes peuvent se reposer, elle est toujours là.

Qu'y a-t-il d'autre dans ce monde à la portée des hommes, que les mots et les choses? Répondons en citant encore Napoléon qui a dit: "Il y a deux forces dans le monde, l'esprit et le glaive. A la longue, le glaive est toujours vaincu par l'esprit".

Il y a l'esprit et le glaive, la pensée et la main.

La pensée de Salomon, qui va tout éclairer, expliquer, elle-même ne s'explique pas car elle vient à lui plus qu'elle ne vient de lui. Et c'est parce qu'elle vient à lui qu'elle peut aussi venir aux autres, à tous les autres, mère, pseudo-mère, bourreau, assistants.

C'est parce que l'homme pense qu'il a une main et un glaive, dit Aristote, et non parce qu'il a une main, un glaive, qu'il pense, comme le disait Anaxagore, et comme le redira Hobbes.

C'est parce que le roi est juste, ou est prié de l'être, qu'il a du pouvoir, et non parce qu'il a du pouvoir–fût-ce étatique–qu'il est juste.

Qu'est-ce-que l'esprit? Qu'est-ce-que la pensée?

L'esprit, c'est un mystère, c'est ce qui plane sur les eaux, sur la mer inféconde,sur les abîmes, sur le désordre. L'esprit, c'est ce qui transforme le *chaos-(mos)* en *cosmos*, pour reprendre des expressions empruntées à Nietzsche, Deleuze, Derrida.

Car les discours et les faits ont tous les sens qu'on vent, c'est-à--dire que, par eux-mêmes, ils n'ont pas de sens, mais ont besoin d'en recevoir un d'ailleurs.

La pensée, c'est aussi un mystère, c'est ce qui pèse, juge et sonde. C'est ce qui par l'extérieur accède à l'intérieur, et fait transparaître celui-ci à l'extérieur. C'est ce qui va, au témoignage de Perse, cité par Rousseau, *intus et in cute* [9], mais n'y reste pas enfermé.

Du *chaos-mos* au *cosmos*.

Qu'est-ce-que le chaos grec, ou le tohu-bohu hébraïque? C'est cela même où tout est indifférencié, indifférenciable, où le plus haut ne vaut pas davantage que le plus bas, où le plus profond ne vaut pas mieux que le superficiel, où l'essence ne vaut rien d'autre que l'apparence, où le plus beau ne l'emporte pas sur le plus laid…

N'importe qui étant bon pour n'importe quoi, on peut n'importe quand le mettre n'importe où…

---

[9] C'est l'exergue des Confessions:"à l'intérieur et sous la peau".

Dans le cas qui nous occupe, la parole de la pseudo-mère voile l'absence de lien avec l'enfant vivant, et voile la présence du lien de celui-ci avec la vraie mère.

Cette parole empêche la lumière d'éclairer ce qui est à éclairer, et elle la détourne pour faire croire qu'est éclairé ce qu'elle dissimule.

Son mensonge n'est pas absence de vérité, ou négation de lumière, mais retournement de vérité, détournement de lumière.

L'injustice de la pseudo-mère voile la justice du lien entre vraie mère et enfant vivant, et voile l'injustice du lien entre vraie mère et enfant mort.

Cette injustice n'est pas absence de justice, mais renversement de justice.

Que va faire l'esprit de Salomon?

Il ne vas pas instituer une vérité ou une justice, comme si elles ne pré-existaient pas à lui, comme si *auctoritas non veritas fecisset jus*.

Il ne va pas déclarer seulement une vérité, ou un droit, comme si tout le monde sauf lui était aveugle, comme si toute vérité (sous-entendu dite par lui) était bonne à dire (sous entendu à quiconque), comme si tout droit était bon pour tout homme, comme si la vérité, ou la justice, sortait toute nue de sa bouche.

A égale distance du constitutionnalisme, antinaturaliste, et du déclarationnisme, naturaliste, il va faire éclater la vérité, la justice, aux yeux et aux oreilles de tous, c'est-à-dire seulement de tous ceux qui ont des yeux pour voir et des oreilles pour entendre.

Il va rétablir-renverser le renversement, retourner le retournement-la vérité, la justice en ôtant l'obstacle qui empêchait la lumière d'éclairer le lien entre l'autre mère et l'enfant mort.

Ce que cette mère-ci mettait en lumière, Salomon le met dans l'obscurité, et ce qu'elle mettait dans l'ombre, Salomon le met dans la lumière.

Ce qui est mis en lumière, c'est l'amour d'une mère pour son enfant, et la jalousie d'une autre: l'amour de la première, jusqu'à préférer la survie de son enfant à sa possession propre, à sa mort psychologique à elle –, la jalousie de la seconde jusqu'à préférer la mort du second enfant et de l'autre mère, mort psychologique ici et corporelle là.

A la naissance des enfants, les deux mères sont à égalité.

Aprés la mort de l'un d'eux, la mère du vivant est au dessus de la mère du mort.

Aprés le vol, la mère du mort paraît au dessus de la mère du vivant.

Pendant le procès et au moment de la première partie de la sentence, les deux mères sont remises à égalité.

Au moment de l'énoncé de la seconde partie de la sentence, la mère du vivant est remise au dessus de la mère du mort.

Il y a bel et bien élévation et abaissement, donc relief, mise en lumière et rejet dans l'ombre, donc perspective, séparation entre les mères, lien entre chaque mère et son enfant.

C'est bien un *cosmos*.

Ce qui le distingue du *chaos-mos*, ce n'est pas tant qu'il y aurait structure ici, et absence de structure là, organisation ici et inorganisation là, système ici et non-système là. Ce qui distingue l'un de l'autre, c'est plutôt qu'il y a forme dans la matière ici, et matière retournée contre sa forme, là, c'est-à-dire forme matérialisée, c'est-à-dire difformité.

Ici la forme est à l'intérieur de la matière et l'informe, tandis que là, la matière extériorise la forme et la défigure, la dénature. Salomon pèse, juge et sonde parce qu'il pense. La mauvaise mère ne pèse pas, sinon avec des poids faussés, ne juge pas mais condamne, ne sonde pas mais bricole des apparences. Elle ne pense pas comme Salomon, sa pensée est mort-née, comme son enfant, ou presque.

Penser, c'est sonder, ou concevoir.

Et c'est affaire intérieure bien avant d'être extérieure, ou chose spirituelle bien avant d'être chose corporelle.

Dans le cas de Salomon, la forme c'est-à-dire sa pensée, est invisible, parce qu'elle est intérieure, l'extérieur, ou la matière, étant seul visible.

Dans le cas de la mauvaise mère, tout est mis à nu sous prétexte que la forme n'existant pas, rien n'a d'être ni de sens qui ne soit visible: apparence de partage vaut bon partage. Le partage qu'elle a fait elle-même est nécessairement le bon.

C'est *l'esse vel percipi* de tous les sensualistes.

N'est-il pas significatif que cette histoire commence avec deux prostituées et se termine grâce à un roi juste?

Qu'est-ce qu'une prostituée? C'est une femme qui exhibe ce qu'elle ferait mieux de cacher, et qui dissimule ce qu'elle ferait mieux de montrer.

Qu'est-ce qu'une voleuse et une menteuse? C'est une femme qui tait ce qu'elle devrait dire, en disant ce qu'elle devrait taire, qui prend pour elle, ostensiblement, ce qui n'est pas à elle-l'enfant vivant– et laisse ce qui est à elle en faisant croire que c'est à autrui-l'enfant mort.

Qu'est-ce qu'un roi juste? C'est un homme qui est mis au dessus des autres hommes pour montrer, mieux que ne le ferait quiconque, ce qui est à voir par eux, et pour cacher, mieux que ne le ferait quiconque, ce qui offenserait leurs yeux.

C'est le contraire et le remède des deux prostituées *duo gunaïkés pornaï*, de la pornographie. On parle d'architecture pornographique pour désigner le Centre Pompidou qui montre à l'extérieur les canalisations, les structures, que d'habitude on dissimule. On parle de la langue pornographique que serait l'allemand selon Heidegger car elle dévoile ses racines.

Ainsi la pornographie ce n'est pas seulement montrer ce qui est bas, et cacher ce qui est élevé, c'est exhiber ce qui est intérieur et c'est surtout le retourner de manière qu'il n'y ait plus que de l'extérieur.

Cela conduit à s'interdire de penser, et de juger, pour autant que penser c'est sonder, c'est pénétrer à l'intérieur à partir de l'extérieur, non pour tout réduire à l'extérieur, non pour exténuer l'intérieur, mais pour transfigurer l'extérieur, qui reste extérieur, par l'intérieur, qui reste intérieur. Penser, c'est pénétrer sans violence aprés y avoir été invité, comme Salomon. C'est toucher sans fracturer comme le fait Salomon qui fait sortir la vérité de la bouche des deux femmes à la fois. C'est faire éclater une lumière au milieu de la nuit, sans effrayer, sans aveugler, puisqu'au contraire cela remplit d'admiration tous les auditeurs et spectateurs, comme le fait Salomon.

Un théologien dirait bien sûr que Salomon préfigure le Christ

Un juriste peut se contenter de dire que Salomon juge parce qu'il pense, parce qu'il sonde, parce qu'il parle, parce qu'il éclaire.

Ainsi, parler, et spécialement prononcer une parole de droit, c'est pénétrer et faire pénétrer sans violence, au contraire de la technique; c'est toucher sans fracturer, au contraire de la technique; c'est faire éclater la lumière au milieu des ténèbres, au contraire de la technique.

Dans notre exemple, ce que chaque femme avait à intérieur paraît à l'extérieur, et tout en restant intérieur devient visible aussi à l'extérieur. C'est relatif puisque sans doute l'une et l'autre femmes resteront prostituées. Mais l'une comme l'autre portent témoignage à la vérité, l'une par son amour maternel, l'autre par sa jalousie.

La sagesse de Salomon était à l'intérieur, elle paraît à l'extérieur. Elle reste intérieure, mais sa visibilité extérieure augmente. Son *auctoritas* n'est rien d'autre que cette augmentation de la visibilité de la justice. Et cela détermine aussi le sens d'une publicité, d'une *res publica* qui ne doit rien à la vénalité et tout à la gratuité.

Ce que les assistants avaient dans le cœur paraît à l'extérieur. Ils étaient disposés à regarder, mais regardaient sans voir. Grâce à Salomon, ils regardent et ils voient, c'est-à-dire qu'ils voient mieux, et sont mieux vus ou visibles.

Et ainsi les hommes justes sont davantage portés à la justice, car ils se savent davantage regardés et vus par Salomon, et les hommes injustes sont moins portés à l'injustice, car ils se savent davantage à découvert.

De là, un sens du mot extérieur rapporté au sens du mot intérieur.

L'enfant est une chose extérieure par rapport à la mère, en ce sens qu'il révèle ce qu'elle est à l'intérieur, au moins ce qu'elle a été : aimée et aimante.

Cet extérieur peut dissimuler l'intérieur, par excès et par défaut, car la fausse mère a un enfant alors qu'elle n'aime pas, tandis que la vraie mère est privée d'enfant alors qu'elle aime. Mais l'extérieur peut dévoiler l'intérieur s'il lui est proportionné. C'est une égalité de proportion.

Et ainsi du juge. Ainsi du roi. Ainsi des autres hommes.

Cette égalité de proportion, qui caractérise selon Aristote, les distributions, concerne non seulement les rapports extérieur-intérieur, mais encore les rapports de partie à partie et de partie à tout.

Ensuite, et ensuite seulement, de cette égalité de proportion on peut passer à une égalité stricte dans les échanges, à celle que la pseudo-mère veut instituer aux lieu et place de la première.

Qu'est-ce qu'un vol? Et spécialement un vol d'enfant, une substitution d'enfant, comme ici?

C'est une échange, mais une échange inégal arithmétiquement (un mort contre un vivant) qui entraîne une modification de l'égalité géométrique. C'est un échange inégal qui aboutit à une distribution nouvelle et déséquilibrée, faute de correction subséquente. Et c'est ce déséquilibre qui est cause de la plainte de la mère frustrée, et de l'accueil de cette plainte par le juge.

Que fait le juge?

Il occupe, ou réoccupe, sa place, celle que lui avait confiée Israel, et que lui reconnaissent les deux femmes. Rétablissant d'un coup d'œil plus que d'un coup d'épée l'équilibre arithmétique, il rétablit aussi l'équilibre géométrique, et remet à leur place respective mères et enfants.

Et de proche en proche, il met ou remet à leur place les hommes justes et les hommes injustes: les hommes plus justes,plus prés de lui et de la source de la lumière; les hommes plus injustes, plus loin de lui et, métaphoriquement, à l'ombre.

N'est-ce pas cela qui donne son sens à l'altérité?

4 – CONCLUSION

Si l'on caractérise le droit par la loi qui en serait la source, par l'écrit qui en serait la forme, par la contrainte qui en serait la marque, il n'y a nul droit dans le jugement de Salomon.

Et contrairement aux anciens israélites. prostituées comprises, on n'aura nulle raison d'admirer la sagesse du roi, mais tout lieu de déplorer l'obscurantisme des vieux âges.

Si, au contraire, l'on accepte de se libérer du dogmatisme positi-viste, qui déduit le droit des seules lois positives, et du dogmatisme naturaliste, qui déclare le droit selon la seule nature, de l'homme ou des choses, alors on verra dans ce jugement de Salomon pas uniquement du droit, mais le modèle du droit, et on en recueillera les spécificités.

Le droit est essentiellement un partage, ce qui implique des cho-ses partageables, donc extérieures, et des hommes à qui conférer ces parts, donc des animaux naturellement politiques.

Si les enfants ne sont pas, de quelque façon, extérieurs aux mères, ils ne peuvent êtres ni volés ni restitués. Si les mères ne sont ni ensemble ni distinctes, elles ne peuvent ni se quereller ni demander un arbitrage.

Mais ce n'est pas le partage qui fait le droit, c'est le droit qui fait le bon partage. Toute répartition n'est pas bonne, mais celle-là seulement qui se fait selon une certaine proportion. Et ce n'est pas la pluralité, la société, qui fait le droit, c'est le droit qui fait la bonne altérité, la civilité. la cité, la *politeia*.

Et donc ce n'est pas la contrainte qui fait le droit, comme si le droit posé par l'homme étant premier, donc non reconnaissable, avait besoin de quelque chose pour s'imposer. Le droit posé par l'homme, le droit de l'homme, vient toujours aprés les répartitions, les liens et les éloignements, les conjonctions et les subordinations que la nature offre d'elle même à l'homme sans lui demander son avis, quoique non sans l'inviter de temps en temps à venir ensuite à son secours.

Si la maternité n'est pas naturelle, si la vie et la mort ne sont pas naturelles, alors le jugement de Salomon n'est pas un jugement, ce n'est pas même une utopie, puisqu'une utopie reconnaissable comme telle cesse d'en être une à l'instant même.

Mais la maternité est naturelle, et la vie et la mort sont naturelles, au témoignage des Romains: *"jus naturale...conjunctio...procreatio... educatio."* [10]

En conséquence, la maternité est aussi volontaire, la vie et la mort sont aussi volontaires. De même, le droit est d'abord naturel, et c'est pour cela qu'il est aussi spécifiquement humain.

Comme toutes choses reçoivent du soleil la lumière, et se la renvoient, ainsi les choses extérieures reçoivent de la nature d'être éclairées et éclairantes, et les hommes, qui sont dans la nature, sont, eux aussi, éclairés et éclairants. Le droit qui vient à eux est lumière, le droit qui vient d'eux est clarté.

Parce qu'il porte sur des choses extérieures, conformes ou non aux choses intérieures qu'il aide ainsi à pénétrer, le droit est affaire d'intelligibilité, et non de lecture matérielle.

Parce qu'il établit ou rétablit entre ces choses extérieures un équilibre dont la tension le dispute à la délicatesse [11], le droit est affaire de sensibilité et non de contrainte.

Parce qu'il fait constamment le siège des inconstances humaines – c'est la *constans et perpetua voluntas jus suum cuique tribuendi* des Romains – relevant ceux qui sont tombés, abaissant ceux qui se sont élevés, redressant ceux qui se sont écartés à droite ou à gauche du

---

[10] Tous mots extraits du Digeste, Livre 1,i.Ulpien.

[11] Empêchant les forces d'écraser les formes, les grands d'opprimer les petits – *datae leges ne fortior omnia posset* –, les lois nous sont données pour que le plus fort ne puisse pas tout(sur le plus faible) dit Ovide, Fastes, 3, 279.

chemin de la vie, c'est-à-dire du bien, le droit est affaire d'analogie, et non d'égalitarisme ou de fixisme.

Décidément, le droit est bien conforme à son étymologie aristotélicienne et biblique[12]: ce qui sépare et ce qui montre, ce qui sépare les boucs d'avec les brebis, ce qui sépare le jour d'avec la nuit, ce qui fait succéder le jour à la nuit. Et même dans notre société, anti-aristotélicienne, sinon anti-chrétienne, on ne juge jamais après le coucher du soleil.

Décidément, il est impossible de définir le droit plus brièvement et plus élégamment que Celse: *jus est ars boni et aequi.*

Les Romains, qui ont placé ce mot en tête de leur Digeste, étaient bien des phénoménologues, ou des philosophes du droit, sans le savoir, ce qui est sans doute la meilleure façon de l'être.

---

[12] Jeu de mots d'Aristote sur *dicha* avec un *chi* et *dika* avec un *kappa*: je juge égale je sépare. Eth. à Nic. Livre V, 7, 1132 a 30. On rattache *dikaion*, droit, non seulement à *dika*, je sépare, je partage, mais encore à *deiknumi*, je montre.

CAPÍTULO III

Bioética, Biodireito e Biopolítica
(Para uma nova cultura da vida)

Mário Emílio F. Bigotte Chorão
Professor da Faculdade de Direito
da Universidade Católica Portuguesa, Lisboa

1 – "REVOLUÇÃO BIOTECNOLÓGICA", CULTURA DA MORTE E NOVA CULTURA DA VIDA

Com apoio nos enormes progressos científicos e técnicos verificados nos campos biológico e médico, têm vindo a multiplicar-se nos nossos dias as mais variadas modalidades de intervenção no ser humano, ao longo de todo o seu ciclo vital, desde a concepção até à morte: procriação artificial, diagnóstico pré-natal, manipulação genética, transplantes de órgãos e tecidos, eutanásia, etc. Não sem razão, fala-se de "revolução biotecnológica" a propósito das ingentes proporções e repercussões deste fenómeno.

Marcada pela ambivalência, são notórios os benefícios que da prática biomédica podem derivar para o homem, mas igualmente os sérios riscos de aviltamento e aniquilação que ele corre. Os abusos biotecnológicos constituem, com efeito, uma das mais contundentes e aberrantes expressões da actual "cultura da morte" e da vasta conjura desencadeada, à sua sombra, contra a vida humana e a dignidade da pessoa, sobretudo das pessoas mais frágeis. O discurso teológico, atentas as profundas implicações morais desta situação, aponta para uma autêntica "estrutura de pecado".

Perante as devastadoras ameaças da "arma biomédica", faz-se cada vez mais instante o apelo a uma nova cultura da vida, sensível ao valor sagrado da vida humana, dom inestimável conferido a cada um pelo Criador. Esta renovação tem de firmar-se numa reflexão global e radical sobre a vida humana (*biosofia*), fundada na antropologia filosófica e teológica e projectada na ordenação moral (*bioética*), jurídica (*biodireito*) e política (*biopolítica*) da prática biomédica. Está em causa assegurar a recta utilização dos recursos científicos e técnicos, de modo a concorrer para o bem dos homens. Por isso, a última palavra não pode competir à Ciência e à Técnica, mas há-de pertencer à ordem ética, cabendo, dentro desta, à prudência, dirigir acionalmente o agir humano no plano do concreto e contingente.

68   *Instituições de Direito*

Esboça-se, a seguir, de forma muito sucinta e simplificada, o enquadramento normativo – moral, jurídico e político – das intervenções biomédicas.

2 – A QUESTÃO BIOÉTICA

As referidas intervenções suscitam, antes de mais, a questão da sua licitude ou ilicitude moral. A pesquisa sobre tal problemática deu origem ao notável desenvolvimento, sobretudo a partir da década de 70, de um ramo do saber conhecido por *bioética*, que anda ainda em busca dos seus princípios e da definição do seu estatuto epistemológico.

Cultivada geralmente como especialização da filosofia moral, a reflexão bioética tem-se alargado também às perspectivas teológico--morais, falando-se, a propósito, de *bioética cristã*. Sem dúvida, a "revolução biotecnológica" em curso reclama um saber ético forte, e este ganhará em apoiar-se, não apenas nos contributos da razão natural, mas também na luz da fé. Da Revelação promanam, como é sabido, esclarecimentos valiosos sobre o ser e a dignidade do homem, o valor da sua vida, o sentido do seu sofrimento e morte, as regras da sua acção.

As respostas a dar, no domínio moral, às interrogações levantadas pela prática biomédica dependerão, naturalmente, das opções fundamentais subjacentes aos *modelos bioéticos* adoptados.

A preferência pelo *realismo ético* significará o reconhecimento de uma normatividade moral moldada pelo ser. O bem, em vez de pura criação subjectiva do homem, é verdade objectiva que este acolhe. O adepto da atitude realista poderá expressar-se assim: "Ao ser das coisas me rendo,/com total docilidade,/pois que livre quero ser,/cativo sou da Verdade". Noutros termos, o *dever ser* moral pauta-se pelo *ser* da pessoa humana. É o que pode chamar-se, com palavras alheias, "ética da livre aceitação e afirmação do nosso ser". Ou seja, o homem caminha para o bem e a felicidade quando age racionalmente, em correspondência às tendências e aspirações profundas da sua natureza, aos fins a que está essencialmente ordenado, enfim, ao projecto divino que, como criatura, encarna. *Torna-te no que és*, sintetizou lapidarmente o poeta Píndaro. No proceder recto inclui-se, necessariamente, o respeito da pessoa do outro, o seu tratamento como fim e jamais

Ver (o) Direito 69

como mero instrumento (*princípio personalista*). O amor ("ama o teu próximo como a ti mesmo") constitui a verdadeira chave de toda a moral. E a suprema instância desta reside em Deus, o próprio Ser subsistente, fonte do ser e da dignidade singulares de cada pessoa, fim último e bem pleno do homem. "Se Deus não existisse, tudo seria permitido". Eis, em esboço aproximativo, a orientação ética que alguns designam *personalismo ontologicamente fundado*.

De acordo com este, a moralidade tem, pois, a sua medida objectiva na verdade da pessoa humana, sendo a adequação a essa medida a garantia da autêntica liberdade ("a verdade vos tornará livres"), dom feito por Deus ao homem para que escolha o caminho do bem (a verdadeira liberdade é o amor de Deus). Reconhece-se, assim, a existência de uma lei moral natural derivada da natureza humana. Ao conhecimento dessa lei que ecoa na consciência, voz de Deus no coração do homem,pode este, se estiver atento, chegar pela via da razão natural. Mas mais seguramente o atingirá, se puder contar também com o auxílio da luz da fé. No Decálogo bíblico encontra-se uma súmula de normas básicas de moral (e direito) natural, entre as quais a proibição de matar. O aborto e a eutanásia, mediante os quais se suprimem seres humanos inocentes, estão abrangidos nessa interdição. Trata-se de actos que, dado o seu objecto, são sempre intrinsecamente imorais, quaisquer que sejam as intenções do agente (os fins bons não justificam os meios objectivamente maus). Chamam-se *absolutos morais* as normas que os proíbem.

Neste quadro ético, ocupa, portanto, lugar central o esclarecimento da verdade da pessoa humana, a apreensão do seu significado profundo. "Substância individual de natureza racional" (Boécio), espírito encarnado, "o que há de mais perfeito em toda a natureza" (S. Tomás), ser único e irrepetível criado por Deus à Sua imagem e semelhança e cuja vocação é a participação livre na vida divina – eis algumas expressões que de certo traduzem o ser singular e o valor incalculável da pessoa.

O *modelo bioético personalista*, apoiado nos dados científicos e na reflexão filosófica, reconhece a condição de pessoa a quaisquer indivíduos humanos, ao longo de todo o itinerário vital,desde a concepção à morte, e isto independentemente do grau do seu desenvolvimento psicofísico, da qualidade de vida e estado de saúde, do exercício efectivo das faculdades intelectuais e volitivas e do assentimento dos progenitores ou da sociedade. A ciência biológica atesta que

70   *Instituições de Direito*

a partir da fecundação surge, com um código genético próprio, um novo indivíduo da espécie humana, que se vai desenvolver autonomamente, num processo contínuo, até à morte. Por sua vez, a análise metafísica revela que este indivíduo é, desde o início, na fase de zigoto, pessoa em sentido ontológico: *alguém*, um "rosto humano", um ente orientado teleologicamente, apto a existir por si e dotado de alma espiritual. O realismo antropológico e metafísico procura ir ao encontro da pessoa humana tal qual ela é, e não *construí-la* segundo critérios mais ou menos subjectivos, arbitrários e vacilantes.

Outras opções bioéticas afastam-se do referido modelo personalista: não admitem a fundamentação objectiva e absoluta da moral, não reconhecem a existência da lei moral natural, adoptam posições agnósticas e relativistas e chegam mesmo a esvaziar a ética de sentido prescritivo(moral sociológica e descritiva). São diversos os critérios em que baseiam o juízo moral: a liberdade subjectiva, mais ou menos absolutizada (*modelo liberal-radical*), a utilidade, aferida pelo cálculo custos-benefícios, entendido preferentemente de modo hedonista (*modelo pragmatista ou utilitarista*); os ditames dos fenómenos sócio- -históricos e biológicos (*modelo sociológico-historicista e sociobiologista*); as possibilidades da ciência e da técnica (*modelo do cientismo tecnológico*). A motivação radical-niilista ("eu quero", "eu desejo") favorece o libertarismo em matéria de aborto, procriação artificial, eutanásia, etc. O utilitarismo tende a justificar facilmente, por exemplo, o aborto e a eutanásia por conveniências de ordem eugénica ou económica. O sociologismo historicista e naturalista legitima soluções ditadas pela *lei dos factos*. O cientismo tecnológico, vergado à *lei da eficácia*, tenderá a aprovar como moralmente lícito o que é científica e tecnicamente possível, com o perigo de instauração de uma ditadura biotecnocrática. De um modo geral, todas estas opções bioéticas levam à instrumentalização do homem e podem tocar as raias do sadismo ("trata o outro como objecto").

Falta a estas orientações bioéticas um correcto suporte antropológico e metafísico. Por isso, os seus propugnadores, em nome de concepções deficientes da pessoa (como as teses de tipo funcional-actualista, funcional – gradualista, empírico – processualista), negam, não raro, o estatuto pessoal a verdadeiros entes humanos nos chamados *casos marginais* (embrião, recém-nascido, deficiente profundo, doente terminal) e não hesitam, por vezes, em situá-los numa posição hierarquicamente inferior à de animais irracionais.

3 – A QUESTÃO BIOJURÍDICA

As intervenções biomédicas levantam também interrogações no domínio da ordem jurídica, isto é, dos direitos e deveres que correspondem às pessoas nas relações sociais. Em torno desta problemática assiste-se actualmente ao desenvolvimento, em vários aspectos incipiente e inseguro, do que se vem chamando *biodireito* ou *biojurídica*.

Analogamente ao debate que se trava no campo moral, verifica-se, também aqui, o enfrentamento entre diversas opções fundamentais ou, por assim dizer, diferentes *modelos biojurídicos*.

A concepção jurídica que podemos designar *realismo personalista e jusnaturalista*, inspirada numa importante tradição clássico-cristã (Aristóteles, experiência jurídica romana, S. Tomás...), parte da realidade da pessoa humana enquanto sujeito de direitos e deveres em relações pautadas pela justiça. A ordem jurídica consiste na ordenação da vida social segundo a justiça, e esta supõe a atribuição a cada um do que é seu. Ora, o direito, na sua acepção primordial, é, precisamente, o objecto da justiça: aquilo que pertence a cada um e lhe é devido nas relações sociais. A atribuição e regulação dos direitos e deveres deriva, em primeiro lugar, da *natureza das coisas* (direito natural) e, complementarmente, das determinações da vontade humana (direito positivo). Por exemplo, o direito à vida pertence originariamente a cada homem por um título natural (a sua condição de pessoa), mas cabe à lei positiva concretizar os termos do seu reconhecimento e tutela (v.g., através da consagração como direito fundamental na Constituição e da punição dos crimes de homicídio e de aborto no Código Penal).

Assim, no centro da ordem jurídica está a pessoa humana enquanto sujeito de direitos – a começar pelos direitos naturais – e de deveres, isto é, enquanto pessoa jurídica. Quem é pessoa em sentido natural ou ontológico não pode deixar de ser também pessoa jurídica. Tal o caso, desde logo, do ser humano concebido mas ainda não nascido (nascituro) e, em geral, de todos os homens ao longo da sua vida, independentemente do estádio e qualidade desta. Ainda no ventre materno, a partir da fecundação, a criança é já sujeito de vários direitos fundamentais (à vida, à integridade física, à identidade genética, etc.), cujo respeito constitui dever estrito de justiça para a generalidade das pessoas, com realce para os pais. Faz-se hoje sentir a necessidade premente do reconhecimento expresso da personalidade jurídica ao nascituro/embrião e da consagração e tutela eficaz dos seus direitos.

A esta luz, têm, pois, de considerar-se ilícitas, por injustas, isto é, antijurídicas em sentido próprio, todas as práticas biomédicas que atentam contra os direitos naturais da pessoa, não só o direito à vida, mas também os direitos à indisponibilidade genética, à assistência pré-natal, à dignidade da morte, etc.

Tem de reconhecer-se, porém, que esta concepção do direito se encontra, hoje em dia, profundamente abalada, tendendo a prevalecer na cultura dominante a visão do *positivismo jurídico*: a ordem jurídica identifica-se com o direito positivo, ou seja, com a disciplina social posta historicamente pelas decisões humanas mutáveis, cuja expressão, por excelência, é o sistema legislativo garantido pelo poder coactivo do Estado; o direito natural, pura e simplesmente, não existe, ou representa, quando muito, apenas um vago ponto de referência ideal do ordenamento vigente. Se, para o modelo anterior, o direito é, essencialmente, a realização do justo social (*ius quia iustum*), ele aparece, na perspectiva positivista, sobretudo como normatividade coactiva (*ius quia iussum, ius quia coactum*), a ponto de se poder confundir com a força. Neste caso, faltando à ordem jurídica fundamentos suprapositivos, as exigências da justiça e a tutela dos direitos acabam por ficar à mercê do arbítrio do legislador e dos factores sociais que o condicionam. Em vez de *reconhecer* direitos prévios, derivados da natureza da pessoa e fundados em Deus (a natureza humana é obra divina e a vida singular de cada homem é dom do Criador), o legislador *cria* e regula, ele próprio, segundo critérios mais ou menos subjectivistas e relativistas, os *direitos humanos*. Por isso, não nos devemos surpreender se o virmos tirar com uma das mãos o que com a outra aparenta dar: por exemplo, entre nós, por um lado, afirma solenemente na Constituição (art. 24.°, n.° 1) a inviolabilidade da vida humana, por outro, através da lei ordinária (Cód. Penal, art. 142.°), despenaliza e facilita o aborto em certos casos.

Acresce que,na lógica rigorosa do positivismo, a personalidade jurídica, em lugar de atributo inerente à pessoa humana, reduz-se a mera concessão da lei, pelo que não é de excluir a hipótese de esta vir a recusá-la a verdadeiros seres humanos. Segundo o Código Civil português (art. 66.°, n.° 1) a aquisição da personalidade jurídica dá-se "no momento do nascimento completo e com vida". À luz deste texto legal, o nascituro não será ainda pessoa jurídica e, portanto, sujeito de quaisquer direitos, incluído o direito à vida. E se for assim, uma vez ignorada a personalidade natural do ser humano embrionário e a sua subjectividade jurídica, torna-se mais fácil a tentativa de conciliar com a Constituição o sacrifício da vida (que não é verdadeiro direito) do nascituro (que não é pessoa jurídica), como fez o Tribunal Constitucional, apropósito da legislação despenalizadora da "interrupção voluntária da gravidez". Não teriam sido possíveis estes equívocos e manipulações, se a Constituição houvesse consagrado explicitamente o direito à vida de todas as pessoas, a partir da concepção.

4 – QUESTÃO BIOPOLÍTICA

Justifica-se ainda distinguir, mas em estreita relação com os aspectos anteriormente versados, uma vertente especificamente política na problemática relativa à prática biomédica: é o que pode designar-se *biopolítica*. Trata-se agora, mais em especial, da actuação da sociedade política neste sector, nomeadamente, da política legislativa a adoptar no sentido do enquadramento normativo daquela prática. Cada vez mais se apela à intervenção do legislador, mas não são poucas as perplexidades e controvérsias que esta suscita.

Pesarão muito, certamente, nas opções a fazer, as motivações profundas da acção política.

O *realismo político personalista e jusnaturalista* tem um dos seus suportes principais na doutrina do bem comum. É missão da sociedade política assegurar o bem comum na ordem temporal, isto é, promover condições sociais favoráveis ao desenvolvimento integral das pessoas, *à bonne et droite vie humaine de la multitude* (Maritain). Essa "vida boa" abrange bens de natureza moral, cultural e económica e supõe o reconhecimento dos direitos naturais/humanos, com primazia para o direito à vida, no qual se funda a comunidade política.

Para esta concepção, a lei é, precisamente, um instrumento de ordenação racional da sociedade para o bem comum – *ordinatio rationis ad bonum commune* (S.Tomás de Aquino). Compete-lhe, por isso, servir de medida e prescrição ao que é justo, reconhecer e tutelar os direitos (e deveres) naturais, em suma, concorrer positivamente para o bem dos membros da comunidade. A lei civil, embora não tenha que fazer seu o conteúdo de todas as normas morais, deve assumir como próprios aqueles imperativos morais absolutos que integram exigências fundamentais de justiça e bem comum indispensáveis à subsistência e normalidade da ordem social. Em particular, ela não pode ficar indiferente aos atentados contra o direito à vida. Dispor da vida de uma criança em gestação (aborto) ou de um doente incurável (eutanásia) não é decisão que releve do mero foro íntimo e privado das pessoas, mas facto social grave que interessa sobremaneira à ordem político-jurídica. O Estado que não intervém em defesa da vida de pessoas inocentes e indefesas fracassa rotundamente no cumprimento da sua missão. E se, porventura, apoia em leis permissivas a prática de actos intrinsecamente maus, ofensivos do direito à vida – como no caso da legalização do aborto e da eutanásia –, essas leis carecem de legitimidade ("nem tudo o que é legal é legítimo"), em rigor, nem sequer são autênticas leis, não obrigam realmente ("é preciso obedecer antes a Deus que aos homens") e justificam a adopção contra elas de várias formas de reacção, com saliência para o exercício do direito (e cumprimento do dever) de objecção de consciência. A sua invocação pelo Rei Balduíno da Bélgica, para não ter que promulgar pessoalmente a legislação despenalizadora do aborto – imoral, injusta e adversa ao bem comum –, ficou a constituir, numa atmosfera social impregnada pelo *ethos* da permissividade, um gesto singularmente raro e exemplar de fidelidade a princípios e de amor a Deus e aos homens.

É manifesto que os ventos políticos hoje dominantes não sopram na direcção do *realismo personalista e jusnaturalista*: tende a olvidar--se a doutrina "forte" do bem comum como fim da sociedade política (substituindo-se-lhe conceitos frouxos e vagos de "bem-estar", "qualidade de vida", "interesse colectivo", "utilidade geral", etc.); apesar de toda a persistente retórica dos "direitos humanos", é deficitário, como já se referiu, o reconhecimento e tutela de direitos naturais anteriores e superiores à vontade humana, como o próprio direito à vida; a lei e a decisão política, em vez de pautadas pela racionalidade e o bem comum, são instrumentalizadas pela força do Poder estabelecido, pelo jogo dos consensos maioritários democráticos e pelas pressões de uma opinião pública manipulada pelos *mass media*. Sobre a verdade da pessoa humana e do bem comum prevalece, não poucas vezes, uma falsa e perversa ideia de liberdade. Daí que o legislador se abstenha de intervir, abandonando o campo biotecnológico ao aventureirismo da iniciativa privada e à "política do facto consumado" (assim, por exemplo, no tocante às experiências de procriação artificial), ou intervenha para dar cobertura legal à vontade socialmente imperante, mesmo quando esta é favorável a soluções notoriamente iníquas. Num extremo de abusivo exercício de poder, o Estado e os políticos chegam, por vezes, a consagrar como direitos, beneficiários de protecção legal e da cooperação de entidades públicas, comportamentos que são, por natureza, criminosos, como nos casos do aborto e da eutanásia.

Estamos presentemente numa situação política que muitas vozes autorizadas denunciam, com razão, como uma grave crise da democracia, que ameaça degenerar no totalitarismo. Aliado com o relativismo moral, jurídico e político – que questiona a objectividade do bem moral, da justiça e do bem comum –, o princípio maioritário esvazia a democracia de consistência axiológica. Possuída pelo medo da verdade e dominada pelo secularismo, a permissividade e o consumismo da "sociedade opulenta", a democracia – "democracia licenciosa", precisam alguns – perde substância ética e reduz-se a pura forma ou técnica de poder (democracia formal, técnica ou processual), cai na ditadura da maioria e na consequente intolerância, encaminhando-se perigosamente para o suicídio. O regime político que não promove a defesa da vida humana como bem indisponível pela vontade maioritária (*Êxodo* 23,2: "Não sigas a opinião da maioria para praticar o mal") não é verdadeira democracia. Esta supõe um Estado de Direito em sentido pleno, isto é, que não apenas se autovincula à legalidade estabelecida, mas reconhece e tutela os direitos naturais e produz legislação legitimada pelo bem comum e pela justiça.

BIBLIOGRAFIA:

I. **Bioética**

– João Paulo II, *Carta Encíclica "Evangelium vitæ"*(25 de Março de 1995).
– AA.VV, *Questões Actuais de Bioética*, coord. de Stanislaus Ladusãns, Loyola, São Paulo, 1990.

76   *Instituições de Direito*

– AA.VV., *Manual de Bioética General*, dir.de A. Polaino-Lorente, Rialp, Madrid, 1994.

– AA.VV, *Bioética*. coord.de Luís Archer, Jorge Biscaia e Walter Oswald, Verbo, Lisboa – São Paulo, 1996.

– Castrese di Ciaccia e Vitaliano Mattioli, *O Milagre da Vida. Reflexões de Bioética e sobre os Direitos do Nascituro*, trad. de Thereza Christina Stummer, Cidade Nova, São Paulo, 1994.

– Vittorio Possenti, *Bioetica, embrione, persona. Piccola premessa metodologica*, sep. de "O Direito", Lisboa, 125.º (1993/I-II).

II. Biodireito

– AA.VV., *Bioéthique et droit*, coord. de Raphael Drai e Michèle Harichaux, PUF, Paris, 1988.

– AA.VV, *De la bioétique au bio-droit*, dir. de Claire Neirinck,LGDJ, Paris, 1994.

– Mário Bigotte Chorão, *O Problema da Natureza e Tutela Jurídica do Embrião Humano à Luz de uma Concepção Realista e Personalista do Direito,* sep. de " O Direito" cit., 123º. (1991/IV).

– IDEM, *Direito e Inovações Biotecnológicas. (A Pessoa como Questão Crucial do Biodireito*), sep. de " O Direito" cit., 126.º (1994/III-IV).

– IDEM, "Revolução biotecnológica e Direito. Uma perspectiva biojurídica personalista", em *Verbo. Enciclopédia Luso-Brasileira de Cultura*, 23.º, Verbo, Lisboa, 1995, pp. 487-501.

III. Biopolítica

– Michel Schooyans. *Dominando a Vida, Manipulando os Homens*, trad. de Augusta Garcia Dorea, 2.ª ed., Ibrasa, São Paulo, Champagnat, Curitiba, 1993.

– IDEM. *L'avortement: enjeux politiques*, Préambule, Longuéil-Québeque, 1990.

– IDEM, *La dérive totalitaire du libéralisme*, Ed. Universitaires, Paris, 1991.

CAPÍTULO IV

Le droit et la personne
ou l'élémentaire de la tolérance

Jean-Marc Trigeaud
Professeur de Philosophie du Droit
et Directeur du Centre de Philosophie
du Droit à l'Université de Bordeaux-
-Montesquieu

1 – L'INTOLÉRANCE PAR LE DROIT

Pour comprendre le rapport à établir entre la personne et le droit, sans doute faut-il partir de l'évidente nécessité pour la personne d'être protégée contre toutes sortes de lésions, c'est-à-dire d'injustices et d'intolérances émanant des autres. Le droit n'existe en effet qu'en vue de remédier à l'injustice et à l'intolérance qui ne cesse d'atteindre la personne, que ce soit de manière directe, dans son être propre, ou indirecte, à travers ses biens ou ses avoirs. La distinction entre droit extra-patrimonial et droit patrimonial implique d'ailleurs cette référence commune. Le fondement de ces deux domaines juridiques repose ainsi sur une même notion du rôle du droit qui est conçu comme un moyen de protection de la personne. Et la personne se présente donc comme la fin qui justifie le droit, qui le rend "juste".

Mais encore faut-il s'entendre sur une définition adéquate de la personne. Car les critères du juste et de l'injuste en sont issus. Des critères qui sont aussi ceux de la tolérance qui seule s'impose: la tolérance à l'égard de la vérité de "ce qui est" et "doit être", face aux entreprises d'une intolérance qui empêche précisément ce qui est *d'être* et de pouvoir alors *devenir ce qu'il tend à être*.

Si l'on se dispensait d'une telle démarche permettant d'identifier l'être personnel à l'arrière-plan du droit, cela signifierait que l'on s'en remettrait exclusivement au droit en supposant qu'il est nécessairement juste par lui-même, et qu'il tire de sa réalité instrumentale les fins qui le guident. Telle est l'attitude que l'on nomme *positiviste* et qui affirme l'autonomie ou la suffisance du droit au regard d'une réflexion tournée vers la personne.

Or la contradiction est que l'injustice et l'intolérance qui lui est liée ne parviennent jamais à leur degré le plus élevé, et n'accèdent à la force la plus intensément destructrice de la personne qu'en recourant au droit. C'est bien là le sens d'un progrès de l'histoire du mal et de l'intolérance. Les formes s'en sont perfectionnées et s'en sont raffinées, au fur et à mesure où se développait une activité plus rationnelle et technique que sensible et empirique: proportionnellement au développement du droit lui-même. C'est par conséquent le droit qui peut désigner à son sommet l'outil de l'injustice et qui peut consommer l'intolérance.

2 – ÉLOGE DU SENS

D'où l'exigence de justice et de vérité qui conduit à explorer les critères qui déterminent le contenu de tout droit et non simplement son "pur" contenant. Certes, l'on ne lutte contre l'injustice que par le droit, et c'est un devoir de le faire au nom du respect de la personne humaine; mais les lésions que l'on combat ne sont guère donc au fond, à leur degré maximum, que des lésions suscitées par le droit lui-même, par un droit dévié qui n'assume qu'en apparence le sens juste qui le fait droit. Les tristes événements des totalitarismes de ce siècle et des récentes guerres ou des conflits religieux et ethniques qui persistent en témoignent clairement. L'on ne saurait dès lors se contenter de disserter sur le droit comme sur une structure de raisonnement neutre ou comme sur la grammaire propositionnelle et syntagmatique d'un texte littéraire ou esthétique, car cette structure ou ce texte n'est pas innocent et seul compte, par delà ses modalités logico-linguistiques, *son sens objectif*, à défaut de quoi il peut tuer.

Une telle analyse vise à dénoncer le doute positiviste qui profite au bourreau dans l'oubli de la victime. Elle attire l'attention sur l'hypocrisie et la complicité qu'entraîne un déplacement de l'interprétation quand elle est reportée uniquement sur les effets de l'injustice subie, sous leur aspect le plus matériel, qui est aussi le plus raréfié à notre époque comparée aux précédentes, en se détournant commodément de sa cause morale. Où se situe l'injustice? Dans le résultat dommageable que l'on éprouve en sa personne, ou dans la structure ou le système ou la textualité en soi formellement irréprochable et "correcte" d'un droit qui la perpètre? Où est l'injustice? Dans la main de celui qui appuie sur la gâchette ou dans les propos de justification d'un droit qui autorise l'agent au meurtre? Où est l'injustice? Dans le fait de ne pouvoir trouver un livre en bibliothèque ou en librairie, ou dans les mécanismes de distribution juridiques qui cautionnent des projets de marketing statistiques?

Si l'on est donc persuadé de devoir découvrir la "bonne" définition de la personne pour fixer le "bon" droit et non le "mauvais", l'on ramène le droit à un substrat cognitif plus que volontaire. Sa souche est dans une connaissance, laquelle peut ainsi être vraie ou fausse en vertu du sens vers lequel elle s'oriente. Là se trouve très exactement le critère. Il réside dans la connaissance de la vérité de l'être personnel. Se représenter cet être imparfaitement, partiellement, fera naître au plan de la connaissance une erreur qui connote au plan des valeurs une véritable faute. Et qu'est-ce que l'injustice sinon un effet, une extériorisation, une manifestation dans les apparences d'un élément intérieur qui s'appelle erreur et faute? L'injustice ou l'intolérance prive la personne d'une dimension, elle l'occulte, et elle traite l'une de ses parties comme un tout. Si cette injustice est passée par le canal d'un droit, c'est que l'anthropologie sous-jacente à ce droit, c'est que sa notion de personnalité juridique latente tend à se représenter la personne de façon erronée et coupable, en prenant elle-même la partie pour le tout.

3 – LIMITES DU DROIT

Il ne s'agit pas de soutenir que le droit doit promouvoir une définition philosophique de la personne. A son niveau, la définition juridique est déjà malheureusement fragmentaire, et elle ne recoupe pas entièrement la définition que le philosophe ou plutôt le métaphysicien peut proposer. Le droit est tributaire d'une activité pratique et non alèthique ou de vérité. La vérité qu'il vise est adaptée à des solutions volontaires et concrètes. Mais, de fait, le droit peut devenir l'allié d'une injustice si, en déclarant s'autonomiser, il aboutit à consacrer la définition inévitablement partielle qu'il adopte, *comme étant la définition totale*, et s'il en arrive, autrement dit, à faire de sa définition qui n'est que *médiatrice* une définition *justificatrice* qui n'appartient pas à sa compétence mais à celle du philosophe de l'être et du juste. Il n'est pas demandé au droit de faire autre chose que de respecter ce qui le dépasse, et dont *analogiquement il participe*, et qu'il n'a pas vocation à redéfinir mais à transposer et à traduire selon ses limites.

Le législateur pénal se pose-t-il la question de savoir s'il faut ou non commettre ou ne pas commettre le crime? Il n'intervient qu'après que cette question ait été résolue "dans l'être" par une autre instance que lui, en s'exprimant au futur antérieur: "quiconque aura commis", par quoi il postule une valeur de la totalité qu'aucune conception juridiquement technique du crime (même si elle se proclame "théorique") ne peut remettre en cause...

On vérifie à nouveau le procédé de l'injustice par le droit. L'injustice s'installe quand le droit substitue sa définition partielle à la définition totale, quand il fait dépendre la personne de ses critères internes purement juridiques, ou d'une "nature générale" en quelque déclaration, ou de certains traits rationalisables rattachant l'homme à des catégories abstraites, en quelque code. Comme si l'homme était privé d'existence, et donc de dignité, de respectabilité, en dehors de ces diverses coordonnées. Définir permet d'atteindre des effets, mais aucun effet à atteindre (à supposer qu'il s'agisse d'une mesure juridique de protection par la force) ne se produira au-delà du champ d'application de la définition circonscrite. Horreur d'un droit kafkaien, orwélien ou gheorghien du fichage et des "grammaires" de visages, celui qu'établissaient jadis les méthodes des cartes d'identité nazies ou staliniennes, celui que pourraient préparer, si elles revendiquaient une fonction ontologique, les fameuses "cartes à puces" où le signe utilitaire peut l'emporter sur le signifiant qui, quant à lui, ne l'est pas, et qui impose le fait existentiel.

Mais il faut avancer dans l'identification du critère. Le droit qui "positivise" une catégorie, un genre de la raison, en vue d'effets à produire, n'a nullement besoin pour être droit et fonctionner comme tel, de "négativiser", c'est-à-dire de bannir et d'exclure des données supra-catégorielles, qui procèdent des *universels* de l'esprit et des *idées* métaphysiques de ce même esprit quand il essaye de comprendre la réalité ontologique de l'homme. Or si ce droit croit devoir proférer tout implicitement une telle négation, qui le fait sortir de sa nature stricte, qui l'oblige à usurper un rôle philosophique et substantialisant, (et toujours sous couvert de positivisme alors que l'abstention positiviste s'y trouve niée), il symbolise dès lors l'injustice et l'intolérance, et il ne peut qu'en engendrer les fruits. Comment un droit qui ne tolérerait pas la vérité philosophique de la personne qui se présente à lui pourrait-il se faire le défenseur technique et pratique de ladite personne? Sans qu'il y ait à entrer dans une quelconque analyse des "cas" ou des figures de l'injustice, une même injustice, la plus grave de toutes, est provoquée par le seul fait de s'affranchir de l'être réel et de le remplacer par l'être de raison du droit.

4 – LE DROIT OUVERT

En revanche, un droit juste continuera son office traditionnel, et il retiendra des définitions tissées en un langage de qualifications rationnelles et conceptuelles qui enchaînent les généricités les unes aux autres à divers degrés, de l'animal raisonnable au citoyen et au créancier. Mais il s'efforcera surtout *de maintenir une ouverture à des définitions qui transcendent son propre savoir et le précèdent*, des définitions qui inspirent ou informent les siennes, et dont les siennes ne sont que des réductions adaptées aux exigences pratiques de la raison, parce que la raison se contraint à identifier un "ressemblant" et à le catégoriser pour mieux efficacement le défendre.

Le savoir philosophique ou métaphysique auquel on peut remonter, en-deçà du droit, renvoie en effet à l'ordre de l'universel, à l'ordre de ce qui est *un* à l'horizon de la pensée idéative, une pensée qui n'est nullement fondée sur des comparaisons d'expérience pour laquelle une seule expérience suffit, et qui est la marque de l'intelligence typique ou *humanisante* de l'homme (comprendre la mort en voyant un mort, la souffrance en souffrant une fois, mais les dissertations rationnelles ou conceptuelles qui développent le savoir des causes secondes ou du comment de la mort ou de la souffrance ne permettront jamais de procurer le savoir de la cause première du pourquoi ceci plutôt que rien et de son identité existentielle...).

En d'autres termes, le droit juste se soumet à la justice de la perception de l'être ou de l'existence qui traduit une vérité objective et unique et ainsi universelle, la vérité qui passe par une autre faculté humaine que la raison, et qui lui est supérieure en ce qu'elle permet à la raison de raisonner (puisqu'elle implique un jugement d'adhésion à la vérité de l'existence de son objet): la faculté de l'esprit ou de la formation des idées.

Le droit juste en vient par là à conceptualiser la personne, mais sans faire tort à l'idée de la personne qui déborde son concept. La clé

84 — Instituições de Direito

de la justice consiste donc en un processus d'analogie. Le droit ne peut être juste par lui-même. Il reçoit la justice de plus haut que lui. Il est dépositaire d'un savoir qui est universel et absolu. Mais pour transcrire ce savoir selon ses exigences propres, il doit le rendre général et relatif (si tant est qu'il y ait plusieurs genres possibles, ce qui les rend tous relatifs les uns aux autres, mais à l'intérieur précisément d'une unité ou totalité qu'ils reflètent tous, et par laquelle il faut métaphysiquement passer dorénavant pour aller de l'un à l'autre).

5 – L'ÉGALITÉ PARTICIPANTE

En somme, le droit n'est juste que *par participation* à une définition dans l'être à laquelle il faut toujours le reconduire pour le justifier. Le prototype du droit injuste et intolérant est celui qu'accréditent les conceptions en vogue des "théories de la justice" et de "l'égalité des chances" qui centrent le droit sur la notion d'égalité, alors que l'égalité est seconde et présuppose résolu le problème de la définition de la personne. En fait, la personne sera définie par l'égalité, et l'on oubliera que l'égalité n'est qu'une relation entre deux termes à la dignité desquels elle doit se plier. La personne humaine étant définie en dehors du concept d'égalité, on peut ensuite parler de ce concept où règne le droit qui lui offre la condition "égale" de son existence, du développement de son être. Si l'on procède suivant ce schéma, l'on entretiendra la bonne conscience d'une justice du ressemblant, à l'intérieur de la catégorie que l'égalité permet de tracer quant aux personnes, or cette justice deviendra injuste et intolérance vis-à-vis de toute personne hors grille. On sait comment finissent dérisoirement, dans le conformisme aux idéologies technocratiques et matérialistes de l'"ordre de marché", lesdites conceptions enseignées prudemment sous le nom de théorie récusant sans scrupule la philosophie..., mais qui, dirait Montaigne, ne s'empêchent pas de "philosopher autrement"!

Si l'on part au contraire de l'idée de l'existant humain comme personne, tout existant, parce qu'existant, recueille suffisamment de dignité pour entrer ensuite dans les moules d'un droit qui le soumet au partage et à l'égalité, ce qui n'exclut de la communauté juridique aucun des vivants ou existants qui sont déjà membres de la communauté humaine de référence du philosophe. Le philosophe (métaphysicien il est vrai) rappelle que le savoir, que la définition, par l'esprit et l'idée, de l'existant personnel, en sa radicalité, commande une fin absolue, un devoir-être universel: le droit ne peut établir aucune de ses catégories génériques *sans respecter participativement cet existant*; il ne saurait fixer des genres qui ne soient tous en même temps l'expression d'une même unité ou totalité antérieure de référence; en chacun d'eux, en chaque partie générique, doit pouvoir se refléter le tout de l'homme. Le droit ne pose pas ou ne positivise pas le savoir impositivisable de l'idée sous forme de concept: il l'aménage, ce qui est différent. Mais quand il le fait, il en accepte et accueille la dimension plus haute, pour éviter de faire de ses critères, de ses genres, de ses mécanismes d'égalité, des points de départ, car ils ne sont que transitoires. La "chance" n'est pas ainsi, faut-il le répéter, un produit de synthèse de l'égalité reportée sur l'homme de sorte qu'il y aura toujours des exclus pour lesquels telle chance offerte n'en est pas une, du fait qu'elle est inférieure ou supérieure à ce à quoi ils peuvent prétendre (condamnation commune des deux extrêmes qui signifient l'être réel). *La chance se confond avec la personne elle-même*, et c'est le fait d'être une personne et de pouvoir devenir ce qu'elle est qui est une chance. La chance n'est pas livrée au *consensus*, au pouvoir de la raison ou de la volonté: elle s'impose comme un indécidable dans l'être. En revanche, la répartition des conditions juridiques et des moyens offerts se calcule selon l'égalité et en appelle au *consensus* et aux normes d'une rationalité prudentielle.

6 – FAIRE ÊTRE L'UNIVERSEL SINGULIER OU LA MÉTAPHYSIQUE JURIDIQUE DU CONCRET

C'est dans cette perspective que le droit juste *fait être* l'être personnel, et le promeut par ses voies spécifiques mais sans jamais prétendre le déterminer.

Cependant, il ne suffit pas de pratiquer la réflexion métaphysicienne qui remonte à un universel pour découvrir toute la vérité personnelle. Cette vérité ne se comprend en effet que si l'on admet son caractère singulier. L'universel se réfère à l'être réel derrière lui, or l'être réel, dans son opacité à notre esprit, n'est que l'altérité ou la singularité.

Revenons à la personne vivante. Elle s'impose au regard de l'idée dans son existence. Et cet indubitable est présupposé dans tous nos rapports avec les personnes, comme il est latent dans le droit lui-même, bien qu'il soit inconscient à travers toutes ses démarches. Nous ne raisonnerions pas sur l'homme si nous ne convenions qu'il était. La première vérité universelle, absolue, objective, est ainsi celle de l'existence empirique. Dès que nous entreprenons la démarche de la raison, qui généricise et conceptualise, déjà nous faisons entrer ce savoir dans des réductions. Jamais la personne existentielle ou réelle ne sera la personne rationnelle ou conceptuelle. La première est hors de nous, la seconde est en nous, ce que nous en retenons pour agir même moralement, juridiquement, pour elle.

Or le savoir philosophique est celui de l'idée émanée de l'esprit, avant le savoir théorique du concept issu de la raison. Et ce savoir lui-même nous apprend que l'universalité par laquelle nous pensons la réalité "une" de la personne humaine, est *en nous* et non hors de nous. De sorte qu'il y a déjà, au plan métaphysique, une dualité ou une distorsion qui s'installe entre notre esprit et l'être. Notre définition philosophique de ce qui est universellement et absolument vrai de la personne marque une distance infinie avec ce que nous sentons de sa présence réelle.

De même, qu'il y a une personne rationnelle et conceptuelle du droit, il y a une personne intellectuelle et idéale de la justice qui précède le droit: la première signifie la généricité de la personne, la seconde exprime son universalité ; la première n'est juste que si elle s'ouvre sur la seconde et si elle ne la contredit pas: si elle la reflète tout en la transposant. Mais la personne réelle subsiste, telle qu'elle est intellectualisée par la justice, puis rationalisée par le droit. Or celle-ci est un singulier. Car elle échappe à la pensée métaphysique de l'idée qui ne s'élève qu'à universalité, qui réfléchit sous la mesure commune de l'universalité, et de cette universalité qui permet à l'esprit de s'assimiler le réel lequel qui demeurera toujours exilé au delà de ses prises.

Le singulier est la réalité même de l'être existant. L'universalité dans l'idée y renvoie, mais elle ne se mélange pas avec lui. Par l'universalité, je sais que Pierre existe, je me soumets à la connaissance que m'enseigne l'idée universelle et absolue de son existence (en répondant à la question *an sit?*: existe-t-il quelqu'un?). Mais dès que je veux penser le contenu de cette existence de Pierre, dès que je formule la question de son essence (*quid sit?*: qu'est-ce que ce qui est?), je dois m'incliner devant le mystère de l'irréductibilité du composant intime de ce qui est sans que je puisse le nier, en un contenu rebelle et donc Autre, "tout autre". C'est ce qui manifeste parallèlement un sens théologique immédiat, surtout si l'on incarne le *logos* et si l'on saisit comment "je suis celui que je suis" (et non "qui suis"!) atteste bien en chaque homme ce lien entre existence et singularité.

Si la vérité, si la définition reçue du métaphysicien est celle de l'affirmation d'une universalité de l'existence, laquelle est singulière, *la justice obligera par conséquent à respecter* ce qui est, *et la justice permettra ainsi à* ce qui est, – *sans porter de jugement, sans avoir à dire d'abord* qui est qui –, *de devenir* ce qu'il est *conformément à la forme universelle de l'existence où il se donne.*

Chacun peut être désormais tutoyé ainsi indépendamment des vousvoiements objectivisants du droit. Et la partition que joue l'interprète du droit n'obture nullement cette possibilité, toute sonorité que l'on en tire, par delà sa mesure universelle, se produisant incomparablement et singulièrement en réaction avec un monde ambiant situé *hic et nunc* (d'où la relativité des enregistrements musicaux). Car cette partition juridique vise un ensemble de mécanismes qui sont certes abstraits, mais qui *font être* concrètement et singulièrement davantage les personnes, chaque fois que leur dignité est blessée et chaque fois qu'elles en appellent à la protection du droit (d'où symétriquement la relativité des standardisations jurisprudentielles comme le rappelait le juge Holmes, le travail du magistrat plongeant dans cet universel concret).

En somme, chaque fois que l'injustice apporte *un moins être* à la personne, le droit lui procure *un supplément d'être* en lui offrant et en lui garantissant le moyen d'accomplir sa propre fin. Le droit ne saurait préjuger de cette fin. Il ne dit d'ailleurs pas comme Kant que la personne est une fin, mais plutôt que *toute personne a une fin* qui n'appartient qu'à elle ! Le droit ne lui demande donc pas à la personne de se révéler, et il n'autorise pas à défendre l'argument d'opinion faisant acception de personne, ou invoquant la situation privilégiée dans l'injustice des uns ou des autres: il se borne à assurer à chacun le maintien et le développement de son être. C'est cela qui s'appelle tolérer dans l'activité même du *suum ius cuique tribuere.*

TÍTULO II

O contexto sincrónico do jurídico

CAPÍTULO I

Direito e Sociedade

O Lugar e o Papel das Ciências Sociais e Humanas
na Modernização da Sociedade e das Universidades Portuguesas

Fernando Santos Neves
Reitor da ULHT – Universidade Lusófona
de Humanidades e Tecnologias

À semelhança das ideias de "razão", "direito", "deus", "cristianismo", "humanismo", "iluminismo", "progresso", "evolução" ou "revolução" noutros momentos históricos, pode afirmar-se que, hoje, são as vozes de "desenvolvimento" ou "modernização" (inclusive nos seus ouropéis mais ou menos neoprovincianos de "pós-modemismo à portuguesa") que polarizam as atenções dos nossos contemporâneos, mesmo se, como já observava P. Theilhard de Chardin, "uma grande multidão dos nossos contemporâneos ainda não são modernos"[1]. Para que se tornem algo mais que fácil alibi politiqueiro ou exorcismo feiticista, o verdadeiro desenvolvimento e a verdadeira modernização da Sociedade e das Universidades Portuguesas deverão, necessária e simultaneamente, incluir uma *"inovação científico-técnica"* (sem que os discursos sobre as "novas tecnologias", feitos a despropósito, se tornem a fuga para a frente de concretas realidades incontornáveis) e uma *"inovação científico-social"* talvez, para alguns, muito distraídos ou pouco lúcidos, não tão óbvia, mas não menos essencial nem menos urgente[2].

São conhecidas as reflexões de Lenine, em contexto histórico evidentemente diverso, sobre as duas componentes da Revolução Russa que seriam *"Os Sovietes mais a Electricidade"* bem como os ensaios já clássicos de Snow sobre *"As duas culturas"* ou de Th. Kuhn sobre *"A estrutura das revoluções científcas"* e respectivos *"paradigmas"* ou de Joel de Rosnay sobre *"O macroscópio"* e a *"visão sistémica"* ou de H. Prigogine sobre *"A nova aliança"* e os *"conceitos vagabundos"* ou de E. Morin sobre a *"metodologia complexa"* e as *"meta-disciplinaridades"* ou de Boaventura Sousa Santos sobre a *"segunda ruptura e a*

---

[1] Teilhard de Chardin, *O Fenómeno Humano,* tr. port., Liv. Tavares Martins, p. 235.

[2] J. P. Martins Barata, Teresa Ambrósio, *Desafios e Limites da Modernização,* Ed. Instituto de Estudos para o Desenvolvimento, Lisboa, 1988.

pós-modernidade epistemológica" ou de Manuel Sérgio e as suas elu-
cubrações pioneiras sobre a *"epistemologia da motricidade humana"* ou
de Armando Castro e o seu *"Opus Magnum"* sobre a *"teoria ou ciência
do conhecimento científico, designadamente das ciências do homem"* [3];
eu mesmo desde há algum tempo venho insistindo, por um lado, no que
designei *"Projecto de Antropótica"* como confluência e superação do
"antropocosmos" e do *"tecnocosmos"* e, por outro lado, no conceito de
"Ruptura Epistemológica Primordial" como ultrapassagem de todo o
monoparadigmaticismo científico; e o Prof. José Baptista, dinamizador
entre nós da "Sociologia Industrial, da Organizações e do Trabalho"
(S.I.O.T.), desde há muito chamava a atenção para a nula utilidade e até
contraproducência de *"informatizar o Castelo de Kafka..."* [4].

A mensagem é simples mas fundamental: a *"inovação científico-
-técnica e tecnológica"* e a *"inovação científico-social e humana"* terão
de ser os dois comotores, dialogantes mesmo se eventualmente polé-
micos, de qualquer "desenvolvimento" ou de qualquer "modernização"
que valham minimamente a pena. Em termos epistemológicos, institu-
cionais e curriculares (e num momento em que velhos ou novos e até
novíssimos paradigmas se vêem forçados a abandonar as suas preten-
sões e tentações ditatoriais, totalitárias e imperialistas), a conclusão e a
tradução não podem ser outras senão as de, superando todos os arcais-
mos culturais e mentais, explicitar e implementar, conjuntamente e adequadamente, as chamadas *"ciências técnicas e tecnológicas"* e as chamadas *"ciências sociais e humanas"*.

Como o cientista Abel Salazar deixou escrito na sua escola de
Ciências Biomédicas do Porto: *"Um médico que só sabe medicina
nem medicina sabe"*, poderemos e deveremos afirmar para todas as
Universidades Portuguesas: Qualquer ciência que não seja, teoricamente e curricularmente, pluri-inter-trans-meta-disciplinar não passará
de nula, pseudo ou contraciência. E até começava a ser tempo de não
cairmos neste novo "provincianismo de atraso e isolamento" qual
seria o de não nos darmos conta da hoje universalmente reconhecida

---

[3] Desta *"Suma epistemológica"* do Professor Armando Castro, ímpar em qualquer língua, as *"Edições Universitárias Lusófonas"* já anunciaram o início da publicação para 1996.

[4] José Baptista, *A Informatização do Castelo de Kafka: Inovação Tecnológica
versus Inovação Organizacional*, Lisboa, 1986.

insubstituível rentabilidade "industrial" dos "recursos humanos" e de que as emergentes sociedades "pós-industriais", "pós-modernas", da "terceira vaga" ou semelhantes serão, por excelência, as sociedades "de, para e com os homens" e, consequentemente, sociedades dos "serviços, profissões e ciências sociais"[5].

Uma "Introdução ao Direito", enquanto ciência social e humana, que se inspire nesta "filosofia", não pode ser senão benvinda e benfazeja; como autor, nas Universidades Portuguesas, do movimento tendente a institucionalizar, em todas elas, a área do "Pensamento Contemporâneo"[6], por razões de modernidade fundamentalmente epistemológicas e paradigmáticas, não posso deixar de augurar a tal "Introdução" o maior sucesso no âmbito de todo o mundo universitário e científico.

---

[5] Cf. emblemático estudo da revista italiana "L'Espresso" de 12 de Maio de 1995, intitulado: *"Ha letto Kant? Diriga la Fiat"*, que se poderia traduzir livremente *"Quer dirigir a Fiat? Leia Kant, estude as ciências humanas!"*.

[6] Cf. livro de texto "Introdução ao Pensamento Contemporâneo", Lisboa, Edições Universitárias Lusófonas (no prelo).

CAPÍTULO II

Civilizações, culturas e Direito. O "Direito Comparado"

Patrícia Jerónimo
Assistente estagiária do Departamento Autónomo
de Direito da Universidade do Minho

1 – IMPORTÂNCIA DA COMPARAÇÃO DE DIREITOS [1]

A Comparação de Direitos, enquanto estudo de figuras e institutos integrados em ordens jurídicas diferentes, no sentido de lhes encontrar semelhanças e diferenças (e perceber as razões que presidem às semelhanças e diferenças verificadas), constitui o objecto do Direito Comparado[2], ramo do saber a que é, hoje, de modo praticamente unânime, reconhecida autonomia científica[3], e particular importância para a formação dos juristas.

O interesse pela consideração dos direitos na sua diversidade geográfica estava já presente nos estudos dos Antigos e manteve-se uma constante do pensamento jurídico ao longo dos séculos. No entanto, o desenvolvimento do Direito Comparado como ciência é um fenómeno

---

[1] Cf. René DAVID – *Les Grands Systèmes de Droit Contemporains (Droit Comparé),* trad. port. de Hermínio A. Carvalho, *Os Grandes Sistemas de Direito Contemporâneo – Direito Comparado,* Lisboa, Editora Meridiano, 1978, p. 25 ss.; Eric AGOSTINI – *Droit Comparé,* Paris, P.U.F., 1988, trad. port. de Fernando Couto, *Direito Comparado*, Porto, Rés, s/d., p. 22 ss.; João de CASTRO MENDES – *Direito Comparado, in* Pólis, Lisboa, Verbo, s/d., p. 427 ss.; Paulo FERREIRA DA CUNHA – *Princípios de Direito, Introdução à Filosofia e Metodologia Jurídicas,* Porto, Rés, 1993, p. 189 ss.; *idem – Prefácio a Eric Agostini – Droit Comparé,* Porto, Rés, s/d., p. 5 ss.; Miguel REALE – *Lições Preliminares de Direito,* 10.ª ed. rev., Coimbra, Almedina, 1982, p. 303 ss.; Paulo DOURADO DE GUSMÃO – *Introdução ao Estudo do Direito,* 12ª ed., Rio de Janeiro, Forense, 1986, p. 29 ss.; Fernando José BRONZE – *"Continentalização" do Direito Inglês ou "Insularização" do Direito Continental? (Proposta para uma reflexão macro-comparativa do problema),* Coimbra, Suplemento ao "Boletim da Faculdade de Direito da Universidade de Coimbra", 1982, p. 13 ss..

[2] Não consideraremos aqui as questões levantadas a propósito da legitimidade da designação Direito Comparado, face a outras que melhor traduziriam a realidade a identificar – como Comparação de Direitos, Geografia Jurídica, etc..

[3] Está ultrapassado, de um modo geral, o entendimento pelo qual o Direito Comparado mais não seria do que um método, o método comparativo, ao serviço de qualquer área da ciência jurídica.

recente. Poderemos dizer – com Paulo Dourado de Gusmão[4] – que é o ano de 1900 que "marca, com o Congresso Internacional de Direito Comparado, realizado em Paris, o momento da sua aparição oficial no cenário jurídico mundial". Desde então, e sobretudo depois de 1945, os estudos de Direito Comparado mereceram grande atenção e longos debates foram mantidos em torno da sua natureza, objecto, método e utilidade. Para ser hoje pacífico que se trata de um saber autónomo no quadro da ciência jurídica, dotado de um objecto e de um método próprios, e com importantes contributos a dar à integral formação dos juristas.

A importância dos estudos de Direito Comparado tem tradução a vários níveis. Comparar direitos significa comparar civilizações e culturas – alarga os horizontes dos juristas, alerta-os para a relatividade das soluções face à pluralidade de normativos possíveis. Permite abandonar preconceitos e pôr questões. A nível nacional, isso importa um conhecimento mais profundo do direito vigente e o estabelecimento de bases (sugestões) para um seu aperfeiçoamento[5]. A nível internacional, a comparação é via para um melhor entendimento dos outros povos e, por aí, para uma melhor relação com eles. O Direito Comparado desempenha um papel importante no *movimento de internacionalização do Direito,* de que são expressão, p. ex., a União Europeia (no seio da qual se criou um direito comum aos países que a integram), a multiplicação de tratados e convenções internacionais, o estabelecimento de Instituições de âmbito internacional dedicadas à ciência jurídica e ainda a defesa do projecto de uniformização internacional do Direito[6].

2 – OS SISTEMAS JURÍDICOS

Objecto do Direito Comparado é, já o dissemos, o confronto entre diferentes ordens jurídicas. Por razões sobretudo didácticas, a gene-

---

[4] *Op. cit..*

[5] Será, no entanto, de chamar a atenção para o perigo que comporta este *exemplo* estrangeiro. Da "fascinação de uns direitos sobre os outros" decorrem, muitas vezes, importações inadequadas que esquecem a tradição e a idiossincrasia nacionais – cf. Paulo FERREIRA DA CUNHA – *Prefácio a Eric Agostini – Droit Comparé, op. cit..*

[6] Ideia acalentada, entre outros, por René David, *op. cit..*

Ver (o) Direito 101

ralidade dos comparatistas opta por, em lugar de analisar detidamente cada concreta normatividade, agrupar os direitos em sistemas ou "famílias", atendendo, para isso, às *fundamentais afinidades* – que podem radicar na identidade de raça, língua, ideologia, religião, origem histórica, ou, de um modo geral, e englobando todos aqueles aspectos, na pertença a uma mesma civilização[7].

É comum dedicar especial, senão exclusiva, atenção às três grandes "famílias" da juridicidade – a "família" ocidental, a "família" soviética e a "família" muçulmana. Considerá-las-emos – naturalmente – sem, no entanto, deixar inobservados outros direitos que entendemos merecerem idêntico interesse – o direito hindu, o direito chinês, o direito japonês e os direitos africanos.

Começaremos por identificar as origens e os traços caracterizadores de cada um dos sistemas para, num segundo momento, os observarmos no presente e avaliarmos a medida em que a pureza dos termos resistiu ao tempo.

1. Desenho tradicional

1.1. A "Família" Jurídica Ocidental[8]

Estruturada sobre os legados grego, romano e judaico-cristão, a civilização ocidental é fundamentalmente humanista. É o Homem,

---

[7] Paulo FERREIRA DA CUNHA – *Princípios de Direito, op. cit.*.

[8] Cf. René DAVID – *Les Grands Systèmes de Droit Contemporains (Droit Comparé), op. cit.,* p. 55 ss.; Eric AGOSTINI – *Droit Comparé, op. cit.,* p. 194 ss.; John GILISSEN – *Introduction Historique au Droit,* Bruxelas, Établissements Émille Bruyant, 1979, trad. port. de António Manuel Hespanha e Manuel Macaísta Malheiros, *Introdução Histórica ao Direito,* 2.ª ed., Lisboa, Fundação Calouste Gulbenkian, 1986, p. 19 ss.; Paulo FERREIRA DA CUNHA – *Princípios de Direito, op. cit.,* p. 183 ss.; Peter STEIN e John SHAND – *Legal Values in Western Society,* Edimburgo, Edinburgh University Press, trad. italiana de Alessandra Maccioni, *I Valori Giuridici Della Civiltà Occidentale,* Milão, Giuffrè Editore, 1981; Mário BIGOTTE CHORÃO – *Introdução ao Direito, Volume I – O Conceito de Direito,* Coimbra, Almedina, 1994, p. 189 ss.; Miguel REALE – *Lições Preliminares de Direito, op. cit.,* pp. 141-142; Fernando José BRONZE – *"Continentalização" do Direito Inglês ou "Insularização" do Direito Continental? (Proposta para uma reflexão macro-comparativa do problema), op. cit.,* p. 123 ss.; A. MENEZES CORDEIRO – *Common Law, in Pólis,* Lisboa, Verbo, s/d., p. 1003 ss..

102 Instituições de Direito

na sua autonomia, liberdade e dignidade, o centro do sistema jurídico. Esta "humanidade" está presente tanto no sistema romano-germânico como no sistema do *Common Law* – "sub-famílias" integradas na "Família" Jurídica Ocidental e que, nessa medida, "partilham os mesmos princípios civilizacionais"[9].

Esta sintonia anda, no entanto, a par com profundas divergências decorrentes, sobretudo, de factores de ordem social e histórica[10]. Será esse o objecto da exposição que segue.

1.1.1. *Sistema romano-germânico*

A matriz do sistema romano-germânico, também designado romanista ou continental, é o Direito Romano. Direito Romano, estudado nas Universidades europeias a partir do século XII (com base nas compilações do imperador Justiniano) e, posteriormente, marcado, de forma significativa, pela influência germânica. Serviu de inspiração ao movimento de codificação que, no século XIX, dotou os Estados de corpos de leis próprios, destinados a regular todos os aspectos da vida dos *modernos*.

A elaboração de leis gerais e abstractas veio garantir a certeza e segurança jurídicas, evitar os abusos dos magistrados – permitir uma mais fácil realização do Direito e da Justiça. Realizar o Direito significa, não mais um puro arbítrio, mas uma operação lógica – a intervenção dos práticos cinge-se à aplicação, por dedução, de uma norma a um caso. A solução para os concretos litígios há-de ser sempre buscada nas disposições previamente fixadas pelo legislador. A lei é a principal fonte de Direito. A formação dos juristas passa, antes de mais, pelo conhecimento dos normativos vigentes e das construções doutrinais esclarecedoras do seu alcance. Importam-lhe as soluções de fundo, definidas em termos gerais, sendo meramente acessório o processo pelo qual as formulações abstractas atingem o concreto.

É esta a tradição dominante na maior parte da Europa Ocidental (tendo-o sido, igualmente, na Europa Oriental até à implantação do direito socialista) – Portugal, Itália, Espanha, Grécia, Alemanha, Áus-

---

[9] Cf. Paulo FERREIRA DA CUNHA – *Princípios de Direito, op. cit..*

[10] Miguel REALE – *Lições Preliminares de Direito, op. cit..*

Ver (o) Direito 103

tria, Suíça, Bélgica, Holanda, Dinamarca, Suécia, Finlândia, Noruega, Escócia. E está presente, ainda, nos territórios colonizados pelos países europeus a partir do século XVI – países africanos, asiáticos e da América Latina, o Estado de Luisiana (nos Estados Unidos da América) e o Canadá francês (Quebec) – e em países que, não tendo sido colonizados, adoptaram o modelo dos códigos europeus no sentido de, por essa via, se modernizarem mais rapidamente – são disso exemplo, a Etiópia e a Turquia[11].

1.1.2. *Sistema do* Common Law

Distinto dos Direitos continentais europeus, o sistema do *Common Law* não sofreu a influência determinante do Direito Romano. Trata-se de um direito original, profundamente radicado na história e na tradição dos povos anglo-saxónicos. Este direito comum terá nascido em Inglaterra, no século XII, no contexto de um processo de centralização do poder pelos monarcas. Até aí, o direito vigente era directo produto dos costumes das regiões e a sua aplicação cabia a jurisdições senhoriais e locais. Apesar de conservarem a estrutura essencialmente consuetudinária do Direito, os monarcas vão desenvolver a competência das suas jurisdições próprias. Os Tribunais Reais de Justiça eram tribunais de excepção, tinham competência limitada, mas, em contrapartida, aplicavam regras comuns a todo o Reino (*Common Law of England*). Essas regras resultavam, precisamente, das decisões, proferidas pelos Tribunais face aos concretos problemas, e valiam, por força da tradição, como modelo de solução (precedente) para casos idênticos a surgir no futuro. Com o decorrer do tempo e a construção de uma complexa teia de precedentes, o *Common Law* viu alargado o seu âmbito e definidos os seus traços fundamentais enquanto sistema.

O sistema do *Common Law* é, nestes termos, um sistema de direito jurisprudencial. Trata-se de um *judge-made-law* – as regras jurídicas são geradas através da actividade desenvolvida pelos juízes face a cada caso concreto (*case law*). Importante é, aqui, a resolução de casos e o processo pelo qual ela se efectiva (*due process of law*), numa

---

[11] John GILISSEN – *Introduction Historique au Droit, op. cit..*

104   *Instituições de Direito*

orientação pragmática e casuística [12]. As soluções não são procuradas a partir de uma qualquer lei geral e abstracta [13] que preveja o problema, mas a partir de casos semelhantes já decididos. E é precisamente por aí que se evita que o carácter casuístico deste direito redunde em arbítrio e perda de certeza e segurança jurídicas. Estas são garantidas pela *rule of precedent* – a vinculatividade do precedente judiciário – traduzida no facto de a *ratio decidendi* das sentenças proferidas se impôr, imperativamente, às decisões posteriores sobre casos análogos.

Tal como o sistema romano-germânico, o *Common Law* não ficou confinado ao seu país de origem – estendeu-se à generalidade dos países de língua inglesa, designadamente, à Irlanda, Estados Unidos da América, Canadá, Austrália, Nova Zelândia, União Indiana e outros países da antiga dominação colonial britânica [14].

Do que fica exposto, e em conclusão, diremos que o sistema romano-germânico e o sistema do *Common Law* se distinguem, sobretudo: 1) pelo quadro que têm das fontes de direito – o sistema continental a privilegiar o direito legislado, por oposição ao privilégio do "direito-dito" pelos tribunais do *Common Law*; 2) pelo entendimento que têm da função desempenhada pelo juíz na realização do Direito – o juíz passivo porque subordinado à lei, face ao juíz criador, ainda que vinculado pelo precedente; 3) pelo método adoptado na realização do Direito – lógico-dedutivo, a partir de formulações abstractas, no sistema romanista / casuístico, em estrita atenção ao caso concreto, no *Common Law*; 4) pela orientação dada à produção doutrinal – abstracção e dogmática do direito continental, face ao pragmatismo insular; 5) pelo tipo de formação que impõem aos seus juristas – assente na apreensão das fundamentais estruturas teóricas pelos juristas dos países do sistema romano-germânico, realizada em contacto directo com a prática forense, nos países do sistema do *Common Law*.

---

[12] Que não deixa de mostrar "interessantes pontos de coincidência com o método usado pelos romanos". Cf. Mário BIGOTTE CHORÃO – *Introdução ao Direito, Vol. I, O Conceito de Direito, op. cit.*.

[13] Existe direito legislado – *statute law* – mas este é apenas uma fonte secundária de Direito. A codificação é, de resto, praticamente desconhecida em Inglaterra.

[14] Importa referir, no entanto, que esta adopção do modelo do *Common Law* não se verificou da mesma forma em todos os lugares, apresentando, por exemplo nos Estados Unidos da América, significativas variantes.

1.2. A "Família" Jurídica Soviética [15]

Em 1917, a Rússia propôs-se edificar uma nova sociedade – a sociedade comunista – na qual não existiria Estado nem Direito, figuras tornadas desnecessárias pelo afastamento dos egoísmos capitalistas (única fonte de conflitos) e pela generalização do sentimento de solidariedade social.

A sociedade comunista, comunidade sem classes (e, por isso, sem opressores e oprimidos), fora idealizada por Marx e Engels, no quadro do *materialismo histórico e dialéctico,* filosofia, entretanto, traduzida para a prática da realidade soviética por Lenine. Com a Revolução de Outubro, o marxismo-leninismo é consagrado como ideologia oficial do Estado. O Estado persiste, apesar de o modelo ter em vista a sua extinção, porque o acesso à sociedade comunista não pode ser imediato. Importa reunir uma série de condições, com vista à implantação de novas estruturas económicas, baseadas na apropriação colectiva dos meios produtivos. Para isso, e numa fase transitória denominada sociedade socialista (de "ditadura do proletariado"), não se pode prescindir da intervenção do Estado e do Direito. Este será, precisamente, identificado com aquele e instrumentalizado, ao serviço da construção do Comunismo.

O Direito da "família" jurídica soviética distingue-se, assim, dos direitos ocidentais, pela sua ligação a uma ideologia. Apesar de tecnicamente próximo dos direitos romanistas (de que se desligou, com a Revolução, precisamente por estes constituírem expressão dos vícios burgueses), este direito não tem autonomia nem especificidade – é um instrumento técnico ao serviço dos fins do Estado. Porque disso depende a implantação do comunismo, o Estado socialista tem uma intervenção constante na disciplina da vida social – no quadro de uma pretendida "educação do povo" –, do que decorre uma inevitável restrição da autonomia dos particulares. Essa intervenção passa, sobretudo, pela criação legislativa. A lei é a principal fonte de Direito

---

[15] Cf. René DAVID – *Les Grands Systèmes de Droit Contemporains (Droit Comparé), op. cit.,* p. 171 ss.; Eric AGOSTINI – *Droit Comparé, op. cit.,* p.128 ss.; John GILISSEN – *Introduction Historique au Droit, op. cit.,* p. 221 ss.; Mário BIGOTTE CHORÃO – *Introdução ao Direito, Vol. I, O Conceito de Direito, op. cit.,* pp. 193-195; Paulo FERREIRA DA CUNHA – *Princípios de Direito, op. cit.,* pp. 185-186.

106   *Instituições de Direito*

– traduz a "vontade da classe operária", pelo que a sua interpretação e aplicação há-de ser feita por referência aos princípios e objectivos revolucionários.

Depois da Segunda Guerra Mundial, outros países entraram na via do comunismo. Na Europa – Polónia, Checoslováquia, Hungria, Alemanha de Leste, Roménia, Bulgária, Albânia, Jugoslávia. Na Ásia – China, Coreia do Norte, Vietnam, Cambodja. Na América, Cuba. E em África, países como a Argélia, Etiópia, Angola, Moçambique, etc.. A evolução destes sistemas jurídicos é influenciada pelo modelo e experiência soviéticos, mas não deixarão de registar-se desvios significativos [16].

1.3. A "Família" Jurídica Muçulmana [17]

O direito muçulmano é o direito da comunidade religiosa islâmica. É um "direito religioso" – rege as relações sociais, mas também os comportamentos de carácter moral e religioso, de todos os fiéis.

A religião islâmica, fundada na obediência aos comandos de Alá, surgiu na Arábia no século VII depois de Cristo. Em 622, o profeta Maomé, perseguido, fugiu de Meca – fuga que marcou o início da era muçulmana, a Hégira. Posteriormente, apoiado por um grupo de seguidores, Maomé reconquistaria Meca pela "guerra santa" e, a partir daí, organizaria a comunidade religiosa do Islão. Uma comunidade que conheceu uma rápida expansão, resultado do empenho dos Califas (sucessores de Maomé) que construiram grandes e poderosos impérios, divulgando a sua fé.

Pela sua ligação com a religião, de que será apenas uma face, o direito muçulmano não constitui uma ciência autónoma. As regras jurídicas estão inscritas na *Châria*, a "lei revelada", a par com regras específicas sobre o comportamento dos crentes. Fontes da *Châria* são

---

[16] Cf. *infra*.

[17] Cf. René DAVID – *Les Grands Systèmes de Droit Contemporains (Droit Comparé), op. cit.*, p. 471 ss.; Eric AGOSTINI – *Droit Comparé, op. cit.*, p.31 ss.; John GILISSEN – *Introduction Historique au Droit, op. cit.*, p. 117 ss.; Paulo FERREIRA DA CUNHA – *Princípios de Direito, op. cit.*, pp. 186-187; *idem – Pensar o Direito, II. Da Modernidade à Postmodernidade*, Coimbra, Almedina,1991, p.247 ss; Ibn Abí Zayd AL-QAYRAWÀNÍ – *Compendio de Derecho Islâmico*, Madrid, Editorial Trotta, 1993..

Ver (o) Direito   107

o Alcorão (livro sagrado do Islão, constituído pelas revelações de Alá a Maomé, que integra algumas regras de direito e por referência ao qual sempre há-de, em último termo, ser feita a interpretação jurídica), a *Sunna* (que corresponde à tradição), o *Idjmâ* (que pretende traduzir o acordo unânime da comunidade muçulmana, apesar de ser apenas o acordo dos "Doutores da Lei" sobre o conteúdo do Alcorão e da *Sunna* [18]), o *qiyàs* (constituído por tudo aquilo que pode ser deduzido, por analogia, do Alcorão e da *Sunna*, através do raciocínio). A par da *Châria*, e como complemento desta, existe o *Fiqh*, ciência das normas, dos direitos e dos deveres que podem ser deduzidos, por um processo lógico, das fontes da "lei revelada".

O direito muçulmano, porque direito de um grupo religioso, aplica-se, unicamente, aos crentes. Não é aplicável aos "infiéis". Daí, também, que a jurisdição muçulmana não tenha que coincidir com a jurisdição de um território bem demarcado. Os fiéis do Islão encontram-se, na verdade, repartidos por mais de trinta países, de que são exemplo Marrocos, Argélia, Tunísia, Líbia, Egipto, Arábia Saudita, Síria, Iraque, Turquia, Irão, Paquistão, etc. Apesar da dispersão territorial, o direito muçulmano pretende-se uno – existe apenas um direito muçulmano válido para todos os fiéis, independentemente do lugar onde estes se encontrem.

1.4. *O Direito Hindu* [19]

Do mesmo modo que o direito da "família" muçulmana, o direito hindu é um direito religioso e tradicional – direito da comunidade religiosa bramânica, ou hinduísta. O hinduísmo, ou bramanismo, é uma religião politeísta, marcada pelo culto individual e extremamente associada à estrutura da sociedade, assente na separação e hierarquização das castas. Os brâmanes constituem a casta superior, reservando para si

---

[18] Até ao ano 300 da Hégira, 922 da nossa era, foi desenvolvida uma vasta obra doutrinal – nesse ano, entendiam os muçulmanos, havia, no entanto, que "fechar a porta" a novas interpretações – fixou-se, definitivamente, o conteúdo das fontes do direito islâmico.

[19] Cf. René DAVID – *Les Grands Systèmes de Droit Contemporains (Droit Comparé), op. cit.,* p. 499 ss.; John GILISSEN – *Introduction Historique au Droit, op. cit.,* p. 101 ss..

o ensino e a interpretação dos textos. Do bramanismo derivou, no século V a.C., o budismo, doutrina independente que viria a ser adoptada, no século III a.C., como religião oficial da Índia. Mais tarde a Índia regressou ao bramanismo, tendo-se o budismo mantido no Ceilão, Birmânia, Sião, Cambodja, Vietnam, Nepal, Tibete, China e Japão.

O direito hindu não integra um conceito que corresponda, directamente, à ideia de regra de comportamento, passível de ser imposta pela força. Não existe em sânscrito, a palavra "direito", nos termos em que ela é entendida, de um modo geral, no Ocidente. O conceito que mais se aproxima é o *Dharma*, que traduz a ideia de "dever". O *Dharma* é constituído por um conjunto de regras (de ordem jurídica, mas também moral, religiosa, ritual ou de civilidade) que se impõem aos homens por força da natureza das coisas e em atenção à sua condição na sociedade. O dever de obediência ao *Dharma* impende mesmo sobre o *rája*, chefe e fundamento da organização política da Índia. Para a religião hindu, a condição social dos individuos é determinante, o que bem se compreende se se atender à estrutura fortemente hierarquizada desta sociedade baseada em castas. Cada casta ocupa um lugar preciso e definitivo – e desse lugar decorre uma posição, igualmente bem definida, para cada um dos elementos que as compõem.

Tal como o direito muçulmano, o direito hindu é produto da revelação divina pelo que está inscrito nos livros sagrados. O "direito-dever" (*Dharma*) tem três fontes: o *Veda* (complexo de todas as verdades religiosas e morais reveladas, reduzidas a escrito e recolhidas, ainda que só parcialmente, nos *sruti* e nos *Dharmasástra* – as figuras mais próximas dos nossos livros de Direito [20]), a tradição e o costume (este constitui a principal fonte de direito positivo, na medida em que completa os preceitos deduzidos dos textos sagrados). O direito hindu é, no fundo, um direito consuetudinário que varia de casta para casta e é dominado por uma doutrina religiosa, o hinduísmo, fixado nos escritos sagrados.

---

[20] Os *Dharmasastras* deixaram de ser escritos a partir do século VIII. As recolhas feitas até então foram consideradas sagradas, pelo que, a partir daí, apenas se procedeu à sua interpretação e comentário.

1.5. *O Direito Chinês*[21]

O direito chinês não é, como os direitos hindu e muçulmano, um direito estritamente religioso. É antes um sistema jurídico integrado numa concepção filosófica, o Confucionismo.

O Confucionismo foi fundado por Kong Fou-tseu, no século VI a.C., a partir dos Livros Sagrados (*Kings*), e desenvolvido, no século IV a.C., por Meng-Tseu. Esta doutrina assenta na ideia de equilíbrio, de relação harmoniosa do homem com a Natureza e traduz-se, sobretudo, no respeito por um conjunto de regras de etiqueta[22]. Identifica as virtudes essenciais que existem no coração dos homens e que devem ser por estes cultivadas: a humanidade, a rectidão, o sentido de ordem social (*li*) e o conhecimento do bem e do mal (*tche*). Ao soberano cabe velar pela harmonização constante do homem e da natureza – deve dar o exemplo das virtudes, para além de procurar melhorar a existência material dos homens.

Esta concepção conservou-se praticamente imutável durante dois milénios. Nela podemos encontrar uma figura próxima da noção de "direito" ocidental – o *li,* que corresponde a um conjunto de regras de convivência e bom comportamento, impostas ao homem honesto, no sentido de assegurar a paz social. Tal como no direito hindu, mais do que reconhecer direitos, importa estabelecer os deveres que obrigam os homens para com a comunidade que integram. Essa comunidade é, em primeiro lugar, a família – estrutura base da sociedade chinesa. Cabe aos chefes de família a administração da justiça, num processo dominado pela ideia de conciliação. O envolvimento num litígio é entendido como algo de desonroso, pelo que se procuram sempre soluções de compromisso. Estas soluções de compromisso, a par com as regras impostas pelo *li,* seriam bastantes para manter a ordem e salvaguardar os equilíbrios. Este entendimento foi posto em causa, no século III a.C., pelos autores pertencentes à chamada Escola dos Legistas. Estes

---

[21] Cf. René DAVID – *Les Grands Systèmes de Droit Contemporains (Droit Comparé), op. cit.,* p. 537 ss.; John GILISSEN – *Introduction Historique au Droit, op. cit.,* p. 108 ss..

[22] Regras de etiqueta, não propriamente regras jurídicas. O direito era entendido como algo vil, desonroso. As classes superiores recusavam sujeitar-se a quaisquer regras jurídicas – apenas deviam obediência ao *li.* Cf. *infra.*

autores chamaram a atenção para o facto de as regras de *li* serem meras orientações, respeitadas pelos elementos das classes superiores, por receio da desonra, mas insignificantes para o povo. Nessa medida defendiam a criação de um sistema de regras gerais (*fa*), absolutas, impostas pelo Estado e acompanhadas de um severo aparelho coercivo. A oposição entre os dois conceitos – *fa* e *li* – marcou, precisamente, a evolução do direito chinês tradicional, num quadro em que as classes superiores sempre se pretenderam subtrair ao respeito pelo *fa,* acabando este, na prática, por vincular apenas os elementos do povo.

1.6. *O Direito Japonês* [23]

O direito japonês tradicional é profundamente marcado pela influência chinesa [24]. Esta está, desde logo, presente nas primeiras compilações jurídicas – os *ritsu-ryô* –, elaboradas no século VII, e que incluiam regras administrativas (ligadas à repartição periódica das colheitas) e regras repressivas, pertinentes à ordenação da sociedade. As regras contidas nos *ritsu-ryô,* inicialmente de aplicação geral, passaram, depois das conquistas de poder pelos *samourai*, a regular apenas a vida dos indivíduos que não pertenciam a esta casta militar. Os *samourai* obedeciam a um direito próprio – um "código de cavalaria", fundado sobre a ideia de uma fidelidade absoluta do vassalo para com o suserano – face ao suserano, o vassalo tem apenas obrigações e essas obrigações não têm natureza jurídica, contratual – antes derivam de um vínculo quase filial que une ambos. Ao vassalo não assistem direitos nem garantias contra o arbítrio do senhor.

Esta ideia de subordinação e desigualdade (que inviabiliza o próprio conceito de direito subjectivo) viria, mais tarde, a estender-se das relações entre os membros da classe dos guerreiros, às relações entre os senhores e o povo dedicado à agricultura. Esta estrutura não igualitária foi depois reforçada, a partir do século XVII, em virtude do estabelecimento de uma política de isolamento face às tentadas influências europeias. Esta política de isolamento andou, no entanto, a par com a

---

[23] René DAVID – *Les Grands Systèmes..., op. cit.,* p. 553 ss..

[24] Durante séculos a China foi o único contacto internacional estabelecido pelo Japão. Só em 1853 se deu a abertura ao Ocidente.

manutenção dos contactos com a China, de onde, por esta altura, é importado o Confucianismo, adoptado como doutrina oficial. Também aqui se priveligia a ordem natural, fundada sobre uma estrita separação e hierarquização das classes sociais. Tal como na China, é dada pouca importância ao direito na conformação das relações sociais. O direito que existe, em continuação do direito anterior, mais não é do que um conjunto de instruções dadas pelos superiores aos seus inferiores. Aos inferiores nada resta para além da obediência – o povo é mantido na ignorância, sem que qualquer direito lhe seja reconhecido ou qualquer tutela garantida. Não se concebem relações jurídicas. As regras elaboradas – *giri* – são regras de comportamento atentas às conveniências, mais do que ao justo ou moralmente correcto. Estas regras substituem o direito – tornam a sua intervenção desnecessária. São observadas espontaneamente porque a sua inobservância implica a censura da sociedade. Constituem um código de honra, costumeiro, destinado a regular a conduta dos indivíduos em todas as ocasiões da vida.

1.7. *Os direitos de África e Madagáscar* [25]

Falar em direitos africanos significa reunir sob uma mesma designação diversos sistemas jurídicos, variáveis de grupo para grupo e em diferentes estádios de evolução. Apesar da multiplicidade de direitos, é possível identificar alguns aspectos comuns que permitem, designadamente, estabelecer um confronto entre estes direitos e os direitos da "família" ocidental.

Trata-se de sistemas jurídicos arcaicos. O direito é essencialmente consuetudinário e não se encontra reduzido a escrito. A submissão ao costume é espontânea, mercê do culto prestado aos antepassados – cada indivíduo sente-se na obrigação de viver como estes o haviam feito, numa linha de continuidade adversa às ideias de progresso e de alteração dos esquemas estabelecidos. No espírito dos africanos, o costume encontra-se ligado a uma ordem mítica do Universo, pelo que o seu desrespeito é punido com reacções desfavoráveis do natural e do sobrenatural. O temor das forças sobrenaturais, associado ao temor da "opi-

---

[25] Cf. René DAVID – *Les Grands Systèmes..., op. cit.*, p. 566 ss.; John GILISSEN – *Introduction Historique au Droit, op. cit.*, p. 25.

112   Instituições de Direito

nião" dos restantes elementos do grupo, é suficiente para impôr, de um modo geral, a observância dos modos tradicionais de vida.

Os indivíduos integram-se em grupos – família, clã, tribo, etnia – onde são "meros" elementos. A sua condição é a de membro, com obrigações para com a comunidade, pelo que não lhe são reconhecidos direitos. Importante é garantir a coesão do grupo – é a solidariedade interna do grupo que dita a maior parte das relações sociais. O verdadeiro sentido de justiça prende-se com a instituição da paz, com a reconciliação das partes e a restauração da harmonia na comunidade – os litígios são superados, não pela aplicação de um direito estrito (que, neste sentido, é uma realidade desconhecida), mas por acordo.

2. Configuração actual [26]

2.1. *"Família" Jurídica Ocidental – a convergência dos sistemas*

Definidos nos termos que ficaram expostos *supra*, os sistemas romano-germânico e do *Common Law* divergem, sobretudo, ao nível do método adoptado na realização do direito. As diferenças têm vindo, no entanto, a esbater-se, inviabilizando, por um lado, um equacionar da questão em termos de total oposição e, por outro lado, legitimando a consideração de uma verdadeira "família" de direito ocidental [27].

A aproximação dos sistemas traduz-se, do lado do *Common Law*: 1) na crescente importância da legislação (*statute law*), resultado das exigências de desenvolvimento social e progresso tecnológico, acompanhada da pretensão de codificar alguns ramos do direito – o que permite afirmar uma progressiva distanciação do casuísmo tradicional,

---

[26] Mais do que uma referência ao momento presente, esta actualidade importa a ideia de afastamento face aos modelos originários. Não se pretende negar, portanto, que muitas das diferenças são o resultado de um percurso cujo início data de há já largos anos. Sobre todo este tema cf. René DAVID – *Les Grands Systèmes...*, *op. cit.;* Fernando José BRONZE – *"Continentalização" do Direito Inglês...*, *op. cit.;* John GILISSEN – *Introduction Historique au Droit, op. cit.;* Eric AGOSTINI – *Droit Comparé, op. cit.;* Paulo FERREIRA DA CUNHA – *Princípios de Direito, op. cit..*

[27] A designação é, também, a que melhor se adequa à circunstância de existirem países, como a Escócia, Israel, África do Sul, Quebec, Filipinas, cujos direitos recebem, simultâneamente, os legados romano-germânico e do *Common Law*.

num caminho em direcçâo à legalização do direito[28]; 2) na tendência, manifestada pela moderna ciência do direito, para extrair dos precedentes grandes princípios, numa aproximação à elaboração doutrinal do sistema continental.

De igual modo, o sistema romano-germânico aproxima-se do modelo insular. Disso são expressão: 1) a chamada de atenção, pelo moderno pensamento jurídico continental, para a insuficiência do método lógico-dedutivo e consequente necessidade de orientar a realização do direito por um pensamento problemático-prático, atento ao caso concreto e capaz de realizar, simultaneamente, a segurança e a justiça; 2) a valorização, na sequência daquele entendimento, do papel dos juízes e da jurisprudência na realização prática do direito, ao ponto de haver quem fale em "legislação judicial"[29]; 3) o facto de as decisões dos tribunais de mais elevada hierarquia na organização jurisdicional dos vários Estados do continente (de que é exemplo o nosso Supremo Tribunal de Justiça) serem tão acatadas pelas instâncias inferiores (e por eles mesmos) como em Inglaterra, num "regime de precedentes de facto"[30].

A justificar e a promover esta convergência estão, desde logo, o facto de existir, entre os países integrados num e noutro sistemas, uma fundamental identidade de valores, traduzida, entre outros aspectos, numa mesma ideia de Justiça. E, mais recentemente, a integração do Reino Unido na Comunidade Europeia, hoje União, um facto político com importantes consequências no plano jurídico – o direito comunitário regulamentar (elaborado em moldes continentais) faz parte do ordenamento jurídico britânico e prevalece sobre o direito inglês anterior; e os tribunais ingleses encontram-se subordinados aos princípios interpretativos fixados pelo Tribunal de Justiça das Comu-

---

[28] A extensão crescente da actividade dos legisladores não implica, no entanto, que se abandone, de todo, um certo preconceito contra o direito-lei. As leis são entendidas de modo peculiar – mais importante do que o seu conteúdo é a forma por que elas são aplicadas pelos tribunais, na elaboração dos precedentes vinculativos – uma lei não é verdadeiramente regra, enquanto não conhecer aplicação jurisprudencial. Ainda assim, a tendência afirma-se no sentido de a concepção que os países do *Common Law* têm da regra de direito ser, cada vez mais, idêntica à dos países do sistema romano-germânico.

[29] Cf. Fernando José BRONZE – *"Continentalização" do Direito Inglês..., op. cit..*

[30] *Idem.*

nidades, sempre que se trate de matérias que envolvam a aplicação de regulamentos comunitários.

2.2. *"Família" Jurídica Soviética*

A grande questão que importa aqui considerar é a de saber se será ainda legítimo falar-se, hoje, numa "família" de direito soviético, depois das profundas mudanças verificadas na sequência dos "acontecimentos de Leste".

Já aqui foi referido que o modelo soviético foi adoptado pelas Repúblicas populares surgidas a partir de 1945 (Checoslováquia, Polónia, Hungria, Roménia, Bulgária, Jugoslávia, Albânia) e por países como a China e Cuba, para além de vários países africanos. A adopção do modelo não se verificou, no entanto, de modo idêntico em todos os países e registaram-se mesmo significativos desvios no direito chinês, jugoslavo e cubano, entre outros. De qualquer modo, o sistema jurídico da União Soviética é o paradigma por referência ao qual os ordenamentos se estruturam – o que justifica a, inevitavelmente, profunda repercussão das transformações ocorridas na União Soviética sobre os demais ordenamentos jurídicos integrados na "família".

As mudanças foram introduzidas, a partir de 1985, por Mikhail Gorbatchev, num quadro de reformas económicas e ideológicas, consubstanciadas pela *glasnost* (análise crítica e/ ou abertura) e pela *perestroika* (reestruturação da economia soviética), associadas à *demokratizatzyia*. O plano económico (*perestroika*) veio confirmar a suspeita sentida, há algum tempo (mesmo na Europa de Leste), de que o marxismo--leninismo de tipo soviético perdera credibilidade como modelo de desenvolvimento económico e social, com consequente enfraquecimento da base ideológica do sistema. Impõe-se a descentralização da economia – com prejuízo da regra da propriedade estadual dos meios de produção – e apoia-se a iniciativa privada e cooperativa, numa orientação da economia para o mercado em termos ocidentais.

Entretanto, na sequência da dissolução da união do Pacto de Varsóvia, a União Soviética procede à sua retirada militar dos países de Leste, abrido caminho às alterações nestes países. A partir de 1989, assiste-se à democratização e reconversão económica, acompanhada por uma crescente integração comercial e financeira na Europa Ocidental. Em 1990, é assinado o Tratado da União que formaliza a reunificação da Alemanha, depois da queda do muro de Berlim. Também em 1990, têm inicio as manifestações independentistas dos eslovacos face à, depois autónoma, República Checa; e é desencadeado o processo de dissolução da Jugoslávia, de que resultou a formação de novos Estados (Eslovénia, Croácia, Macedónia, Bósnia-Herzegóvina e República Federal Jugoslava, formada a partir das Repúblicas da Sérvia e do Montenegro) e o eclodir de uma guerra civil. Na União Soviética, a liberalização e democratização progressiva, associada à chamada de atenção (por Gorbatchev) para a preponderância dos valores universais de humanidade sobre as considerações ideológicas e para a necessidade de encontrar pontos de convergência e superação dos conflitos, vai propiciar as afirmações de independência e conduzir à dissolução da União das Repúblicas. Os movimentos independentistas começaram por se restringir às Repúblicas Bálticas (Estónia, Letónia e Lituânia) mas acabaram por se estender às restantes Repúblicas, pelo que, em 1991, é fundada a Comunidade de Estados Independentes (de que fazem parte todos os Estados membros da antiga União, salvo as Repúblicas Bálticas e a República da Geórgia), entretanto substituída pela actual Federação Russa.

Neste contexto, o paradigma é já outro – a referência continua a ser, de algum modo, a União Soviética mas, agora, enquanto orientadora do processo de transição para a democracia, num tempo designado de era pós-comunista. Referência maior vai sendo, progressivamente, o mundo ocidental em que estes novos Estados se pretendem integrar.

No plano jurídico, o aspecto mais importante é, do mesmo modo, a aproximação ao Ocidente. Dela são expressão, as transformações legais e constitucionais ocorridas; o afastamento do ordenamento jurídico face à estrutura ideológica; o novo tratamento dos direitos pessoais, com redimensionamento do direito de propriedade e da autonomia privada. Esta aproximação ao Ocidente passa, sobretudo, pelo retorno ao sistema romano-germânico, sistema onde estavam integrados os Estados socialistas e que foi afastado em virtude das suas conotações burguesas.

Do que fica exposto se conclui ser hoje difícil, e imprópria, a consideração autónoma de uma "família" de direito soviético, num tempo de pós-comunismo em que os últimos redutos do sistema se encontram na China, em Cuba e em alguns Estados africanos, ordenamentos jurídicos onde, como foi referido *supra*, o modelo soviético foi adoptado com desvios significativos.

2.3. A "Família" Jurídica Muçulmana

O desenvolvimento do direito muçulmano estacionou no século X da nossa era, quando se fixou, definitivamente, o conteúdo do *Fiqh*[31]. Deste carácter imutável decorre uma série de problemas traduzidos, de um modo geral, na inadaptação e incapacidade de resposta às exigências sociais e políticas do mundo moderno. Não se encontra nele a regulamentação de um grande número de instituições consideradas necessárias nas sociedades progressivamente ocidentalizadas, para além de se afigurarem chocantes muitas das suas disposições.

Apesar de tudo, o direito muçulmano constitui, ainda, um dos grandes sistemas do direito contemporâneo e permanece aplicável, mesmo nos Estados de população muçulmana que, para se modernizarem, adoptaram os modelos dos Estados do Ocidente.

A manutenção da força e unidade do direito muçulmano justifica-se por uma série de factores: 1) a força da religião islâmica e o grande número (superior a 400 milhões) de fiéis que a professam. 2) a flexibilidade do direito muçulmano, essencial via de actualização deste direito. Este direito deixa um largo campo de aplicação: a) ao costume (o que permite aos interessados organizar as suas relações e regular os seus diferendos, sem fazer intervir o direito estrito), b) à convenção das partes (pela qual se procede a alterações significativas às regras propostas – que não impostas – pelo direito muçulmano), c) à intervenção dos juristas (que, por recurso a ficções e estratagemas jurídicos, se subtraem ao efeito normal das regras formais, sem incorrerem na sua violação[32]) e d) à regulamentação administrativa (levada a cabo pelos detentores do poder, no quadro da realização das políticas do Estado). As possibilidades deixadas pela flexibilidade deste direito, permitem a adaptação

---

[31] Entretanto, mais recentemente, foram avançadas propostas de reabertura da "porta do esforço" interpretativo, no sentido de racionalizar e modernizar o direito muçulmano, adaptando-o às exigências dos novos tempos. Estas propostas não foram, no entanto, bem aceites, o que se explica pelo facto de o imobilismo do *Fiqh* ser condição da unidade do mundo muçulmano. Importa evitar que sejam repostos em discussão os princípios, admitidos segundo a tradição, sobre a qual está fundada a unidade da comunidade dos crentes.

[32] Os malabarismos jurídicos são facilitados pelo facto de a *Charia* ser extremamente formal – exige o respeito pela letra da lei, mais do que pelo seu espírito.

à evolução política e social e, por aí, a construção de sociedades modernas no mundo muçulmano.

Paralelamente a este esforço de actualização, realizado a partir das disposições do *Fiqh*, há a considerar um aspecto extremamente importante – a influência exercida pelos direitos europeus.

Antes de mais, importa sublinhar que os fiéis do Islão se repartem por cerca de trinta Estados onde, a par do direito muçulmano, valem os respectivos direitos positivos. Nenhum Estado é regido, de modo exclusivo, pelo direito muçulmano. Desta circunstância decorre, na prática, uma repartição de competências – apesar de, em teoria, todos os ramos do direito muçulmano estarem ligados, do mesmo modo, à religião do Islão. Assim, as matérias respeitantes ao estatuto pessoal (pessoas, família, sucessões) e às "fundações piedosas" são reguladas pelo direito muçulmano[33], enquanto que nas restantes matérias se admite a intervenção regulamentar dos dirigentes e, consequente, laicização (ainda que parcial) do seu tratamento. É precisamente a este nível regulamentar que são introduzidas as mais significativas notas de aproximação ao Ocidente. Os governantes vão elaborar inúmeros *qànons* e mesmo proceder à sua codificação, a partir dos modelos europeus – quer da "família" romano-germânica, quer da "família" do *Common Law*. Em sintonia com esta tendência, afirmou-se uma outra – a de eliminar as jurisdições tradicionais – religiosas – e substituí-las por jurisdições estaduais, presididas por juízes laicos (com formação jurídica europeia), a quem compete a aplicação do direito moderno e do direito muçulmano.

Apesar da verificada ocidentalização, o mundo muçulmano tradicional está longe de ter desaparecido. Os países muçulmanos souberam sempre harmonizar, com a sua tradição e mentalidade, as influências recebidas do Ocidente. "Mais do que europeizarem as suas instituições, os muçulmanos islamizaram as instituições europeias que lhe são úteis". É, assim, de prever que os juristas dos países muçulmanos continuem, por muito tempo, ligados à sua tradição.

---

[33] O que se justifica pelo facto de serem tratadas com especial atenção no *Fiqh*.

2.4. *O Direito Hindu*

Depois de vários séculos de dominação muçulmana, a Índia foi, no século XIX, submetida à autoridade da coroa britânica. A colonização pelos ingleses processou-se, de início, com inteiro respeito pelas instituições locais existentes e o direito hindu manteve-se em vigor. No entanto, o desejo de respeitar o direito hindu foi contrariado pela ignorância inglesa sobre o conteúdo e sentido do *Dharma*. Os *Dharmasastras* foram traduzidos em língua inglesa, para se tornarem mais acessíveis aos juízes britânicos, mas este expediente revelou graves insuficiências – só foi possível proceder à tradução de uma parte destes livros de direito e, entre a matéria traduzida, inúmeras foram as dificuldades (impossibilidades) de encontrar, na terminologia inglesa, equivalentes para os conceitos hindus. Estava, deste modo, inviabilizado um conhecimento global do sistema, condição indispensável para uma sua correcta aplicação.

O direito hindu, na sequência das traduções de que foi objecto, sofreu consideráveis deformações – foram consideradas em vigor regras já caídas em desuso; inobservaram-se os costumes (que, muito diversos, dificultavam a sua apreensão pelos britânicos); enxertaram-se fórmulas britânicas, etc.. Estas deformações não comportaram, no entanto, apenas aspectos negativos. Serviram para reduzir a diversidade de costumes locais (considerada inconveniente pelos próprios hindus) e contribuiram para uma evolução no sentido da modernização do direito hindu, com respeito pelo espírito deste.

Outra consequência do domínio britânico sobre o direito hindu tradicional foi o acantonamento deste em certos domínios. O direito hindu não foi aplicado pelos tribunais senão em certas matérias específicas – sucessões, casamento, castas, usos e instituições ligados à religião. Isto porque o governo inglês promoveu, paralelamente, a formação de um direito indiano, direito territorial, comum aos muçulmanos e aos hindus, bem como aos membros de outras confissões religiosas. O método é a codificação – o mais indicado para conferir segurança ao direito e unificá-lo no interesse da justiça e desenvolvimento do país; para além de permitir a recepção do direito inglês sistematizado, modernizado e adaptado às condições próprias da Índia. A iniciativa britânica desencadeou um intenso movimento legislativo – entre 1859 e 1882 – marcado pela adopção de um certo número de códigos e de grandes leis. Estas leis foram elaboradas por juristas ingleses, pelo que se traduziram numa verdadeira recepção do direito inglês. A justiça passa a ser administrada, cada vez com mais frequência e por todo o território da Índia, por juízes formados no *Common Law*. O direito indiano integra-se, deste modo, na "família" do *Common Law*. Apesar de as soluções do direito indiano divergirem, pontualmente, das do direito inglês, o facto é que a terminologia e conceitos utilizados são os do *Common Law*. São igualmente idênticas as técnicas jurídicas e a concepção tida, num e noutro ordenamentos, sobre o que sejam a regra de direito e a função judiciária. Por isso mesmo, a ascensão à independência, em 1947, não implicou um afastamento face à obra legislativa realizada sob o domínio britânico. Pelo contrário, a Constituição de 1950 proclamou, formalmente, a manutenção em vigor do direito anterior.

Definida, nessa mesma Constituição, como uma república democrática e laica, importa saber qual o estatuto do direito hindu, que é o direito de uma comunidade religiosa. Neste domínio há a referir o conjunto de reformas legislativas que se sucederam à independência. Estas reformas abrangeram, não apenas o direito indiano mas também o direito hindu, operando nele profundas alterações. Foi proibida qualquer discriminação fundada sobre o pretexto de casta, reformulou-se toda a matéria do casamento e do divórcio... A nova lei, no entanto, continua a ser uma lei de âmbito restrito (apenas aplicável à parte hindu da população da Índia) e conserva muitas regras tradicionais do direito hindu. Até aos nossos dias, e apesar das várias reformas a que foi submetido, o direito hindu continua a ser, para a imensa maioria dos indianos, o sistema de direito que interessa à sua vida privada – aquele que rege o seu estatuto pessoal. Por outro lado, a maior parte da população hindu (cerca de 80%), que vive nos campos, não é atingida pelas alterações operadas pelas reformas e continua a regular-se pelos costumes tradicionais.

2.5. *O Direito Chinês*

A China permaneceu, durante muito tempo fechada a qualquer influência do Ocidente. Esta não deixou, no entanto, de se fazer sentir, mercê dos contactos comerciais estabelecidos com os europeus,

120 *Instituições de Direito*

e provocou, já no século XX (1910), uma reacção chinesa destinada a travar a ocidentalização do seu ordenamento jurídico. Esta reacção processou-se pela reformulação da concepção de direito e pela adopção de uma série de códigos (inspirados, precisamente, nos modelos ocidentais) – o que motivou a consideração do direito chinês como parte da "família" romano-germânica.

Apesar desta aparente europeização, as tradições mantiveram-se. Os códigos e leis só eram aplicados na medida da sua conformidade com a tradição, nunca contra ela. Por outro lado, mantem-se raro o recurso às instâncias jurisdicionais, por ignorância dos direitos ou, como antes, por receio da reprovação social que a participação num processo importa.

A situação veio a modificar-se em 1949, na sequência da tomada do poder pelo Partido Comunista, dirigido por Mao Zedong. A China passa a ser uma república popular, fundada no dogma do marxismo--leninismo e orientada para a construção da sociedade comunista. O novo regime anulou, em bloco, todas as leis, decretos e todos os tribunais existentes. Instituiu, em sintonia com o modelo soviético, um sistema jurídico baseado na lei. De 1950 a 1958, foi levada a cabo uma extensa obra legislativa e afirmado o princípio da legalidade. Este princípio é, no entanto, entendido como contrário à tradição e mesmo à consciência chinesa, pelo que, a partir de 1958, se assiste a uma reacção contra esta preponderância da lei. Depois da ruptura com a U.R.S.S., o governo comunista chinês voltou, em parte, aos métodos tradicionais. O trabalho de codificação foi abandonado – as directivas do Partido substituem-se à lei. A actividade dos tribunais foi restringida e fiscalizada.

Neste contexto, retomam-se as ideias de compromisso social e de conciliação; relega-se o direito para uma função subordinada; dá-se especial atenção à obra de educação dos cidadãos. Este retorno à tradição não é, no entanto, absoluto. A ideia de ordem cósmica em que o homem se integra, e com a qual se deve harmonizar, desaparece. Importante é a sintonia e respeito pelos ensinamentos da doutrina marxista-leninista e pelo pensamento do presidente Mao. Os antigos organismos de conciliação, presididos pelos chefes das famílias, são substituídos por novos organismos, presididos, agora, pelos politicamente mais esclarecidos – os elementos do Partido Comunista. Às ideias de conciliação e transacção, sobrepõe-se uma outra ideia – a de garantir o sucesso do projecto político. Forma-se um novo *li*, correspondente à política do Partido Comunista e deduzido das ideias do "livro vermelho" de Mao Zedong. A par do *li,* mantem-se a aplicação do *fa* – associada, sobretudo, à repressão, através da aplicação de severas leis penais, dos actos dos contra-revolucionários.

A "Revolução Cultural" (1966-1968) acentuou a evolução no sentido da abolição do direito – numa pretensão de acelerar o acesso ao comunismo, foi instituído um Estado de "não direito", onde está completamente ausente qualquer tipo de sanções. No decurso dos anos 70, o projecto foi, progressivamente, abandonado. Com a morte de Mao, em 1976, e a "desmaoização" que se seguiu (pela mão de Teng Shiao Ping), o direito regressa ao legalismo. A era pós-maoista caracteriza-se pelo reforço do Estado em detrimento do Partido e pelo esforço de modernização do país, assente, sobretudo, na abertura e diálogo com os países do Ocidente. Este diálogo, estabelecido, quase sempre, no âmbito de transacções comerciais, não influiu, no entanto, sobre o essencial da estrutura político-ideológica e jurídica da China. Esta persiste, hoje, como um dos últimos redutos do comunismo, depois da falência do modelo soviético e consequente abertura dos países de Leste ao Ocidente.

2.6. *O Direito Japonês*

O aspecto mais importante a assinalar no quadro do direito japonês é o da sua ocidentalização. Depois de séculos de isolamento, o Japão admite a influência dos direitos ocidentais e procede à elaboração de códigos, segundo o modelo romanista dos códigos franceses e alemães. Esta iniciativa é tomada na sequência de uma, considerada, "humilhação nacional" imposta ao Japão pelos tratados de comércio (muito desfavoráveis) celebrados, em 1858, com várias potências ocidentais – Estados Unidos, Reino Unido, França, Rússia e Países Baixos. Importava reunir condições idênticas às desses outros Estados, pelo que se procedeu a uma renovação total da sociedade japonesa. O Estado feudal foi substituído por um Estado democrático de tipo ocidental. A economia desenvolveu-se de forma extraordinária, transformando o Japão numa das maiores nações da nossa época no comércio mundial. Dá-se uma total ocidentalização do direito[34], do pensamento jurídico e da sociedade japonesa. As ideias tradicionais, especificamente japonesas, deixam de merecer atenção, o mesmo se verificando com o antigo direito japonês. Foi elaborada uma série de códigos, a partir dos modelos dos direitos romanistas e com a colaboração de diversos juristas franceses, alemães e mesmo ingleses.

A esta influência europeia, romanista, sucedeu, a partir de 1945, uma outra influência – a influência anglo-americana de que resulta a introdução de um conjunto de reformas destinadas à democratização do Japão. Estas reformas vão atribuir ao Japão uma nova Constituição (de 1946), reformam a organização administrativa e judiciária e introduzem diversas modificações nos códigos existentes.

No presente, a associação do direito japonês aos direitos ocidentais – romanistas e, sobretudo, anglo-americanos – persiste e pouco espaço deixa às tradições, cuja consideração se justifica, apenas, por interesse histórico.

2.7. *Os Direitos de África e Madagáscar*

Os costumes africanos sofreram uma evolução significativa na sequência das várias influências exteriores exercidas em África – o cristianismo, o islamismo e, depois, a colonização pelos povos europeus.

O cristianismo e o islamismo respeitaram os costumes (que continuaram a ser aplicados mesmo quando contrários à nova fé) mas operaram sobre eles uma importante transformação – os costumes perdem o seu fundamento sobrenatural e mágico; as populações deixam de encará-lo como algo de necessário, o que afecta a sua autoridade.

No século XIX, toda a África e Madagáscar caíram sob o domínio dos europeus. Esta dominação teve duas fundamentais consequências: 1) transformação do direito consuetudinário, no sentido de o actualizar e adequar às novas condições – o seu campo de aplicação foi restringido às relações de direito privado pertinentes à família e ao regime das terras; foi desvirtuado o seu conteúdo e sentido (apesar do proclamado respeito dos costumes pelos colonizadores) ao pretender-se aplicá-lo

---

[34] A ocidentalização do direito japonês teve lugar de forma muito rápida, apesar da ausência de juristas japoneses e das grandes dificuldades para traduzir os conceitos ocidentais em japonês.

Ver (o) Direito

como se fosse um direito de tipo ocidental; foi alterada a função das jurisdições indígenas que deixou de ser a tradicional composição de conflitos para ser a forma de tutela dos direitos subjectivos reconhecidos; foram quebrados os laços familiares e posto em causa o ideal da unidade do grupo. 2) recepção de um direito moderno, codificado, destinado a regular os problemas postos pela passagem a uma "nova civilização" e pela desactualização dos antigos costumes. Este direito moderno destinou-se a regular o estatuto dos europeus (a par da regulação das relações destes com os povos indígenas) pelo que foi concebido a partir do modelo de direito ocidental, muitas vezes com importações inadequadas de normas que não tinham em conta as particulares condições africanas. Para aplicar este novo direito foram criadas novas jurisdições, fora das jurisdições tradicionais, baseadas igualmente nas jurisdições de tipo europeu.

Este o quadro do direito existente ao tempo do acesso dos países africanos à independência (1955-1965). A tendência desenhada, no sentido de uma aproximação ao Ocidente, foi reafirmada e os direitos estabelecidos pelos colonizadores foram reconhecidos nos novos Estados. Do que se trata é de tutelar os interesses de desenvolvimento económico e de modernização sócio-cultural, política e jurídica.

A par com esta tendência, afirmou-se outra – a de reabilitar os costumes, entendidos enquanto conjunto de valores cuja preservação importa, no quadro da busca de uma *autenticidade africana* que contrarie a progressiva aproximação dos sistemas jurídicos dos novos Estados ao Ocidente. Os dirigentes africanos encaram os costumes como o elemento necessário para atribuir aos seus sistemas jurídicos um carácter acentuadamente nacional, reforçando a ideia de coesão nacional.

Na prática, o direito moderno tem uma aplicação ainda limitada – uma grande parte da população, residente nos campos, continua a conhecer apenas os costumes e a recorrer às jurisdições tradicionais.

CAPÍTULO III

Economia, Direito e Política
"A Família da Menina Economia"

Rui da Conceição Nunes
Professor Catedrático de Economia

Uma senhora, chamada Sociedade, tinha um marido, que era um filósofo, dedicando-se às grandes questões metafísicas, e tinha três filhos, duas filhas e um rapaz.

Este chamava-se Direito. Era muito bem educadinho, sempre bem vestido, falando muito bem e tendo sempre muita certeza do que estava certo e do que estava errado.

Uma das raparigas tinha o nome de Política, e era muito voluntariosa e mentirosa, aldrabona, mesmo, mas fria e calculista. Andava sempre a ver o que os irmãos faziam a fazer queixas à mãe e a criar situações embaraçosas para os restantes membros da família da Senhora Sociedade.

A outra irmã chamava-se Economia, e era muito mal criada, não obedecendo às ordens dos pais nem aos conselhos do irmão; e andava sempre às turras com a irmã. Mas era muito trabalhadora e alegre, enchendo a casa com as suas risadas, com as suas receitas de culinária, com a sua imaginação par resolver os problemas do dia a dia.

A menina Economia tinha duas amigas, com quem andava sempre, e que se chamavam Oferta e Procura. Estas eram muito dadas e andavam sempre a ver como poderiam fazer brincadeiras em conjunto, e às vezes andavam muito satisfeitas mas, noutras vezes, as brincadeiras corriam mal, ficando todas muito mal dispostas, mas sem nunca se zangarem.

A menina Política tinha muitos amigos, de uma outra família, de apelido Partidos, juntando-se para brincar quer na casa de uma outra amiga, boa rapariga, que se chamava Democracia, noutras vezes na casa de outra, de seu nome Ditadura. E vezes sem conta, os que se juntavam nestas duas casas, saíam à rua para jogarem à pancada.

Mas a menina Política tinha inveja da boa disposição da mana Economia e das suas amigas, e de vez enquanto insinuava-se junto do irmão mais velho para que este obrigasse a irmã Economia a fazer o que ela queria.

O mano Direito andava sempre com dois amigos, chamados Lei e Magistrado. A Lei era muito faladora, mas queixava-se de que ninguém ligava ao que ela dizia, nem a Economia e muito menos a Política. O seu amigo Magistrado esfalfava-se para as pôr em ordem, mas era tarefa muito difícil, dado que as manas e os seus amigos eram muito rebeldes.

Como a confusão reinava na sua casa, o pai filósofo foi visitar a sogra, a Dona Constituição, pedindo-lhe ajuda para resolver os seus problemas domésticos. A Dona Constituição esclareceu-o:

– "Meu caro genro, eu já estou reformada, e mesmo entrevada. Como sabe, quando a família vem cá a casa, eu ponho as minhas duas empregadas, a Liberal e a Programática, a tomar conta das pessoas, porque eu já não posso. Mas veja que a Liberal consegue resolver bem todos os problemas levantados pelas Garantias, pelo *Habeas Corpus*, etc. Enfim, com ela tudo vai bem. Mas a outra, a Programática, deixa--me a casa também numa grande confusão, pois o Sindicato não se entende com o Patronato, o Orçamento com o Contribuinte, etc. Por isso a minha ajuda será de fraco mérito. Mas porque é que o meu querido genro não fala com a prima Solidariedade?

O pai filósofo foi rapidamente à casa da prima, que era ali perto, e onde a encontrou regando os cravos vermelhos do seu jardim. O primo pediu-lhe para passar por sua casa para conversar com os seus filhos sobre esta questão, tendo recebido a seguinte resposta:

– "Sabes bem que gosto muito de ir a tua casa apreciar o cozido à portuguesa da tua mulher. Mas a verdade é esta: a tua filha Econo-mia não esconde o seu aborrecimento quando me vê lá entrar, e a tua filha Política recebe-me de braços abertos, mas vai logo brincar com os amigos e só volta para se despedir de mim, insistindo para eu ir lá mais vezes... Portanto, penso que te basta atenderes mais ao que diz o teu filho Direito – que, como sabes (e não é por ser rapaz) é o meu primo dilecto, e não analisas a possibilidade de fazerem um estado de Direito, lá em casa, como deve ser?

O pai filósofo foi para casa e conversou com o filho sobre o que a prima Solidariedade tinha dito. Este respondeu-lhe:

– "Pai, tenho um amigo, o Sr. Plano, que diz saber como pôr a Economia na ordem. Se o Pai quiser, falo com ele...

O pai filósofo entendeu que era melhor fazer a experiência, e chamaram o tal amigo, o Sr. Plano.

Mas o Sr. Plano disse que precisava que a Senhora Nacionalização, amiga da Política, desse uma ajuda. Assim, a menina Economia e as suas amigas foram obrigadas todos os dias a fazer a mesma coisa, no que eram vigiadas por uma amiga do senhor Plano, que se chamava Burocracia.

Claro que a alegria desapareceu da casa, a sopa passou a ser a mesma e quando surgia uma nova dificuldade ninguém sabia resolvê-la.

Um dia o pai filósofo foi visitar uma tia velha, que tinha a alcunha "Mão invisível", na sua pequenina casinha branca, tendo-se queixado das disputas lá de casa, recebeu dela o conselho de pressionar a mulher, dona Sociedade, para voltar a deixar a filha brincar à vontade, com as suas amigas Oferta e Procura.

Chegado a casa, reuniu a família e esclareceu qual a sua intenção, dado que aquela casa tinha que voltar a ter alegria, a ter vida.

A mãe disse que não sabia bem se seria a melhor solução. Tal como estavam, todos tinham um bocadinho de pão todos os dias e sopa, ainda que fosse sempre a mesma. Mas, enfim, os filhos que decidissem.

A Economia disse logo que gostaria de voltar a brincar com as suas amigas Oferta e Procura, mas a irmã Política respondeu que era preciso pensar no assunto. Pois alguns dos seus amigos da família dos Partidos achavam que seria uma boa ideia, mas outros não. Também o mano Direito disse que, se assim fosse, teria muita dificuldade em brincar com os seus amigos, que ficariam muito aborrecidos por voltar a ver a casa com muito barulho e muita confusão. Especialmente os seus dois primos, chamados, um, Sindicato, e outro, Patronato, tinham referido os inconvenientes de deixar a Economia sozinha com as amigas. O Sindicato disse que essas brincadeiras prejudicavam os seus filhos, os Salários, e o Patronato referiu que teria muita dificuldade em encarar a ira do seu amigo Monopólio.

Havia ali perto um reino, o Mercado, que tinha um Rei chamado Consumidor, e então o pai filósofo resolveu consultá-lo. Ele disse-lhe que, para ele, não havia dúvida: a Economia deveria ir à vontade para o seu reino brincar com as suas amigas Oferta e Procura. Mas, chegando a casa, a filha Política insinuou-lhe que se o Rei tinha falado assim era porque fora influenciado pela mulher, a Rainha Concorrência, que achava muita graça às brincadeiras da Economia e das suas amigas. O pai filósofo voltou à fala com o Rei, que mandou chamar a Rainha, para esta dar a sua opinião. A Rainha explicou-se:

– "As más línguas, e, em particular, a Senhora Comunicação Social – que é toda amiga da sua filha Política – acham que eu só quero beneficiar o Rei Consumidor. Mas olhe que as brincadeiras da sua filha Economia são muito mais úteis do que as da Política. E o seu filho Direito tem a mania de trazer os seus amigos Códigos cá para o nosso Reino. Ora eles são muito sisudos e tornam isto tudo muito aborrecido... Claro que quem fica a ganhar é o Rei do Mercado Negro, o Especulador, visto que, ficando maçadas com tantos Códigos, a Economia e as suas amigas Oferta e Procura vão brincar para o reino do Mercado Negro..."

O pai filósofo foi então ao reino vizinho, e pediu para ser recebido pelo Rei Especulador. O Especulador esclareceu-o que os preconceitos que existiam contra ele e contra a sua obra eram resultantes da influência da menina Inveja, irmã da Comunicação Social, que não aceitava que uns tivessem mais brinquedos que outros, quando é certo que nem todos mereciam o mesmo. Além disso, ele não tinha culpa do facto de a Economia e suas amigas se refugiarem no seu reino, fugindo dos Códigos. O que ele, como Pai, deveria fazer, era aconselhar o seu filho Direito a ser menos positivo...

O pai filósofo respondeu-lhe que estaria muito bem, se não fosse a acção da Rainha Droga. Esta apareceu e respondeu-lhe:

– "Olhe, eu não me importava nada de deixar de ser rainha e de ir viver para o Reino do Mercado, porque quem beneficia mais com este estado de coisas não sou eu, nem o meu marido, mas sim a nossa Primeira-Ministra, a Dona Mafia...

O pai filósofo argumentou:

– "Está certo, mas os senhores, que são soberanos, bem podiam evitar o conluio dela com o Sr. Preços...

A Rainha Droga respondeu-lhe: – "Olhe, quem o poderia evitar seria a Rainha Concorrência, se ela me desse uma ajuda. Mas, bem vê, a menina Democracia não permite que nós nos livremos dos Códigos à nossa vontade". O pai filósofo ficou muito confuso com todas estas declarações, e, quando chegou a casa, a Dona Sociedade disse-lhe que vinha jantar a casa a tia Ética. Resolveu falar com a tia antes de voltar a falar com os filhos.

Depois do jantar, o pai filósofo explicou as suas dúvidas à tia, que lhe respondeu:

– "Sabes, na vida tudo tem de ter um certo equilíbrio. Não podes contrariar completamente a tua filha Política, porque senão ela faz a vida negra às pessoas cá de casa. Também não podes contrariar totalmente o teu filho Direito, visto que, se ele amuasse e nada fizesse, a tua sobrinha Anarquia tomava conta da casa. E também não podes deixar a tua filha Economia fazer tudo o que lhe passa pela cabeça. Acho que deves falar com a tua cunhada Moeda e com o seu marido, o Banco Central".

Assim fez o pai filósofo, que ouviu a cunhada dizer-lhe:

— "Claro que eu entendo que a Economia e as suas amigas devem poder brincar muito à vontade, mas não te esqueças que o meu marido precisa de uma certa ajuda da tua filha Política e do teu filho Direito para impedir que a nossa vizinha Inflação faça tudo o que quer cá na rua. Aqui há dias houve uma inundação tão grande que obrigou os nossos filhos, os Juros, a subirem para o último andar, e também lá se refugiaram os primos Preços. Até a minha sobrinha Bolsa teve de pôr trancas à porta. E estás a ver como ficou o Rei Consumidor! Mas fala com o meu marido...

O Banco Central reafirmou as teses da mulher, acrescentando:

— "É evidente que eu tenho de controlar os movimentos da vizinha Inflação, porque ela é uma peste (embora haja quem goste dela, como, às vezes, o Sr. Sindicato) mas sim e também porque prejudica a minha tia Poupança. Ora esta, e o seu marido, o Sr. Investimento, é que fazem os brinquedos com que brincam a tua filha Economia e as suas amigas Oferta e Procura. Penso que o melhor para si, entretanto, é consultar o Sr. Contrato...

Ao chegar a casa do Sr. Contrato, parente ainda, mas afastado, o pai filósofo verificou que ele estava muito entretido a ver um jogo de futebol.

O Sr. Contrato convidou-o a tomar uma bebida e a ficar com ele a ver o jogo, mas o pai filósofo disse que tinha que resolver um assunto, não podendo esperar. O Sr. Contrato dispôs-se, então a ouvir o pai filósofo, argumentando que deixava o jogo a gravar, e posto que já sabia o resultado, pois se tratava de uma retransmissão. Postas as dúvidas pelo pai filósofo, o Sr. Contrato respondeu-lhe:

— "Na minha opinião, deverá resolver o seu problema como fazem os homens do futebol. Repara que aqui as regras do seu filho Direito e as opiniões da sua tia Ética são, em larga medida, seguidas (embora a vizinha Corrupção de vez em quando faça aqui umas asneiras), mas a Política não mete aqui o bedelho. Os jogadores e os treinadores raramente se metem com a menina Greve (que, como sabe, é a namorada do Sr. Sindicato), e podem mudar de Clube desde que me respeitem. Quando tal não acontece, têm de ver-se com a minha mulher, a Indemnização. Se não lhe obedecem, nunca mais jogam futebol!... E os Salários estão sempre de acordo com o Sr. Mérito!

O pai filósofo respondeu-lhe:

– "Para si é fácil falar assim, porque nos Clubes quem manda é o seu primo, o Sr. Civismo. Claro que há sempre excepções, mesmo aqui no Futebol, mas são ainda assim pouco importantes...

O Sr. Contrato respondeu-lhe:

– "Pois é, mas se o Sr. Civismo se porta bem, tal se deve à sua tia Educação. Porque não lhe pede conselho?

O pai filósofo foi a casa da tia Educação, que estava lendo uma história aos quadradinhos.

Posto o problema à tia, esta respondeu-lhe:

– "Sabes, não é fácil ajudar-te a resolver o teu problema, visto que na Política, na Economia – e, infelizmente, mesmo no teu filho Direito – há muitas coisas que eles fazem e sobre as quais eu não tenho influência. Mas creio que, em qualquer caso, deves apoiar sempre mais a tua filha Economia. Não te esqueças que já os gregos diziam que *filosofar, sim, mas de barriga cheia...*"

CAPÍTULO IV

Importância da Filosofia para o Direito

António José de Brito
Professor Catedrático da Faculdade de Letras
da Universidade do Porto e do Departamento
de Direito da Universidade Portucalense

Tratar do presente tema – a importância da filosofia para o direito – dentro do limite de um volume colectivo: não parece pretenciosismo, seria pretenciosismo. Para evitar tão feio pecado não vou *tratar* de semelhante tópico. Vou, apenas, apresentar, a seu propósito, umas descosidas notas, plenas de pressupostas e de noções hipotéticas, explicitas ou subetendidas.

Suponhamos que há um saber fundamental donde todos os outros, directa ou indirectamente, derivam e chamemos-lhe filosofia.

A existência de um saber dessa ordem pode ser objecto das mais enérgicas contestações. Tais contestações, ou representam elas mesmas um saber fundamental (ou dele conscientemente derivam) ou então não têm fundamento e, enquanto infundadas, são pura e simplesmente árbitrarias. Em qualquer das circunstâncias são insustentáveis, ou porque o arbitrário não se pode sustentar, ou porque já estão a admitir aquilo que pretendem contestar. E se as referidas contestações são insustentáveis, eis que existe esse saber fundamental que chamamos filosofia. Derivar dela qualquer coisa, denominada de direito, seria tarefa pelo menos para um inteiro volume e, talvez com razão, se achasse pouco.

Admitamos o conceito que, nas escolas onde se ensina, é denominado de direito: um conjunto de normas coactivas ligadas a decisões, e decisões conexionadas e reportadas a normas, umas e outras não estando dispostas caoticamente e contraditoriamente, antes formando uma certa ordem. Teremos, então, aquilo que é uso classificar de ordenamento jurídico.

A propósito dele, a primeira questão que se levanta é a da legitimidade da possível coação desse ordenamento. Costuma observar-se que sem ela não existiria sociedade e estariamos na anarquia. Mas isso não é resolver o problema é deslocá-lo. Com efeito poderá sempre perguntar-se porque deverá existir a sociedade, e não a anarquia.

A questão toda está em determinarmos o que deve ou não existir porque tem um valor absoluto ou um desvalor integral. Por outras palavras importa abordar em primeiro lugar a questão do que vale ou não vale incondicionalmente. E, em segundo lugar, se o que vale incondicionalmente pode ou não ser imposto. A segunda pergunta conexiona-se de maneira indiscutível, com a primeira, visto que está pendente da natureza do que vale incondicionalmente. E saber a natureza do que vale incondicionalmente ou absolutamente, apenas pode alcançá-lo um saber absoluto. Logo temos que ascender ao domínio do saber absoluto e fundamental que é a filosofia para determinar se o direito na sua coactividade é ou não admissível.

Simplesmente, para o ordenamento jurídico exercer a sua coacção tem de ser conhecido. Dir-nos-ão que esse conhecimento pertence à ciência do direito que, como qualquer ciência, nada ou pouco tem a ver com a filosofia.

Asserção em extremo inaceitável, no que toca às ciências em geral e, muito mais, no que concerne à ciência do direito que é, em extremo, discutida na sua cientificidade. Recordemos o conhecido pensamento de Kirchmann: duas linhas do legislador e bibliotecas inteiras transformam-se em lixo.

As ciências formais não esqueçamos que assentam no princípio da não contradição. Se este não for parte do saber fundamental e se pudermos legitimamente contestá-lo, eis que tais ciências caem imediatamente por terra.

Quanto às ciências não formais elas apoiam-se na experiência. E para se fixar o que a experiência vale, ou a damos já como um saber fundamental e, portanto, o recurso a ela é um passo de natureza filosófica, ou temos de partir de um saber fundamental, isto é, da filosofia para chegar à experiência e à sua validade.

Ora o que se chama a ciência jurídica necessita, simultaneamente, da experiência e da lógica como momentos básicos. Com efeito, ela debruça-se sobre o ordenamento jurídico que esta aí, dado historicamente, visível no espaço e no tempo, logo apreendido experimentalmente, se a experiência valer qualquer coisa. Mas, por outro lado, a ciência jurídica não se limita a formular as leis desta experiência. Ela constrói figuras, noções – direito subjectivo, propriedade, etc. – que permitem compreender este ou aquele ordenamento e permanecem, quando os mesmos são alterados ou desaparecem. Para isso, do que precisam, indiscutivelmente, é da lógica, com óbvio predomínio do princípio da não contradição. E, assim, mais do que as outras ciências – duplamente, se me é permitido afirmá-lo – a ciência jurídica necessita da filosofia.

Objectar-nos-ão, contudo, que se as ciências – todas as ciências – precisam de assentar na filosofia como saber fundamental, os cientistas não precisam de preocupar-se com os alicerces do seu conhecimento. Dão-nos por admitidos e seguem em frente. Logo a ciência, efectiva e real, tal qual é praticada, não tem em nada que se importar de facto com a filosofia, também a ciência do direito dispensaria a filosofia.

Não vamos discutir a premissa efectiva desse raciocínio – premissa em extremo discutível – pois são numerosos os cientistas que recorrem à filosofia. Aceitemos, por hipótese que é exacta. De qualquer maneira, o sábio, por inteiro não filósofo, estaria na situação do homem que faz uma aposta e que, portanto, nada pode dar por seguro. E termos uma ciência que é sinónimo de insegurança, não deixa de ser curioso. No caso específico da ciencia jurídica, a situação é mais aguda ainda. Com efeito, há uma adesão e um consenso mais ou menos generalizado no tocante às restantes ciências, pelo que um sábio ainda se poderia dar ao luxo de fazer apostas. Mas a chamada ciência do direito é contestada amplamente. Como é que conseguirá ser tranquilamente, cultivada, no meio das batalhas que se travam à sua volta? Atacado por várias bandas o jurista, para não abdicar da sua cientificidade tem de defender-se e para se defender apelar para os fundamentos do que proclama o seu saber, logo tem de recorrer a filosofia. Há ainda que perguntar sobre que espécie de ente se exerce a coação que é nota essencial do ordenamento jurídico? Qual é o "objecto" das penalidades que incidem sobre quantos desobedecerem aos imperativos de tal ordenamento?

Tal pergunta parece, à primeira vista, ser de uma extravagância patente. A resposta é óbvia, evidente, notória. Trata-se do homem. Simplesmente, o homem aqui é uma palavra. O que interessa é determinar a índole desse ser a que estamos a chamar homem. E, no tocante a ela, um problema capital se põe: é um ente livre ou está sujeito a um rígido dererminismo? As penas tem o mesmo sentido esteja-se ou não perante um ser livre, que podia agir doutro modo, ou perante um ser determinado que não tem opções possíveis?

Dir-nos-ão que as penas unicamente possui uma finalidade de defesa social nunca de retribuição? Sem debatermos tal ponto de vista, supomos que, mesmo a defesa social, assume aspectos diversos, consoante se trate de condionar comportamentos ou de dirigir-se a vontades autónomas que tem capacidade de agir num sentido ou no oposto.

Quer isto significar que não é possível, neste plano, pôr de lado a questão da liberdade ou do determinismo. Trata-se, contudo, de uma questão que recebe solução imediata através de uma evidência que não sofre controversia, ou uma experiência "científica" sectorial – psicológica, antropológica, v.g.?

Nem pensar! O problema liberdade/determinismo diz respeito à própria estrutura do real – este é série ininterrupta de causas e efeitos ou contém um elemento de contingência. E o que diz respeito à própria estrutura do real, diz respeito aos seus fundamentos últimos. E, por consequência, apenas um saber fundamental o pode estabelecer.

Haverá algo de absoluto? Se houver poderá ser compatível com a liberdade? Não envolverá a necessidade mais inteira e abrangente? E se tudo for relativo? Então liberdade será relativa logo dependente, condicionada, e não poderá ser liberdade. Mas se não houver liberdade a concepção determinista será tão forçosa, e logo tão válida, como a contraria. Como sustentar, pois, o determinismo? Eis-nos, assim, em plena filosofia, no domínio do que são os problemas últimos, radicais. Voltemos a encarar a ordem jurídica no seu conjunto. Para que existe ela? Não se repita que é para conservar a sociedade, porquanto se perguntará, então, para que existe a sociedade. Será um fim em si? Ou meramente algo de instrumental? Problema que apenas se consegue resolver discutindo o que é fim em si ou não. E quem diz fim em si diz valor em si. E ressuscita a problemática que foi exposta a propósito da coacção. O que vale em si é o que se autofundamenta. E a questão do que se autofundamenta exclusivamente se pode resolver no plano do saber fundamental, isto é, da filosofia.

E, a finalizar, salientemos o seguinte. A coacção reclama um poder, um poder que seja, tanto quanto se conceba, irresistível. Esse Poder, se põe a ordem jurídica, será, portanto, metajurídico. Dir-se-á que a sua fundamentação não precisa da filosofia para nada, pertencendo unicamente à ciência política?

Mas a ciência política o que estuda é uma sociedade organizada politicamente, quer dizer, que pressupõe já a existência de um Poder soberano e, por isso, é incapaz de fundamentar essa existência, uma vez que dela depende.

O fundamento do Poder soberano terá de ser qualquer coisa de absoluto, de radicalmente derradeiro. E eis-nos no domínio da filosofia, porque no dos fundamentos derradeiros.

Resumindo: se o saber fundamental é a filosofia, então a justificação da coactividade da ordem jurídica, do conhecimento da ordem jurídica, da relação da ordem jurídica com o Estado soberano, só será obtida pela filosofia.

O direito precisará, pois, de um alicerce filosófico ou aquilo que pretender ser não passará de uma vacuidade.

Não será, porém, absurdo que se pretenda que os juristas filosofem?

Não acontecerá, então, que não serão nem bons juristas nem bons filósofos?

Não estamos a pretender que os juristas sejam forçosamente filósofos, em sentido técnico, embora pensemos que perfeitamente o podem ser. Números são os exemplos de juristas-filósofos, desde um Binder e um Larenz na Alemanha, a um Spirito e um Del Vechio na Itália, e um Cabral de Moncada em Portugal. De qualquer maneira, se nem todo o homem é filósofo *strictu sensu*, todo o homem tem uma concepção do modo por mais rudimentar que seja. E o que pretendemos é que os juristas que não queiram ser filósofos *strictu sensu*, consciencializem a sua concepção do mundo, ouvindo os filósofos, reflectindo sobre a lição dos filósofos. Sem se tornarem filósofos, em plenitude, ao menos filosofem um pouco para se elevarem ao conhecimento do que estão a fazer como juristas.

CAPÍTULO V

Problemática e Sentido da Filosofia do Direito

Antonio Braz Teixeira
Professor do Departamento de Direito
da Universidade Autónoma de Lisboa

Interrogarmo-nos sobre a Filosofia do Direito na nossa perspectiva de hoje, no limiar do terceiro milénio, é defrontarmos, a um tempo, dois níveis distintos de interrogação ou de problemática especulativa.

É, por um lado, prescrutar o sentido deste tipo de saber, essencialmente interrogativo, a que chamamos Filosofia do Direito, na concreta circunstancia ou situação existencial que é a de este perturbado, complexo e mutável final do século; é, por outro, inquirir sobre o núcleo problemático em torno do qual se desenvolve e constitui aquele mesmo tipo de saber, procurando apurar, na medida em que tal é possivel, qual ou quais desses problemas mobilizam prioritariamente a nossa atenção reflexiva, o mesmo é dizer, quais apresentam maior urgência vital e mais decisiva e imediata importância no nosso transitivo presente.

Interrogacões que, ambas, nos remetem para a interrogacão primeira sobre a própria Filosofia do Direito enquanto problema filosófico ou sobre o caracter radicalmente filosófico da Filosofia do Direito, a qual tem vindo a adquirir renovada actualidade num tempo em que, ao lado de um claro reforço do espontâneo positivismo prático dos juristas e de um pragmatismo político cada vez mais desprovido de garantia especulativa ou de legitimação ideológica, se nos depara a ambígua e perplexa encruzilhada de um pensamento ético que tende a fundar em meros e hipotéticos consensos sociais o seu relativismo axiológico, quando não mesmo a recusar à especulação filosófica outro sentido que não seja unicamente verbal.

Cumpre, assim, reafirmar, com o responsável e paralelo sentido da interrogação que toda a afirmação filosófica implica, que a Filosofia do Direito só pode conceber-se como parte da Filosofia, como reflexão filosófica sobre o Direito ou consideração do Direito de uma perspectiva ou de um modo filosóficos.

Tal ponto de partida especulativo implica, então, a impossibilidade de fazer da Filosofia do Direito um aspecto, uma parte ou um ramo da Ciência Jurídica, ou a sua identificação ou integração numa qualquer pretensa *Teoria Geral do Direito*, como teoria geral da ordem legal ou ordenação racional do conjunto das leis de certo tempo e lugar ou do direito positivo de certa época ou Estado.

O atribuir natureza ou essência radicalmente filosófica à Filosofia do Direito implica, de igual modo, a recusa da sua redução a mera *Metodologia da Ciência Jurídica* ou a simples *Epistemologia Jurídica*, porquanto, se é verdade que ambas pressupõem uma visão filosófica do Direito, nenhuma delas constitui o cerne da problemática a que esta visa responder, antes são dela mera consequência ou secundária projecção.

Com efeito, o problema da Filosofia do Direito ou a Filosofia do Direito como problema é, em primeira instância, o próprio problema da Filosofia, enquanto processo ou actividade permanente do espírito, de natureza essencial e radicalmente interrogativa, problemática, reflexiva, aporética e teorética.

Sendo visão espiritual do invisível ou do que transcende o mundo sensível, que a razão, partindo de uma intuição essencial, procura tornar discursiva, através do raciocínio, a Filosofia não é um saber feito, que possa transmitir-se e se vá adicionando ou progredindo, mas um conjunto permanente de interrogações, nunca plena nem definitivamente respondidas e em que cada resposta que o filosofar a si próprio se dá é sempre provisória, convertendo-se, por isso, em nova interrogação.

Se, numa primeira instância, o problema da Filosofia do Direito é o próprio problema da Filosofia, num segundo momento, esse problema será o problema da Justiça enquanto fim do Direito e do Direito enquanto ser ou o da sua essência, o que significará, então, que o núcleo da problemática filosófico-jurídica será de índole, simultaneamente, axiológica e ontológica, pois se trata aqui de interrogar sobre o ser de uma realidade humana que tem num valor, num princípio, numa ideia ou num ideal a sua razão de ser e de valer.

Dois esclarecimentos se requerem aqui. O primeiro, para notar que o atribuir prioridade ao problema da Justiça na definição da problemática filosófico-jurídica não pode nem deve entender-se como significando que a Filosofia do Direito, enquanto tal, não existe ou não é possível, sendo o que assim, então, impropriamente, se denomina, uma Filosofia da Justiça, ou que mais não será do que uma parte ou um aspecto da Ética ou da Axiologia. Com efeito, o afirmar que o problema da Filosofia do Direito é o problema da Justiça enquanto fim do Direito, implica uma particular consideração deste valor, princípio, ideia ou ideal, que impede a sua identificação ou dissolução na Ética, já que esta a tem em conta, acima de tudo, de um ponto de vista subjectivo, como virtude do homem justo, ao passo que aquela a vê objectivamente, como fundamento e razão de ser e de valer do Direito e do mundo jurídico.

Acresce que, como acima se notou, a problemática filosófico-jurídica não se esgota nesta interrogação sobre a Justiça, considerada numa perspectiva axiológica e não já ética, pois,ao lado dela e com idêntico relevo figura a interrogação sobre o ser do Direito, o que justifica a afirmação há pouco feita de que o problema nuclear da Filosofia do Direito se reconduz a uma dupla interrogação, de natureza simultaneamente ontológica e axiológica.

Por outro lado, porque o Direito é criação humana e se refere directamente à vida do homem, àquele aspecto da sua actividade prática que respeita à sua conduta social ou intersubjectiva, a interrogação filosófica sobre o ser do Direito surge-nos numa estreita relação de dependência relativamente à antropologia filosófica, condicionando, de forma decisiva, o modo de conceber o homem a maneira como é entendido o próprio Direito e como é ideado o seu fundamento. Assim, à dupla interrogação, simultaneamente ontológica e axiológica que vimos constituir o núcleo da Filosofia do Direito, vem agora associar-se, como seu necessário pressuposto ou fundamento, a interrogação sobre o ser do homem e sobre o sentido e valor do seu agir.

Este primordial núcleo problemático não esgota, porém, o complexo de interrogações que constituem a Filosofia do Direito, já que ao lado dele, formando o que poderá denominar-se a *Teoria da razão jurídica*, têm vindo a adquirir crescente importância três outras disciplinas filosófico-jurídicas: a *Lógica jurídica*, a *Hermenêutica jurídica* e a *Retórica jurídica*.

Possibilitadas pela descoberta e aprofundamento da individualidade do *logos* próprio do Direito e do discurso jurídico, pela consideração da importância que nele assume a sua dimensão problemática e como pode ou deve articular-se ou harmonizar-se com o seu aspecto sistemático, bem como pelo desenvolvimento moderno da hermenêutica e da nova retórica ou nova teoria da argumentação, a actual teoria da razão jurídica, do mesmo passo que permite libertar o Direito dos acanhados e cediços esquemas do positivismo e do normativismo, vem contribuindo, igualmente, para uma mais profunda compreensão do modo de pensar, de argumentar e de decidir dos juristas e do papel criador que cabe à jurisprudência e, em geral, à actividade de interpretação-aplicação do Direito, que surgem agora como realidades complementares e incindíveis.

Deste conjunto de interrogações que constituem, hoje, o objecto da reflexão filosófico-jurídica, um há que mais insistente e profundamente está demandando a nossa atenção, por constituir, inequivocamente, o mais sério repto, simultaneamente existencial e especulativo, a todos os que se dedicam a pensar filosoficamente o Direito: o problema do seu fundamento axiológico.

E isto por um sério e convergente conjunto de razões, que, na hora presente, reforçam a sua perene actualidade e confirmam a prioridade que lhe atribuimos ao definir a problemática filosófico-jurídica. De entre tais razões, quatro há que se afiguram decisivas: as profundas aporias com que se defronta, hoje, o pensamento jusnaturalista, após a crise, não superada, da noção de natureza humana, aberta pelas filosofias existenciais; a necessidade de fundar especulativamente a doutrina dos chamados "direitos humanos"; a insuficiência das éticas de tipo consensual; a aporia que implica a relação liberdade-igualdade na ideação da Justiça.

Dado que me ocupei já da primeira destas quatro questões noutra oportunidade [1], abstenho-me de a ela voltar agora, limitando-me a notar que, do meu ponto de vista, qualquer fundamentação jusnaturalista do Direito se defronta hoje com duas dificuldades especulativas de difícil superação: por um lado, a impossibilidade de fundar ontologicamente o que é do dominio ético, que impede que se pretenda retirar ou deduzir da natureza ou da essência do homem quaisquer princípios ou normas para a acção ou para ordenar a conduta; por outro, a própria crise da noção de natureza ou essência humana decorrente

---

[1] *Sobre algumas aporias actuais do pensamento jusnaturalista*, em "Nomos-Revista Portuguesa do Direito e do Estado", n.º 7 Janeiro-Junho de 1989. Ver, igualmente, o nosso livro *Sentido e Valor do Direito*, Lisboa, 1990, pp. 119 e segts.

da visão que a antropologia filosófica e metafísica contemporânea tem do ser do homem, a qual recusa que o homem tenha uma natureza ou uma essência que lhe seja previamente dada, igual em todos os tempos e lugares e de que todos os homens participem, pois, sendo anti-substancialista, pensa o homem como um ser singular e livre, em construção permanente e incessante da sua existência ou do seu ser, como possibilidade de ser que nunca chega a ser plenamente realizada.

Por sua vez, estas graves aporias com que, a meu juízo, se defronta, hoje, o pensamento jusnaturalista, não podem deixar de se projectar, igualmente, sobre a doutrina dos chamados e, felizmente, cada vez mais reconhecidos "direitos humanos", a qual é, inequivocamente, uma doutrina jusnaturalista, já que encontra na noção de uma natureza ou uma essência humana comum a todos os homens o seu único fundamento filosófico possível. Diversamente, porém, do que aconteceu com a sua primeira formulação nos sécs. XVII e XVIII, com base num jusracionalismo que não sofria, na época, contestação especulativa relevante, a actual doutrina dos direitos humanos, que daquela directamente descende, apresenta-se desprovida de qualquer expressa ou implícita fundamentação filosófica, como se de uma evidência intuitiva se tratasse, que não carecesse de ser racionalmente justificada. Daí que, no plano filosófico-jurídico, este seja um dos mais sérios e graves problemas que se nos deparam e para que urge buscar uma necessária resposta especulativa e adequada fundamentação racional.

O terceiro problema que acima enunciei, e cujo âmbito transcende o domínio próprio da Filosofia jurídica, pois se alarga a toda a Ética, tem a sua raiz na crise actual da metafísica, no relativismo formalista neo--kantiano e na filosofia analítica. Afigura-se, no entanto, como evidente e inegável que qualquer ética que não aceite aquilo que Miguel Reale denomina de "invariantes axiológicas" e não admita outros valores senão os que, a cada momento, obtêm o consenso social, procurando transpor os critérios democráticos para domínios que, claramente, excedem a sua razoável aplicabilidade e competência, não só não pode constituir adequado fundamento do Direito e da ordem jurídica como mais não é do que uma forma velada de positivismo, que pode conduzir, como no passado já aconteceu, à pretensa legitimação das maiores aberrações e dos mais graves atentados contra valores jurídicos essenciais.

Deste modo, a necessidade especulativa de superar este tipo de éticas, bem como quaisquer outras que se encerrem num relativismo axiológico, ainda que procurando na história ou na pessoa a sua fonte, ou se contentem com um mero utilitarismo ou uma moral utilitária, é um dos mais sérios reptos que se apresentam, hoje, ao pensamento filosófico que, assim como carece de reencontrar as vias da metafísica, precisa de, através dela, restaurar uma tradição ética e axiológica que tem na transcendência a sua garantia e primeiro fundamento.

Esta crise especulativa do jusnaturalismo e o impasse em que se encontra o pensamento ético contemporaneo não são, decerto, alheios, ao renovado interesse filosófico de que, nos últimos decénios, vem sendo objecto a teoria da Justiça, que, durante longo tempo, andara arredada das preocupações dos filósofos e dos jusfilósofos.

Contudo, de Chaïm Perelman a Ilmar Tammelo, de John Rawls a Robert Nozick, de Hans Welzel a Sergio Cotta, de Werner Goldschmidt a Miguel Reale, de Ricoeur a Habermas uma decisiva questão continua por resolver: a antinomia liberdade-igualdade no modo de pensar a ideia de Justiça, a qual, a meu ver, só pode ser superada ou resolvida desde que deixe de buscar-se na igualdade o critério da Justiça para, na linha da moderna Filosofia do Direito portuguesa (Delfim Santos, Álvaro Ribeiro, Orlando Vitorino), entender que o seu que há que dar a cada um em que a Justiça consiste ou a que se refere deve ser compreendido num sentido ontológico radical, pelo que não pode identificar-se com a conformidade com a lei nem restringir-se aos bens exteriores ou materiais e à sua repartição igualitária, vindo antes a consistir na liberdade de cada um ser ele próprio e poder cumprir o seu individual destino enquanto pessoa distinta de todas as demais.[2]

Mas, assim como, no reino da Filosofia, todas as interrogações visam a unidade primeira que sustenta a maravilhosa pluralidade e a suprema harmonia dos seres e dos mundos, aquele transracional ou irracional por excesso que é a fonte de todas as razões e do que precede e transcende o haver razão, tambem no domínio mais restrito da Filosofia Jurídica a interrogação sobre o fundamento do Direito, em sua essencial radicalidade, não poderá nunca deixar de nos fazer regressar de novo e sempre à interrogação sobre o próprio ser do Direito, de que quedará dependente toda a teoria da razão jurídica que se pretenda especulativamente garantida e ontologicamente fundada.

---

[2] *Reflexão sobre a Justiça*, em "Nomos", n.º 1, Janeiro-Junho 1986. Cfr., igualmente, o nosso livro cit. na nota anterior, pp. 163 e segs.

CAPÍTULO VI

Política y Derecho
Doce tesis sobre la Política

Antonio-Carlos Pereira Menaut
Professor de Dereito Constitucional da
Facultade de Dereito da Universidade de Santiago de Compostela

1 – INTRODUCCIÓN *

"¿Qué es la Política?"

Esta es la pregunta que dio origen a este trabajo, ya que no se pueden establecer las relaciones entre Ética y Política en una sociedad democrática sin responder previamente a esa cuestión, cuya pertinencia es evidente desde el momento en que si la Política fuera – por hipótesis – un fenómeno más o menos ajeno a la voluntad humana, se escaparía a los dictámenes éticos. Por ello, todo el planteamiento del presente libro depende, en cierto modo, de lo que la Política resulte ser.

Pero cuando comenzamos a indagar, comprobamos con cuánta razón dice Sánchez Agesta sobre la Política lo que San Agustín decía sobre el tiempo: que todos creemos saber lo que es hasta que alguien nos lo pregunta. Y, sin embargo, esa ignorancia coexiste con el hecho evidente de que casi nadie carece de una idea acerca de la Política, aunque sea poco elaborada o casi inconsciente. Se produce así la paradoja de que, por un lado, se trata de un dato primario, presente en el repertorio de conocimientos de la mayor parte de las personas, mientras que, por otro lado, son muy pocos quienes parecen conocerlo de verdad. Incluso algunos grandes filósofos y otras figuras señeras en la historia intelectual de la Humanidad parecen no haber comprendido la Política correctamente, lo cual no ha dejado de repercutir en sus grandes construcciones teóricas.

Esas faltas de acierto de los sabios nos autorizan a afirmar que la acumulación de conocimientos e inteligencia no garantiza el éxito en

---

* Publicado originalmente en Alejandro Llano *et alli, Ética y Política en la Sociedad Democrática,* Madrid, Espasa Calpe, 1981. Como se infiere de su lectura el fin de esta contribución era responder a la pregunta "¿Qué es la Política?" y discutir su relación con la Moral. Reprodúcese aquí con ligeras modificaciones.

este asunto, y que también son necesarios el sentido común, la perspicacia y otras dotes similares, y ya se comprende que la excelencia intelectual no conlleva necesariamente la posesión de tales condiciones. Ni Maquiavelo ni Burke elaboraron teorías generales importantes, pero ambos penetraron agudamente en la entraña de la Política. De los ingleses escribió Hobhouse que son «tímidos e inhábiles en la región de la teoría», lo que no les ha impedido ser maestros y pioneros en Política. Platón, en cambio, nos dejó un sistema teórico de gran envergadura, pero no parece haber captado la esencia de la Política.

En la difícil empresa de responder a la pregunta que abre estas líneas parece que sólo tendría posibilidades de éxito quien reuniera la poderosa mente de Platón y la fina perspicacia, el sentido común y la experiencia de Burke. Pero el fundado temor que se deriva de no cumplir esos requisitos no exime al autor de estas líneas de la tarea, típica de un profesor universitario, de dar respuesta a una *quaestio,* aunque sea tan *vexata y* ardua como la que nos ocupa.

Antes de continuar es oportuno hacer una precisión sobre el sentido de la palabra «Política», puesto que puede entenderse como una ciencia (Ciencia Política, o mejor quizá Ciencias Políticas) o como la realidad sobre la que reflexiona esa ciencia, siendo ambas cosas distintas así como la Geología es distinta de las piedras que constituyen su objeto de investigación. Pero ocurre, en este caso, que entre el sujeto conocedor y el objeto conocido no hay ni puede haber tanta separación como en el ejemplo de la Geología, o sea que lo que se afirme sobre la Política como realidad repercutirá notablemente sobre la Política considerada como ciencia y disciplina escolar. Por lo tanto, y aunque en este ensayo sería deseable tratar solamente de la Política práctica, ha sido necesario colocar al final un apéndice dedicado a los inevitables aspectos académicos de la cuestión.

En cuanto a la forma, se ha seguido el criterio de evitar una definición en el sentido usual, y en vez de ello se someten a la consideración del lector algunas proposiciones o tesis sobre el tema. Esto obedece a dos razones, una de tipo material y otra de estilo. La primera es que en la Política quizá habría que buscar más bien las claves (en plural) que una única clave, lo que contribuiría a explicar el poco acierto de algunas de las definiciones existentes; por lo pronto, es evidente que la Política contiene aspectos distintos, y quizá incluso opuestos. Partiendo de esta base, espero que el objeto de este estudio

Ver (o) Direito 153

se muestre menos rebelde al procedimiento de proponer varias tesis que al procedimiento definitorio normal.

La segunda razón, de estilo, es accidental y secundaria: se trata de imitar la vieja costumbre universitaria de redactar conjuntos de tesis que se clavaban en las puertas de las aulas para después discutirlas en las *disputationes* académicas.

2 – LO QUE LA POLÍTICA NO ES

A

En un ensayo cuya finalidad es aclarar lo que la Política es, puede parecer impropio comenzar por decir lo que no es. Se trata, por un lado, de una manera negativa de delimitar el campo, y, por otro, se sigue así el consejo del sentido común: ir, en todo, de lo conocido a lo desconocido.

En el mundo occidental no es necesario insistir en que la Política no puede quedar subsumida en la Ética ni confundida con la Religión. Sólo vamos a detenernos someramente en explicar que la Política tampoco es Ciencia, Educación, ni Economía, y que las tareas políticas no pueden ser sustituidas por las administrativas ni los criterios políticos por los técnicos, como parece querer la tecnocracia.

En teoría, es posible hacer perfectas clasificaciones de todas esas posturas porque la Ciencia, la Educación y la Economía son autónomas y distinguibles entre sí (aunque las dos primeras suelen ir juntas, tanto a nivel de actividad como a nivel de instituciones), y las otras dos posiciones se fundamentan en ellas. La tecnocracia es deudora del cientificismo, porque se basa en el predominio de la técnica y en la eliminación de lo que sus partidarios consideran hueca retórica política o incompetencia profesional. Y, por lo que se refiere a los que disuelven la Política en lo administrativo, son tributarios del economicismo, aunque también pretenden, como los anteriores, la eliminación de la irracionalidad.

En la práctica, al contrario: el pedagogismo político puede presentarse aliado con el cientificismo (como en el platonismo), o solo (por ejemplo: «cuando la gente esté educada, los países serán fácilmente gobernables por procedimientos democráticos»), mientras que el cientificismo, por su parte, se tiñe frecuentemente de economicismo, y a la inversa. También en las defensas de la técnica y de la administración suele haber mezcla de economicismo y cientificismo, de racionalidad y de reducción de los antagonismos y problemas políticos a los económicos. O sea que las distinciones que en teoría son relativamente claras se vuelven, en la práctica, oscuras, y por ello la división que figura a continuación no tiene un valor absoluto.

Entre los que sostienen que los problemas políticos se arreglan por procedimientos científicos y pedagógicos es obligado mencionar en primer lugar al gran Platón (por lo menos el Platón de *La República*) y a todos los que después le han seguido, confundiendo saber y poder, educar y hacer política. No obstante, por lo que se refiere a la confusión platónica entre gobierno y educación, hay que hacer justicia al discípulo de Sócrates porque, como se sabe, ni él ni su maestro concebían que el hombre educado pudiera no ser virtuoso, y como tampoco veían solución de continuidad entre Ética y Política, entendían, coherentemente, que educar y gobernar son, en último análisis, tareas coincidentes. No aparece la misma coherencia en muchos de sus modernos seguidores, pues olvidan que la educación actual es casi meramente informativa y con escasa dimensión ética.

En cambio, subsisten los reproches por lo que se refiere a la confusión entre gobierno y ciencia, porque aunque tampoco concebían un sabio no virtuoso, carecen de fundamento sus presunciones de que la excelencia intelectual conlleva necesariamente la capacidad política y de que los problemas políticos son susceptibles de un tratamiento filosófico. Quizá radique aquí el malentendimiento de la Política por Platón, para quien el problema filosófico y el político no son sino uno solo; e incluso, en el fondo, Filosofía, Pedagogía, Ética y Política son también una sola cosa. Parece imposible sostener que cuatro realidades tan heterogéneas coincidan, aunque sea en el fondo, sin negar indirectamente a tres de ellas el derecho a tener su esencia propia. Por otra parte, donde no hay claridad y delimitación no puede haber Política, como veremos más adelante.

Mucho más tarde, en el siglo XVIII, Hume escribió un breve ensayo titulado «Que la Política puede ser reducida a ciencia». En un mundo mecanicista, su autor confiaba demasiado en los frenos, contrapesos y equilibrios de las instituciones políticas, pero, en realidad, las aserciones que ofrecía como científicas no pasaban de ser máximas empíricas y prudenciales, como, por ejemplo, la que sigue:

Ver (o) Direito

«Podemos, pues, tener por axioma universal en Política que un príncipe hereditario, una nobleza sin vasallos y un pueblo que vota a través de sus representantes forman la mejor monarquía, aristocracia y democracia».

Hume creía en la existencia de «verdades políticas que ni el tiempo ni los accidentes logran cambiar», lo que le permitía abrigar la convicción de que en Política es posible alcanzar tanto nivel de abstracción y certidumbre como en cualquier otra ciencia:

«Tan grande es la fuerza de las leyes, y de las diversas formas de gobierno, y tan escasa su dependencia del humor y el temperamento de los hombres, que a veces se pueden deducir de ellas consecuencias tan generales y ciertas como las de las ciencias matemáticas».

Pero el principal representante de los que, de alguna manera, pretenden subsumir la Política en un esquema científico – y por lo mismo, predecible, necesario, cierto, comunicable racionalmente – fue Marx, con Engels. Ambos creyeron haber descubierto una ciencia decimonónica con sus correspondientes leyes. Parece que el más satisfecho con el cientificismo determinista resultante era el segundo, y así lo subrayó en la oración fúnebre que pronunció en el cementerio de Londres con ocasión del entierro del primero, comparándolo con Darwin, que a su juicio era el otro gran científico del siglo XIX.

Ya se comprende que si la Política fuese cosa de determinación, necesidad y certidumbre, ni siquiera tendría sentido plantear la cuestión de las relaciones entre ella y la Ética, por dos razones: en primer lugar, porque esta última no emite dictámenes sobre lo que no es comportamiento libre e indeterminado; en segundo lugar, porque desaparecería la propia Política.

Por lo demás, realidad política y realidad científico-pedagógica se diferencian en muchos puntos. La principal diferencia estriba en que la Política pertenece al campo de la *potestas,* mientras que la Ciencia y la Educación pertenecen al de la *auctoritas,* según ha señalado insistentemente Álvaro d'Ors. También C. J. Friedrich estima que la índole de la *auctoritas* es el razonamiento (las demás diferencias que existen entre ambos campos, secundarias, son en su mayor parte deductibles de esa distinción fundamental y no es oportuno desenvolverlas aquí). Mientras que la una es, sobre todo, racional y discursiva, la otra es, además, sentimental y volitiva. Por eso el gran Max Weber decía en su conferencia «La Política como vocación» que los políticos se caracterizan por poner en su tarea «parcialidad, lucha y pasión». Esas actitudes, introducidas en una asamblea de científicos o en una escuela primaria, producirían resultados tan nefastos como pintorescos. Afortunadamente, algunas ramas de la Ciencia son tan arduas que es de suponer que ninguna persona sensata se apasionará con ellas: piénsese en la Física de la Materia Condensada o en la Teoría de la Acción Procesal.

En fin, estos dos ámbitos son diferentes por su naturaleza, por sus fines, por los medios que emplean y por los efectos que producen. De la misma forma, las cualidades del político son distintas, cuando no opuestas, de las del científico y el maestro. En la conferencia mencionada, Weber continuaba diciendo a sus oyentes:

> "Mis queridos estudiantes: ustedes acuden a nosotros demandándonos cualidades de caudillo (...) Piensen ustedes que (...) no son las cualidades que hacen de un hombre un sabio sobresaliente y un gran profesor las mismas que se requieren (...) en la Política. Es pura casualidad que un profesor posea también esas cualidades, y resulta muy arriesgado que alguien que ocupa una cátedra se vea solicitado para ponerlas en práctica".

Sin duda que se opondrá a estas ideas no sólo Platón, sino también el autor de las «Tesis sobre Feuerbach» y sus seguidores, los cuales criticaban la «alienación filosófica», las separaciones entre teoría y praxis, entre pensar acerca del mundo y cambiarlo, entre conciencia y existencia. Tengo la impresión de que el sentido común nunca les acompañó en estas opiniones. Probablemente eso no preocupase a un marxista convencido de tener la historia de su parte, pero al que esto escribe le parece una grave acusación tratándose de un tema político.

B

La segunda posición es la de los economicistas y utilitaristas. Suele contener, además, algunos elementos científicos (y también tecnológicos, hoy).

Cabe mencionar, en primer lugar, a Adam Smith, que colocaba a los abogados, magistrados y profesores de universidad entre el número de las profesiones inútiles. Adam Smith era utilitarista, consideraba la Política superflua, y pensaba que el gobierno existe únicamente a causa de que existe también la propiedad privada de cosas valiosas. Aquí hay que situar también a los que prefieren los alfileres imperdibles (o los metros cuadrados de autopista, en versión más moderna) a la Política, y a los materialistas dialécticos y socialistas científicos.

Por lo demás, el peor error de los economicismos y materialismos no es una simple subordinación de la Política a la Economía, ni una reducción de los antagonismos políticos a las desigualdades económicas; lo peor es que la Política deja de tener consistencia. De aquí que la decimonónica idea comunista de que en el paraíso final no sólo desaparecería el Estado, sino también la propia Política, fuera impecablemente lógica.

Entre la Economía y la Política existen diferencias, frecuentemente oscurecidas porque el concepto de Economía suele utilizarse con desmesurada amplitud, viniendo todo a confundirse con ella. El economicismo se ha convertido así en el más extendido de los modernos monocausismos, presente por doquier en la mentalidad corriente, casi al nivel subconsciente y sin distinción de ideologías políticas. Con esa actitud mental todo puede ingresar en el ámbito de la Economía, por vía directa o indirecta. En *Economía y Sociedad* insistía Weber en que no es Economía, como es frecuente oír o leer, todo lo que tenga que ver con el ahorro (el ahorro de medios, la economía procesal, etc.), ni el principio del «óptimo técnico». Y concluía diciendo que con esos criterios podría incluso llegar a considerarse como económica «una plegaria adecuada para conseguir un bien interior».

Las relaciones entre Economía y Política no son fáciles de describir, pero hay suficiente evidencia de que la segunda no se agota en la primera ni es una simple función de ella. Existen ejemplos de cómo el bienestar económico no ha producido siempre una proporcional amortiguación de los conflictos políticos, y hay problemas típicamente políticos (como la polémica entre los partidarios del estado unitario y los del federalismo) que no parece que vayan a desaparecer ni aunque, por hipótesis, se terminaran los antagonismos económicos. De hecho, entre los regionalismos y nacionalismos que hoy se dan en Europa occidental, unos florecen en sociedades pobres y otros en ricas, y la contradicción económica implicada en los últimos no les impide manifestarse con gran violencia.

No se puede dudar que la Economía condiciona mucho a la Política, aunque para enunciar una teoría general habría que conocer exactamente las relaciones existentes entre ambas antes del capitalismo. Puede decirse, en todo caso, que ese condicionamiento no llega a ser determinación, mientras que la Política sí puede llegar a determinar la marcha económica de un país, como tantas veces ha ocurrido en situaciones extremas, como las revoluciones. Las innegables influencias económicas suelen ser difusas y no coactivas, y para llegar a ser lo último necesitan el concurso de procedimientos típicamente políticos.

Por otra parte, todas las grandes organizaciones modernas tienden a alcanzar una situación de cierta autonomía respecto al resto del conjunto social, debido al principio de burocratización y crecimiento de las organizaciones, que también se cumple en el Estado y otras grandes entidades políticas. Un paradójico ejemplo de esto nos lo ofrecen los propios aparatos burocráticos de la Unión Soviética, a pesar de que ese Estado hacía profesión de fe economicista y materialista (véase el análisis de los citados aparatos que hacía el autor marxista N. Poulantzas).

En cualquier caso, y a pesar de la abundancia de ejemplos, se omite con demasiada frecuencia que la Economía aparece también claramente subordinada a la Política en diversas ocasiones. En la U.R.S.S., para poder implantar una economía socialista no dirigida al lucro, fue imprescindible alcanzar antes el poder político, y las decisiones de desarrollar otras industrias antes que las de consumo fueron perfectas decisiones políticas (no derivadas del libre juego de las fuerzas económicas), posibles sólo gracias a que los gobernantes soviéticos se habían hecho previamente con el poder, por medio de una clásica revolución política que tampoco se siguió necesariamente de la situación de las fuerzas productivas rusas de la época.

C

Permítaseme, a continuación, hacer una breve referencia a los enfoques que atacan la Política argumentando en pro de la mera administración y la tecnocracia.

Ya Alexander Pope escribió en el tercer libro del *Ensayo sobre el hombre:*

«Discutan los tontos sobre formas de gobierno, que siempre es mejor la mejor administrada». [1]

Y ya en los *Ensayos Políticos* de Hume se encuentra la refutación de esa teoría.

Con Pope, militan en este grupo todos los que sueñan con un país gobernado con criterios no políticos, sino de administración, racionalidad y eficacia. «Lo que la nación necesita no es ser gobernada, sino ser administrada y de la manera más barata posible», según quería el conde de Saint Simon. Pero la administración no puede englobar la Política, porque no es más que la «rutina de los asuntos del Estado», como escribió en 1897 el intelectual y político austríaco Albert Schaffle («Über den wissenschaftlichen Begriff der Politik», *Zeitschrift für die gesamte Staatswissenschaften,* 53, 1897, 579 y sigs.) – y todavía resulta ser más reducida si se concibe en el estricto sentido de gestión de los recursos económicos –. Lenin, a pesar de que tuvo ocasión de experimentar la realidad de la política, esperaba un futuro paraíso en el que el gobierno sobre las personas había de ser sustituido por la administración de las cosas. Lo malo sería, opina con razón Bernard Crick, que las personas acabarían por ser tratadas como cosas.

Con esta postura está emparentada la tecnocracia, de forma que a veces no son separables en la práctica. Se trata de sustituir la polémica y la retórica, inherentes a la Política en mayor o menor grado, por la eficacia; la intuición del sentido común, por la competencia profesional del experto, y el desarrollo político por el simple crecimiento técnico-económico. Reservar el gobierno exclusivamente a los expertos es una idea parcialmente enlazada con el viejo planteamiento del rey-filósofo (aunque la virtud de los modernos técnicos no pueda darse por supuesta, al revés que la de los sabios platónicos). De esta manera, los precedentes de la tecnocracia se retrotraen hasta Grecia, pasando después por el Despotismo Ilustrado y por el ya citado Saint-Simon, que se mostró claro partidario de que gobiernen sólo los técnicamente capacitados.

Lo que hay de cierto en la tecnocracia es que no todos los menesteres de gobierno son políticos, y que los modernos estados son máquinas muy complejas, que no pueden conducirse solamente a base de

---

[1] *"For forms of government let fools contest, /whate'er is best administered is best"*, dice el original inglés.

dilettantismo. Ambas proposiciones son ciertas y están avaladas por el sentido común, pero sus partidarios suelen incurrir en el error contrario, que pretende reducir la Política, paradójicamente, a las tareas menos políticas de cuantas lleva a cabo un Estado. Incluso en los momentos en que los partidarios de estas posturas han conseguido un triunfo relativo ha podido comprobarse que no es posible absorber ni suprimir la Política, al menos por dos razones: la primera, porque los problemas políticos no siempre se resuelven, sino que se aplazan, para presentarse de nuevo al final. Hay recientes ejemplos de cómo, al cambiar la forma de gobierno de un país, vuelven algunos viejos problemas políticos a plantearse con extrema virulencia, aunque durante largo tiempo hayan permanecido ocultos por el crecimiento económico, o su misma existencia negada oficialmente.

La segunda razón es que, corrientemente, a los tecnócratas hay que darles ya resuelto el problema de alcanzar el poder y definir los aspectos más básicos de la organización de la comunidad política. Es como la irónica paradoja que Alexandre Koyré opone a Platón en su *Introducción a la lectura de Platón:*

> «Para reformar la ciudad sería preciso que los filósofos fueran investidos del poder, pero ello es cosa que no podrá realizarse nunca en la ciudad no reformada.»

Así les ocurrió a los ministros ilustrados de la segunda mitad del siglo XVIII: sólo pudieron poner en práctica sus proyectos mientras estuvieron a la sombra del poder de los déspotas. Me temo que pueda ocurrir algo parecido a todos los que proponen remedios no políticos para problemas políticos.

3 – LO QUE LA POLÍTICA ES, O LAS DOCE TESIS SOBRE LA POLÍTICA

Primera: **Que la política es la política**

La Política tiene entidad propia y no prestada, su sentido es autónomo y no heterónomo, su índole es específica. Como dijo Heller, nace y se mantiene según una legalidad específica, y presenta una significación determinada y distinguible respecto al resto de la vida social. Como dijo Leibholz, tiene su propia base, y no es una simple máscara de otras realidades no políticas, supuestamente más profundas.

Algunas personas piensan que aquello que lleva el adjetivo "político" – actividad, hechos, instituciones, conflictos–es, en realidad otra cosa a la que se suele atribuir mayor dignidad o consistencia: Religión, Ciencia, Educación, Economía. Si verdaderamente la Política es «en el fondo» Economía, Técnica o lo que se quiera, cabe entonces deducir que tiene su fondo fuera de sí misma, por donde venimos a la conclusión de que «en el fondo, no es Política», luego «no es en sí», no es otra cosa que un reflejo o función de esa otra realidad que la sustenta porque tiene sustantividad propia. Si las cosas son así, la coherencia y la lógica aconsejan dejar de utilizar esos términos como «la Política» o «lo político» y llamar a las cosas por su nombre. Pero afortunadamente no son así, y como repite Bernard Crick en *In Defence of Politics,* «la Política es la Política», queriendo significar con esa tautología que el objeto de la pregunta que abre este trabajo tiene entidad propia y no recibe su sentido de otras actividades, instituciones o fenómenos.

La mentalidad que intento contradecir tiene más arraigo del que puede parecer a primera vista. Cada vez que alguien dice que «el verdadero problema político de este o del otro país es, aunque no lo parezca, un problema de educación» (o «de moralidad», o «de riqueza», o «de administración») está levantando una bandera anti-política. Cualquier sociedad tiene, desde luego, importantes problemas en todos esos ámbitos, pero tiene también problemas políticos a los que hay que aplicar en primer lugar remedios políticos, y sólo secundariamente remedios económicos, técnicos o de otra índole.

Segunda: **Que la política es una actividad de los hombres**

Se afirma aquí que la Política es algo que hacen los hombres. No es un descubrimiento novedoso, porque ya aparece tratada como una actividad humana en Aristóteles (especialmente en la *Ética a Nicómaco),* en Maquiavelo, en diversos autores anglosajones, en Max Weber («La política como vocación»), Jouvenel, Easton, Crick. No obstante, es una afirmación comprometida, *id est,* rica en posibles consecuencias, porque implica que la Política no es, en esencia, una cosa material, ni una teoría o conjunto de teorías, ni una institución, ni un fenómeno, ni un sistema. Existen, sin duda, teorías, instituciones, organizaciones, fenómenos y sistemas políticos, pero si podemos aplicarles con propiedad ese adjetivo es porque giran en torno a esa especie de núcleo último e indivisible que es esta actividad.

No quiere decirse que la Política sea un mero hacer, un procedimiento o una mera técnica de adquirir y conservar el poder, indiferente respecto al bien y al mal. Si bien es verdad que ese aspecto también está presente en la Política (como puede comprobarse en *El Príncipe* y en los aspectos menos edificantes de la práctica política cotidiana), también es innegable que no puede reducirse solamente a eso, como se desprende de la tesis séptima. Tampoco es posible convertirla en una pura praxis completamente neutra ante la Ética (cf. la tesis quinta) o ante la libertad (cf. la tercera tesis). En todo caso, existen importantes diferencias entre poner el acento en lo agible o ponerlo en lo teórico, lo ideológico, lo institucional u otro ámbito, y esas diferencias de perspectiva no pueden dejar de incidir en la vida política real de los diversos países, como sobradamente muestra la experiencia histórica.

Aparte de ser correcto, el subrayar que la Política es algo que los hombres hacen conduce a poner el acento en la libertad que de ahí se deriva, con su inevitable comitiva de responsabilidad, valores y fines. En cambio, el hincapié en los aspectos puramente teóricos puede conducir a posiciones poco realistas y contrarias al sentido común («si los hechos no se ajustan a las teorías, tanto peor para los hechos»), y el hincapié en los ideológicos puede conducir al maximalismo y al enconamiento de las posturas oponentes, porque en virtud de ellos cualquier conflicto ordinario puede ser subsumido en un esquema universal que multiplica por cien su gravedad originaria, y en virtud del cual los que antagonizan dejan de ser simples personas, para convertirse en representantes de clases o razas que se enfrentan según una inevitable confrontación históricamente determinada.

Las diferencias entre el sindicalismo anglosajón y el europeo continental se derivan de diferentes interpretaciones de la Política del tipo de las que acabo de reseñar, porque los anglosajones tienden a considerar la Política como un hacer, mientras que en otras culturas políticas suelen tener más difusión los otros enfoques, teóricos, ideológicos, institucionales o de otro orden.

Tercera: Que la política es una actividad libre, por lo que la conexión entre ella y la libertad es más estrecha de lo que parece

De nuevo vale la pena subrayar el carácter libre de la Política, ya señalado por diversos autores en muchas ocasiones. No existiría sin la impredecibilidad, la indeterminación y la falta de certidumbre. Es comprensible que la mentalidad cientificista de hoy choque con esos rasgos, que a más de un técnico y de un científico experimental le parecerán restos de épocas precientíficas, o simplemente manías sentimentales de lo que despectivamente llaman «gente de letras», o falta de seriedad profesional en el ejercicio de la Política. Pero si algún día esta actividad llegase a ser reglada, si alcanzase la certidumbre de las ciencias experimentales, desaparecería.

La conexión entre la Política y la libertad es doble: la primera, porque es una actividad típica de hombres libres, que necesita un mínimo de libertad para su desarrollo normal; así lo subraya Bernard Crick. La segunda conexión estriba en que es una actividad irreductible a esquemas reglados, no necesaria. En la vida real misma asistimos de cuando en cuando al espectáculo de ver cómo lo boyante decae, lo decadente se reanima, lo probable se frustra; se eligen líneas políticas irracionales o antieconómicas, o se demora conscientemente la solución de un conflicto que después resulta irremediable.

Por todo ello, puede afirmarse que la Política es el reino y refugio de la libertad humana, y así llegamos a la conclusión de que defender la Política es también defender la libertad. Aunque sea una manera negativa de decirlo, mientras la Política siga siendo capaz de desbordar los esquemas económicos, sociológicos, técnicos y constitucionales, la libertad estará a salvo – aunque, por otra parte, es muy deseable no desbordar las constituciones con demasiada frecuencia –.

Cuarta: **Que la política es una actividad pública y superficial** *ma non troppo*, **y por ello no lo puede todo, ni está en todo, ya que no todo es política (aunque todo sea politizable)**

Lo personal o lo privado no pertenecen al ámbito político. La Política y lo público implican la existencia de lo privado, estando siempre ambas esferas en mayor o menor tensión. Suprimir lo privado implica la supresión de la Política tanto como la implica la supresión de lo público (cf. lo que se dice sobre panpolicitismo y despolitización en la decimosegunda tesis), de igual manera que destruir las sombras de una fotografía (o las luces) equivale a destruir la fotografía misma. En el país con más fino sentido político es donde siempre ha habido mayor sentido de la *privacy*.

Además, no todo lo social, por muy social que sea, es político, opinión que se enfrenta a la mentalidad totalitaria y al liberalismo jacobino de estirpe francesa, que no admite que nada (asociaciones, entidades territoriales menores) se interponga entre el individuo y el Estado. Por otra parte, tampoco todas las actividades estatales son políticas, por no constituir lo que Weber denominaba «actividades directivas autónomas». Así ocurre, en general, con la «rutina de los asuntos de Estado» a que se refería Schäffle. Estas últimas proposiciones son particularmente ilustrativas en una época como la actual, en la que el Estado tiende a ocuparse de todo.

Este carácter público implica una cierta superficialidad. Se dice aquí que la Politica es superficial porque el propio hecho de ser pública le impide penetrar en los ámbitos más recónditos o esenciales de lo personal y de lo social: ninguna persona con sentido común esperará dilucidar, por medio de la Política, cuestiones tales como si *cogito, ergo sum* es más cierto que *res sunt, ergo cognosco;* de la misma manera, tampoco se puede convertir una sociedad neolítica en sociedad de clases por procedimientos políticos.

Sin necesidad de buscar nuevos problemas en otros campos, la Política tiene que solucionar los suyos propios, que muchas veces tampoco son completamente solubles: el control del poder, las libertades públicas, la participación de los ciudadanos en el gobierno, etc.

También es superficial porque da por supuesta la previa existencia de otras realidades tanto sociales como personales sobre las cuales necesariamente ha de apoyarse, por ejemplo, la estructura social elemental, las instituciones económicas básicas, una moralidad, unas costumbres, etc. Todas ellas, y otras, son bases sobre las que discurre la actividad política y en las que se asientan las instituciones políticas. Se trata, obviamente, de unas realidades más profundas e imprescindibles que la Política, y ésta no puede crearlas *ex novo*. Sin embargo, sólo ella puede coordinar y organizar las relaciones de todas esas instituciones y actividades en lo que afecta a toda la comunidad social, lo cual explica que, cuando hay un problema que se refiere a la existencia misma o a la organización básica de una sociedad, pasa la Política al primer plano mientras que todos los demás problemas se desvanecen.

Por tanto, ya se puede comprender que la relativa superficialidad de la Política no le impide ocupar un lugar preeminente en el conjunto social global. A ella se reservan las decisiones últimas que afectan a toda la comunidad política, y que incluso en el lenguaje ordinario suelen denominarse «decisiones políticas». En esto consiste la grandeza de la Política, ya señalada por Aristóteles en la *Ética a Nicómaco,* cuando dice que es «la más principal y eminentemente directiva» de las «ciencias y actividades» (τῶν επιστημῶν η δυναμεῶν):

> «Tal es manifiestamente la Política. En efecto, ella es la que establece qué ciencias son necesarias en las ciudades y cuáles ha de aprender cada uno, y hasta qué punto. Vemos además que las actividades más estimadas le están subordinadas, como la estrategia, la economía, la retórica. Y puesto que la Política se sirve de las demás ciencias prácticas y legisla además qué se debe hacer y de qué cosas hay que apartarse, el fin de ella comprenderá los de las demás ciencias... »[2].

A su vez, esta afortunada superficialidad de la Política implica que no esté en todo, y que no lo pueda todo (o, al menos, así parece que debiera ser). Esta proposición, válida tanto en lo personal como en lo colectivo, quizá esté más clara en lo personal, porque incluso un político tiene que reservarse unas esferas apolíticas (familia, amistades, aficiones) si no quiere arriesgar su salud mental. Cuando Lenin pedía personas que dedicasen a la revolución no sus tardes libres, sino su vida entera, no estaba reclamando una adhesión política, sino religiosa.

---

[2] Sigo la traducción de Araujo y Marías que se menciona al final, con la salvedad de no traducir δυναμις por «facultad» sino por «actividad».

Nótese, además, que entre esas esferas no políticas hay algunas extremadamente importantes e íntimas, en cuyos recintos suelen tomarse las grandes decisiones personales, como las referentes a la fe o al amor. O sea que hay y debe haber ámbitos políticamente irrelevantes.

Debe señalarse también otra cuestión implicada en esta cuarta tesis: si la Política no está en todo ni lo puede todo, no se le puede pedir más de lo que puede dar; no se puede esperar de ella milagros, ni en lo colectivo ni en lo personal. Escribe Bernard Crick: «Ningún Estado tiene capacidad para asegurar que los hombres sean felices; pero todos los estados tienen la capacidad de conseguir que sean infelices.» Creer en el poder taumatúrgico de la Política va contra el sentido común – cosa imperdonable precisamente en este campo –, el cual parece faltarle a todos aquellos que confían en que tal o cual cambio de régimen político acarree necesariamente el final de la miseria económica, o de la lentitud burocrática, o de los dolores de muelas (aunque ciertos progresos en algunos de esos frentes sí son posibles).

Un cambio político, por profundo que sea, no es una reencarnación colectiva. A pesar de las revoluciones los países y las personas siguen siendo en gran medida los mismos, y entonces sobreviene la desilusión. La Revolución inglesa del siglo XVII tuvo éxito porque aspiraba a objetivos políticos, o sea, modestos, tales como el restablecimiento de los antiguos derechos de los ingleses, la supremacía del Parlamento y la expulsión del absolutismo extranjerizante. En cambio, la francesa de fines del XVIII se proponía modificar todo, lo político y lo no político, lo divino y lo humano (lo que le confiere el dudoso honor de ser precursora de los totalitarismos), llegando incluso a mostrar rasgos de insania mental, como los cambios del calendario, o la entronización de la Diosa Razón. Por una ironía de la Historia, el pretendido prototipo de las revoluciones democrático-liberales fue a parar en el régimen autocrático e imperialista de Napoleón.

Pero, como escribe Leibholz, si no todo es político, sí es cierto que todo es politizable, todo puede convertirse en objeto de la política, unas veces por causas justificadas y otras no. Decía Heller que cuando hay fuertes tensiones políticas incluso el alcantarillado de una calle o la construcción de una escuela se convierten en temas políticos. Es la intervención del poder uno de los pasos en el proceso de politización de los asuntos, y como el Estado, hoy, está interviniendo en todo, ello conduce a Deutsch a afirmar erróneamente que todo está politizado, incluso, como afirma en *Política y Gobierno,* «el agua que bebemos, el aire que respiramos, la seguridad de nuestras calles, la dignidad de nuestros pobres», y así sucesivamente. Nos parece normal que el Estado se preocupe por todo, y que incluso regule los frutos de las relaciones eróticas entre un hombre y una mujer, y después nos extrañamos de que el totalitarismo sea posible, acabándose entonces los ámbitos políticamente irrelevantes. Los totalitarismos han demostrado con los hechos que, tristemente, es posible influir en todas las esferas, tanto sociales como personales. Pero los totalitarismos no son políticos, sino antipolíticos.

Quinta: **Que la actividad politica tiene siempre un carácter teleológico que hace imposible la completa neutralidad**

Esta quinta tesis, aplicada a la acción política, implica la «parcialidad, lucha y pasión» de que hablaba Weber a los estudiantes de Munich que le habían pedido una conferencia sobre «La Política como vocación». En realidad, todo obrar humano tiene necesariamente carácter teleológico, lo que podría convertir en superfluas estas afirmaciones si no fuera porque ha habido diversos intentos de concebir la Política como algo completamente aséptico y, por lo mismo, colocado más allá del bien y del mal. Si todo lo humano es teleológico, mucho más lo político:

> «Vemos que toda ciudad es una comunidad y que toda comunidad está constituida en vista de algún bien, porque los hombres siempre actúan mirando a lo que les parece más bueno; y si todas tienden a algún bien, es evidente que más que ninguna... la llamada ciudad y comunidad civil.»

Este famoso texto abre el libro I de la *Política* de Aristóteles.

Las acciones políticas son todavía menos neutras que las demás acciones humanas porque la Política siempre se hace en vista de algún fin, de un proyecto o modelo de sociedad, o del bien común. Y esta imposible neutralidad repercute sobre la labor académica, en principio puramente teórica, del profesor o investigador que intenta explicar lo que es la Política a base de descripciones asépticas (en su intención). Incluso el científico que, apartado de la vida real, elabora cuidadosamente una

168　　　　　　　　　*Instituições de Direito*

definición de la Política procurando que resulte absolutamente objetiva, está al mismo tiempo proponiendo un modelo para la práctica. Los aspectos aparentemente más fríos y neutros están preñados de repercusiones, y basta – por ejemplo – definir la Política como una actividad, para que ello tenga inmediatas consecuencias de diversos tipos.

Sexta: **Que la política es por naturaleza polémica y conciliatoria al mismo tiempo**

El carácter polémico de la Política ha sido señalado muchas veces, por lo que no es preciso detenerse ahora en él. Además, la obra de Carl Schmitt – el más brillante defensor de este enfoque – está muy difundida en los países de habla española, por lo que quizá entre nosotros se haya hecho excesivo hincapié en el componente polémico de la Política. Lo cierto es que, como resumía Duverger, el antagonismo convive siempre con la integración, de manera que cualquier acción política conlleva siempre y aunque no se quiera efectos de ambos tipos. Ningún gobierno es tan malo que no produzca una mínima integración en la comunidad política; ninguno es tan bueno que no lesione nunca los intereses de ninguna persona o grupo.

Ya es sabido que, en Política, no es posible ni deseable pretender el completo acuerdo, ni en las ideas ni en los intereses, y cuando esa es la meta que se busca, nos hallamos ante una postura antipolítica y proclive al totalitarismo. Pero también pertenece a la naturaleza de la Política el ofrecer un espacio común, asegurar la existencia de la sociedad y conciliar aquellas divergencias que por su gravedad amenazan algún aspecto fundamental de la *res publica*. Las necesarias discrepancias políticas no deben llegar a poner en peligro la propia comunidad, ni dar lugar a un uso cotidiano de la violencia. Siempre se necesitará un mínimo acuerdo sobre lo fundamental, y cuanto menos se base un régimen político sobre la coacción, mayor ha de ser ese acuerdo. En la práctica, en todas la comunidades políticas hay a la vez coacción y consentimiento, aunque la proporción en que ambos se mezclan puede variar significativamente.

Frente a lo que algunas veces ha podido creerse, el aspecto integrador y conciliatorio está tan íntimamente ligado a la Política como lo está el polémico, y por ello de Jouvenel ha podido definirla como una actividad agregativa. En mi opinión, la política resulta ser, hasta cierto punto, como el Derecho: las personas más pleiteantes no son las más violentas, porque el que pleitea renuncia a conseguir su objetivo por la violencia y acepta unas mínimas reglas de juego; el que guerrea, en cambio, no necesita acudir al juez. Por lo cual, y aun suponiendo que la Política fuera lo mismo que la guerra pero con otros medios, serían éstos tan diferentes que no permitirían afirmar la coincidencia de ambas realidades.

Séptima: **Que la política se compone de varios aspectos distintos y hasta en cierto modo opuestos, lo que explica las dificultades para captarla, tanto en la práctica como en teoría**

En Mirabeau o el político explicaba Ortega y Gasset que la Política tiene dos aspectos, el teórico y el práctico. Por mi parte, entiendo que se puede distinguir hasta tres.

El primero es el pragmático: en ese enfoque aparece la Política como un arte inapresable – así ha sido conceptuada muchas veces –, como una praxis, en cuyo ejercicio se necesita astucia, realismo, prudencia, intuición, sentido de la oportunidad, visión de conjunto (Leibholz subraya también, entre otras cosas, la capacidad de hacerse una idea rápida de la situación y la capacidad de tomar decisiones).

El segundo aspecto es el proyectivo, que consiste en concebir planes de cierta envergadura para el futuro de la comunidad política. No es deseable ni posible que la acción política se reduzca a un efímero hacer que se desvanece apenas consumado. Siempre se suele obedecer a un proyecto político, aunque sea casi inconsciente. Incluso si, por hipótesis, el protagonista pretendiese lo contrario, lo típico de esta especie de acciones es su trascendencia, buscada o no, tanto por desencadenar una secuencia de repercusiones sociales como por producir efectos importantes y duraderos.

El tercero es el aspecto teórico: tener un esquema de ideas que ofrezca una interpretación política mínimamente coherente y universal. Normalmente, las ideologías políticas suministran tanto teorías como proyectos, porque ambas dimensiones están vinculadas. El aspecto proyectivo está también, a su vez, relacionado con el pragmático, pero es evidente que éste y el teórico son dispares, y por esa misma disparidad resulta difícil que alguien brille en los tres aspectos a la vez. Lo más corriente es lo contrario, porque la excelencia en lo teórico puede acabar por dañar la capacidad práctica, mientras que, a la inversa, la capacidad práctica no siempre va asociada al conocimiento teórico. Es frecuente que los grandes teóricos sean políticamente inhábiles, y de hecho los anglosajones recelan de los intelectuales que intervienen en Política, al revés que en algunos países continentales.

A la excelencia intelectual y la capacidad para la praxis política les ocurre lo mismo: que no las tienen todas las personas por igual. La diferencia está en que el mérito teórico o académico es discernible por todos, y así es lícito afirmar que, en ese campo, no todas las opiniones valen igual, ni puede pesar lo mismo el parecer de un sabio que el de un hombre común. En cambio, la capacidad para la práctica política es rigurosamente impredecible, porque se distribuye al azar, y ninguna otra cualidad externamente reconocible (como la misma excelencia intelectual, la riqueza, o la probidad moral) puede facilitar su descubrimiento. De donde se deriva que todos tenemos idéntico derecho a intervenir en Política.

Octava: **Que el sentido común y el sentido del humor importan más de lo que parece**

Después de todo lo dicho sobre la Política como actividad prudencial que no se reduce a pura racionalidad, no será preciso insistir en la importancia del sentido común. Todo lo que en la tesis séptima hemos visto que se requería para el primer aspecto de la Política podría, en definitiva, reconducirse al sentido común, tan apreciado en los países anglosajones como poco estimado por los teorizantes, los adeptos de ideologías extremistas, los fanáticos y los cientificistas que quieren subsumir la Política en lo puramente científico. Aun así, la importancia del sentido común, o de la razón práctica, para la actividad política, es generalmente reconocida.

En cuanto a la importancia del sentido común para la comprensión teórica de la Política, cabe decir que se sigue de la propia índole del objeto estudiado, ya que si no es puramente teórica, quizá la pura razón no sea suficiente para su correcto entendimiento. Precisamente, esto parece explicar los fracasos de los sabios en la empresa de responder a la pregunta «¿Qué es la Política?». Así que, dicho de otro modo, no hace falta el sentido común sólo para hacer Política, sino también, aunque no en las mismas dosis, para entenderla.

El sentido del humor tiene también un destacable papel en la vida real. En diversas situaciones totalitarias o dictatoriales, el humor ha sido el refugio de los hombres de espíritu libre y crítico, pues en esas formas de gobierno todas las proposiciones oficiales han de tomarse por principio en serio, por falsas o extravagantes que sean. Los totalitarismos, en concreto, ofrecen gran cantidad de aspectos que no aguantan los embates del humor y la ironía, como puede verse en *Animal Farm* de Orwell o en la película de Chaplin *El gran dictador.*

En fin, como no es posible ahora entonar las alabanzas del sentido del humor, limitémonos a recordar lo que sigue:

a) Mediante la ridiculización de los demás y de uno mismo permite restablecer las cosas desorbitadas a su justa proporción, y así favorece el sentido de la medida, que Weber recomendaba en su conferencia tantas veces citada.

b) Es una eficaz vacuna contra el pan-politicismo y el fanatismo.

c) Evita despegarse demasiado de la concreta realidad en que uno está, al ayudar a captar las limitaciones y calibrar las posibilidades.

d) Si se mezcla con una ligera dosis de ironía contribuye a formar una actitud de sano escepticismo, imprescindible en Política.

Novena: **Que no todos parecen tener la misma capacidad para comprender y hacer la política**

Esta impopular opinión se sigue de la experiencia histórica conocida por todos: a unos pueblos les salen los negocios políticos mejor que a otros. No se trata de una reedición de las teorías de la superioridad racial, desde el momento en que se registran grandes diferencias entre países étnicamente emparentados o idénticos. Pero no se puede ocultar que mientras unos viven durante siglos compatibilizando orden con libertad, otros parecen tener el hábito de ensangrentar periódicamente la *res publica.* No se puede negar la existencia de algo así como

172   *Instituições de Direito*

un carácter o cultura política de cada lugar, en cuya formación cooperan infinitos factores tanto naturales como culturales e históricos; tanto casuales como intencionados. En su clásico *Constituciones flexibles y constituciones rígidas* dejó Bryce escrito lo que sigue:

> «Una cosa no es menos real porque sus límites no puedan ser definidos rigurosamente. Una colina es una colina y una llanura es una llanura aunque no podamos determinar el punto en que la colina se transforma en llanura..., cada gran nación posee lo que llamamos carácter nacional, aunque este carácter pueda ser más fácilmente conocido que definido.»

Pero, por otra parte, no está claro que los tales caracteres nacionales, o culturas políticas, hayan sido una realidad siempre consistente e históricamente invariable. En el siglo XVII los españoles eran sesudos varones graves y reflexivos, como el *Caballero de la mano al pecho* pintado por El Greco, mientras que los ingleses eran violentos. Pero durante los tres últimos siglos, los ingleses han enfocado de otro modo los problemas políticos básicos, tales como los cambios políticos, los derechos humanos (para ellos más bien «derechos de un inglés»), la libertad o la propia noción de Constitución. Ellos han sido maestros de constitucionalismo, mientras que otros parece que no acaban de superar un azaroso aprendizaje. Por eso, cualquier no inglés que viaje al Reino Unido podría protagonizar un diálogo como el que Wheare toma de *Our Mutual Friend* e inserta en *Las constituciones modernas:*

> «– Los ingleses, Sir [dice Mr Podsnap a un visitante francés, como si estuviera enseñando a un niño pequeño], estamos muy orgullosos de nuestra Constitución. Nos fue dada por la Providencia. Ningún otro país ha sido favorecido como éste...
> – Y los demás países..., ¿cómo se las arreglan?
> – Los demás países, Sir,... se las arreglan, y lamento tener que decirlo, como pueden.
> – Fue un curioso detalle de la Providencia,... pues la frontera no es grande.
> – Sin duda, pero así es... esta Isla fue bendecida, Sir, con exclusión directa de los demás países. Y si los presentes fuésemos todos ingleses, diría... que hay en el inglés una combinación de cualidades, modestia, independencia, responsabilidad, calma; juntamente con una

ausencia de todo aquello que puede hacer subir los colores a las mejillas de una persona joven; lo que en vano se buscaría en las naciones de la Tierra.»

Y, con no menor desfachatez que Mr Podsnap en el diálogo dickensiano, el ilustre constitucionalista oxoniense, antes de ponerse a estudiar las constituciones modernas, concluye:

«Un pueblo semejante, hay que admitirlo, no tiene necesidad de una Constitución. Pero,... los demás países hacen lo que pueden y, siendo esto así, debemos volvernos hacia ellos y ver cómo proceden.»

No hay nada de nuevo ni de llamativo en señalar la peculiar aptitud política inglesa. Por eso, es corriente que los tratadistas de Derecho Constitucional la adviertan antes de adentrarse en el estudio de las instituciones políticas del Reino Unido. André Hauriou, por ejemplo, entendía que «lo esencial del éxito [del régimen político inglés] hay que referirlo al propio temperamento inglés», y hacía suya la definición de ese «animal político de calidad que es el inglés» escrita por Sir M. Amos:

«Amigo de las leyes, fiel a sus jefes, indiferente a la igualdad y respetuoso con los grandes; enamorado de la libertad y sectario, amante de los compromisos, gran constructor de reglas, poco cuidadoso con la lógica y respetuoso con los precedentes.»

Pero la relación de países que han tenido éxito (siempre relativo) en Política, no se cierra con los anglosajones: hay que añadir alguno de estirpe hispánica, como Costa Rica; o Alemania después de la Segunda Guerra Mundial.

Décima: **Que la política no es universal**

Aunque *prima facie* pueda parecer lo contrario, la Política no es universal: no se da en todas las épocas ni en todas las sociedades. Es un invento griego, que nos parece universal por una actitud de etnocentrismo cultural, por la que también nos parecen universales otras cosas específicamente occidentales como la misma *polis* griega, la res *publica* romana, el Estado, el Derecho concebido como algo separable de lo moral y de lo religioso, la opinión pública, o el parlamentarismo.

Requiere la Política sociedades con un mínimo de complejidad, heterogeneidad, institucionalización, orden y *consensus*, y que hayan superado la pura subsistencia. Un caso típico de una comunidad apolítica sería el de una pequeña tribu nómada iletrada, que vive de lo que encuentra, como las tribus indias de Norteamérica, a las que los blancos no tenían otra forma de explicarles el gobierno que aludiendo a un "gran padre". Un caso típico de sociedad política sería una sociedad moderna con un régimen democrático-liberal. Casos típicos de organización antipolítica serían una comuna anarquista, un régimen totalitario, o alguno de los mundos felices con que nos amenazan las modernas utopías.

En una monarquía estable del Antiguo Régimen apenas hay Política. Por ejemplo, el estudio de la historia interna de España durante los siglos XVII y XVIII sugiere que allí no había mucha Política, y de ahí el aburrimiento que ese período suele producir en el estudiante de bachillerato; en cambio, el siglo XIX en el mismo país resulta tan vivaz y variado que no es fácil aprenderlo. No obstante, algunos elementos políticos existen en todos los regímenes, porque ni siquiera los enemigos de la Política son capaces de eliminarla completamente. Incluso en un régimen totalitario se dan algunas discrepancias que permiten a las élites realizar algunas operaciones políticas típicas.

La idea de que la Política es universal procede de tomar la parte por el todo y considerar que hay Política allí donde hay alguno de sus elementos, como ocurre con el poder, fenómeno tan universal que se da incluso en las sociedades animales, por donde vendríamos a la conclusión – para algunos nada nueva – de que también entre los animales hay Política.

Decimoprimera: **Que la política crece sólo donde hay diversidad y complejidad, y donde pueden hacerse distinciones entre las diversas realidades sociales**

Como se deduce de la décima tesis, el pluralismo de grupos sociales, instituciones, profesiones, actividades e ideas, es uno de los requisitos para que se dé la Política, junto con la posibilidad de hacer distinciones entre ella y las restantes realidades sociales, y de éstas entre sí. Aunque sea una observación marginal, piénsese que el borrar los lógicos límites puede conducir a la insania y a trasplantar el natural carácter polémico de la Política a otras sedes en las que no tiene nada que hacer.

Cuando en vez de complejidad y diferenciación se impone la unidad, la indiferenciación y la mixtura, se produce un ataque a la autonomía de la Política, y no se sabe dónde empiezan ni dónde acaban el Derecho, la Moral, la Religión y la Política, como se puede ver en recientes ejemplos de países islámicos. El mundo occidental, en cambio, monta su vida sobre la diferenciación entre Derecho, Política, Religión, Arte, Ciencia y Educación. En los totalitarismos todo adquiría la plenitud de su sentido en función de sus relaciones con la raza, la clase o el partido, incluso si se trataba de asuntos no políticos como la pintura, la geografía o la literatura. En las sociedades no occidentales esa indiferenciación es fruto de la unidad no diversificada, pero en el caso del marxismo se debía al carácter antipolítico típico del pensamiento de Karl Marx, consistente en intentar rescatar la unidad y en borrar las distancias entre sociedad y Estado, sujeto conocedor y objeto conocido (la «alienación filosófica»), y así sucesivamente.

Procede ahora recordar el reproche del Estagirita a Platón a propósito del disparatado modelo que Sócrates propone en *La República*: si tanto se homogeneiza la heterogeneidad de la *polis,* llegará un momento en que deje de ser *polis.* Aristóteles razonaba como sigue:

> «Aparte de otras muchas dificultades que tiene la comunidad de mujeres, no parece desprenderse de sus razones la causa por la que Sócrates afirma la necesidad de establecer esta legislación... Me refiero a la idea de que lo mejor es que toda ciudad sea lo más unitaria posible; tal es, en efecto, el supuesto de que parte Sócrates. Sin embargo, es evidente que si la ciudad avanza en ese sentido y es cada vez más unitaria, dejará de ser ciudad, pues la ciudad es por naturaleza una multiplicidad, y al hacerse más una, se convertirá de ciudad en casa y de casa en hombre, ya que podemos decir que la casa es más unitaria que la ciudad y el individuo más que la casa. De modo que, aun cuando alguien fuera capaz de hacer esto, no debería hacerlo, porque destruiría la ciudad.»

Y, un poco más adelante, continuaba:

«Los elementos que han de constituir una ciudad tienen que diferir cualitativamente... No pertenece a la naturaleza de la ciudad el ser unitaria..., como dicen algunos, y... lo que dicen ser el mayor bien de las ciudades, las destruye, cuando por el contrario el bien de cada cosa la conserva.»

Por lo demás, la vida es posible en sociedades pre-políticas o apolíticas homogéneas e indiferenciadas, sean las tribus neolíticas, los *kibbutzim* israelíes o las comunas anarquistas.

Decimosegunda: **Que existen posturas antipolíticas, incluso dentro de lo que se suele llamar ideologías políticas, y que tanto el pan-politicismo como la despolitización son antipolíticos**

Si llamamos anti-políticas a aquellas opiniones que niegan que la Política tenga entidad propia, o que propugnan un modelo de sociedad en el que no haya lugar para ella, o que la consideran como un mal evitable, es preciso reconocer que hay un número relativamente grande de teorías políticas que en realidad resultan anti-políticas, y a lo largo de este ensayo han aparecido varias de ellas. Quizá Marx haya sido el más importante y coherente de los escritores antipolíticos, pero también otros exhiben diversos rasgos de anti-politicismo, de variable importancia: Platón, Rousseau, los anarquistas, los utópicos, los tecnócratas y otros.

A veces esas opiniones no se manifiestan como teorías elaboradas, sino como una actitud de la mente cuyas dos formas principales son, probablemente, la despolitización y el pan-politicismo: ambas niegan la identidad propia de la acción política.

Se me reprochará, quizá, medir el pan-politicismo con la misma vara que la despolitización, cuando es evidente que lo uno es lo opuesto a lo otro y se aceptará, probablemente, que la despolitización sea antipolítica, pero no que la actitud contraria lo sea también. Admito que ese reproche es fundado, en el sentido de que, efectivamente, hay una diferencia radical entre declarar que han de aplicarse criterios políticos a todo tipo de problemas, y declarar que ningún problema es, en el fondo, político. Pero ambos errores tienen en común la tendencia a la indiferenciación, a borrar las fronteras entre unas cosas y otras, a atribuir etiologías únicas a todo tipo de problemas. En ambos casos, tanto si nada es político como si todo lo es, viene a predicarse lo mismo de cosas completamente diferentes, lo que no puede hacerse sin atacar la esencia propia de todas ellas.

4 – A MODO DE CONCLUSIÓN: ÉTICA, POLÍTICA Y DEMOCRACIA

A

Entre la Ética y la Política en general existen al menos dos tipos de relaciones. El primero se desprende de la respuesta dada aquí a la pregunta «¿Qué es la Política?»: por ser una actividad humana, queda sometida a los dictámenes de la Ética como las restantes actividades humanas libres. Pero, además, concurren en la Política algunos rasgos peculiares que crean una especial relación con la Ética, a saber: la indeterminación, el carácter particularmente teleológico, el especial papel de los valores y la peculiar índole e importancia de los bienes e intereses en conflicto, que aumentan mucho la responsabilidad de los que actúan en Política.

El segundo se deriva de la cuarta tesis, y estriba en que ni la actividad ni las instituciones políticas son plantas sin tierra, sino que crecen sobre un substrato social, económico, cultural y moral que la Política no crea, aunque pueda influir sobre él. De esa manera, la Ética resulta ser una importante base de la Política.

B

Ese esquema bifronte general puede aplicarse, en particular, a las relaciones entre Ética y democracia liberal. Según la primera relación, la acción política queda sometida a la Ética en una democracia igual que fuera de ella, así que los límites éticos de la democracia no son otros que los de la Política misma. *Sed contra,* se replica a veces que esos regímenes tienden a someter a la discusión popular todo lo divino y lo humano, sin respetar los dictámenes éticos. Pero la experiencia demuestra que, en muchas democracias, poca discusión pública hay – ni siquiera sobre temas típicamente discutibles –, y que, si de aberraciones se trata, las ha habido tanto en regímenes democráticos como no democráticos, lo que sugiere que el problema no está en la forma de gobierno sino en tener o no tener una idea correcta de la Política, aceptando sus limitaciones (que no está en todo, ni lo arregla todo) igual que sus excelencias (que es «la más principal y eminentemente directiva» de las actividades e instituciones). Someter a votación la existencia de Dios, como ha ocurrido en algún país, es cosa que revela una notoria incomprensión de la peculiar naturaleza de la Política, al mismo tiempo que roza la insania mental.

El segundo tipo de relación, al concretarlo al caso del constitucionalismo democrático-liberal, muestra que la moralidad cristiana está en la base de esa forma de gobierno, de una manera similar (aunque no igual) a como la ética calvinista estuvo en el origen del capitalismo. Históricamente, lo cierto y comprobable es que la planta del liberalismo democrático nació y creció sobre una tierra, un subsuelo ético, que había en los siglos XVII a XIX en Inglaterra y Norteamérica, que era de estirpe cristiana, y sería difícil que a la democracia no se le notara ese origen, como se le nota su origen anglosajón. Además, como ha explicado Weber, la Moral tenía en aquellos siglos extraordinaria influencia sobre los hombres: no era un factor más entre mil. Por el contrario, en nuestros días hay escritores que establecen entre democracia y relativismo moral una asociación necesaria, como hace Kelsen ("Forma de Estado y filosofía", 1933), que defiende el relativismo con tanta fuerza que lo convierte en un valor absoluto. Pero, por todo lo expuesto, la relación entre Ética y democracia liberal, diga lo que diga Kelsen, no parece haber sido casual ni accidental.

C

Tampoco la juzgaron casual ni accidental diversos autores clásicos (como Montesquieu y Tocqueville) y modernos (como Brecht, Griffith, Plamenatz y Pennock, entre otros).

Tocqueville, al analizar la democracia norteamericana, partió de la base de que se mantenía con éxito gracias a las costumbres más que a las leyes, y afirmó tres ideas fundamentales. La primera, que en aquel país una única moralidad subyacía a la pluralidad de opiniones políticas y de confesiones religiosas. La segunda, que había gran severidad de costumbres, de origen religioso (puritano). La tercera, que en las repúblicas la religiosidad es más necesaria que en otros regímenes.

Brecht, por su parte, concibe la democracia como una forma de gobierno que necesita una inyección de impulsos éticos, función realizada hasta ahora por la ética cristiana, y cuya cesación puede provocar riesgos, al menos mientras no aparezca otra nueva fuente de estímulos morales. La breve experiencia de las democracias jóvenes como la española es que es fácil disminuir la vigencia social de la anterior moralidad, pero es difícil fabricar una nueva que la sustituya. Resultado: la corrupción resulta difícil de evitar.

En cuanto a los profesores Griffith, Plamenatz y Pennock, los tres mantuvieron un célebre coloquio sobre este tema, publicado luego por la *American Political Science Review* en 1956. Allí se puso de relieve el decisivo papel jugado en el pasado por la Moral en la formación de la democracia liberal, aunque hubo discrepancias en cuanto a la época actual y en cuanto al papel de las instituciones políticas y de la estructura económica y social.

D

Para terminar, como entre la democracia constitucional y la Ética existen diversos puntos de contacto, mencionaremos aquí cuatro que parecen más relevantes.

Primero. Cuanto menos se base un régimen político sobre la coacción, o sobre la ley positiva, más ha de basarse sobre convicciones y actitudes. Esta idea aparece en pensadores muy distintos, desde Platón (cuando afirma que el hombre virtuoso no necesita ley porque él mismo es su propio legislador), hasta Montesquieu (cuando asocia despotismo con miedo y república con virtud) y Tocqueville, como ya se ha dicho.

Segundo. Las democracias necesitan un mínimo acuerdo sobre lo fundamental. Decía lord Balfour que los ingleses están tan de acuerdo en lo esencial que podían discrepar cuanto quisieran sobre lo accidental. Pero eso no es posible si no hay un mínimo ético socialmente aceptado, como ocurría en los Estados Unidos en la época que Tocqueville observaba. Que las democracias actuales estén perdiendo el acuerdo fundamental no es un argumento en contra: cierto que si no somos capaces de ponernos de acuerdo en lo esencial, tendremos al menos que tomar un acuerdo en lo procedimental, pero no porque eso sea lo óptimo; será, en el mejor caso, una opción *second best,* un hacer de la necesidad virtud. Queda por discutir si es posible un verdadero acuerdo procedimental, puro, sin dimensión material alguna. No resolveremos esa cuestión aquí pero podemos apuntar que *prima facie* parece imposible o muy difícil.

Tercero. La legalidad y las instituciones políticas no pueden controlarse ni fundamentarse a sí mismas, porque, como piensa Milne, puede haber moralidad sin ley, pero no ley sin moralidad, pues la ley puede crear obligaciones particulares inferiores a ella, pero no la obligación general de obedecer la propia ley. Otra cara del mismo problema aparece en la vieja pregunta del constitucionalismo clásico: «¿Quién guarda a los guardianes?». Desde el momento en que la sola ley positiva no puede controlar al poder, no caben más salidas que admitir alguna superior instancia, alguna fuente de obligación ética y jurídico-natural superior al Estado, o socavar las bases del Estado de Derecho, en teoría o en la práctica. Cuando lo consuetudinario y lo convencional juegan un notable papel constitucional, cuando el Estado de Derecho es jurisprudencial y no legal (Gran Bretaña, Estados Unidos), crece la importancia de la moralidad como respaldo y fundamento, porque la ley positiva puede imponerse a grupos heterogéneos, pero la costumbre y la jurisprudencia implican la existencia de un común substrato ético, si han de funcionar bien.

Cuarto. La Ética y la democracia liberal confluyen también en el origen de los derechos humanos y de la dignidad e igualdad modernas. Especialmente claro aparece el origen cristiano de la igualdad y libertad democrático-liberales – o sea, predicables de todos los hombres, y anteriores y superiores al Estado –, porque los griegos no concebían que esclavos, extranjeros ni mujeres pudieran ser equiparados a los pocos ciudadanos varones y adultos que había en la *polis.* Los romanos extendieron mucho más su ciudadanía, pero quedando todavía muy lejos.

APÉNDICE: ACERCA DE ALGUNOS INEVITABLES ASPECTOS ACADÉMICOS

En las próximas páginas se condensan esas «inevitables cuestiones académicas» en un lugar separado del grueso del texto de modo que quien no esté interesado en ellas puede omitir su lectura sin menoscabo del entendimiento de las ideas centrales.

Hasta aquí se ha dicho de la Política que es una actividad humana: ahora vamos a ocuparnos, en cambio, de las consecuencias que esa afirmación inevitablemente tendrá sobre la Política como ciencia. Por eso el titular de este apartado habla de «cuestiones académicas»: se utiliza el plural porque existen varias, distinguibles, y se les califica con ese adjetivo porque suelen interesar únicamente a profesores y especialistas. En primer lugar se explicará brevemente la influencia que la consideración de la Política como una actividad personal puede tener sobre el objeto y el método de la Política como ciencia, y a continuación se hará una referencia, forzosamente rápida, a las fuentes de conocimiento y a la bibliografía fundamental.

A

Sostener la afirmación de que la Política es, en última instancia, una actividad personal y libre es una postura comprometida, y es casi seguro que el despliegue de sus posibles consecuencias conducirá a determinados lugares en los que no es probable que todos estén de acuerdo. Por lo pronto, no se me oculta que muchas autorizadas opiniones mantienen tesis distintas e incluso opuestas a las que aquí aparecen. Pero *res sunt, y,* por ello, el investigador debe declararlas como son, aunque sepa que su conocimiento no llegará fácilmente a ser perfecto.

El *sujeto* de la Política, como ocurre también en el Derecho, es la persona humana. El *objeto* está constituido por actos, acciones, por una actividad o secuencia de acciones, y esas acciones son humanas, o sea, libres. Por lo tanto, los que las llevan a cabo son responsables, porque cabe el condicionamiento pero no la determinación: si aparece la determinación, desaparece la Política. Como ya se dijo, esto, junto con el teleologismo inherente a la Política, orienta mis proposiciones en dirección a la tesis principal, a saber, que la Política, al ser actividad individual y no fenómeno colectivo, queda sometida al juicio de conducta propio de la Ética. La vieja visión de la Política como algo similar a una provincia de la Ética tenía el insanable defecto de conducir a la negación de la existencia autónoma de la Política (como actividad y como ciencia), pero también tenía un fundamento real, apreciable por el sentido común.

Si el sujeto de la actividad y de la ciencia que nos ocupan es el hombre, *a sensu contrario* puede inferirse legítimamente que no es la sociedad como un todo, ni el grupo social, ni el Estado, ni alguna otra organización ni institución. Y si el objeto de la Política (como ciencia) es una actividad, inferimos que, primariamente, tampoco está constituido por fenómenos, instituciones, organizaciones u otras cosas. Esto no quiere decir que en la realidad política no haya una buena cantidad de instituciones, organizaciones y fenómenos. El invierno ruso no es, en realidad, un fenómeno político sino meteorológico, por rico en consecuencias políticas que pueda haber sido, y por eso Duverger, en su antigua *Sociología política,* estudiaba este tipo de factores entre los «marcos de la Política» [3]. Cuanto más naturales sean los fenómenos, menos políticos serán, y entonces sí escaparán a los dictámenes éticos, como también a los jurídicos. Algo parecido, *mutatis mutandis,* puede decirse sobre los fenómenos sociales, por lo cual el espíritu de la Sociología nunca podrá ser exactamente el mismo que el del Derecho o el de la Política.

Convertir los fenómenos sociales en el objeto primario de nuestro estudio puede conducirnos coherentemente, si se despliegan las posibilidades de tal proposición, a estudiar también el reino animal, puesto que no está exento de ellos. Por esto defendía Catlin en 1927, sin ofender a la lógica, el estudio de hormigueros y colmenas [4]. De esa manera la Sociología, aunque produzca una ampliación notable del campo de trabajo, corre el riesgo de no poder dar razón de la esencia última de la Política. Esto vale también para la Sociología Política, en la que lo

---

[3] Barcelona, Ariel, 1968, págs. 37 y sigs. Como es sabido, el clima y los factores naturales habían llamado ya la atención de Montesquieu.

[4] *The Science and Method of Politics,* pág. 186 (Hamden, Connecticut, Archon Books, 1964, reimpresión no alterada de la primera edición, 1927). Por su parte, Duverger describía en su antigua *Sociología Política el* «egoísmo» de los jefes entre los gallos de Wyoming y otras diversas experiencias «sociales» y «políticas» de las sociedades animales (págs. 151 y sigs.). En la pagina 156 se lee: «Así, los fenómenos políticos son anteriores a la aparición del hombre en la evolución de las especies».

sustantivo es lo sociológico y lo adjetivo es lo político, porque esa materia no es una rama de la Política, sino de la Sociología, como lo son la Sociología de la Religión o la Sociología Industrial[5].

Por otra parte, no se puede poner en duda que un estudio comprensivo de toda la realidad política se ocupará también, en mayor o menor grado, de aspectos históricos (de las ideas políticas, o de las constituciones), jurídicos o institucionales, y de fenómenos o estructuras sociales que a veces ni siquiera tienen relevancia jurídica formal (como, por ejemplo, las clases sociales). Esos temas han de tratarse en el lugar que le corresponde y según su relación con el objeto nuclear, que es otro. Sí constituirán, en cambio, el asunto central de otras disciplinas, como la Historia del Pensamiento Político o la citada Sociología de la Política. Pero esto nos llevaría a una sistematización y clasificación de todas las materias que llevan el adjetivo «político» o «política», lo que no procede aquí.

B

A continuación debo referirme a las fuentes de conocimiento y a la bibliografía, lo cual no es completamente accidental, por dos razones: la primera, porque en este tema los diversos autores suelen manejar principal o casi exclusivamente obras de su propia área cultural, así que si el que escribe es alemán es probable que mencione a Schäffle, Weber, Schmitt y otros, mientras que si pertenece al área anglosajona es fácil que ocurra lo contrario. La segunda razón es que el decir cuáles son las fuentes y la bibliografía tiene un cierto aire de justificación, puesto que si no nos limitamos a una mera enumeración de las obras consultadas

---

[5] Hace unos veinte años, el antiguo manual de Duverger *Sociologia Política* fue sustituido por uno nuevo que se titulaba *Sociología de la Política* (Barcelona, Ariel, 1975) en el que estaba más clara la pertenencia al campo sociológico, como se podia deducir del título. No era un caso aislado: es notorio – y lo era más hace unas décadas – que muchos ilustres autores entendían que la Política (como ciencia) forma parte de la Sociología, viniendo a ser alzo así como un departamento de ella. El citado Catlin escribía: *"There is no inherent reason why the study of political data should not reveal natural regularities of process; the field admits of treatment by scientific hypothesis, with the causal connection of 'if... then'; and its conclusions are not incapable of being tested by controlled experiment"* (op. cit., pág. 200). Véanse, por todos los partidarios de esa opinión, las págs. 103 y sigs. de Meynaud, *Introducción a la Ciencia Política* (Madrid, Tecnos, 1960).

– cosa demasiado larga e impropia de este caso –, resultará que indirectamente estaremos explicando de quién somos tributarios.

1) La primera fuente del conocimiento es la realidad política, de la misma forma que una persona que quiera aprender la geografía de su comarca, necesita, además de estudiar, asomarse a la ventana. Pero aunque nos asomemos a la ventana, no es seguro que la fortuna nos depare la oportunidad de escuchar a Edmund Burke en persona, ver operar el Parlamento británico en el segundo tercio del siglo XIX, seguir de cerca la Revolución soviética de 1917 (ni siquiera, como la seguía Weber, a través de la prensa rusa), o de observar a un gran político. Pero sea directamente o a través de los libros, hemos de tratar de descifrar cómo los hombres conciben la Política, cómo la han ejercido los grandes actores políticos del pasado y cómo la ejercen los que viven en nuestros días. En este campo, el autor de estas líneas se reconoce deudor, fundamentalmente, de la visión británica y de la visión liberal clásica de la Política. La realidad política misma, como fuente de conocimiento, suele expresarse a través de libros y escritos, frecuentemente no académicos. Muchas veces son obras que no tratan principal ni exclusivamente de temas políticos; obras heterogéneas y de diversos estilos: ensayos, literatura, historia, o biografías como la genial de Disraeli escrita por Maurois[6]. Si la Política no es solamente racionalidad, si los conocimientos teóricos no son condición suficiente para su correcto entendimiento, parece que no podrá prescindirse por completo de la información proporcionada por este tipo de obras, aunque sean rebeldes a efectos de clasificación científica.

2) La segunda fuente de conocimiento la constituyen los libros académicos, o sea, manuales, tratados o monografías sobre temas políticos, escritos habitualmente por especialistas o profesores según unas normas típicas de formalidad y rigor. Todos los manuales y tratados de Derecho Constitucional, Teoría del Estado, Sociología Política, Ciencia Política y materias similares tienen un concepto de Política, incluso aunque no esté expresamente definido[7]. A veces sucede que los autores

---

[6] También Meynaud opina que es importante «el estudio monográfico de los hombres de Estado», aunque corrientemente en Francia las biograffas se consideran como género puramente literario (*op. cit.,* n. 15 de la pág. 132).

[7] Escribe Nicholson en la pág. 228 de «What is Politics?: Determining the Scope of Political Science»: «*Every student of the subject has, and must have, an answer, be it explicit or not, clear or confused*» (*Il Politico* XLII, 1977, págs. 228 y sigs.).

Ver (o) Direito

de obras generales no tocan el tema de la Política con especial interés, aunque hay excepciones como las de Heller[8] o, en España, Sánchez Agesta[9]. Por lo tanto, los escritos más interesantes, en este apartado, son los que tienen por objeto principal el responder a la pregunta «¿Qué es la Política?» (aunque la *Política* de Aristóteles, por ejemplo, no tiene ese objeto principal).

3) Para formarse una visión fundada de la Política, estimo que pueden ser suficientes las obras siguientes: [10]

Aristóteles, *Política* (Madrid, Inst. Est. Pol., 1951).
   − *Ética a Nicómaco* (Madrid, Inst. Est. Pol., 1959).
Ayer, Sir A. J., *Metaphysics and Common Sense* (Londres, MacMillan, 1973; véase «Philosophy and Politics», págs. 240 y sigs.).
Bell, Deutsch y Lipset, *Issues in Politics and Government* (Boston, Houghton Mifflin, 1970).
Burke, Edmund, *Reflexiones sobre la Revolución francesa* (Madrid, I. E. P., 1954).
Chesterton, Gilbert K., *Obras Completas* (véanse las obras comprendidas en los volúmenes I y IV de la ed. de Barcelona, Plaza & Janés, 1967, especialmente *Ortodoxia).*
Crick, Bernard, *In Defence of Politics* (1962; ahora en su cuarta edición, 1992, Londres, Weidenfeld & Nicolson, aumentada).
   − «On Theory and Practice» (págs. 275 y sigs. del libro-homenaje a Friedrich *Theory and Politics,* K. von Beyme *et alii,* La Haya, Nijhoff, 1971).

---

[8] En la *Teoría del Estado* se dedicaban a este problema pocas pero excelentes páginas (México, F. C. E., 1974); véanse 183 y sigs.; 217 y sigs.

[9] Así se hacía en *Lecciones de Derecho Político* (Granada, varias ediciones) y *Principios de Teoria Política* (Madrid, Editora Nacional varias ediciones), libros que para muchos estudiantes de aquellos años en España fueron el primer contacto con el múndo político-jurídico.

[10] He seguido el criterio de mencionar solamente los autores más significativos que entonces me ayudaron a responder a la cuestión central de este trabajo. Las alteraciones respecto de los citados en la primera edición son mínimas (varias supresiones y casi ninguna adicion)

Tampoco se incluyen referencias a autores y obras que se ocupen de cuestiones marginales para este trabajo, como las relaciones entre Política y educación, por ejemplo. Estos criterios explican la ausencia aquí de autores importantes, aunque aparezcan en el texto. Otra cosa hubiera sido demasiado larga e impropia de este ensayo. Existen otros elencos bibliográficos y trabajos descriptivos del *status quaestionis* de las opiniones de los principales autores, como el de Nicholson. Se ha procurado incluir algún representante también de las obras «no académicas».

186 *Instituições de Direito*

- *Political Thoughts and Polemics,* Edimburgo, E. U. Press, 1990.
- "La tradición clásica de la Política y la democracia contemporánea, *Revista de las Cortes Generales* 23 (1991), 7-22.

Dahl, Robert, *Modern Political Analysis* (N. J., Prentice-Hall, 1970).
- «What is Politics?» (págs. 7 y sigs. de Bell, Deutsch y Lipset).

Easton, David, *The Political System* (Nueva York, Knopf, 1960).
- *A System Analysis of Political Life* (Nueva York, Wiley, 1965).
- «Ciencia Política», en *Enciclopedia Internacional de las Ciencias Sociales* (Madrid, Aguilar, 1974).

Friedrich, Carl J., *El hombre y el gobierno* (Madrid, Tecnos, 1968),
- *La democracia como forma política y como forma de vida* (Madrid, Tecnos, 1961).
- *Gobierno constitucional y democracia* (Madrid, I. E. P., 1975).

Heller, Hermann, *Teoría del Estado* (México, F. C. E., 1974).

Hobhouse, Leonard, *Liberalism* (ed. de Nueva York, Oxford Univ. Press, 1964).

Hume, *Ensayos políticos* (varias eds.: Madrid, I. E. P., 1955, y Madrid, Unión Editorial, 1975).

Jouvenel, B. de, «L'essence de la politique» *(Revue Française de Science Politique,* II, 1952, págs. 641 y sigs).
- «The essence of Politics», págs. 16 y sigs. de Bell, Deutsch y Lipset).

Leibholz, G., «Le sens de la politique et la conscience chretienne» (págs. 121 y sigs. de *Le Pouroir,* t. II, París, P. U. F., 1956, 1957).

Locke, John, *Ensayo sobre el gobierno civil* (varias eds.: Madrid, Aguilar, 1969).

Mannheim, Karl, *Ideología y utopía* (Madrid, Aguilar, 1958, y México, F. C. E., 1941); véase el cap. III.

Maquiavelo, Nicolás, *El príncipe* (véase la edición comentada por Napoleón Bonaparte, Madrid, Espasa-Calpe, 1970).

Meynaud, J., *Introducción a la Ciencia Política* (Madrid, Tecnos, 1960; véanse los caps. III y IV).

Milne, «Reason, Morality and Politics», págs. 31 y sigs. de B. Parekh y R. N. Berki (eds.), *The Morality of Politics,* (Londres, Allen & Unwin, 1972).

Oakeshott, Sir Michael, *Rationalism in Politics, and other Essays* (Londres, 1948, Methuen, 1962), véase págs. 1 y sigs., 111 y sigs., 301 y sigs.
- *On Human Conduct,* Londres, 1976, págs. 108-326.

Quinton *et alii, Filosofía Política* (trad. esp., México, F. C. E., 1974).

Weber, Max, *Economía y Sociedad* (México, F. C. E., 1964).
- *El político y el científico* (Madrid, Alianza Editorial, 1972, 3.ª ed. española).

C

Unas palabras finales sobre el papel de la reflexión personal en un trabajo como éste. En cualquier obra suele haber una fase en la que predomina la acumulación de información y otra en la que predomina la reflexión, aunque ambas no sean del todo separables. Debido a la peculiar índole del objeto y de las fuentes, en esta investigación crece la importancia de esa fase de reflexión en la que uno elabora lentamente su respuesta a esa ardua y vieja pregunta: «¿Qué es la Política?». Llega un momento en el que casi todo se reduce a la reflexión y al diálogo con los diversos autores manejados, y de una manera especial con aquellos que uno considera más fundamentales por la amplitud, profundidad o penetración de sus obras [11].

En este caso concreto, los tres autores con los que mayor deuda contraje son Aristóteles, Max Weber y el profesor de Edimburgo Bernard Crick (emérito de Birkbeck College, Londres). Ellos me acompañaron durante toda la redacción de este artículo. De Aristóteles hay que destacar no solamente *La Política,* sino también la *Ética a Nicómaco,* igual de importante para nuestro enfoque. En cuanto a los libros de Max Weber subrayaré «La política como vocación», además de *Economia y Sociedad. Last but not least, In Defence of Politics,* de Crick, es un pequeño gran libro, ágil, desenfadado, escrito con humor *y common sense y* con la firme sencillez de las opiniones seriamente fundadas. Este trabajo debe mucho a *In Defence of Politics,* no sólo en la concepción de la Política defendida aquí, sino también en diversos aspectos de forma y estilo.

---

[11] Cuando escribí la primera redacción de esta investigación citaba con mucha frecuencia autores españoles como Sánchez Agesta u Ollero, y alemanes como Weber y Heller, mientras que Locke era citado en muchas menos ocasiones. Más de quince años después, el tiempo pone las cosas en su sitio: Locke ha pasado a primerísimo plano, aunque, por razones obvias, no siempre se refleje en las citas; Aristóteles, Crick y otros anglosajones continúan con igual importancia, mientras que Weber o Heller dejan sus tronos para pasar a un lugar notable pero un poco más secundario.

TÍTULO III

O contexto diacrónico do jurídico

CAPÍTULO I

La Naissance du Droit en Grèce

Stamatios Tzitzis
Directeur de Recherche CNRS
Directeur de la Section de Philosophie Pénale
de l'Institut Michel Villey, Université Paris II

Le droit est, pour le monde moderne, une affaire de la raison. Il implique, d'ordinaire, la norme formelle dont la loi est l'expression la plus caractéristique. Le perfomatif est son mode d'énonciation: l'application de la qualification juridique à la neutralité des phénomènes. A partir d'un*fiat*, les faits acquièrent une valeur de droit, une signification juridique. Le droit moderne suppose une autorité formelle et s'exprime en termes de validité.

Pour s'opposer à l'irrationnel, le instinctif et le sentimental, le rationalisme moderne a créé la science du droit, dans laquelle la théorie des normes est au premier rang [1]. Le droit est donc devenu la préoccupation des spécialistes qui croient résoudre tous les conflits selon l'ordre hiérarchique des normes.

Il en était tout autrement dans le monde ancien. En Grèce, le droit, au lieu de procéder d'une facon scientifique pour interpéter la réalité, exprime le sentiment de la vie, le mode de contempler l'être et la place de l'homme dans l'être, comme fruit de la *philo-sophia*: ce qui est à l'origine de l'être et qui nous révèle son authenticité. Le droit, ce qui est juste, *to dikaion*, désigne la formation du comportement éthique [2]; ce qui façonne les rapports humains dans le cadre de la cité et rappelle à l'homme sa solidarité avec le *cosmos*. Il est dépendant de la sagesse pratique; il incite à la prudence lorsque la norme est dépassée.

Au lieu de s'exprimer en concepts, en faisant appel à des attributs formels, le droit est, pour les Hellènes, une affaire de savoir esthétique au service d'une vie meilleure: il ne détermine pas seulement l'obéissance du citoyen à l'ordre étatique, mais de plus aspire à la transformation du membre de la cité en *kalos kagathos politès*, homme de bien et de moralement beau. Or ceci relève d'une philosophie morale pro-

---

[1] Hans KELSEN – *La Théorie Pure du Droit* par exemple.

[2] Cf., P. HADOT – *Qu'est-ce que la Philosophie Antique?*, Paris, Folio/Essais, 1995, p. 86 et suiv.

194 *Instituições de Direito*

pre à l'hellénisme, où la connaissance poursuit un savoir-faire en vue d'éclaircir le mystère de l'être: de l'*epistèmè*. Celle-ci dénote la sagesse même (la *sophia*) reservée, certes, à une certaine élite, mais l'amour de cette *sophia* constituant la *philo-sophia*, pierre angulaire du fondement du droit, est accessible à tous.

I. Ce n'est pas un hasard, si les sept sages sont qualifiés de nomothètes: législateurs. Une connaissance fragmentaire de leur oeuvre nous est parvenue surtout par leurs apopthègmes, maximes de forme poétique, qui illustent une réflexion profonde sur l' être et le devenir, annonçant un existentialisme avant la lettre. Les apopthègmes se présentent comme des exhortations à une conduite ordonnée.

La pensée des sages témoigne ainsi de leur conception du *cosmos* (qui veut dire également beauté) à travers une tonalité à la fois esthétique et morale, outre qu'elle implique un univers de symétrie et de proportions formant l'harmonie naturelle: elle marque la mesure de *ce qui doit être dans ce qui est*. Cela signifie qu'à travers le *cosmos*, les sages discernent un ordre de justice, base d'un droit non normatif. Celui-ci est présent dans chaque manifestation de l'être comme exprimant la sacralité qui unit l'homme à l'être même. Le droit se révèle donc, à la naissance de la philosophie grecque, en tant qu' élément ontologique (s'associant ainsi à la gnoséologie de l'être), dépassant les phénomènes sociaux, néanmoins reflété dans leurs représentations.

Le *dikaion* relève, sous cet angle, moins d'une règle performative que d'un jugement de la prudence pour rétablir l'équilibre d' un désordre. En d'autres termes, il tend à réaliser un rapport de symétrie entre l'excès et le trop peu. Le droit désigne donc une égalité analogique issue de l'appréciation mesurée. Or le juste que fonde le droit est celui que la mesure instaure dans toute chose.

Caractéristiques sont les paroles du sage Démétrios de Phalère" La mesure est la meilleure des choses" [3], ou celles de Solon d'Athènes" Rien de trop" [4], ou encore ces recommenations de Pittacos de Mitylène" Aime...la modération, la prudence, la vérité, ...la piété" [5].

---

[3] *Les Penseurs Grecs avant Socrate. De Thalès de Milet à Prodicos,* traduction, introduction et notes par J. VOILQUIN, Paris Garnier-Flammarion, 1964, p. 25.

[4] *Ibidem.*

[5] *Ibid.*, p. 27.

Mais les grandes leçons en termes apopthégmatiques sur la mesure, conçue comme fondement du droit, nous sont transmises par les tragédies.

II. La tragédie est une didascalie sur la mesure, incarnation du droit qui s'oppose à l'*hybris:* le désordre, l'excès, la démesure. Eschyle voit, en effet, le triomphe du droit comme triomphe de la mesure qui se réfère à la fois au le religieux, à l'éthique et à l'esthétique. [6] Cette conception a déja fait son apparition chez les Présocratiques. A juste titre Nietzsche soutiendra que chez ces penseurs, il y a les éléments qui contribueront à la naissance de la tragédie. [7]

Avant d'énoncer un ordre social (tel que nous le rencontrons chez Aristote) le *dikaion* implique une métaphysique juridique. Ce qui s'esquisse avec plus de netteté chez Anaximandre.

Anaximandre fait du droit une convenance cosmique (ce qui se révèle comme le propre de l'ordre des choses), une nécessité ontologique qui obéit au temps. Le droit apparaît d'une certaine façon comme l'expression du *présent: de ce qui est comme il devrait être.* Ce penseur dégage la composante morale de l'esthétique naturelle. Il induit le dépérissement et la naissance de l'ordre naturel en termes de faute et de châtiment [8]. Son *dikaion* découle d'une vision du monde où toute perte est contre-balancée par une naissance, où prévaut la mesure dans les choses, ce qui assure le maintien et la conservation de l'être, ce par quoi surgit son devenir. Ainsi le droit devient-it l'accord qui joint les parties discordantes de l'être [9], en tant que présence dans le temps ou présence du temps dans l'être, suivant la loi de la compensation qui régit l'univers.

Les idées d'Héraclite contiennent perspective:" Ce monde-ci..est et sera ...feu éternel, s'allumant avec mesure et s'éteignant avec

---

[6] Cfr., *Agamemnon,* v. 378; *Les Euménides*, 528

[7] *La Naisssance de la Philosophie à l'Epoque de la Tragédie Grecque,* Paris, Idées/ nrf, 1969, p. 106; cfr. *La Naissance de la Tragédie,* Paris, Idées/Gallimard, p. 247: "Les anciens philosophes, les Eléates, Héraclites, ...en tant que philosphes *tragiques"*

[8] Cfr., NIETZSCHE – *Le Livre du Philosophe*, Paris Aubier-Flammarion, p. 229 §195.

[9] Voir M. HEIDEGGER – "La Parole d'Anaximandre", in *Chemins qui ne Mènent Nulle Part,* Paris, Tel/Gallimard, 1992, p. 387-449.

mesure"[10]. En outre, Plutarque nous rapporte un fragment significatif pour comprendre l'idée de droit-mesure chez ce penseur selon lequel "Le Soleil n'outrepassera pas ses limites sinon les Erinyes, servantes de la Dikè, le dénicheront"[11].

La mesure héraclitéenne renvoie, elle aussi, à un juste ontologique: ce qui relève de l'être conçu dans une profondeur où se résume l'histoire du monde. Le droit devient ce qui mesure les échanges des éléments du monde, suivant une certaine proportion, pour garantir l'équilibre du devenir. Il s'emploie donc à des attributions. Autrement dit, il installe la rétribution dans les choses de la nature, selon le *logos*. Ce terme dénote à la fois les rapports dans les choses (la *ratio*) et la parole qui les dit. Le *logos,* assimilé à la nécessité, contenant le destin du monde, est ce qui fait que l'être existe[12].

Pour Héraclite, le droit relève, en effet, d'une cosmodicée qui punit toute *hybris* (la demesure) dans l'univers. Il s'agit là d'une métaphore qui désigne la compensation équilibrée des éléments de l'être, maintenant (la compensation) la règle de sa permanence. Et cet aspect du droit constitue une expression du *logos*. Il peut se dire car il contient la parole qui résume les rapports de l'être dont, en même temps, il réalise et assure l'unité.

Il s'ensuit que le *dikaion,* depuis l'éternité, habité par une intelligence, s'exprime à travers une parole qui révèle le principe fondamental de l'être[13]. La parole grecque du droit, contrairement à celle du droit moderne censée être créée par une autorité légitime[14], remonte à l'origine des idées, auxquelles elle se rapporte. Ainsi la parole juridique, chez les Hellènes, est fille du temps qui marque l'histoire de l'être. Autrement dit, leur langage juridique est anti-nominaliste. Ce ne sont point les mots-signes conventionnels qui le forment, mais le *logos,* en tant que langage intelligible qui existe avant les conventions linguistiques. C'est pourquoi, le droit a trait plus à la vérité grecque qu'à la validité formelle. Nous nous expliquons.

---

[10] *Les Présocratiques*, édition de La Pléiade, frg.XXX, p. 153.

[11] *Ibid.*, frg. XCIV, p. 167.

[12] *Ibid.,* frg. VIII, p. 137; cf., Frg. L, p. 157

[13] Cfr., "...le Tout est indivisé inengendré mortel immortel Logos éternité père fils Dieu Droit"; frg. L p. 157.

[14] Telle la théorie du contrat social selon Hobbes.

Pour Héraclite, le feu est doué de conscience et cause l'ordonnace de toute choses [15]. Mais c'est grâce au *logos* que le feu donne naissance au devenir [16]. Or le *logos* est la parole qui établit le rapport des proportions régies par le juste. Ainsi le devenir est ce qui se présente, ce qui apparaît dans l'être, portant le droit-équilibre, harmonie sensible du juste, impliquant une harmonie invisible, plus belle que la visible [17]. Par là le *logos*, fait émerger le juste de l'être, lui-même enraciné dans les principes fondateurs, ce juste, en attente, caché dans l'ordre des choses. Or pour les Grecs, l'*alèthés*, est ce qui n'est plus caché, ce qui émerge du fond de l'être et qui vient à la surface comme présence dans sa lumière [18].

A partir de ces réflexions, il apparaît que la nature ontologique du *dikaion* ne suppose pas, à l'origine du monde, l'instauration d'un ordre social entre individus. Autrement dit, il se rapporte avant tout aux qualités de l'être et annonce par la suite, dans un rapport de conservation équilibréé, la place de l'homme dans la présence de l'être.

III. Chez les Pythagoriciens, la loi ontologique de la compensation porte l'appelation spécifique d'*antipéponthos* Le droit, qui est par là impliqué, fonctionne selon trois proportions: l'arithmétique, la géométrique et l'harmonique.

L'*antipéponthos* dévoile ainsi un juste ontologique qui s'applique aussi à l'homme, car l'homme est un microcosme à l'image du macrocosme naturelle. Et ce juste est rétributif: il atribue ce qui convient à chacun selon son mérite. En effet, c'est là une idée qui émane de la signification même de l'*antipéponthos* (*anti-paschein*; souffrir l'égal d'une souffrance dont on est la cause); et dans un sens plus étendu, le *dikaion* renvoie à l'individu le fruit de ses actes, son dû, ce qu'il mérite. Or son application excelle en matière pénale. Ceci nous donne à comprendre que l'ordre de la nature et par là l'ordre de la justice sont garants, en sanctionnant tout excès, de l'équilibre de l'être dans ses manifestations. Chez Parménide d'ailleurs, il y a une symbolique

---

[15] *Les Présocratiques, op. cit.*, p. 161, frg.LXIV. .

[16] *Ibid.*, frg. XXXI p. 153.

[17] *Ibid.*, p. 158 frg.LIV.

[18] *Ibid.*, frg. II a. 146.

juridique significative à ce sujet: dans l'univers, une Justice(Dikè) règne, "aux nombreux châtiments"[19].

Les Présocratiques développent ainsi une sémantique juridique pour montrer la présence du droit dans le monde conçu comme un tout polymorphe. De cette manière le juste devient le fond des représentations naturelles ou sociales et par suite un signe de droit dont le signifiant se situe dans l'être même (en tant qu' accord des discordants) et les signifiés aux représentations de la commaunauté politique, c'est-à-dire dans l'ordre de la cité. D'après le témoignage de Théagès le Pythagoricien, le droit est ce qui tient en unité les choses, à savoir celle de l'être même et celle des parties de l'homme. Or il revêt la forme de la *thémis* auprès des divinités qui habitent le ciel, de la *dikè* auprès des divinités souterrainnes, et enfin, la forme du *nomos* (loi) auprès des homme. Certes, il s'agit là des symboles qui visent à déterminer les expressions possibles de l'infinité du juste[20]. C'est pourquoi, commme le précisera plus tard Aristote, le droit se dit, comme se dit l'être, de plusieurs façons.[21] N'oublions pas d'ailleurs que les mots grecs sont les images vocales de la réalité démiurgique: ce qui souligne les propriétés d'une nature infinie, impossible d'être explorée dans sa totalité par l'homme prisonnier de sa finitude . Or toute formulation de ce que l'hellène saisit par sa perception ou par son intelligence vient de la quête de l'être. En bref, chaque expression du droit témoigne de l'infinité du juste.

IV. A l'époque classique, la conception du droit s'inscrit dans cette ontologie du juste. A l'exception des sophistes qui ne retiennent que le côté pragmatique des manifestations du juste, Platon et Aristote sont loin de présenter leurs pensées juridiques en rupture avec l'être du juste. Notamment, Platon demeure attaché à l'idée d'un droit qui joue le rôle d'un accord des discordants ayant trait tant à l'homme qu' à la cité[22]. Lorsqu'il soutient que chacun doit agir d'après ce qui est propre à sa nature, il donne une expression du droit qui assure l'équilibre de l'existence de l'homme comme celui de l'ordre de la cité. C'est là l'idée de "convenance" qui se dégage des idées présocratiques et qui s' oppose radicalement au positivisme nominaliste des modernes.

---

[19] *Ibid.*, p. 255.

[20] *Frg. Philo. Graec.*, éd. Mullaque, t. II, p. 19.

[21] Cf. *L'Ethique à Nicomaque*, 1129 a 2 4-27.

[22] Cfr. *La République, l.* IV.

Il est vrai, d'autre part, que l'éthique juridique d'Aristote est dépourvue de toute transcendance. Mais l'idée de mesure impliquée dans un droit distributif qui désigne le partage des choses d'après les proportions déjà fixées, idée qui se trouve déjá chez les présocratiques (surtout l'arithmétique et la géométrique), occupe le premier rang des idées du Stagirite[23]. A cet égard est fondamental de retenir que, chez les Grecs, le droit représente foncièrement un art qui assure la bonne distribution de ce qui convient à chaque partie, selon le mérite de chacun . Il s'agit d'un partage équitable qui va dans la perspective d'un juste milieu entre un trop et un trop peu; et il est ainsi posssible de réaliser l' accord des discordants.

Cet art est l'*ars boni et aequi* que le stoicisme et l'aristotélisme ont transmis[24] aux Romains. Ceux-ci, avec un esprit plutôt pragmatique que philosophique, se centrent sur un droit-*justum* coupé du contemplatif. En effet, les Grecs sont émerveillés par la mobilité harmonieuse de l'être. Pour cela, ils ont cherché le juste dans la globalité des choses de la nature, à travers les lois générales, symboles traduisant les spécificités du tout. Les significations juridiques sont alors nées de l'unité du tout. Par contre, les Romains démultiplient cette globalité, procédant cas par cas, comme la *prudentia juris* l'exige. Mais, de toute façon, les uns et les autres mettent en relief, l'importance de la parole dans la formation du juste en droit.

---

[23] Voir notre article" "L'éthique comme mesure dans l'idée de justice chez les Pythagoriciens", *Justifications de l'Ethique*, XIX Congrès de l'Associations des Sociétés de Philosophie de Langue Française, 6-9 sept.1982, Louvain, Bruxelles, 1984, p. 443-448. Où nous montrons que le droit distibutif, tel que le Stagirite le décrit, existe bien chez Théagès le Pythagoricien.

[24] Paulo Ferreira da CUNHA a consacré une grande partie de ses recherches à cette thématique. Outre ses livres *Pensar o Direito; I. Do realismo clássico à análise mítica,* Coimbra, Almedina, 1990, et *Amor Iuris. Filosofia Contemporânea do Direito e da Política*, Lisboa, Cosmos, 1995, voir *Para uma Historia Constitucional do Direito Português*, Coimbra, Almedina, 1995, le chapitre II, où il propose une analyse originale de la définition classique du droit en tant que droit distributif.

CAPÍTULO II

A Fundação epistemológica do Direito em Roma
Ius redigere in artem

Paulo Ferreira da Cunha

1 – FILOSOFIA, CIÊNCIA, EPISTEMOLOGIA. DA SINCRESE ÀS FONTES FILOSÓFICAS E HELÉNICAS

Toda a ciência – aprendia-se antigamente na disciplina de Filosofia do velho Liceu – implica uma bifurcação, autonomização, ou "corte epistemológico", digamos, a partir da grande árvore do saber que é a amizade pelo mesmo, a *Filo-sofia*. Apesar de todos os progressos e abalos filosóficos e epistemológicos das últimas décadas (em que um dos não pouco consideráveis foi a difusão não tanto do conceito como da pré-compreensão da expressão "paradigma" aplicado às revoluções científicas e às mudanças de mentalidades) cuidamos que ainda não está ultrapassada, no essencial, essa ideia elementar. Pelo contrário, acaba por encontrar corroboração, por exemplo, na existência de *filosofia antes dos gregos* (como afirma entre nós, José Nunes Carreira em obra homónima), e, também de ciências pré-helénicas, coisa que, curiosamente, era já algo aceite por alguns antes, sem nenhum vislumbre de perturbação por incongruência.

Um estudo notável de Michel Serres, publicado nos célebres "Archives de Philosophie du Droit", de Paris, e depois agrupado no seu *Le Contrat Naturel*, relaciona admiravelmente Direito e Ciência, quer dizer, normatividade enquanto problema e enquanto prática (não ainda ciência) e ciência pura, no caso, a agrimensura ou a geometria. E afirma a precedência da normatividade face à cientificidade pura.

Mas não é do Direito em estado de suspensão no caldo de cultura sincrético pré-clássico que nos importa agora tratar (Serres dá como exemplo o Egipto e os problemas das cheias e da divisão das terras delas consequente). Antes nos interessa abordar a temática da criação autónoma do Direito, como entidade científica à parte.

O Direito deriva da Filosofia, da grande árvore – se adoptarmos a metáfora tradicional. Mas concerteza decorrerá, mais especial ou particularmente, de um dos ramos dela.

O Professor Francisco Puy, num artigo muito iluminador de há mais de vinte anos, explicitava já que, historicamente, antes da criação das ciências jurídicas aplicadas (as ciências jurídicas materiais ou ramos do Direito), estavam as outras, as puras, as gerais, as fundamentais, as humanísticas (como sabemos, o saber jurídico "puro", a nossa "investigação fundamental") – e estava sobretudo a Filosofia Jurídica. Ora, cremos que este testemunho é verdadeiro: com efeito, o ramo de que o Direito vai destacar-se é a Filosofia Jurídica, ou melhor, uma Filosofia da função soberana indo-europeia, jurídico-política. E falamos apenas em filosofia jurídico-política já que o elemento religioso e mágico, inicialmente com estes amalgamado na primeira função, deles se desentranhara com a própria criação da Filosofia *proprio sensu* (essa filosofia de índole racional, a clássica Filosofia dos gregos).

Assim sendo, perguntar pela Ciência do Direito e pela sua autonomização é, em certo sentido, em primeiro sentido até, indagar da Filosofia Jurídica, ou juspolítica, que a precedeu – e certamente a não deixou desacompanhada.

Stamatios Tzitzis explicitou já como a formação do Direito ocorre, de forma muito particular – mas não pouco complexa, aos nossos olhos de hoje, realmente mais romanos do que helénicos – na pátria de Platão e Aristóteles. Aí se desenvolve uma importantíssima Filosofia jurídico-política, como dissemos. Não esqueçamos que boa parte das obras gregas que conhecemos (filosóficas, mas também dramáticas, por exemplo), acabam por não só tocar múltiplas vezes nestes temas, como, mais ainda, a eles serem dedicadas expressamente. Qualquer estatística das temáticas dos diálogos, das tragédias e das comédias revelará esta intuição a muitos evidente: a grande preocupação, sobretudo após Sócrates (com os pré-socráticos é outra coisa – mas estaremos aí já perante vera filosofia? Também essa era uma questão clássica noutros tempos) – é a ético-política e normativa, logo, proto-jurídica.

Ora o vastíssimo espólio de que os Romanos puderam dispor aquando da sua conquista militar e política da Grécia e da sua conquista cultural pelos Gregos (muitíssimo superior ao já considerável legado, que o tempo, *grande escultor e seleccionador,* deixou que viesse até nós) necessariamente impressionou o seu espírito. E os desafios deixados por Aristóteles encontraram no solo úbere da mentalidade prática dos Romanos um terreno de eleição.

A expedição à Grande Grécia para a elaboração da Lei das Doze Tábuas é apenas, como afirmaria Georges Dumézil da História Romana de Tito Lívio, uma espécie de parábola ou mito – não necessariamente inverídico, mas substancialmente mítico, simbólico: os Romanos foram, na sua juridicidade, inspirar-se nos Gregos.

2 – DA FILOSOFIA DO DIREITO À CIENCIA DO DIREITO EM ROMA

Os Romanos não poderiam ter como exemplo senão muito pouco exemplar (e contrário ao seu espírito) a dispersão, demagogia e sofística que deveriam ter detectado no Direito Grego em acção. É claro que, para o espírito helénico comum – talvez não muito aristotélico –, tal aparente anarquia decerto lhe não servisse excessivamente mal. Temos hoje na forma de conduzir automóveis, de país para país, exemplos curiosos da idiossincrasia dos povos (e a italiana não parece nada romana; embora a grega ou a portuguesa condigam bem com os arquétipos antigos a propósito dos Helenos e dos Lusitanos). Em suma. Os Gregos talvez não con-vivessem assim tão mal com a sua normatividade. Embora a história grega seja (mas não o é também a romana? ou qualquer uma?) uma sucessão de lutas que têm resultados em reformas e revoluções de grande dimensão jurídica.

De todo o modo, o que mais interessaria aos Romanos no legado grego seria a teoria, a filosofia. Para nós, sucede um pouco o contrário com os Romanos. Mas apenas um pouco.

Explicitemos melhor. A mais relevante manifestação da filosofia do Direito em Roma não é um acervo de dissertações, tratados, ou comentários em livros, mas a memória de um direito vivo, de um direito em acção. Os Romanos eram um povo bastante provido de senso comum, dados aos negócios e à administração, às coisas práticas da vida. À guerra, que o é também, naturalmente. Não se punham a discutir muita metafísica nos seus *fora*, e as suas basílicas eram centros comerciais, ou – se efabularmos algo – bolsas, bancos, o que se queira. A política sem dúvida lhes interessava, e a discussão sobre ela: mas com propósitos relativamente imediatos. Tal não quer dizer, como todos sabemos, que o utopista Platão não tenha sido tentado várias vezes pela acção política, e que os gregos vivessem nas nuvens: é esta uma subtileza que escapa às palavras. Compreende-se pela arte de uns e de outros, pelo urbanismo e pela arquitectura, pela poesia, pelo teatro, por tantos elementos estéticos, e algumas coisas mais. A alma é diversa: mesmo uma cópia romana duma escultura grega denota isso; mesmo uma escultura grega feita em tempos da dominação romana. É um outro espírito, em grande medida inefável.

E depois, também não quer dizer que não haja reflexão jusfilosófica em Roma. Não só há sempre uma jusfilosofia (mesmo o juspositivismo mais cego à filosofia é uma forma dela – é a célebre filosofia espontânea dos juristas, como, julgamos com alguma ambiguidade e/ou ironia, lhe chamou um dia António Braz Teixeira), como, muito para lá deste paradigma, os Romanos deixaram-nos obras sobre o que pensaram da Justiça e do Direito.

Foram felizes os acasos, porque nos chegou o essencial (o que julgamos sê-lo, evidentemente – pois, apesar dos fragmentos e das fontes indirectas, ignoramos, por definição, o que se perdeu), e o génio romano tardio, já bizantino, com o Imperador Justiniano, e o seu ministro Triboniano, de novo fazendo jus à prática, legaram-nos o que veio a ser um imperecível (embora por momentos obnubilado) monumento da juridicidade de todos os tempo: o *Corpus Iuris Civilis*. Na verdade, por este texto se pode aquilatar da prática e da teoria, não só jusfilosófica, como científico-jurídica e prático-jurídica, em Roma. Aí as fontes laterais, histórico-arqueológicas, designadamente, poderão decerto corroborá-lo.

Evidentemente que os textos que possuímos (ou melhor, as suas várias versões, reconstituições, releituras...) têm o carácter de palimpsestos, em que camadas de interpolações e decerto cortes foram imprindo cicatrizes e vernizes no todo primitivo, o qual, também ele, era já constituído, em muito boa medida, por um trabalho de cerzidura. Avaliar do que tenha sido o texto original pelo simples desejo de reconstituição de uma realidade pura interessa-nos relativamente pouco, porque todas as alterações, por excesso ou por defeito, ou por modificação, são também testemunho da supervivência dessa máquina imensa de pensar que é o *Ius Romanum*. E cada descoberta neste domínio, devida a especiosos filólogos, que são também juristas e arqueólogos, é, normalmente, de um grande valor, porque permitirá, à luz de uma hermenêutica holística e integradora, compreender a história do texto, ou a história da história.... Como quando se descobriu que o passo que referia a atribuição de prémios (ou recompensas) por parte do Direito era uma interpolação devida ao próprio Triboniano. O Professor García Gallo compreenderia melhor do que nós todo o alcance deste acrescento, devido precisamente ao punho do chefe da equipa de compilação. Para quê falar dos prémios em Direito? Tal foi a adenda de Triboniano: o direito também daria recompensa!

Em todo o caso, importa recordar como era constituído esse texto enorme, e tão rapidamente elaborado e concluído, sobretudo se considerarmos que só uma das suas partes, o Digesto (*Digesta*), tem nove mil citações de vários autores, devidamente agrupadas e concatenadas, por forma a abranger praticamente todo o Direito de então. Também aqui há várias teorias, designadamente a das *massas*, segundo a qual, *grosso modo*, a equipa se encontraria dividida, com respigadores que se teriam especializado nas obras de certos autores em especial, acabando o conjunto por resultar da integração de blocos, mais ou menos de forma sedimentar, sobreponível; sendo certo que há autores mais citados que outros, e que, por isso, poderiam ter constituído uma espécie de autores-guião ou autores-base. Igualmente este problema, fascinante embora, não nos pode demorar aqui.

O *Corpus Iuris Civilis*, simultaneamente obra prima da jusfilosofia romanística e da ciência jurídica (*Iurisprudentia*) de Roma, é composto por uma espécie duma compilação legal (não propriamente um Código, à maneira racionalista-iluminista, mas um *Codex,* agrupando os textos antigos), uma colecção das leis novas (*Novellae*), o manual oficial de ensino do Direito, as Instituições, Institutas, ou *Institutiones*. E o já referido conjunto por assim dizer enciclopédico, as Pandectas (*Pandectae*) ou Digesto (*Digesta*).

De todas as partes, a que maior fortuna viria a conhecer seria, sem dúvida, o Digesto. Impressiona ainda hoje o seu rigoroso e vasto sistema de formular um todo através da citação de múltiplos fragmentos, sobretudo de Gaio, Papiano, Paulo, Ulpiano, Modestino, etc.. Já as Instituições são atribuídas sobretudo a Triboniano e Teófilo, mas as fontes são, de facto, substancialmente as mesmas, havendo passagens inteiras, designadamente no que se refere aos pressupostos filosóficos do Direito, que pouco ou nada diferem do texto do Digesto, o qual se distingue, porém, das Institutas por mencionar o respectivo autor original de cada trecho (ou fragmento) incorporado.

Embora o *Corpus Iuris Civilis* constitua a mais importante fonte da jusfilosofia e do Direito romanos, importa, sobretudo para a primeira, recorrer a outros textos, tais como os literários em geral, de um Ovídio a um Horácio, e não pode prescindir-se, evidentemente, dos trabalhos dos estóicos, sobretudo do estóico ecléctico Marco Túlio Cícero.

Tal como ocorre em todas as culturas e civilizações, embora haja uma corrente ou uma cor local derivada de uma mole de tendências que se nos apresenta como dominante, e nos aparece abarcando tudo, não houve em Roma, nem numa época, e muito menos ao longo dos tempos, uma única jusfilosofia, ou seja, uma singular escola. Estamos persuadido que os Romanos experimentaram, como todos e como sempre, e de forma muito diversa no pormenor, as eternas disputas entre nominalismo e realismo, entre judicialismo e legalismo, etc.. Talvez estejamos a contaminar com as nossas querelas, ou as querelas da nossa memória, a "realidade" clássica, desta feita com um agonismo excessivo, ao contrário de tempos em que a teríamos escamoteado e deformado com outras tendências, mais idílicas. Mas cremos que não: se em alguns aspectos certamente não deixaremos de influenciar o influente (passe o paradoxo – tão bem reconhecido, aliás, em Literatura, numa clave psicanalítica, por Harold Bloom), na maior parte dos casos foi Roma que nos legou o seu alfabeto e gramática do Direito (como afirmou Biscardi), e ainda a cartografia e a estratégia dos posicionamentos teóricos e filosóficos com que ainda hoje nos digladiamos. Relembremos apenas que boa parte das nossas instituições têm ainda nomes romanos, embora o seu conteúdo tenha mudado: como falamos ainda em senado, em consulado, em império, em poder, em autoridade, em comício, em tribuno, etc., etc.. Para não referimos, especificamente, os vocábulos juspriva-tísticos, claro.

Todavia, se na verdade terá havido muitas posições concretas, oficialmente, e do ponto de vista da maioria das crenças, segundo cremos – diga-se também – parece que os Romanos professaram aquela perspectiva a que chamamos hoje realismo clássico, talvez não muito explicitamente aprofundado (pois aí se veria que em Roma há já germes de voluntarismo, racionalismo, nominalismo e, logo, legalismo), mas mantido como princípio. Essa profissão de fé filosófica abre logo o Digesto, do mesmo modo que ocupa (embora começando por outro lado da questão) o início das Instituições.

A natureza é o princípio orientador do Direito. Parece um bom começo. Desde que se não fale muito de natureza, porque aí começariam infindáveis querelas.

Pode assim dizer-se que a filosofia do Direito Romano, ao nível do dito, do explícito, do teorizado, e do legislado até (pelo menos por Justiniano), aquela que curiosamente permitiu o nascimento da Ciência Jurídica, não foi a declaração geral, abstracta, coerciva, estadualista, etc.. do positivismo, mas, muito ao invés, foi uma crença no Direito Natural (*ius naturale*), que expressamente vem mencionado nos textos que referimos.

Evidentemente, os Romanos não assumiram relativamente a este "jusnaturalismo" (se "ismo" foi, então) uma perspectiva radical, e muito menos fanática. Assumiam uma realidade, em que acreditavam, não tendo, por isso, consciência de estar a declarar um credo. Aliás, antes de afirmada a antítese, a tese não é tese, é axioma, é postulado, é, até ver, verdade apodíctica. Isto porque é tese, e não hipótese, e não se lhe opõe outra, nem a dúvida sobre o seu próprio valor ou validade.

Alguém disse que o capitalismo era o sistema económico natural, enquanto o socialismo constituiria uma utopia do artificial, e, por consequência, estaria votado a falhar, por contrario à *natura rerum*. Embora não concordemos nem com o simplismo da formulação em causa (a nosso ver são ambos sistemas artificiais – pois a determinação dos sistemas de propriedade é de direito positivo, e não de direito natural[1]), compreendemos o que quer significar. E adaptaríamos a ideia, dizendo que o jusnaturalismo (melhor, a consideração da dualidade do jurídico e da sua transcendência e limites) é a filosofia natural, e o juspositivismo, ulterior, é um produto da congeminação – ou da maquinação – humana.

Tem esta ideia, porém, que ser apreciada *cum grano salis*, porquanto o próprio Direito, decorrendo de apetências naturais e exigências de primeira necessidade (como afirma Javier Hervada), é uma realidade cultural, um engenho humano: e é por isso que pode perecer. Se não for devidamente protegido, defendido. Ninguém nos garante a naturalidade do Direito, apesar da existência do Direito Natural. Este pode quedar-se numa potência irremediavelmente adiada e sem acto. O futuro dirá se soubemos preservar esta prova de progresso e civilização autênticos que é o Direito.

A História de Roma fornece-nos exemplos interessantíssimos do fenómeno da ascensão, auge e decadência de uma civilização, e do nascimento, no seu seio, de uma nova era. Temos muito a aprender com todos os livros sobre as causas da decadência romana, com Gibbon e Montesquieu, ou com Michelet, e tantos outros. Temos ainda

210 *Instituições de Direito*

muito aprender com as figuras de Constantino, de Juliano, o apóstata (e com o livro nosso contemporâneo e homónimo de Gore Vidal), de Santo Agostinho, o convertido, e, depois, em nova era já, com Boécio, o mártir da filosofia, e Cassiodoro, preservador do legado, e os respectivos exemplos.

Também no que respeita ao Direito, uma linha quase paralela corre com a vida de Roma: Roma e o destino do seu Direito são indissociáveis. Com a queda do Império cai, sucessivamente no Ocidente e no Oriente, o Direito, esse Direito que era também *forma mentis* de uma civilização.

Evidentemente que, assim, em tempos de decadência, não será de estranhar a presença cada vez mais poderosa de um positivismo de mão dura (até para refrear a anomia que ia crescendo). E o que, no final da evolução, acaba por ficar, para tantos dos nossos concidadãos, do Direito Romano, é um malsinado brocardo, que tem a sorte de servir de marca: é o velho e gasto *dura lex, sed lex.*

Brocardo de decadência, mas brocardo também de inventiva: perante uma civilização que se esboroava, o génio criativo romano encontrou uma tábua de salvação. Até na decadência a criatividade e o sentido de adaptação às realidades dos romanos funcionou. Realmente, quando nada mais segura uma sociedade, que sirva e nos valha ao menos a certeza, a segurança e a força da Lei, que depois passou a dizer-se, noutras latitudes, por razões quiçá semelhantes, Lei e Ordem (*Law and Order*, verdadeiro, "arquétipo" de uma ideologia policial e repressiva, por vezes subliminar, nos países anglo-saxónicos).

Houve, pois, positivismo e duro, em Roma. Hoje poderá talvez afirmar-se, mais matizadamente, que quiçá não só cronologicamente na decadência final, mas em todas as irrupções de decadência, em qualquer época que hajam ocorrido

3 – DA FILOSOFIA JURIDICA ROMANA AO *IUS ROMANUM.*

Em certo sentido, a Filosofia Romana do Direito pode considerar-se a própria Filosofia do Direito, na medida em que foram os romanos que criaram o Direito como ciência e técnica *(ius redigere in artem)*. Mas, por outro lado, e como sabemos, toda a Filosofia romana (incluindo a Filosofia do Direito) deriva da Filosofia grega, adaptada de um modo eclético. Este ecletismo foi indubitavelmente reforçado pelas especificidades do trabalho jurídico: sempre permeável a diferentes argumentos e contrário a um único entendimento ou sistema. Mas também deriva da especificidade do génio planificador e voluntarista romano, não original, mas impositivo e construtivo – ao invés do génio helénico. Em geral, podemos dizer que a mais genuína Filosofia do Direito Romano segue o legado de Aristóteles e as suas ideias presentes no V Livro da *Ética a Nicómaco* e em passagens de outros escritos como *Tópicos, Retórica,* etc.. Porém, é também importante considerar outras origens ou influências: especialmente a platónica e a estóica.

As origens do Direito Romano, e o mesmo é dizer, do próprio Direito, residem quer em Aristóteles quer na *voluntas* romana. A construção epistemológica do direito supôs um corte com a moral e a política, num esforço de purificação ou separação da nova *episteme*. A principal fonte do Direito é a natureza, e a arte do Direito é a jurisprudência, a prudência dos juristas, ou, na nossa terminologia actual, a doutrina jurídica. Uma preocupação de classicismo (presente em todos os domínios – desde a arte e literatura à política e direito) apresenta erradamente o Direito Romano como estático e monolítico, com uma certa imagem de *recta ratio* em si próprio. Tal foi muito vulgarizado nos tempos iluministas para contestar a "civilização cristã", "medieval" e algo anárquica. E ainda hoje há laivos dessa ideia em autores modernos, como em Louis Rougier, Fernando Savater e Steven Lukes (aliás, qualquer deles muito brilhante, talentoso e sabedor). Tal não correspondeu, de modo nenhum, à verdade. Os sacerdotes romanos que se especializaram na nova arte, e "criaram" o direito no seu início, agiam como uma espécie de sociólogos *avant la lettre*, tentando observar o que se passava na sociedade, e consequentemente estilizando os bons procedimentos em forma de regras. Tratava-se, assim, de uma sociologia axiologizada (ou eticizada). Porém, uma vez estabelecidas as principais regras, debatiam as soluções correctas para os problemas, construíam ficções legais ou usavam a equidade para resolver casos difíceis, exercitavam uma verdadeira actividade dialéctica e prudencial pragmática. Os textos escritos eram interpretados de acordo com o que, realmente, eram: meras descrições sobre o modo correcto de agir em sociedade. Não se tratava de uma positivação sacrossanta da Justiça. O génio prático de Roma pode ser encarado nesta forma de proceder aproximada e por tentativas, e a grandeza de um período como o período romano clássico pode ser avaliada, precisamente, por esta capacidade de conciliar as controvérsias e as diferentes concepções.

Os tempos de decadência, por seu lado, influenciaram o Direito Romano de um modo completamente diferente.

No fim do Século Terceiro, surgiram as ideias neoplatónicas, as quais concorreram com as posições aristotélicas originais. A influência de Plotino, Porfírio, Prócio e até de Santo Agostinho no pensamento jurídico diluiu o isolamento do entendimento jurídico num moralismo sincrético e invadiu o Direito de questões políticas (primeirando a síncrese ds primórdios medievais e o agostinismo político, seu contemporâneo). A permeabilidade ética pode ser encontrada nas novas (e vagas) concepções no direito natural. Dois princípios legais podem ilustrar esta segunda tendência, e ambos tendem para concepções políticas autoritárias e utópicas, divulgadas, neste último caso, em *A República* e *As Leis* do filósofo grego: o voluntarismo na criação das leis (*quod principi placuit, legis habet vigorem*), contraditório com a visão aristotélica da génese do Direito (axiológica e sociológica), e o facto de o príncipe não estar vinculado às suas próprias leis (*princeps legibus solutus est*). Outra heresia. Não necessitamos de concordar com Karl Popper de *A Sociedade aberta e os seus inimigos* para compreender que ambos os princípios platónicos tiveram consequências históricas devastadoras. Apesar das anteriores matizações do próprio Popper, que não inventou Platão nem a utopia.

A influência estóica não foi tão herética, e integrou o corpo original, por vezes com a mesma subtileza que o legado cristão. As ideias de dignidade de todas as pessoas, mesmo dos escravos, derivaram, claro, de uma ou outra destas duas influências. Alguns consideram que este foi também o caso de extensão do direito natural aos animais. Mas este ponto continua controverso: S. Isidoro de Sevilha omite-o, e dir-se-ia que até o nosso Guerra Junqueiro parece recuperá-lo. Depois, é claro, de S. Francisco de Assis. Cícero transmitiu-nos muitas das ideias estóicas. A sua descrição do direito natural revela tal origem: *Est quidem vera lex, recta ratio, naturae congruens, sempiterna (...).*

Desta forma, este verdadeiro ecletismo romano permitiu a visão tradicional do legalismo romano (associado ao Império, por um lado; aos fortes valores cívicos, por outro), mas admitindo também uma perspectiva dialéctica e pluralista; o que está mais próximo das origens e da prosperidade da civilização romana.

4 – DO ESPÍRITO ROMANISTA À CRIAÇÃO DA CIÊNCIA DO DIREITO

Mesmo tendo sofrido todas estas influências conflituantes, o Digesto contém, ainda assim, os principais pontos de uma completa Filosofia do Direito, apta a clarificar, mesmo nos nossos tempos, confusões obscuras. Naturalmente começando logo no seu primeiro título. Direito (*ius*) vem da Justiça (*iustitia*). As regras (*regulae*) vêm do Direito (*ius*) e nunca o contrário (D. 1,1,1, pr. – os glosadores afirmam: *Est autem ius a iustitia, sicut a mater sua, ergo prius fuit iustitia quam iu*s), porque as regras (mesmo os aparentemente sagrados textos de leis escritas) não são mais do que a narrativa ou o signo linguístico do Direito (D. 50, 17, 1). A natureza preside e prevalece sobre a lei: o que a natureza proíbe, não pode ser permitido por lei alguma (D. 50, 17, 188, 1). Evidentemente, que já aqui se põe o problema (hoje ecológico, mas não só) das relações do Homem com a Natureza: desde logo a sua "concepção" mental.

A natureza romana é muito mais maleável e adaptável à razão e à vontade que a grega...

O Direito não está definido, mas apresenta-se em curtas e eloquentes máximas. A mais importante, pelo facto de conter toda um *topica* dos diferentes elementos que representam a Justiça, é de Ulpiano: é o verdadeiro início do manual do *Corpus Iuris Civilis*, as Instituições: *Iustitia est constans et perpetua voluntas ius suum cuique tribuens.* Assim, o Direito (*ius*) é irmão da Justiça (*iustitia*) e a Justiça (a origem e mãe do Direito) é a vontade (ou desejo em si próprio) constante e perpétua de atribuir a cada um (cada pessoa) aquilo que é seu (a coisa devida, que este ou esta tem o direito de ter). Deste modo, como vimos já, o Direito relaciona-se com três tópicos: *Justiça* (a vontade perpétua do justo), *Pessoa* (cada um tem direitos – e todos temos direitos) e o *Seu* (*suum*, a coisa devida, o devido ou o justo – aquilo que alguém possui). Tal constitui uma excelente teoria da ontologia da lei. Já o vimos *supra*.

Actualmente, sabemos que não existe definição epistemológica sem que haja intervenção de uma congregação de profissionais que sustentem o conhecimento e as respectivas práticas. Quem foram os especialistas desta ciência, naquele tempo? Eram sacerdotes que prestavam culto à deusa Justiça (D. 1, 1, 1, 1). Não se trata aqui de uma bonita metáfora. De facto, a segunda máxima das Instituições revela que a Jurisprudência, ciência do Direito (*Iuris prudentia*) é o conhecimento e a percepção do divino e do humano (naturalmente, a natureza em geral, natureza das coisas – *natura rerum* – e a natureza do género humano), os quais são prévios à ciência do justo e do injusto, que é específica da lei.

O mundo jurídico romano, ao invés do universo nominalista da relação jurídica, desconhece o direito subjectivo. O direito é objectivo, directo e imediato. Palpável. E os livros de Direito dividem-se, de forma realista, em Pessoas, Coisas e Acções (judiciais).

Por último, os Romanos deixaram-nos uma teoria geral das normas (e dos negócios jurídicos, etc.): delinearam a estrutura interna de cada lei, os atributos que deve ter para existir de acordo com a justiça. Numa palavra, as normas jurídicas, para o serem, têm que respeitar os três preceitos jurídicos (D. 1, 1, 10, 16): não abusar dos seus direitos (*honeste vivere*), respeitar os limites dos próprios direitos em face dos direitos dos outros (*alterum non laedere*) e o mais específico e conhecido: atribuir a cada um(a) aquilo que é seu (*suum cuique tribuere*).

Com claras ideias sobre a ontologia e epistemologia do novo conhecimento, com um programa para os respectivos especialistas, dotados de legitimação do seu próprio poder (originado na natureza e depois na sociedade e nos valores) e de uma teoria das suas leis específicas, os Romanos possuíram uma Filosofia do Direito. Lacónicos, não resistiram, porém, a dizê-lo para a posteridade: por conseguinte, tais juristas não tiveram apenas uma filosofia, foram verdadeiros filósofos, pondo em prática o amor pela *sofia* e não uma mera simulação verbal. Também tal afirmam no *Digesto*. Com o Direito Romano, tomámos conhecimento, pela primeira vez, do Direito propriamente dito, independente de quaisquer outras ordens sociais normativas, e da Filosofia prática. É esse "isolamento" da ciência jurídica com um objecto (a justiça particular, e não a geral, no sentido da justiça moral ou virtude da justiça), um método (a dialéctica no foro, a "sociologia" axiologizada na estilização normativa, a *interpretatio* aguda para os textos e para os factos, a *fictio* para a criação, as "lacunas" e as contradições, e a *prudentia* em todos os casos), uma congregação epistemológica (os juristas – os pretores, recrutados a princípio entre chefes miliares; e os jurisconsultos, recrutados inicialmente entre sacerdotes: os primeiros para decidir, os segundos para aconselhar), uma finalidade ou teleologia – a "luta pelo Direito", *constans et perpetua voluntas*, por que pagaram com a vida dois dos seus grandes obreiros: Ulpiano e Cícero. Enfim, com um "problema", o problema do *justo* ou da justiça: discernir do justo e do injusto.

Todos estes elementos consubstanciam a transmutação da Filosofia Jurídica Romana, quase como numa alquimia, no "oiro de lei" de uma Ciência Jurídica. Continuando a filosofia jurídica presente na ciência assim epistemologicamente autonomizada, qual seiva unificadora e inspiradora.

BIBLIOGRAFIA GERAL

F. SCHULZ – *History of Roman Legal Science*, Oxford, 1946.

F. SCHULZ – *Prinzipien des römischen Rechts*, Berlin, 1934, 1954.

Félix SENN – *De la Justice et du Droit*, Paris, 1927.

Félix SENN – *Les origines de la notion de Jurisprudence*, Paris, 1926.

M. DUCOS – *Les romains et la loi: Recherches sur les rapports de la philosophie grecque et de la tradition romaine à la fin de la république.* Paris, 1984.

Michel VILLEY – *Le Droit Romain. Son actualité*, 8.ª ed., Paris, 1945. Paris, 1987.

Paulo Ferreira da CUNHA – "Anagnose Jurídica. Releitura de três brocardos de Ulpianus e de outros textos clássicos", in *O Direito*, Lisboa, 126.° ano, 1994, I-II, p. 167-184, *in ex* in *Para uma História Constitucional do Direito Português*. Coimbra, 1995, pp. 71-91.

Rudolf von IHERING – *Geist des römischen Rechts auf verschiedenen Stufen seiner Entwicklung*, Leipzig, 4 vol., 1877-1878.

Sebastião CRUZ – *Direito Romano. I. Introdução. Fontes.* 3.ª ed., Coimbra, 1980.

Stamatios TZITZIS – *Dikaion Dianémitikon et ius suum tribuens. De la rétribution des Grecs à celle des Glossateurs*, in "Studi Economici-Giuridici", Università di Cagliari, Napoli, Jovene, 1993, p. 221 sq.

T. MOMMSEN – *Abriss des römischen Rechts*, Leipzig, 1893. 1907.

CAPÍTULO III

Grandes linhas de evolução
do Pensamento e da Filosofia Jurídicas

Mário Reis Marques
Universidade Internacional da Figueira da Foz,
Centro de Estudos Interdisciplinares do Século XX

1 – A PROBLEMÁTICA DA FUNDAMENTAÇÃO DO DIREITO

Ainda que disso não se tenha por vezes consciência, o direito é algo que nos acompanha habitualmente, é algo que se manifesta não sob a forma de um conjunto caótico de dados heterogéneos, mas como uma totalidade orgânica e sistemática que tem o poder de impor um conjunto de comportamentos destinados a garantir a coexistência pacífica entre as pessoas.

Formalmente, o direito apresenta-se como um "cosmos" de regras abstractas que organizam, racionalizam e institucionalizam "projectos de justiça".

Perante um fenómeno tão fundamental para a natureza social do homem, a primeira questão a abordar, em boa lógica, é a da justificação do direito. Todo aquele que desempenha funções dentro do ordenamento jurídico não pode desinteressar-se do ambiente em que opera, não pode ignorar os valores e os fins que este ordenamento prossegue.

Porventura mais filosófica do que propriamente jurídica, nem por isso deixa esta de ser uma problemática absolutamente central, um tema que atravessa toda a história do pensamento jurídico ocidental. Sob pena de ignorar os verdadeiros fundamentos da sua ciência e do seu *métier* e, em consequência, as responsabilidades que lhe incumbem, o jurista não a pode desconhecer. Efectivamente, uma visão meramente tecnológica do direito apenas abarca uma parte do fenómeno jurídico. É que o direito positivo não é apenas um instrumento continuamente modificado para responder às sempre novas exigências sociais. Em simultâneo ele é também um facto cultural. A técnica jurídica (imagem tecnológica do direito) é uma componente essencial da cultura (imagem cultural do direito). A história ensina que o direito pode assumir várias formas culturais. Quer o fenómeno da recepção do direito romano na Europa a partir do século XII, quer o direito codificado dos séculos XIX e XX são exemplos dessas formas. Ambos são o fruto de uma longa evolução jurídica, filosófica, política, económica e social.

Ainda por outro lado, é necessário ter presente que a própria técnica jurídica move-se sempre num espaço habitado por conceitos e teorias que exprimem valores e perseguem interesses irremediavelmente conexionados com os fenómenos sociais e culturais. Compreende-se assim a utilidade de alargar o horizonte das nossas preocupações. A problemática da fundamentação do direito é essencialmente «prática» e não envolve um corte com o direito positivo. O verdadeiro fundamento está sempre dentro da coisa fundada. Duas correntes principais dominam a matéria: a resposta idealista e a resposta positivista.

1.1. A resposta idealista

Assenta esta primeira grande orientação sobre a crença num *direito natural*, numa ordem normativa, de essência superior, independente de todo o direito positivo, que funda a sua legitimidade não na sua edificação por parte de um legislador legítimo, mas nas suas próprias qualidades imanentes. Mostrando uma das suas mais amplas expressões no «tout est droit naturel» do jusnaturalismo cristão de Domat (*Traité des lois*, XI, 29 e 32), esta plurifacetada corrente encontra um denominador comum na imposição ao direito positivo de um arquétipo ou modelo (direito natural) extraído da natureza ou da realidade. Só é direito justo aquele que se identifica, pelo menos nos seus princípios fundamentais, com o direito natural. Todo o direito positivo encontra neste paradigma superior não só a fonte de inspiração, de explicitação e de desenvolvimento como os seus limites. Toda a lei contrária a este direito ideal supratemporal não passa de «aparência de direito», de «lei injusta», de «corrupção de lei», sendo por vezes lícito resistir-lhe.

Duas notas são essenciais:

a) O *jus naturale* é concebido como fundamento legitimador de todo o *ius positivum*. É dele que se extrai o que "pode" ser direito e o "que tem que ser necessariamente direito". Não basta declarar o direito para que estejamos perante o verdadeiro direito, o direito justo.

b) O *ius naturale* é concebido como orientação reguladora (normativa) de todo o *ius positivum*. Desta forma, o direito natural é a verdadeira medida originária e fundamental (o modelo) de todas as leis; é este irrenunciável sentido crítico que mostra que a lei só por si não pode cumprir todas as exigências da justiça.

Nisto reside precisamente a ambiguidade insuperável do seu carácter de alguma forma pragmático, de alguma forma existencial, de alguma forma conservador, de alguma forma revolucionário.

Tributária da noção multívoca de direito e da noção proteforme de natureza, a expressão direito natural recobre um conjunto muito vasto de doutrinas elaboradas em função das diversas concepções de direito e de natureza. De facto, o uso dos termos "natureza" e "direito" é a única fronteira linguístico-conceptual que limita o leque das possibilidades expressivas.

1.1.1. *O jusnaturalismo antigo*

No capítulo III do livro V da Ética, Aristóteles distingue o direito ou o justo natural do direito ou o justo positivo, baseando-se o primeiro na natureza e o segundo na convenção e na lei positiva. Não se trata de uma ideia original nos seus fundamentos. Para o povo helénico o legislador humano está sujeito a uma normatividade superior.

Nos pré-socráticos existe já um jusnaturalismo ainda que incipiente. Da sua filosofia ressalta uma concepção cosmológica. O direito positivo é confrontado com uma ordem superior identificada com o que impera no cosmos. Este, assumindo uma alma espiritual e intelectual (logos), é regido por uma lei que projecta no mundo a sua harmonia (kósmos e não cháos). Para Heráclito o cosmos é um «fogo eternamente vivente» (frag. 30) cujo princípio inteligente (logos) não só rege todo o universo como se transfunde nas leis humanas. Desta feita, a lei da cidade encontra a sua expressão e a sua verdadeira axiologia na lei universal do justo. Muito mais do que decreto de vontade do poder (legislador estadual), a lei humana encontra o seu verdadeiro sentido e legitimidade numa ordem suprapositiva. Da mesma forma que une os homens entre si numa comunidade de natureza, o *logos*, como supremo princípio que tudo rege, impõe-se à lei (nomos) como último reduto de racionalidade e de validade.

Os sofistas referem-se igualmente a um direito natural. No entanto, entendido de forma revolucionária, ao invés de servir de fundamento ao direito positivo, o *ius naturale* passa a servir de arma para despojar aquele da sua auréola racional e divina. Tudo parte de uma oposição contraditória entre a natureza (*physis*) e a lei humana (*nomos*). Face à

222   *Instituições de Direito*

imutabilidade das leis da natureza ressalta a contingência das leis positivas. Uma crítica dissolvente carregada de cepticismo põe em causa a substantividade destas leis.

O conceito de igualdade tal como é concebido pela democracia é posto em causa. À concepção democrática da natureza e do universo opõe-se uma outra que sustenta que a natureza não se rege pela isonomia mecânica. A desigualdade dos homens passa a ser um ponto de partida para a concepção do direito. No diálogo platónico *A República* (338 c) Trasímaco afirma que «a justiça não é outra coisa senão a conveniência do mais forte». Variando com a alternância de interesses, a lei humana não é senão *criação* arbitrária. Esta posição encontra o seu contraponto na doutrina exposta por Calicles (de existência histórica duvidosa) no *Górgias* (482c e segs.) de Platão. Para esta concepção as leis positivas são constituídas pelos homens mais débeis, pela massa dos mais fracos, para manietarem o melhor direito dos mais fortes, o único direito fundado na natureza. Desta feita, a lei não é mais do que limitação artificial, um instrumento de suporte de situações antinaturais, já que o direito da natureza é corrompido sempre que o Estado impõe a igualdade perante a lei e o direito. Em suma, a lei humana, perdendo a sua íntima autoridade moral e a sua objectividade absoluta e universal, é concebida como puro instrumento de pressão dos mais poderosos sobre os mais fracos ou dos mais fracos sobre os mais poderosos.

Reagindo contra o relativismo oportunista dos sofistas, Sócrates (469-339 a.c.) procura estabelecer de novo a ligação entre a lei humana e a objectividade dos princípios da razão.

Ao invés de contrapor *physis* (mundo natural) a *nomos* (mundo convencional) não vendo na legalidade mais do que livre decisão do poder dominante, Sócrates tende a fazer coincidir a legalidade com a justiça.

As leis humanas (o direito positivo) já não são entidades contingentes ao serviço de interesses dominantes, mas a fiel tradução da justiça e de uma axiologia que se impõem ao homem como realidade superior e objectiva. Os elementos essenciais desta realidade são inteligíveis através da actividade intelectiva. De alguma forma, para Sócrates é na alma que está o verdadeiro projecto, é aí que o homem tem a lei e a exigência de domínio da sua natureza animal pela razão. Desta feita, o jusnaturalismo de Sócrates é «conservador», pois postula a harmonia entre o Estado, a lei positiva e a referida realidade superior (justiça objectiva) patente num *logos* puramente individual («*nosce te ipsum*»).

É assim que o mestre pode afirmar ao sofista Hipias que «o segundo lei e o justo são a mesma coisa» (Jenofonte, *Recuerdos de Sócrates*, IV, 18). Daí a sua tendência para obedecer às leis injustas.

Também Platão (427-347) procura religar a lei humana à essência de uma verdade universalmente válida. No entanto, para o filósofo esta verdade não provém dos sentidos. Todo o conhecimento empírico (mundo sensível) é relativo e imperfeito. Com efeito, os verdadeiros critérios para julgar as coisas sensíveis são as ideias (mundo supra-sensível). É a partir da ideia de igual que é possível julgar se duas coisas são iguais. O mesmo se pode afirmar sobre o julgamento do que é justo, belo e bom. Para Platão as ideias são os protótipos do ser, possuem uma significação moral por se revelar nelas, como verdadeira natureza das coisas, a razão universal.

Os seres físicos não são a *realidade tipo* donde se extraem as ideias gerais tal como para Sócrates e outros filósofos. O aparelho sensível do homem apenas lhe poderá fornecer sombras (reminiscências) do mundo inteligível, do mundo onde se formam as ideias gerais que permitem alcançar a ciência e produzir juízos de valor.

Em suma, se o mundo de coisas que nos rodeia apenas oferece imagens equívocas, só o mundo das ideias comporta a verdadeira realidade, só no mundo supra-sensível se pode encontrar uma objectividade essencial e princípios universais, só neste mundo se podem descobrir verdades eternas e racionais com um carácter de validade geral. Esta teoria das ideias é essencial para a compreensão do jusnaturalismo amplo de Platão. Ao invés de perfilhar a posição sofista que relativiza o *nómos* a partir da *physis*, o autor da *República*, tal como Sócrates, embora de forma diversa, procura encontrar num mundo de valores objectivos o verdadeiro fundamento para o direito positivo (lei humana). As leis publicadas pelos homens só estabelecem a justiça nas relações intersubjectivas se se regerem pelos princípios intemporais do mundo supra-sensível. A natureza da justiça é explicitamente referida na *República*. Sem esta virtude cívica nenhuma comunidade humana pode subsistir. A lei é agora enaltecida. Ao homem concreto só é possível viver em harmonia e atingir a perfeição dentro da *pólis*, regida por verdadeiras leis. Os fins do homem revêem-se nos fins da comunidade. A justiça da *pólis* deve corresponder àquela realidade ontológica onde radica a razão universal, àquela realidade a que o homem tcm acesso através da intuição das ideias. A teoria do direito e do Estado em Platão repousa, pois, numa relação estreita entre o homem e o direito, o homem e o Estado. Da mesma forma que o Estado é o homem em maior escala, o direito é a lei do ser, tanto do Estado como da pessoa moral. Encontra aqui a explicação a preocupação que o autor manifesta na *República* e nas *Leis* de definir as condições do «Estado melhor».

Mais inclinado para a observação dos factos, Aristóteles (384--322) afasta-se do idealismo puro de Platão. Agora as ideias platónicas são transportadas para dentro das coisas. A ruptura entre o mundo supra-sensível e o mundo imperfeito é evitada por uma teoria imanentista das ideias, por um naturalismo idealista que assenta na concepção de que, a não ser no pensamento, a realidade ou essência (ou substância) de uma coisa individual não pode ser separada da própria coisa. Assim sendo, cada ser tem, enquanto tal, o seu próprio valor. O ponto de partida deste filósofo não é diverso do de Platão. As coisas correspondem no seu ser a algo que actua como modelo das mesmas. A ideia platónica é no entanto substituída pela noção de forma, princípio que em conjunto com a matéria constitui o ser. A matéria e a forma – cada ser individual possui a sua própria forma – são na realidade inseparáveis. A forma é o elemento activo que funda a matéria. Elemento indeterminado, a matéria é sempre informada por um princípio metafísico (forma) que a envolve e a distingue dos outros objectos. Referindo-nos a um indivíduo determinado diremos que o seu corpo é a matéria e o seu espírito a forma. Compreende-se o que afasta a ideia platónica da forma aristotélica: enquanto aquela existe separada das coisas num mundo transcendente e inalterável, esta existe unida à matéria, existe no interior das próprias coisas.

Como já foi referido, Aristóteles, dentro de uma concepção jusnaturalista, refere-se ao *justo natural*, isto é, a uma justiça permanente e inalterável e ao *justo legal*, isto é, a uma justiça instituída pelas leis humanas. Ao contrário da inalterabilidade daquela, esta é variável e adaptável às circunstâncias. Não se vislumbra no entanto no pensamento deste filósofo a tentativa hostil, a exemplo dos sofistas, de relativizar a lei humana. O direito positivo explicita e formula o justo natural (justo por natureza). Este não se caracteriza por uma imutabilidade absoluta. A natureza possui o seu grau de variação; esta mutabilidade não é no entanto igual à mutabilidade das prescrições legais. É esta desigualdade que distingue o justo natural do justo legal. Na *Retórica* (l, 10) Aristóteles afirma que «a lei é ou particular ou comum». De alguma forma, esta distinção é paralela àquela que se estabelece na Ética entre o justo legal e o justo natural. A lei particular é a que corresponde às circunstâncias particulares de cada comunidade; a lei comum é a que se aplica universalmente a todo o povo. Fundado na ordem do ser, o direito é para Aristóteles, tal como já o era para Platão, um meio pelo qual o homem procura desenvolver a sua natureza. O Estado é «uma comunidade entre iguais, orientada para a obtenção da melhor vida possível».

A diferença grega entre o direito baseado no *nomos* (lei) e direito natural postula, como foi mostrado, uma ordem jurídica variável, construída de alguma forma em tensão com um direito superior.

A este respeito Roma viveu em grande parte do legado que recebeu do pensamento grego. Os juristas romanos não estruturaram de forma sólida uma filosofia do direito. A especulação não atingiu o nível da casuística. Quer no período arcaico, quer no período clássico, os juristas romanos mantiveram um espírito refractário a especulações muito elevadas acerca da justiça ou sobre um direito ideal. Nas fontes encontra-se frequentemente uma divisão bipartida de todo o direito: *ius civile* e *ius gentium*. O *ius civile*, como diz a própria palavra, é o direito aplicável aos *cives* (cidadãos), é um direito lógico, coerente, rigoroso e inflexível criado pelo povo romano, como o seu direito positivo. O *ius gentium* é um direito comum a todos os povos, é um direito com um significado diverso e mais amplo do que o conceito de direito internacional público, pois o seu âmbito estende-se a outras matérias do ordenamento jurídico, nomeadamente ao direito privado. Este direito, como ordenamento elástico, inspirado na *aequitas* e na *bona fides*, desvinculado do rigor e da solenidade do *ius civile* aplica--se a todos (*cives* e *peregrini*), é um direito baseado na natureza humana e na razão natural (*naturalis ratio*).

Esta divisão apontada nas Institutas (1, 1) de Gaio surge por vezes apresentada numa forma tripartida. Ao *ius civile* e ao *ius gentium* acrescenta-se o *ius naturale* (D.1,1,1,2 e 3). Este é considerado em íntima conexão com o *ius gentium*. Frequentemente, invoca-se nas fontes romanas a *natura* como realidade, como essência das coisas. O *ius naturale* surge como um direito sem fronteiras comum a todos os seres vivos, embora seja objecto de particulares concepções por parte dos autores. Cícero (106-43) refere-se a uma lei natural «eterna e imutável» que rege todos em qualquer tempo. Esta lei, fundada na natureza, é prévia a todo o direito humano, fundando-o e legitimando-o. Enquanto o *ius civile* e o *ius gentium* são concebidos como direitos positivos, o *ius naturale* é um direito de fundamentação.

Consoante já se referiu, Gaio dirige-se apenas àqueles dois direitos, no entanto é mais com uma concepção filosófica do que positiva que considera o *ius gentium*. A sua extensão (*apud omnes populos peraeque custoditur – Institutas*, l, 1) e o seu fundamento (*naturalis ratio*) apresentam-se com um sentido jusnaturalista. O conceito de direito natural aparece englobado no de *ius gentium*.

Ulpiano (170-228), tentando porventura diferenciar estes dois direitos regressa à divisão tricotómica de Cícero. Numa fórmula que ficaria famosa, afirma que o direito natural «é o que a natureza ensinou a todos os animais» (*Ius naturale est quod natura omnia animalia docuit* – D, 1,1,1,3), isto é, uma regra de vida que o homem tem em comum com os animais. O *ius gentium*, o direito que «usam os povos humanos», diferencia-se claramente do *ius naturale* pelo seu carácter mais restrito.

Também Paulo (180-235) faz apelo a um direito natural que *semper aequum ac bonum est* (D, 1, 1, 11). Dois são os critérios que diferenciam este direito do *ius civile*: *a*) enquanto o *ius civile* é particular no tempo e no espaço, o *ius naturale* é universal e imutável (*semper*); *b*) enquanto o *ius civile* determina o que é útil (*utile est*), o *ius naturale* define o que é bom (*bonum et aequum*). Esta elevação do direito natural à ideia de *iustum* prepara já a concepção justinianeia. Nas Institutiones (533) do *Corpus Iuris Civilis* pode ler-se que «as leis naturais, observadas em todos os povos com perfeita conformidade e estabelecidas pela providência divina permanecem sempre firmes e imutáveis» (I, 1, 2, 11). Trata-se de uma concepção teológica do *ius naturale*; este é colocado na esfera do direito divino. As concepções jusnaturalistas do pensamento greco-romano encontram-se com os dogmas do cristianismo. Pode, pois, afirmar-se que na época romana a expressão *ius naturale* nem sempre apresentou o mesmo significado. No *Corpus Iuris Civilis* esta expressão equivale ou ao *ius gentium*, ou àquele direito que a «natureza ensinou a todos os animais», ou àquele direito constituído pela «providência divina» (concepção de Justiniano).

Importa considerar igualmente a outra vertente do direito natural antigo: o segmento oferecido pelo cristianismo. Estamos agora perante uma nova concepção do mundo e da vida. Ao cristianismo deve-se, desde logo, uma nova antropologia que havia de reformular muitas das ideias do pensamento pagão. Poderá, porém, dizer-se que um dos aspectos essenciais, que marcaria definitivamente toda a cultura jurídica ocidental, foi a outorga ao indivíduo da condição de pessoa. Criado à imagem de Deus, o homem é investido num estado de dignidade superior. Os critérios de fundamentação – o justo, o injusto, o bem, o mal – são transpostos para o mundo da transcendência. Deixaremos os primeiros séculos deste segmento, período manifestamente apologético e de confronto com os pensamentos heréticos. A figura de Santo Agostinho (354-430) é suficientemente representativa para suportar a tese de que a sua morte poderá constituir o marco em que se terá fechado o arco temporal do mundo antigo. Não importa discutir neste momento se não será mais correcto situar o início da Idade Média no ano de 395 (divisão do Império Romano) ou no ano de 476 (queda do Império Romano do Ocidente). A construção de Santo Agostinho transformou-se numa verdadeira referência obrigatória. As obras deste padre da Igreja testemunham um forte nexo entre o direito e a teologia. Por exemplo, é de referir a sua teoria platónica ou neo-platónica do conhecimento. O bem, o justo e a verdade, ao invés de derivarem da experiência sensível, provêm de uma inspiração cuja fonte reside num ser supremo: Deus. Com efeito, sendo o produto de uma iluminação projectada pela luz divina na inteligência, o conhecimento não passa pelo sensível. Daí que o verdadeiro direito seja o direito divino. Daí que a problemática da lei surja com frequência em obras de carácter teológico (*De Doctrina Christiana, De libero arbitrio*, etc.). Santo Agostinho constrói pela primeira vez dentro do pensamento cristão uma doutrina geral da lei. A distinção entre *lei eterna, lei natural* e *lei humana* marcará todo o pensamento jurídico cristão posterior. A *lei eterna* é referida a Deus caracterizando-se pela sua imutabilidade e universalidade. Como pode ler--se no *Contra Faustum* (XXII, 27) "a lei eterna é a razão divina ou vontade de Deus". Esta lei não está, contudo, ao alcance do homem. É pelo reflexo da *lei natural* que é possível alcançar o seu sentido. Por outro lado, ela surge conexionada com a ideia de criação, elemento ignorado pelo pensamento pagão. No acto criador Deus inscreve na estrutura de cada ser um conjunto de tendências coerentes com a ordem universal.

Por sua vez, a *lei natural* «está escrita no coração do homem», é a «transcrição feita na mente humana da mesma lei eterna». Existe agora um manifesto fundamento teológico nesta lei.

Finalmente, a *lei humano-positiva*, mutável segundo as circunstâncias, encontra a sua última fundamentação na lei eterna através da mediação da lei natural. Como se vê, para que as leis emanadas pelo legislador humano sejam verdadeiro direito, impõe-se-lhes o paradigma da lei natural, o mesmo é dizer, da lei eterna.

Quer dizer: a concepção do direito de Santo Agostinho é altamente influenciada pelo seu teísmo cristão. Assim como a *cidade de Deus* é uma realidade mística e espiritual, as leis passam a ter um conteúdo moral e divino. As leis da cidade terrestre só serão verdadeiras leis se não se afastarem da legalidade natural, se assentarem nos princípios da justiça identificada com a vontade de Deus. Como já se escreveu «o princípio da justiça não reside já portanto na natureza das coisas, nem na razão, nem na ideia platónica, mas unicamente na vontade divina. Justo é simplesmente o que Deus quer e só porque o quer» (Cabral de Moncada). Na verdade, existe uma certa tensão entre o verdadeiro direito e as leis positivas necessariamente enganadoras e injustas (escravatura, tortura, etc.). Mas ainda assim, por razão de utilidade e harmonia, S. Agostinho sustenta que é necessário obedecer às leis humanas. De alguma forma, foi a Providência que permitiu a constituição do poder. Antecipando alguns temas do pensamento moderno, a ordem pública, o poder de facto e a segurança são aspectos não negligenciados da sua reflexão sobre as instituições jurídicas e políticas.

A *Civitas Dei* (413-426) de Santo Agostinho foi o primeiro ensaio cristão de filosofia da história. Não se trata de uma obra sistemática. A temática central é a da coexistência de duas cidades: a *Civitas Dei* e a *Civitas Terrena*. Enquanto a segunda, a qual não traduz precisamente a problemática do Estado, é caduca e provisória (*societas impiorum*), a *Civitas Dei* (*Civitas Coelestis*), verdadeira comunidade de homens bons (comunhão dos fiéis), prefigura a cidade dos Santos só realizável no «reino dos céus». Enquanto a Igreja e o Estado são entidades reais, a *Civitas Dei* e a *Civitas Terrena* são entidades místicas de contornos indefinidos. Importa referenciar duas das grandes linhas de pensamento de Santo Agostinho. Em primeiro lugar, a depreciação do Estado e a sua desvalorização perante a Igreja numa linha coerente com a exaltação das aspirações ultramundanas. Em segundo, a elevação da vontade de Deus como verdadeira fonte do direito natural. Curioso é ainda acentuar que a *lei eterna* é considerada num sentido preceptivo, como verdadeira lei,

Ver (o) Direito   229

como prescrição que "manda" conservar a ordem natural e "proíbe" que esta seja perturbada.

1.1.2. *O jusnaturalismo medieval*

O pensamento de Santo Agostinho não deixará de influenciar profundamente o pensamento filosófico posterior. O período que mediou entre o bispo de Hipona e Santo Tomás de Aquino (1225--1274) não merecerá a nossa atenção. Desde logo, a queda do Império Romano do Ocidente (476) provoca um declínio profundo. A criação dos Estados bárbaros dá origem à dispersão cultural e ao refúgio do saber nos mosteiros. De qualquer forma, sempre é de referir Santo Isidoro (556/560-636). O Livro V (*De legibus et temporibus*) das *Etimologias* é um pequeno tratado jurídico em que o autor mostra grande erudição e um grande apego aos princípios do direito romano.

Tendo sempre como traço de unidade a teologia, o direito recebe uma divisão tricotómica: o direito natural, civil e das gentes. O direito natural, perspectivado em termos universais (Gaio), é aquele que «é comum a todos os povos e existe em todas as partes».

Outro ponto alto foi o florescimento, sob a protecção de Carlos Magno, de importantes centros culturais. De qualquer forma, o mais importante pensador medieval é Santo Tomás de Aquino, um teólogo que conhece profundamente as Escrituras e as meditações dos principais Padres da Igreja da mesma forma que domina os autores profanos como Cícero, Ovídeo, Aristóteles e outros.

Encontra-se em S. Tomás um sistema filosófico completo. A *Summa Theologica* elevou-o ao papel de chefe doutrinal do catolicismo.

Tal como S. Agostinho admite três leis: *lex aeterna, lex naturalis* e *lex humana*. A primeira é uma manifestação da própria razão divina que governa o mundo. Para S. Tomás é Deus que governa as realidades através da sua Providência. Existe no espírito divino um *dictamen rationis practica* que se reveste das características de uma lei. Ela é uma *lex aeterna* porque o intelecto de Deus não se altera, não é mutável. Esta lei é no fundo «a razão da divina sabedoria enquanto dirige todos os actos e movimentos» (*Summa Th*, I-IIq. 93 a.1). Esta lei, insusceptível de ser inteiramente conhecida pelo homem, é no entanto passível de um conhecimento parcial extraído das suas próprias manifestações.

Na *lex naturalis (lex naturalis nihil aliud est quam participatio legis aeterna in rationali creatura)* (Summa Th., I-II, 91,2), perfila-se a participação activa do homem na ordem cósmica. Esta lei é directamente cognoscível através da razão humana. Advirta-se que ela, segundo a definição, é a participação da criatura racional na lei eterna. De facto, se existe um finalismo no cumprimento da *lex aeterna* por parte dos seres não humanos, no caso do homem existe *participatio*. É certo que o homem não se encontra numa situação particular, pois é tal como os animais um ser ontologicamente finalizado (tendência para certos fins). No entanto, dado que é um ser provido de razão, a tendência para agir segundo o bem designado pela razão é a sua forma específica de participar na ordem cósmica, na lei eterna. É a razão que, pelos seus próprios recursos, aponta os fins a prosseguir. É esta forma racional e intelectual de participação, animada pela liberdade e pelo lenitivo da vontade, que caracteriza a *lex naturalis*. Desta feita, S. Tomás reconhece com S. Agostinho que o homem, embora com um papel activo (*participatio*), é governado pela lei eterna. As inclinações naturais do homem são a tendência para a conservação e a tendência para viver em sociedade e conhecer a verdade.

Por fim, a *lex humana* é uma aplicação particular dos princípios da *lex naturalis*. Ao contrário de S. Agostinho, esta lei não é um mal necessário, mas algo que parte de uma exigência da própria lei natural. De alguma forma, existe agora um esbatimento do dualismo existente em geral na doutrina do direito natural: ao invés de estar acima da *lex humana*, a *lex naturalis* é o princípio e fonte desta lei.

O direito positivo realiza as exigências do direito natural. O legislador é revalorizado, pois a sua actividade, longe de ser esgotada na transposição dos preceitos do direito natural para o direito positivo, é agora enriquecida pela iniciativa que se lhe exige de adaptar aquele direito à factualidade, aos casos concretos. Vivendo em sociedades concretas, o homem necessita que lhe apontem o sentido do bem. De facto, como toda a lei, também a lei humana visa, apesar da sua imperfeição, o bem comum. Recupera-se desta forma a ideia grega e moderna de que a lei tem uma função eminentemente educativa. Neste sentido, o verdadeiro direito positivo é aquele que fixa as medidas justas e se apoia no bem comum, isto é, aquele direito

Ver (o) Direito   231

constituído segundo as indicações da *lex naturalis*. Caso assim não seja estamos perante um acto de puro poder *(corruptio legis)*. Resta agora questionar a posição de S. Tomás no caso de a *lex humana* contrariar a *lex naturalis* ou a *lex aeterna*. Ainda assim, para o autor da *Summa Theologica*, a lei humana deve ser obedecida. S. Tomás procura não abrir as vias para o anarquismo em nome de um direito ideal. A injustiça de alguma medida não implica a arbitrariedade de todo o direito. Ainda que à custa de alguns danos, a ordem deve ser garantida. O limite é o *bem comum* apontado pela *lex divina*. Esta é uma lei sobrenatural que ilumina de forma suplementar o homem, convocando-o para o verdadeiro fim. Dada a diversidade de planos, importa sublinhar, por fim, que enquanto a lei natural é universal e imutável, a lei humana é diversificada, adaptando-se às características das comunidades a que se destina (*propter mutationem conditionum hominum – Summa* Th, I-II, 97, 1). Em suma, estamos perante uma concepção teocêntrica do mundo e da vida, em que o direito de cidade se desenvolve em harmonia com um cosmos finalizado. Como ficou patente, a própria dinâmica das leis é inserida numa ordem eterna (de fins), dando cada uma delas expressão a um certo plano dos múltiplos existentes nesta ordem. De alguma forma, transcendendo já «a *polis e a civitas*», concebido como ser livre e participativo, o homem não ascende ainda ao cerne da problemática do direito natural. Para além de uma posição passiva ante a autoridade pública, o homem não surge ainda como o verdadeiro criador do direito. Não nos esqueçamos do papel constitucional da *lex aeterna*: «esta era lida participativamente na razão humana prática como *lex naturalis* – fundamento, por sua vez, da *lex humana* ou *ius positivum*, enquanto seria este, segundo as especificações de S. Tomás, concretização da *lex naturalis*, já no modo de *conclusiones ex principiis*, já no modo de *determinationes quaedam aliquorum communium*» (Castanheira Neves). Embora constituída pelo legislador, a lei humana era extraída da *lex naturalis* ou através de conclusões silogísticas (*per modum conclusionum*) ou mediante a especificação do conteúdo genérico da *lex naturalis* (*per modum determinationis*).

1.1.3. *A neo-escolástica peninsular*

Pela riqueza das suas propostas, pela recepção de algumas teses de Escoto e de Occan e pela abertura aos novos problemas, a neo--escolástica peninsular representa um dos pontos mais altos de todo o direito natural. À reforma protestante o catolicismo reage com uma obra de renovação doutrinal (renascimento tomista). Com efeito, a filosofia de S. Tomás, apesar do crepúsculo que conheceu no fim da Idade Média, é revigorada e adaptada aos novos tempos pelos jesuítas e dominicanos. No século XVI a especulação jurídica peninsular está nas mãos do clero, sobretudo das ordens religiosas. Isto deve-se ao facto de o estudo do direito comportar duas componentes muito significativas: a filosofia do direito e a teologia. Assim, autores jesuítas como Gabriel Vazquez (1531-1604), Luís Molina (1535--1600), Mariana (1536-1623), Francisco Suarez (1548-1617) e dominicanos como Francisco Vitória (1492-1546), Soto (1494-1560) e outros renovam as doutrinas e os métodos dentro dos quadros de um humanismo teológico, universalista e confiante. O período é de revisão. As relações com os povos da América, a liberdade de navegação e de comércio, a necessidade de uma nova antropologia, a criação de uma nova organização social e a necessidade de reformar em termos globais a arquitectura cristã da sociedade, impõem ao direito uma reformulação dos seus princípios.

A segunda escolástica ou neo-escolástica está ligada ao florescimento do tomismo, à substituição nas faculdades de teologia das *Sentenças* de Pedro Lombardo pela *Summa Theologica* de Santo Tomás de Aquino. Na faculdade de Teologia de Paris a *Summa* é adoptada em 1507. Em Espanha houve idêntica iniciativa em 1508 em Sevilha e em 1510 em Alcalá. O fenómeno alcançou o seu ponto mais elevado quando Francisco de Vitória implantou o mesmo texto na Universidade de Salamanca, em 1526, ao tomar conta da cátedra de Prima de Teologia. Estava encontrado o iniciador do movimento. Tal como os humanistas, os representantes deste movimento preocupam-se com a realidade coeva participando nas polémicas do dia-a-dia. Contributo essencial é a aplicação dos princípios gerais da moral e do direito natural às diversas situações concretas.

A Escola parte de uma concepção teocêntrica: o direito natural é de origem divina. Este direito, com uma vocação preceptiva e não

Ver (o) Direito 233

meramente indicativa, coexiste com o *ius positivum* numa relação de complementaridade. Se o direito positivo necessita de um direito superior como fundamento, o direito natural encontra na lei humana a via para a sua concretização.

O mais alto expoente do pensamento filosófico, teológico e jurídico do lado católico do final do século XVI foi Francisco Suarez. Através da sua obra é possível ver toda a Escola. Este ilustre professor de Coimbra publica, em 1612, o *De Legibus*, a obra de síntese do movimento e uma tentativa de compatibilização entre o intelectualismo dos adeptos de Santo Tomás e o voluntarismo de Escoto e Occam. No *De Legibus* Deus surge como o grande legislador. O legislador humano não é mais do que um representante dessa entidade superior. A lei de Deus, ao contrário do que acontece em Santo Tomás que a concebe como juízo da razão, é agora um verdadeiro comando. Assim sendo, a lei eterna – Suarez segue a divisão tripartida – é concebida como um decreto livre da vontade de Deus que estabelece uma ordem no universo conducente ao bem comum. Em tudo o mais é a teoria escolástica da lei eterna que é seguida. Da *lex aeterna* derivam por participação todas as outras; nela encontram as restantes o seu verdadeiro fundamento. Situando-se na mente de Deus – «nihil esse aeternum extra Deum» (*De Legibus*, I, III, 6) – esta lei é concebida como um princípio racional que governa o universo, como o verdadeiro paradigma de todas as outras leis.

Absolutamente indispensável, a *lex naturalis* é por um lado uma prescrição voluntária enquanto prescrita e por outro uma proposição racional enquanto exprime a ordem das essências. Se todo o sistema parte da vontade divina, a lei natural é a vontade a impor a obrigação. A lei natural não se limita a indicar o mal e o bem mas contém uma verdadeira *proibição* do mal e uma *imposição* do bem. Conhecida pela própria razão é a lei natural que permite à mente humana distinguir entre o «bem e o mal» (*De Legibus*, I, III, IX). Ela contém todos os princípios evidentes imutáveis e universais (direito natural imutável).

Uma coisa é certa: a estrutura racionalista do direito natural fica robustecida com estes últimos escolásticos. É isto muito evidente na construção de Suarez, pois as últimas conclusões são extraídas dos primeiros princípios. Estamos perante um sistema. Com efeito são considerados três grupos de preceitos cognoscíveis pela razão natural: a) os princípios mais gerais (fazer o bem e evitar o mal; não fazer aos

234 *Instituições de Direito*

outros aquilo que não desejamos para nós); b) os princípios secundários (*honeste vivere*, fazer o que é justo, etc.); c) e as conclusões, umas mais fáceis de reconhecer (interdição do roubo, do adultério, etc.) do que outras (proibição da usura, da mentira, etc.). Enquanto Santo Tomás apenas atribui validade universal e imutável aos *prima principia communissima*, Suarez engloba estes três grupos no direito natural estrito. A verdade dos primeiros princípios é indissolúvel daquela das conclusões.

Em suma, o autor do *De Legibus* intentou fundar o sistema do direito natural na lei natural como expressão da vontade divina, articulando os princípios mais gerais e os especiais, extraindo dessa sistematização consequências ético-jurídicas. Pensar em direito natural é a partir de agora pensar num sistema de leis naturais. O direito natural é um conjunto de normas extraídas da vontade divina.

No que respeita à lei humana, Suarez sublinha com Aristóteles a necessidade da vida política e a necessidade de uma autoridade que imponha as leis. Esta lei emana de um poder externo.

Finalmente, importa compreender as relações do direito com a lei em Suarez. Existe no professor de Coimbra, ao contrário de Santo Tomás, a tendência para conceber o direito como um conjunto de leis. Repare-se que a sua obra principal recebeu o título de *De Legibus* e não de *De Justitia*. Para Santo Tomás a lei é apenas um dos instrumentos para se alcançar a solução justa, a lei tende para um fim que a ultrapassa. Segundo Suarez a lei é o preceito claramente promulgado pela intervenção do legislador que tem por fim "mover" a conduta humana. Nesta medida, pensa-se na lei com o sentido positivo dos juristas, ela é a regra tal como saiu da vontade legislativa, nela esgota-se a problemática do direito. Isto faz logo ver que estamos já afastados da doutrina clássica do direito natural. Este deixa de ser uma arte dinâmica da busca da solução justa para se restringir a um conjunto de regras, aos comandos do soberano. O *ius* foi absorvido pela *lex*.

1.1.4. *O jusnaturalismo racionalista*

Convém chamar a atenção para a falta de significado unívoco do termo racionalismo. Num sentido global, este termo faz apelo à razão e postula uma valorização positiva da função do entendimento, sobrevalorizando-o em relação a qualquer outra potência. Para a mentalidade racionalista o universo possui uma estrutura necessária (racional). Existe um núcleo firme e constante em todo o fenómeno natural susceptível de ser cientificamente traduzido (em termos matemáticos) através da formulação da lei correspondente. Quais são as linhas que marcam a diferença entre a Escola racionalista e a neo--escolástica?

Do ponto de vista externo apontam-se duas:

a) Enquanto a neo-escolástica é a obra de teólogos, a nova Escola é constituída fundamentalmente por juristas e filósofos. Vitória, Soto, Molina, Suarez e outros são teólogos que se dedicam ao estudo de temas ético-jurídicos.

b) Os juristas dos séculos XVII e XVIII atribuem uma maior extensão ao direito natural. Ao invés de se conformarem apenas com as regras mais gerais e evidentes, justificadas a partir da teologia tal como acontece na neo-escolástica, constroem sistemas completos e imutáveis de direito natural.

Internamente, sublinha-se a diversa relação que ambas as correntes mantêm com a teologia. Antes de tudo, os juristas medievais e os últimos escolásticos desenvolvem um direito "teológico". A nova Escola difunde nas suas obras uma concepção laica do direito natural. Enquanto mediante uma conjugação da teologia com a jurisprudência a *ratio* é entendida pelos teólogos medievais e modernos como uma manifestação da *lex aeterna*, o novo jusnaturalismo relega a metafísica para segundo plano. A *ratio* e a *natura* são cognoscíveis empiricamente. Tendencialmente, o direito natural apresenta-se como um sistema de leis da razão autónoma frente à revelação e, *por cause*, frente à teologia.

Em síntese, a transcendência é substituída pela imanência das leis, a lei eterna dá lugar à lei racional (Grócio, Leibniz), e a vontade divina é superada pela vontade do Estado (Hobbes, Rousseau). Como foi referido, assiste-se igualmente a uma secularização ou laicização do direito. A iniciativa de Domat de construir um sistema de leis deduzido dos preceitos do Evangelho, patente na obra *Les loix civiles dans leur ordre naturel* (1689), é uma excepção a esta tendência.

Para esta corrente pós-renascentista, racionalista e iluminista, Deus (*lex aeterna*) deixa de ser o verdadeiro fundamento do direito natural. A quebra da metafísica aristotélico-escolástica e o impacto cartesiano projectam uma nova configuração do direito natural. Deus perde o papel constitucional que desempenhara na doutrina escolástica. A verdadeira fonte de toda a moral e de todo o direito radica na natureza racional do homem. As raízes teológicas da lei são cortadas. O legislador divino é posto entre parênteses. É certo que a natureza continua a ser fonte de direito. Simplesmente, ela é perspectivada agora em termos de autonomia humana (natureza do homem). Posto que o que distingue o homem perante as outras criaturas é precisamente o seu "estar-no-direito", toda a doutrina jurídica deve fundar-se antropologicamente. Cada autor vai então atender à natureza empírica do homem e vai sublinhar certas tendências psicológicas mais fortes deste. É a partir destas características, como o instinto da sociabilidade (Grócio), o egoísmo (Hobbes), a independência natural do indivíduo (Locke) e outras, que se constroem os diversos sistemas jurídicos e se edifica uma metodologia rigorosa. A separação entre as dimensões filosófico-jurídica e teológica contribuem para tornar mais premente a necessidade de se fixar uma atitude metódica. Claro que Deus continua a existir, no entanto a sua voz não se faz ouvir ao homem de forma imediata. Homens e coisas são agora os objectos do pensamento e da acção do indivíduo racional. O Deus cartesiano não interfere no mecanismo racional do mundo. Deus não pode alterar a imutabilidade do direito natural, de resto não existe conflitualidade entre o direito e a sua livre vontade. Deus nunca é injusto.

Daí que Grócio (1583-1645) afirme que o direito natural existiria sempre «mesmo que admitissemos que Deus não existe, ou que não se ocupa das coisas humanas» (*De juri belli ac pacis* (1625), proleg. §11). Eis uma manifestação de independência que mostra a desvinculação do direito natural de toda a base teológica. A linha laicizante do imanentismo iluminístico encontra aqui já uma explicitação. A obra do holandês Hugo Grócio, para uns «figura de transição» e para outros «o pai das luzes», é uma das mais representativas de toda a historiografia do direito natural. Resulta do já exposto que Aristóteles e Santo Tomás conceberam prudentemente o direito natural como um valor a seguir indefinidamente (*id quod justum est*). Grócio, na sequência de Suarez, mas agora de uma forma mais nítida, identifica o direito com a lei, o *ius* com a *lex*. O direito natural é definido como regra expressa (*dictamen rectae rationis*) ditada pela recta razão. O direito natural deixando o plano da especulação passa à acção.

O fundamento deste direito é a natureza humana estigmatizada pela tendência para a constituição de comunidades ordenadas, para a associação (*appetitus societatis*). Esta inclinação, longe de ser o reflexo de uma lei natural universal e cósmica (Aristóteles), radica no ser humano (ontológico-antropológica). Entre as condições de sociabilidade que constituem o direito, Grócio indica a abstinência do alheio, o dever de restituir os bens alheios, a inviolabilidade dos pactos, a reparação dos danos causados culposamente a outrém e a existência de penas. Como se verifica, o direito natural flui de princípios internos do homem. A razão deixa de ser serva da revelação e passa a ser uma fonte autárquica do conhecimento do justo. São estes princípios que servem de fundamento a todo o direito. É a partir deles que se constituem sistemas integrados de direito. Enquanto o direito natural medieval se fica pelos grandes princípios, o jusnaturalismo racionalista intenta a construção de sistemas completos e imutáveis de direito natural. Esta tese de que o direito natural radica na natureza racional do homem foi prosseguida por Pufendorf (1632-1694), Tomásio (1655-1728), Wolff (1679-1754) e por muitos outros juristas e filósofos.

O primeiro destes autores tenta a construção de um sistema de regras válidas vinculativas para todo o homem. Este "espírito de sistema" prenuncia já o movimento da codificação na Europa. Afirma-se a existência de direitos naturais e defende-se a ideia de que o direito positivo é constituído por um sistema de comandos. O direito positivo imposto pelo Estado existe para reprimir os maus instintos do homem. Para Pufendorf o princípio do direito natural não deriva de axiomas evidentes, antes parte da observação da natureza humana cujas qualidades mais relevantes são a *socialitas* (Grócio) e a *imbecilitas* (Hobbes).

A Tomásio cabe o mérito de ter tentado distinguir com rigor o direito da moral. Para o autor da obra *Fundamenta iuris naturae et gentium,* enquanto o direito regula as relações com os outros, a ética refere-se apenas à consciência do sujeito, aos deveres que o indivíduo tem para consigo mesmo e não para com os demais. Assim, se os deveres jurídicos (direito) se referem ao *foro externo*, procurando tornar possível a convivência, os deveres morais pertencem ao *foro interno*, à intenção. Os primeiros são susceptíveis de serem impostos pela força (coacção), os segundos são incoercíveis, pois ninguém pode exercer violência sobre si próprio.

Wolff, que havia de eclipsar todos os outros pensamentos na filosofia alemã entre 1720 e 1750, funda todo o seu sistema nos direitos originários provenientes da natureza imutável do homem. Estes princípios são: direito à satisfação da obrigação natural, à igualdade e à liberdade natural, à segurança e à legítima defesa. Destes princípios são extraídos diversos direitos através de um método matemático. Tende-se para um sistema fechado de preceitos no qual o silogismo tem por função encontrar tanto as verdades conhecidas como as escondidas.

Outros autores mereceriam ainda referência tais como Tomás Hobbes (1588-1679), Locke (1632-1704) e Rousseau (1712-1778). É no entanto com a obra de Kant que fecharemos o período racionalista. Embora não admita um direito natural ao estilo clássico, Kant é um jusnaturalista. O jusnaturalismo kantiano é marcado por um aspecto negativo e um aspecto positivo. O negativo concerne à exclusão da experiência como fonte de direito. Daí a distinção entre o direito natural constituído por um conjunto de normas éticas elaboradas *a priori* e o direito positivo marcado pelo estigma da experiência e da diversidade de tempo e lugar. Compreende-se que o valor racional do direito natural não possa ser posto em causa pelo direito positivo sempre que este seja constituído por um conjunto de regras injustas impostas pelo legislador. O direito natural tem um carácter deontológico (dever ser) e vigora idealmente ainda que as suas prescrições sejam violadas. Kant pretende desta forma purificar o direito natural pela subtracção ao seu conteúdo daquelas componentes empíricas que marcaram todo o jusnaturalismo moderno. Sabemos já que essas componentes eram a sociabilidade para Grócio, a *infirmitas* para Hobbes, a sociabilidade e a *infirmitas* para Pufendorf, etc. O objectivo de Kant foi depurar o direito natural e edificá-lo sobre bases mais sólidas. A verdadeira essência do direito reside agora na *ideia* e não em dados empíricos interpretados pelos sentidos. O direito natural funda-se num imperativo da razão.

Mas, como foi apontado, existe igualmente um aspecto positivo referido à dedução do conceito de direito da razão pura. Uma vez que a experiência não é criadora de justiça e a própria política não é uma ciência de princípios, é num fundamento puramente metafísico que o direito encontra a sua validade, num fundamento racional (ideia) que não sofre interferências do mundo real. Ora, só na razão se podem encontrar as máximas racionais e universais. Para Kant a normatividade é formada por um imperativo categórico, por uma lei que provém *a priori* da razão e se impõe em termos absolutos a todo o ser racional. Este imperativo é um verdadeiro mandamento da moralidade: «age de tal modo que a máxima da tua vontade possa ser sempre considerada como um princípio de legislação universal». A esta luz não deve existir contradição entre a acção individual e o que a todos deve ser possível. O dever provém da razão do próprio homem, não se impõe de fora à vontade. Para Kant a sujeição a uma lei estranha é absolutamente incompatível com a dignidade do homem. A primeira certeza é o imperativo categórico, o verdadeiro fundamento de todo o sistema. Portanto, o direito natural é uma forma racional *a priori*, é uma ideia relativa às relações entre os homens. Vê-se assim que Kant, embora não perfilhe um jusnaturalismo convencional, não é um positivista, pois impõe um fundamento ao direito positivo, um conjunto de preceitos *a priori*.

Segundo a célebre definição de Kant, «o direito é o conjunto das condições segundo as quais o arbítrio de cada um pode coexistir com o arbítrio dos restantes, de harmonia com a lei universal de liberdade». Estamos perante a verdadeira fórmula científica do liberalismo político moderno que procura fundar um sistema político em que a liberdade de cada um é compatibilizada com a liberdade de todos. Para o filósofo, as acções do homem ou eram internas ou externas, pertencendo as primeiras ao domínio da consciência (moral) e as segundas às relações dos homens entre si (direito). Estas acções externas são regidas pelas leis positivas da sociedade. Porém, segundo Kant, como os homens devem viver em comum na sociedade, é imperioso encontrar uma lei pela qual a liberdade de acção de cada um possa coexistir com a liberdade de todos. Nesta definição reafirma-se o conceito de liberdade como direito natural inato, como o compêndio de todos os outros direitos. A coacção é justa enquanto «impedimento de um obstáculo à liberdade» (*Introdução à metafísica dos costumes*, § D). O próprio Estado é concebido por Kant como a condição e o instrumento que assegura aos indivíduos as suas esferas de liberdade disciplinadas pelo direito.

1.1.5. *O jusnaturalismo no século XIX*

Kant morre em 1804. Entretanto, nos primeiros decénios do século XIX, que é no que respeita à produção filosófica muito complexo e heterogéneo, vai-se consolidando a denominação «filosofia do direito» como expressão alternativa ao tradicional «direito natural». Esta alteração de terminologia corresponde a importantes mutações no pensamento jurídico. De facto, a partir da dissolução do direito natural setecentista nos códigos modernos renova-se a reflexão filosófica; entra-se em ruptura com a visão axiomática, construtivista e geométrica do jusnaturalismo racionalista. Para muitos autores a expressão «direito natural» serve apenas para ocultar «fantasias» especulativas. Os livros de «Teoria geral do direito» e de «Filosofia do direito» substituem os de «direito natural». Gustav Hugo, nos finais do século XVIII, já havia apontado que o direito natural era uma sublimação e aparente racionalização do direito positivo (*Lehrbuch des Naturrechts*). Em palavras que ficaram célebres, no ano de 1856, Winscheid (*Recht und Rechtswissenschaft*) sustentou que as primeiras gerações do século «despertaram do sono do Direito natural» que estava a chegar ao seu fim. Para estes autores era impossível ao homem construir formas de vida jurídicas, sociais e políticas a partir de modelos racionais tal como tinham tentado os autores do jusnaturalismo racionalista. Por sua vez, os defensores do positivismo sustentam que este direito é uma verdadeira «ideologia» que reveste as opiniões pessoais e os interesses particulares de uma aparência de verdades universais.

O debilitamento é manifesto. O direito natural perde em grande parte a sua vitalidade. As causas que contribuem para este estado de ânimo negativo são provenientes de diversos segmentos e serão objecto de desenvolvimento mais adiante. O positivismo jurídico ao considerar de forma predominante o direito como fenómeno opõe-se às grandes fundamentações metafísicas sobre o direito. A introdução do método científico no estudo do direito não foi uma das armas mais ineficazes contra o direito natural. Por exemplo, em França, esta postura manifesta-se pela redução da actividade dos juristas à análise crítica e exegética do dado positivo (regras jurídicas). Contributos muito significativos foram igualmente a reacção da Escola histórica contra o jusnaturalismo racionalista e a teoria idealista hegeliana segundo a qual a ideia de direito apenas se concretiza na história, a ponto de só nela se afirmar como fenómeno real.

A busca de estruturas permanentes e de verdades abstractas deixa de ter sentido. O direito passa a ser concebido como resultado de forças históricas, como o produto de um ininterrupto *processus* de desenvolvimento histórico. De facto, o evolucionismo e o historicismo rejeitam a concepção fixista da realidade e declaram a sujeição desta realidade ao dinamismo da história. Cada vez mais se entende que a filosofia jurídica há-de ser uma corrente de pensamento que tem por objecto os «princípios jurídicos», isto é, que faz uma reflexão sobre os conceitos últimos do direito. Para Hegel (1770-1831) a filosofia do direito tem por objecto «a ideia do direito, quer dizer o conceito do direito e a sua realização» (Princípios de Filosofia).

Em suma, a substituição do nome «direito natural» pelo de «filosofia do direito» é um sintoma externo da alteração do objecto da reflexão filosófica sobre o fenómeno jurídico.

Embora tardiamente, vislumbram-se em Portugal manifestações deste movimento. A cadeira de «direito natural» é criada no curriculum das faculdades jurídicas pelos *Novos Estatutos da Universidade* (1772). Na ausência de compêndio escrito por autor português adoptaram-se as *Positiones de lege naturali in usum auditorum* de Martini (1726-1800), ilustre professor de direito natural na Universidade Católica de Viena. Martini é um discípulo de Wolff. Do seu compêndio, que seria comentado em Coimbra até 1843, ressalta um espírito iluminista de feição reformador que sobrevaloriza os direitos (naturais) dos indivíduos.

Vicente Ferrer Neto Paiva (1798-1886) escreve, em 1843, o último comentário às *Positiones* sob o título de *Curso de direito natural segundo o estado actual da sciencia, principalmente em Allemanha*. Em simultâneo com a explicação do obscuro texto de Martini, Ferrer divulga já muitas doutrinas daqueles autores que iriam marcar a sua obra (Kant, Krause, Ahrens, etc.). No ano seguinte publica, como pensador independente, os *Elementos de direito natural, ou de filosofia do direito*, uma das obras centrais do pensamento jurídico português. Em 1850, para servir de complemento e de esclarecimento de muitas posições, adoptadas, dá à estampa uns *Princípios gerais de filosofia do direito*. José Dias Ferreira, em 1864, publica as *Noções fundamentais de filosofia do direito*. Discípulo de Ferrer, este ilustre jurista não deixa de fazer uma primeira crítica ao sistema do seu mestre. Em 1869 sai a *Philosofia do direito* de Joaquim Maria Rodrigues de Brito. Como se constata, se a expressão «direito natural» existe nas primeiras duas obras de Ferrer – na segunda estamos perante um título de transição –, nas restantes é substituída pela de «filosofia do direito». Dias Ferreira refere-se expressamente a esta circunstância sustentando que a expressão «direito natural» está ligada ao passado, àquela concepção do direito que tem por base o pressuposto de um estado natural «puro ente da. razão». Ao invés, a «filosofia do direito» é concebida como uma ciência que expõe «razões», ou «princípios do direito» independentemente da sua aplicação prática. Em vez de verdades abstractas, imutáveis e perenes, abrem-se os livros de história.

Entretanto, o século XIX é marcado pela influência de Kant, o autor que formulou de uma forma mais completa o jusnaturalismo. Embora com especificidades notórias, Fichte (1814 -|-), Hegel (1831 -|-) e Schelling (1854 -|-) continuam a linha iniciada pelo autor das três críticas. De facto, surgem na Alemanha, entre a década de oitenta do século XVIII e os anos cinquenta do século seguinte, vários sistemas originais sobrepondo-se em catadupa. Todos eles encontram o seu ponto de partida na filosofia kantiana, no idealismo transcendental.

Pela importância que viria a desfrutar na Península Ibérica destacamos Karl Christian Friedrich Krause (1781-1830) autor do *Ideal da humanidade* (*Urbild der Manschheit*, 1811), das *Lições sobre as verdades fundamentais da filosofia* (*Vorlesungen uber die Grundwahrheiten der Philosophie*, 1829), do *Compêndio de sistema do direito (Abriss des Systems der Rechtslehre*,1828), e de muitas outras obras. Representante do espírito germânico pós-kantiano, Krause não atingiu no seu país o relevo de Fichte, Hegel ou Schelling.

Perseguido pelo infortúnio nas duas últimas décadas da sua vida, Krause, pouco antes da sua morte, viu-se mesmo confrontado com a oposição deste último filósofo à sua nomeação para professor da Universidade de Munique.

Certo é contudo que a obra deste sucessor de Kant viria a ganhar o maior relevo através da mediação dos seus discípulos entre os quais se contam Heinrich Ahrens (1808-1874), Karl Roder (1806-1879), Hermann Karl von Leonhardi (1809-1875) e Guillaume Tiberghien (1819-1901).

Krause fala de capacidade jurídica e da dignidade jurídica de todos os homens, acentua os direitos das mulheres e das crianças, considera o racismo como uma das maiores ameaças das comunidades humanas, reprova os crimes contra a natureza, e vê na sanção penal não uma prevenção contra futuros actos puníveis, mas um benefício jurídico para o infractor (A.A.V.V., *Reivindicacion de Krause*).

Há, porém, que situar todos estes postulados concretos dentro de um sistema. Krause desenvolve uma concepção panenteísta (tudo está em Deus) em que o direito é concebido como uma «organização de todas as condições vitais intemporais da vida interior de Deus». De facto, se todos os homens vivem em Deus e a partir dele, e se todas as condições de existência estão contidas igualmente em Deus, é desta ideia englobante que deve ser extraído o conceito de direito. De uma forma criteriosa, o direito é definido como a totalidade das condições dependentes da liberdade própria da vida racional do homem e da sociedade humana. Como ressalta imediatamente, a definição de Krause é contrária ao conceito de Kant. Este vê no direito uma limitação do arbítrio do indivíduo segundo uma lei universal da liberdade. Ora Krause não se limita às condições exteriores de coexistência da liberdade de todos, não se limita a uma definição negativa e limitativa. A justiça não é somente uma virtude moral privada que respeita o direito do outro que se supõe de antemão conhecido. Para ele o direito encerra condições para que a liberdade possa nascer e se estabeleça aonde ainda não existe.

Para Krause não basta tornar possível o exercício da liberdade, é necessário criar condições para que todos tenham acesso aos bens da vida. Seguindo a tradição aristotélica, Krause considera que o homem só se realiza dentro da sociedade. Esta concepção não deixa de se mostrar rica de consequências. Para este filósofo alemão os direitos fundamentais do homem são sempre direitos sociais. *Ad exemplum*: do direito à liberdade de pensamento extrai o direito à educação, pois a falta de cultura torna impossível essa liberdade. Defende igualmente Krause o direito geral de formação, isto é, o conjunto das condições necessárias para que o homem possa atingir o seu fim individual (por exemplo, ser jurista).

Fiquemos por aqui. A circunstância de o direito positivo não dar acesso à ideia de direito – esta só é atingível pela intuição imediata de Deus ou pela autoconsciência racional do homem – logo mostra que

244 *Instituições de Direito*

estamos perante um jusnaturalismo (crítico) em que o direito humano é aferido pela consciência jurídica da humanidade, considerada como um todo harmónico (racionalismo harmónico). Krause postula a solidariedade entre os homens. É esta uma ideia carregada de futuro que se vê sistematizada pela primeira vez em termos filosóficos, apesar de estar contida em todo o cristianismo.

Já deixámos dito que o krausismo se difundiu com grande êxito na Península Ibérica. O *Curso de direito natural* de Ahrens, um dos mais entusiastas propagadores da doutrina de Krause, foi, sem dúvida, o grande responsável pela projecção do infortunado filósofo quer em Espanha, quer em Portugal. No nosso país, no que respeita ao pensamento filosófico, abre-se mesmo a partir de 1843, data da publicação do *Curso de direito natural* de Vicente Ferrer, um profícuo período kantiano e krausista, que manteria todas as suas virtualidades até 1869, ano da publicação da *Filosofia do direito* de Rodrigues de Brito e marco do início do período do naturalismo cientista. O introdutor da nova corrente em Portugal foi Vicente Ferrer Neto Paiva. No entanto, o seu espírito ecléctico leva-o a tentar harmonizar Krause com Kant. Simplesmente, não conseguindo superar o seu individualismo nem o seu liberalismo tendencialmente negativo, o que ficou foi uma interpretação kantiana de Krause e uma certa descaracterização dos princípios propugnados por este filósofo. Desta feita, introduzido em meados da década de 40 do século XIX, o krausismo partuguês alargou-se durante o decénio seguinte, atingindo a sua maturidade nos anos 60 (António Braz Teixeira).

Mais krausistas do que Ferrer foram, sem dúvida, o seu discípulo José Dias Ferreira, Levy Maria Jordão, Martens Ferrão, Madeira Abranches, e Silva Costa Lobo. Esta corrente jusnaturalista que em Portugal teria um cunho fundamentalmente académico deixou marcas importantes na obra jurídica mais importante do século XIX: o Código Civil de 1867.

1.1.6. *O jusnaturalismo no século XX*

Entretanto, assiste-se no século XX a um renascimento do direito natural. A exigência de uma justificação filosófica do direito e não já puramente empírica, histórica ou contingente domina um conjunto vasto de teorias. Como tal fundamentação não está ao alcance do direito positivo, surgem novamente com muita ênfase as teorias jusnaturalistas.

Longe de se pretender efectuar um balanço definitivo, referiremos apenas algumas das mais importantes orientações. De qualquer forma, como se compreenderá, é impossível avaliar se muitas delas já terão concluído a sua evolução.

Assim, uma das grandes linhas de superação do positivismo é a da filosofia dos valores. Dentro dela é imperioso referir Gustav Radbruch, um autor que, tendo partido de um relativismo axiológico em que a segurança jurídica predomina sobre a justiça como critério da positividade, evolui, entre o fim da última guerra e a sua morte (1949), para um direito natural de produção judicial em que a justiça se perfila como o primeiro valor a realizar pela ordem jurídica. De facto, ao considerar que o positivismo «deixou sem defesa o povo e os juristas» perante as leis arbitrárias do nazismo, o autor da *Filosofia do direito* (1932) eleva a justiça e os direitos do homem acima do direito positivo. Numa circular dirigida aos estudantes de Heidelberg (1945) escreve o filósofo que não deve dizer-se «tudo o que for útil ao povo é direito; mas, ao invés: só o que for direito será útil e proveitoso para o povo» (*Cinco minutos de filosofia do direito*, 1945). Como corolário lógico sustenta que «quando as leis conscientemente desmentem essa vontade e desejo de justiça» deverão ser os juristas «os primeiros a recusar-lhes o carácter de jurídicas».

Referiremos ainda como um dos mais ilustres representantes desta escola Helmut Coing, o autor dos célebres *Fundamentos de filosofia do direito* (1950). Defende-se agora que mediante a nossa própria experiência moral é possível alcançar um conjunto de valores (justiça, liberdade, amor) objectivos a partir dos quais se pode estabelecer um conjunto de juízos orientadores para a realização do direito. Claro que variando com a história, a hierarquia destes valores não é nunca algo de definitivamente acabado. O direito, definido como um «fenómeno da vida social», encontra a sua verdadeira essência num conjunto de «valores éticos» (ideia de direito) em que se destacam a justiça e os direitos do homem. Segundo esta posição jusnaturalista, o direito positivo (o juíz e o legislador) encontra o seu fundamento num sistema de princípios superiores que constituem um direito natural aberto problemático e aferidor da legitimidade das prescrições impostas pelo legislador.

Numa outra orientação muitos autores defendem um direito natural de tradição clássica. Michel Villey, recentemente falecido, foi um dos mais entusiastas defensores deste regresso. Para este divulgador da filosofia do direito em França, «a forma primeira e autêntica do direito natural deve ser procurada nos seus inventores: Aristóteles, pai da doutrina, ou Santo Tomás» (*Abrégé du droit naturel classique*, 1961). Na sua opinião não existe «filosofia mais sólida e mais digna de ser conservada» do que a destes pensadores. A solução, será, pois, esta: opor ao *Zuruck zu Kant* do século XIX o regresso a Aristóteles. O cerne desta proposta assenta na recuperação da ideia aristotélico-tomista de justiça. Esta surge como um problema que se coloca em termos novos perante cada acção humana. Nas palavras de Villey «ser juíz não é simplesmente ajustar-se a máximas, como ser poeta, não é só seguir as leis da Arte poética e ser compositor obedecer aos tratados de harmonia e contraponto». Para o autor das *Leçons d'histoire de la philosophie du droit* (1957) o direito é o que é justo (*id quod justum est*). Separado da justiça o direito «carece de alma», separada do direito a justiça não é mais do que «fraseologia estéril». Mas, qual é a verdadeira fonte do justo? Villey recorre mais uma vez à filosofia clássica que contradiz a ideia kantiana de que a matéria é uma multiplicidade sem lei, algo que não tem sentido e valor.

Pelo contrário, é a observação das fontes objectivas da natureza (a organização das cidades, a vivência familiar, etc.) que possibilita a extracção de regras de conduta. Nesta concepção retoma-se a ideia aristotélica de um direito mutável, ideia reforçada por Santo Tomás (*natura hominis est mutabilis*). O homem é visto como um ser social, livre e adaptável às variações de tempo e lugar. De forma que o direito natural para Villey é um conjunto de princípios jurídicos derivados da natureza humana, tal como ela se apresenta na história com toda a sua diversidade. Estamos perante um direito natural variável e adaptável às contingências dos factos sociais de cada época. Com variantes por vezes muito significativas fazem parte desta orientação para além de outros Jacques Leclerq, Ernest Hippel, Heinrich Rommen e Pizzorni.

Por uma questão de economia de discurso não é possível desenvolver outras concepções de jusnaturalismo. Referimo-nos, sobretudo, às orientações historicistas (Guido Fassò, Georg Stadmuller), existencialistas (Maihofer, etc.), sociológicas (Dilthey), humanistas (Giorgio del Vecchio) e teológicas.

1.1.7. *Crítica ao direito natural*

O direito natural não está imune a críticas. Elas surgem em geral do lado positivista, isto é, daqueles autores que não reconhecem mais direito do que o direito positivo. Apenas divulgaremos algumas das mais importantes.

Assim, afirma-se a impossibilidade da existência de um direito universal e de vigência absoluta, pois o direito está ligado à situação histórica Ora esta está em mutação contínua e varia constantemente no tempo e de um país a outro (argumento do condicionamento situacional do direito).

Considera-se, igualmente, que o jusnaturalismo «só excepcionalmente desempenhou uma função reformadora ou mesmo revolucionária». Tal sucedeu nos fins do século XVIII na América e na França. Em todas as outras épocas o direito natural teria contribuído para «justificar as ordens jurídicas existentes e as instituições políticas e económicas» (Kelsen).

Da mesma forma, critica-se o jusnaturalismo por nada demonstrar devido à diversidade de resultados a que conduz. Como sublinha Kelsen, «da natureza deduziu Locke a democracia, Filmer a autocracia, Cumberland a propriedade individual, Morelly a propriedade colectiva». Esta diversidade dever-se-ia à existência de muitas normas de justiça «muito diferentes umas das outras».

Sustenta-se ainda que a doutrina do direito natural é uma doutrina idealista-dualista assente na distinção entre um direito real (direito positivo) e um direito ideal imutável identificado com a justiça. No entanto, este direito ideal carece de eficácia e não tem condição para garantir a paz e a segurança.

Por fim, referem alguns autores que o jusnaturalismo não passa de um conjunto de especulações e construções arbitrárias ao serviço de atitudes emocionais e da satisfação de certas necessidades.

1.2. **A resposta positivista**

Como ficou no nosso espírito, o direito natural é uma noção carregada de indeterminações. Todavia, existe uma base comum a todas as concepções: a crença numa ordem universal, da qual a razão

248   *Instituições de Direito*

cognoscente pode deduzir preceitos universais para a regulação da convivência humana.

É útil relembrar estas características, pois elas são igualmente importantes para a caracterização do positivismo jurídico. É esta uma outra noção que é objecto de definições e de concepções contraditórias e por vezes antinómicas entre si.

Uma das razões desta imprecisão é de índole terminológica. A expressão *ius positivum* é já usual nos decretalistas franceses do século XII (antítese *naturalis-positivum*). Muito provavelmente, os canonistas teriam entrado em contacto com a expressão através do comentário de Calcídio à tradução latina do *Timeo* de Platão. Ora, este termo nasce dentro da concepção do direito natural sem um conteúdo técnico muito preciso, pois abarca, em princípio, todas as regras que não pertencem ao direito natural. Este carácter negativo e indefinido da expressão *ius positivum* mantem-se ao longo da Idade Moderna transmitindo esta imprecisão a uma corrente de pensamento que recebe a denominação de positivismo jurídico.

Outra razão é de carácter histórico. O positivismo não provém de uma corrente unitária e integrada; pelo contrário, é o resultado de diversas linhas evolutivas de raiz muito diversa. Por exemplo, a noção de ordem e de segurança é extraída de uma linha representada por Hobbes, Pufendorf e Kant. A integração do direito no «mundo histórico» provém fundamentalmente de Savigny e da sua Escola. Pois bem, a «corrente» do positivismo jurídico não funde as diversas concepções distintas que lhe servem de base. Ao invés, elas são potenciadas nas suas tendências específicas, dando origem a diversos "positivismos jurídicos" assentes em distintas concepções do que seja a *positividade*.

Finalmente, uma terceira razão reside no facto de o positivismo não ter sido desde o início uma teoria nem uma doutrina perfeitamente articulada. Verdadeiramente, trata-se de uma concepção do direito que exprime o sentido da consciência histórica de uma época em que o real, longe do que defende o jusnaturalismo racionalista, é identificado com o concreto-histórico. Geneticamente condicionadas, as diversas versões do positivismo não se apresentam como ramificações de um mesmo corpo.

Uma vez que a noção de direito positivo é tributária da noção de direito e da noção bastante complexa de positividade, referiremos alguns sentidos desta última.

Numa primeira acepção, por positividade entende-se o que resulta genericamente da vontade de um ser dotado de razão (Deus ou os homens). Por exemplo, Grócio distingue o direito que procede da natureza (universal) e o direito que advém da vontade (variável).

Numa segunda acepção, a noção de *positividade* recobre o que é estabelecido por uma autoridade competente, pela autoridade do Estado. É o sentido utilizado pelos sofistas e por figuras proeminentes do positivismo tal como John Austin.

Ainda numa terceira acepção, entende-se por positividade a realidade efectiva quer seja a realidade empírica, quer a psíquica. Relembra-se agora o positivismo filosófico de Comte com toda a sua carga anti-metafísica e anti-teológica, da mesma forma que o positivismo sociológico.

Após esta chamada de atenção para o carácter complexo da expressão «direito positivo» e para a diversidade de concepções que ela pode encerrar, vejamos quais as características básicas desta grande corrente do pensamento jurídico consubstanciadas em termos radicais na ideia de que não existe mais direito do que o direito positivo («Recht ist nur das positive Recht», Bergbohm, *Jurisprudenz und Rechtsphilosophie*):

a) Desde logo apenas é considerado verdadeiro direito aquele que vigora numa determinada sociedade e só estão em vigor aquelas prescrições que têm força para se impor (teoria da coactividade). É positivo não tanto porque posto ou *positum* em sentido passivo, mas porque é funcional e é activo. É forma e é acção. Como já se escreveu «o direito resulta da síntese entre a lei e a vontade» (Palazzolo).

b) Os juristas devem renunciar à formulação de juízos de valor. Uma vez que o direito pertence ao mundo dos factos e não ao mundo dos valores, os juristas devem encarar o direito tal como os cientistas encaram o mundo natural.

c) Para esta corrente de pensamento as leis são entendidas como comandos emanados pelo poder legítimo (teoria imperativista do direito). Assim como a ordem do universo repousa sobre leis naturais universais, o ordenamento jurídico assenta sobre leis gerais impostas pelo poder soberano e não em regras individuais ou ocasionais (capricho ou arbítrio).

d) Segundo a teoria da coerência e da completude do ordenamento jurídico, o direito não é antinómico nem lacunoso. Para além de não se conceber que possam existir duas normas contraditórias sem que uma delas seja inválida, pressupõe-se a capacidade de expansão do sistema jurídico a ponto de este abarcar os casos não previstos directamente.

e) Postula-se a obediência à lei. Este princípio de fidelidade pressupõe a concepção de que jurídicas são exclusivamente as normas impostas pelo Estado. Esta teoria sintetiza-se no aforismo: a lei é lei (Gesetz ist Gesetz). Esta vinculação exclui toda a intervenção adicional que poderia ser suspeita de distorção política, prejuízo ético ou arbitrariedade irracional.

f) A fonte proeminente do direito é a lei. O princípio da omnipotência do legislador impõe a negação de todo o tipo de direito positivo diverso da lei. O costume, a doutrina e a jurisprudência não são em princípio reconhecidos como verdadeiras fontes de direito. Tal concepção do direito comporta a elaboração de uma complexa doutrina das relações entre a lei e os outros estratos potencialmente normativos. Todavia, não é este um fenómeno específico do positivismo. Em períodos mais recuados, as relações da lei com o costume são, por exemplo, objecto de profundas reflexões e de uma multiplicidade de critérios sem grande sentido para os nossos dias. Tal deve-se à força que o costume deteve na Europa até ao século XVIII.

g) O positivismo não promove a actividade criativa dos juristas. Existe uma predominância do elemento declarativo sobre o produtivo ou criativo do direito. Só o legislador está legitimado para criar direito. Só o poder legislativo pode interpretar o consenso social e optar por certas valorações. A partir deste momento cessa a política e começa a técnica judicial e a ciência jurídica. Neste contexto, a interpretação é tendencialmente considerada como mera "aplicação" da lei aos casos concretos realizada num âmbito de absoluta "neutralidade". A aplicação científica da lei exige um juiz neutral e obediente ao espírito do sistema jurídico. A ausência de neutralidade potitiza antidemocraticamente o direito.

h) Finalmente, o *ius positivum* é determinado no tempo. Enquanto para o jusnaturalismo dos séculos XVII e XVIII o direito «racional» é imutável e nesse sentido insusceptível de ser descaracterizado pelo momento da aplicação, o direito positivo, ao articular-se nas regras jurídicas, nos actos administrativos e nas sentenças dos tribunais de uma determinada época, é um direito particularizado.

1.2.1. *Fontes históricas do positivismo*

À ideia do direito como manifestação de uma ordem metafísico-
-universal susceptível de apreensão pelo discurso racional, sucede um
direito assente nas comunidades históricas. Cada vez mais se considera
o direito como um *positum*, como algo que prende as suas raízes nas circunstâncias de facto de uma sociedade determinada, na ordem imposta
pelo poder político, ou na acção silenciosa e quase inapreensível das
gerações (Escola histórica). Vários factores convergentes, embora de
diversa natureza, contribuíram para este trânsito do jusnaturalismo
racionalista para o positivismo. Vejamos alguns.

1.2.1.1. *O positivismo filosófico*

Este é o mais manifesto dos positivismos. Não deve contudo ser
confundido com o positivismo jurídico. O positivismo filosófico
caracteriza-se pela rejeição das questões abstractas que constituem
o objecto da metafísica.

O naturalismo é já no século XVIII um dos componentes da
cultura iluminista. Para esta corrente é a realidade objectiva o primeiro
objecto da indagação filosófica. Este modo de pensar projecta-se no
século XIX.

Augusto Comte (1798-1857) ao aliar o racionalismo com o empirismo cria as condições para o estabelecimento de um corte epistemológico com a corrente apriorística das metafísicas dos séculos anteriores. O
direito natural é posto em causa. A isso leva a negação da existência de
uma realidade acima dos factos que se imponha como referencial à
realidade natural. Faz caminho a ideia de que o verdadeiro conhecimento
não pode senão fundar-se na observação dos factos. A hipostasiação da
ciência apresenta-se para os positivistas (Saint-Simon, Comte, etc.) com
um carácter religioso. Os avanços mais recentes da física moderna geram
um clima de optimismo generalizado, consolidando a confiança nas
capacidades da razão e na possibilidade de esta atingir a compreensão dos
fenómenos sociais. Pensa-se que a realidade social é susceptível de ser
analisada e determinada como qualquer fenómeno natural.

Não é outra a motivação da construção de uma sociologia. Neste
contexto, supõe-se que os fenómenos sociais podem ser considerados

252 *Instituições de Direito*

pela ciência transformada quantitativamente e qualitativamente na condutora do destino do homem. O positivismo filosófico apenas considera factos (percepção sensorial) e formula leis (juízos sintéticos *a posteriori*) que exprimem a regularidade dos fenómenos. Apesar da sua diversidade – uma coisa é a positividade de um concreto comportamento, outra é a positividade constituída pela existência de uma regra jurídica –, estas manifestações comungam em pontos essenciais: o cientismo, o empirismo, o historicismo e a rejeição da metafísica. Ambas as concepções rejeitam uma postura ética ou axiológica perante o direito opondo-se a todo o jusnaturalismo.

1.2.1.2. *Hobbes: a concepção formalista e imperativista do direito*

Se na Europa continental existe uma oposição entre *ius commune* e *ius proprium*, isto é, entre o direito romano-canónico e os vários direitos nacionais e particulares, na Inglaterra o contraste é entre *common law* e *statute law*, entre o direito consuetudinário e o direito estatutário ou legislativo. Mais isolado e sem um substracto latino, este país foi escassamente influenciado pelo renovado paradigma do direito justinianeu, apesar de ter conhecido bem cedo as metodologias dos glosadores. É certo que ambos os modelos evidenciam o papel da acção dos juristas na realização do direito. No entanto, as divergências são significativas. Assim, se os países do continente elevam o *Corpus Iuris Civilis* a verdadeiro direito positivo e a paradigma da *ratio scripta*, na Inglaterra o sistema do *common law* forma-se em oposição ao direito romano. A jurisprudência inglesa é tecnicamente autossuficiente.

Por seu turno, o *ius commune* não deve a sua implantação, pelo menos até ao fim do século XVI, a uma jurisprudência central. É a doutrina que desempenha um papel essencial na conformação e na adaptação dos conceitos e princípios fixados no *Corpus Iuris* à realidade movente. A jurisprudência superior dedica-se fundamentalmente a "revelar" o direito compilado no texto justinianeu. Pelo contrário, a precoce centralização da administração judiciária inglesa coloca o direito nas mãos dos juízes dos tribunais superiores. O *common law* é um direito de juízes, é um direito que deriva de uma estratificação sucessiva de precedentes dos tribunais superiores, não gravita à volta de um texto nem depende de uma teoria universitária.

Por último, se o sistema do *ius commune* entra numa longa agonia a partir do século XV, devido à insegurança que provocam muitos dos seus instrumentos (por exemplo, a *opinio communis doctorum*), tal não se verifica no sistema do *common law*. Neste sistema os juízes tentam compatibilizar a certeza e a segurança com o desenvolvimento do direito, extraíndo do precedente vinculante um critério já existente (tradição), cujo núcleo essencial (*ratio decidendi*) irá determinar a solução do caso *sub judice*. A ausência desta crise fez com que a autoridade dos precedentes e o primado do direito não sucumbissem perante os diversos modelos continentais do direito codificado.

A este direito de elaboração judiciária contrapõe-se o direito imposto pelo poder soberano (*statute law*). Vigora o princípio da superioridade do *common law* sobre o direito estatutário.

É no quadro desta tensão que Hobbes combate o *common law*, impondo-se como um dos precursores do positivismo jurídico. A sua doutrina visa unificar as fontes de direito com o objectivo de garantir a certeza. O Estado, concebido como uma máquina omnipotente, é o fiel depositário da renúncia de todos os homens ao seu direito originário. Toda a força reverte a favor de uma só instituição: o soberano. O objectivo é evitar a guerra permanente (*bellum omni contra omnes*) entre todos os indivíduos (*homo homini lupus*). Esta ilimitada submissão dos indivíduos ao poder público – o verdadeiro conteúdo do contrato social – comporta a monopolização do poder normativo. Só as disposições normativas impostas pelo Estado são direito válido. O carácter independente do *common law* tira-lhe a sua base de legitimidade.

A liberdade encontra o seu fundamento no silêncio da lei. O princípio *nullum crimen* e *nulla poena sine lege* está claramente estabelecido no *Leviathan* (Cap. 27). A lei é definida como «o mandato do legislador» (*De Cive*, XIV, 13), não sendo este mandato mais do que «uma declaração de vontade» que estabelece o que se pode e não se pode fazer. O direito é o que o legislador ordena. Importa assinalar nesta concepção de direito duas notas típicas do pensamento positivista:

a) Formalismo. O direito é concebido com base na autoridade que estatui a norma e não na perspectiva do seu conteúdo (relações inter-subjectivas, relações externas, etc.) ou da sua finalidade (o bem comum, a paz, a justiça).

b) Imperativismo. O direito é compreendido como um comando, como um conjunto de normas destinadas a dirigir o comportamento dos súbditos.

A hermenêutica jurídica surge em Hobbes como problema. Os grandes adversários da segurança do direito são a equidade como factor de concretização jurídica, a técnica dos precedentes (*common law*) e a criatividade dos juristas. Assim, interpretar leis, que devem ser pouco numerosas, precisas e claras, não é ir além da vontade expressa do soberano. Para Hobbes a interpretação é um índice patológico da imperfeição das prescrições normativas. A introdução de uma dimensão axiológica no labor interpretativo afigura-se-lhe bastante perigosa para a segurança individual. Para Hobbes é a lei que cria a justiça e não o inverso; o texto legal encerra toda a problemática do direito. O que se pretende é a instauração, em termos definitivos, do princípio da legalidade e a eliminação do «despotismo dos tribunais» (Condorcet).

1.2.1.3. *A composição de um círculo vicioso. A vontade geral e a lei*

Rousseau (1712-1778) estebeleceu os pressupostos mais importantes da concepção iluminista do direito. As suas doutrinas desenvolvem uma concepção voluntarista da lei: esta exprime a *volonté générale*. Os corolários deste entendimento são a submissão do juiz à lei e a certeza do direito.

A concepção de Hobbes adquire agora um sentido democrático. Para os dois autores a lei é expressão da vontade do soberano; o que difere é o modo como se considera este. Para Hobbes o soberano é um homem ou uma assembleia de homens e não a própria comunidade como para Rousseau. Segundo o autor do *Contrato social* (Liv. I, cap. VII), «o soberano, que é só formado pelos particulares que o compõem, não tem nem pode ter qualquer interesse contrário ao deles».

O Estado social surge para remediar os prejuízos causados no *status naturalis* pelo aparecimento da propriedade privada (domínio). Tendo-se rompido aquela existência quase edílica em que a natureza cobria todas as necessidades, o remédio é a criação da sociedade civil. Da mesma forma que não é possível «a um velho regressar à mocidade», também não se pode regressar ao estado de natureza após se ter alcançado o estado da civilização. É através do contrato social que o homem vai reaver os seus direitos. Neste contrato procura-se uma «forma de associação que defenda e proteja com toda a força comum a pessoa e os bens de cada associado e pela qual cada um, unindo-se a todos, não obedeça, contudo, senão a si mesmo e permaneça tão livre como antes». Cada qual entrega-se a todos e adquire sobre qualquer associado o mesmo direito que sobre si mesmo lhe cede.

A lei encontra o seu fundamento na vontade geral. Esta distingue--se qualitativamente da vontade de todos, pois prende-se com o interesse comum e não com a soma das vontades empíricas. Quando quem--quer prossegue o seu interesse particular, mas este está interligado com o interesse comum, actua conforme a vontade geral; quando tal interesse singular não se pode subsumir ao interesse geral actua conforme a *volonté particulière*. Os cidadãos estão vinculados às leis e a fórmula destas deriva da generalidade e abstracção. Pode ler-se no Contrato social (Liv. II, VI): «quando digo que o objecto das leis é sempre geral entendo por isso que a lei considera todos os sujeitos em bloco e as acções como abstractas, nunca um homem como indivíduo nem uma acção em particular». A lei é estabelecida de todo o povo para todo o povo («o povo sujeito às leis deve ser o próprio autor delas» – Liv. II, Cap. VI). Ninguém é superior à lei, perante ela todos são iguais (princípio da igualdade). Existe em Rousseau um círculo vicioso: se a lei exprime a vontade geral, esta vontade só é geral quando actua através da lei. Uma vez que a lei é o registo da vontade de todos, ninguém perde a sua liberdade ao obedecer-lhe, pois não obedece senão a si próprio. Para além do valor da igualdade e da liberdade, a lei assegura o valor da justiça. A *volonté générale* não se engana, ninguém é injusto consigo mesmo. Estamos perante a máxima exaltação da lei. Esta funde-se com o valor da liberdade. O Estado «republicano» de Rousseau é um Estado-de-direito e o direito confunde-se com a lei.

1.2.1.4. *A posição dos juízes no Estado moderno*

Se na sociedade medieval o direito é em grande parte um produto da sociedade civil, com o advento do Estado moderno gera-se a centralização das fontes de direito. O monarca concentra em si todos os poderes; entre estes está aquele de criar o direito. É a monopolização pelo

256 *Instituições de Direito*

poder central da produção jurídica. No Estado do Renascimento e do séc. XVII inicia-se o desenvolvimento de uma organização judiciária, financeira e administrativa gerida por funcionários especializados, escalonados hierarquicamente e directamente responsáveis perante o soberano pelos seus actos. O Estado moderno afirma-se não apenas como ordenamento jurídico primário, mas antes como ordenamento jurídico exclusivo e como a única fonte de direito. Aquele período em que o direito brotava espontaneamente de fontes não teseladas por qualquer poder político (direito consuetudinário, direito jurisprudencial, etc.) foi superado por uma concepção que não reconhece a juridicidade e autonomia dos ordenamentos menores.

Naquele período são os juízes que, com uma margem significativa de liberdade, fixam o direito, recorrendo para além das regras emanadas pelo Estado a outras de direito consuetudinário, direito natural, etc.. Com o Estado moderno, em conformidade com o princípio da estadualidade exclusiva do direito, os juízes passam a ser titulares de um orgão do Estado, transformando-se em funcionários do poder central. Como a emanação de leis é entre as diversas funções estaduais a mais proeminente, só o direito positivo é considerado verdadeiro direito. Posto isto, os tribunais ficam vinculados à aplicação do direito que é aprovado pelo Estado, o único que é reconhecido. Os juízes perdem aquela margem significativa de liberdade que detinham. A criação do direito é matéria reservada do Estado. Os juízes passam a ser meros aplicadores do direito positivo.

1.2.1.5. *A omnipotência do legislador: Montesquieu e Beccaria*

Enquanto o costume nasce espontaneamente de uma "vontade" impessoal, a lei nasce de uma vontade pessoal: a supremacia da lei assenta na proeminência do legislador. Claro que esta omnipotência é uma omnipotência jurídica. O legislador não pode impor comportamentos contraditórios, nem pode exigir coisas impossíveis. Existem limites físicos e limites lógicos. O dogma da omnipotência do legislador, que havia de obter o seu máximo reconhecimento no movimento da codificação, é um produto do iluminismo e da concepção liberal do Estado. Esta sobrevalorização do legislador é transmitida às correntes liberais pelas correntes absolutistas (Hobbes). O pensamento liberal procura garantir os cidadãos contra o arbítrio do poder legislativo, recorrendo às medidas constitucionais da separação dos poderes e do princípio da representatividade. A primeira medida visa subtrair o poder legislativo ao "príncipe"; a segunda, mediante a técnica da representação pública, procura dar ao poder legislativo uma dimensão nacional e não oligárquica. Esta última sugere já uma concepção democrática. Para o dogma que estudamos foram significativos os contributos de Montesquieu (1689-1755) e de Beccaria (1737-1794). O primeiro reduz a função judicial a um papel passivo enquanto «instrumento que pronuncia as palavras da lei» (*Esprit des lois*, XI, 6, vol. I). Os juízes nem sequer podem moderar o rigor da lei nos casos em que a aplicação desta se mostre excessiva, pois a sua intervenção implicaria a presença de dois legisladores e a subversão do princípio da separação dos poderes representaria interferência indevida na esfera do poder legislativo. Na concepção de Montesquieu o poder legislativo goza de uma posição de superioridade. No *Esprit des lois* (XI, 6, vol. I) pode ler-se: «Des trois puissances dont nous avons parlé, celle de juger est en quelque façon nulle».

Por sua vez, Beccaria, na sua obra *Dei delitti e della pena* (1764), refere-se aos princípios iluministas da certeza do direito, das relações do poder legislativo com o judiciário e da unificação das fontes. O soberano surge como o depositário da vontade de todos. Daí que só o legislador (soberano), como representante de toda a sociedade, possa fixar leis (penas) que obriguem todos os indivíduos. Só um acto definido previamente como delito numa lei pode ser punido (*nullum crimen sine lege*). Para maior garantia dos cidadãos, o juiz deve abster-se de considerar o «espírito da lei», deve limitar-se ao silogismo, cuja premissa maior é a lei geral e a menor a acção conforme ou não com ela. Os tribunais estão vinculados à letra da lei (sentido literal), pois se o legislador não deve dar sentenças, o juiz não deve interpretar as leis, mas apenas aplicá-las através de um «sillogismo perfetto».

1.2.1.6. *A prevalência da lei*

Como já atrás foi referido, a vontade do legislador é um princípio-guia da organização jurídica. Esta vontade para se tornar conhecida pelos seus destinatários deve ser comunicada de um modo sintético

258 *Instituições de Direito*

e indubitável. A lei-documento (*ius scriptum*) é o instrumento de comunicação. O enunciado legislativo é concebido de forma a fazer reconhecer o poder do seu autor e o carácter obrigatório da norma ou normas que ele edita. Pode dizer-se que a soberania do legislador passa pela palavra. É claro que existem outras formas de expressão do direito. Basta lembrar aquela que privilegia a tradição e o passado: o direito consuetudinário. De qualquer forma, tornou-se patente que a lei é um instrumento muito mais adequado para um homem que se autoconsidera o construtor da sociedade e o dominador da natureza. A contraposição entre *ius scriptum* e *ius non scriptum* domina as fontes jurídicas na Idade Média. No período romano-barbárico predomina em larga escala o costume. Os povos germânicos vivem segundo os seus costumes nacionais. As *leges barbarorum* não são mais do que compilações de preceitos consuetudinários. Posteriormente, por influência do direito romano, desenvolve-se uma legislação régia (*capitula* ou *capitularia*).

Entre os séculos IX e XI o direito é de formação contratual e consuetudinária. Na fase do renascimento medieval (séc. XII) começa a desenvolver-se uma legislação citadina como expressão da autonomia dos diversos agregados. Com a formação das grandes monarquias ocidentais desenvolve-se uma legislação geral imposta pelo monarca. Esta ocupa-se principalmente do ordenamento judiciário, da administração e das finanças; o direito privado permanece quase intocado. A doutrina e a jurisprudência tomam nas suas mãos a tarefa de adaptarem os velhos princípios do direito romano às novas realidades. São os juristas que através da interpretação harmonizam a tensão existente entre o *ius commune* (direito romano, direito canónico) e as novas leis (*ius novum*).

No período do absolutismo, a legislação central confronta-se com uma complexa rede de ordenamentos positivos concorrentes. A construção de um novo ordenamento jurídico centralizado transforma-se numa questão oficial requerida pela «raizon d'état». No entanto, só a revolução francesa, com o triunfo da ideologia anti-historicista do jusnaturalismo, afirma o repúdio pelas instituições jurídicas tradicionais e a exigência de um ordenamento uniforme sem contradições e sem lacunas assente sobre a lei. Esta, ao exprimir a vontade geral (Rousseau), transforma-se na única via adequada para enunciar o direito (*lex=ius*). Por outro lado, a lei apresenta-se com uma superioridade moral: é melhor obedecer à lei do que aos homens; só são reconhecidas as obrigações impostas pela lei e não outras. A impessoalidade e a generalidade da lei prestigiam todos aqueles que lhe estão submetidos. Em princípio, a lei não descrimina nem privilegia. A multiplicação quantitativa das leis (elefantíase legislativa) depende quer do alargamento dos fins e da actividade do Estado moderno, quer da fé ideológica no mito legislativo. Esta ideologia do primado da legislação, depois de ter abolido definitivamente o sistema do *ius commune* conduz, a partir dos fins do século XVIII, ao movimento da codificação. É a marcha da instalação do positivismo jurídico. Se a lei é uma expressão racional do direito, os códigos são a expressão da própria razão.

1.2.1.7. *O Estado como o titular do direito*

Várias concepções convergem na ideia de que todo o fim do Estado se concretiza no direito ou através dele.

A partir de Kant o direito positivo adquire em relação ao direito natural um novo significado. Kant não foi, como já se referiu, um positivista. Na sua concepção o direito positivo funda-se no direito natural entendido como um conjunto de princípios *a priori*. O que se altera é o antigo contraste entre o direito natural e o direito positivo. O direito natural deixa de ser o modelo ou paradigma do *ius positivum*. Ele deixa de ser *fons iuris* para ser apenas promessa de direito. Para Kant todo o direito depende das leis. Ora, importa saber que para o filósofo de Königsberg o verdadeiro intérprete do direito natural é o Estado através do legislador. A mais importante tarefa do Estado é a de salvaguardar a justiça. Não existe assim contraste entre o direito natural e o direito positivo emanado pela vontade do legislador. O Estado transforma-se na condição peremptória da positividade do direito natural. O direito natural passa a ser uma exigência ideal enquanto só o direito peremptório do Estado tem valor real. Caminha-se inadvertidamente para um positivismo estatal.

Se até Kant a força vinculativa do direito positivo descansa nas vantagens que o ordenamento estatal torna possíveis (a ordem pacífica da comunidade para Grócio; a salvaguarda da existência para Hobbes; a protecção da «vida, direitos e bens» para Locke; e a regulação das diferentes relações humanas para Wolff), para ele o direito positivo é mais do que regra técnica ao serviço de um fim. O direito positivo imposto pelo Estado é a própria condição para o exercício da liberdade inserindo-se no âmbito do «reino dos fins». Todo o fim do Estado se concretiza no direito, este limita-se a assegurar a coexistência das liberdades dos súbditos.

Também a revolução francesa contribuiu para a elevação do Estado, o verdadeiro ente institucional da produção do direito. Como resultado do que já foi dito, a lei é a expressão da vontade geral. A partir da revolução de 1789 o soberano muda de nome; não é mais a monarquia que reina, é a lei. A soberania da lei é fundada na soberania do legislador e este é o intérprete legitimado pelo Estado daquela vontade geral. Assim, a lei imposta pelo Estado é a razão humana manifestada pela vontade geral. O direito e o Estado identificam-se na lei concebida como um instrumento mágico de realização da nova ordem e donde procede toda a felicidade e virtude. Esta orientação irá convergir na concepção de um Estado-de-direito que faz do direito, identificado com a lei (positivismo), uma condição necessária da sua existência.

Da mesma forma, Hegel (1770-1831) ao pretender ultrapassar o dualismo real-racional acaba por apoiar «na prática a supremacia da vontade do Estado» (Batiffol). De facto, para este filósofo não há contraste entre o direito positivo e o direito natural; um está para o outro «como as Instituições para as Pandectas» (*Filosofia do direito*, introd. 3). O direito não é senão direito positivo. Assim como não há um Estado ideal mas apenas o Estado que a história na sua racionalidade impõe, assim também o direito é o resultado da vontade que se objectiva como resultado. Hegel cai na justificação do direito vigente. O direito e o Estado são concretizações convergentes.

1.2.1.8. *Savigny: a ciência jurídica (histórica) como justificação do direito positivo*

Friedrich Karl von Savigny (1779-1861) foi o mais famoso jurista de um movimento que reformou a cultura jurídica alemã nos começos de oitocentos. Agora, a história passa a ser um lado essencial do direito; só com método histórico se pode alcançar, no seu intrínseco desenvolvimento e na sua vida interior, o mundo da juridicidade, penetrando na natureza do direito. Para Savigny o direito é um fenómeno cultural que tem a sua origem espontânea no espírito do povo (*Volksgeist*). Para além da língua e dos costumes, os povos possuem o seu próprio direito.

Em vez de ser criado através do arbítrio do legislador, o direito procede do espírito e da história de uma nação. Todo o povo tem o seu carácter, a sua «alma», a sua fisionomia e o seu direito. Como pode ler-se no importante opúsculo *Da vocação da nossa época para a legislação e a ciência do direito* (1814), «o direito, pois, segue crescendo com o povo, aperfeiçoa-se com ele e finalmente morre, ao perder o povo a sua peculiaridade». Em oposição à óptica do jusnaturalismo racionalista com os seus princípios imutáveis, sublinha-se que tal como no nosso eu tudo se desenvolve e se conserva, assim a vida social está submetida a um dinamismo incessante. Na realidade "viva" da história existe um desenvolvimento *ab intrinseco* condicionado por um elemento de novidade perene e por outro de continuidade. Em consequência, o direito é um organismo de princípios que se desenvolve progressivamente e harmonicamente através de uma contínua adaptação. À ciência jurídica cabe participar activamente neste desenvolvimento. Para esta concepção, as regras encontram «o seu último fundamento» na «intuição do instituto jurídico». Para Savigny, ao contrário de produzirem os institutos jurídicos, as regras de direito são extraídas «artificialmente» desses institutos concebidos como as próprias relações da vida organizadas em termos vinculativos (matrimónio, compra e venda, propriedade imobiliária, etc.).

Ao sustentar a contemporaneidade do passado através da noção de povo (Volk), o fundador da Escola histórica procura contornar o direito «arbitrário» da codificação e o direito «abstracto» e intemporal do jusnaturalismo racionalista. As verdadeiras fontes da juridicidade são as forças silenciosas da colectividade popular. Fonte imediata é, sobretudo, o costume (criação espontânea do direito). Este nada tem que ver com o arbítrio do legislador, com o imperativo do Estado ou com a regra de um código. A ciência do direito e o legislador, as outras duas fontes, dependem do costume. À primeira cabe um esforço de reflexão, cabe a elaboração das máximas extraídas do costume. É a partir destes axiomas que se deduzem as conclusões. É pela acção dos juristas que se desenvolve o elemento técnico do direito. É pela aplicação de uma metodologia destinada a estabelecer a relação íntima entre os «teoremas» fundamentais do direito que se gera uma ciência jurídica.

Cumpre referir que esta ciência põe a nu não um novo direito, mas um direito implícito que prolonga de uma forma não voluntarista o direito preexistente. Não existe concorrência com o legislador. Por sua vez, o legislador detém uma função secundária: deve proteger os preceitos do direito consuetudinário mediante a sanção pública.

A tudo isto deve acrescentar-se que não se confundindo com o positivismo jurídico, a Escola histórica deu importantes contributos para a implantação desta corrente. Para além de uma crítica radical ao jusnaturalismo do século XVIII, acresce a progressiva abjectivação da ordem jurídica e uma acentuação da separação entre a ciência jurídica e a vida social.

Cabe relembrar a obra antecipadora de Gustav Hugo, cujo título é *Tratado do direito natural como filosofia do direito positivo (Lehrbuch des Naturrechts als einer Philosophie des positiven Rechts*, 1798). O direito natural deixa de ser um sistema normativo superior e distinto do sistema do direito positivo para passar a ser um conjunto de concepções filosóficas construídas sobre o próprio direito positivo. A tradição jusnaturalista esvai-se com esta redução. Uma vez que o direito positivo se justifica por si mesmo (existência histórica), o direito natural passa a ser supérfluo. Mas ao encerrar em sí próprio uma justificação absoluta, este direito positivo tende a ensimesmar-se, afastando-se quer tanto de considerações éticas, como da própria realidade histórico-cultural e social. Com isto a Escola histórica enevera por uma ciência formal e abstracta, apesar de o seu ponto de partida ser diverso. A concepção da ciência jurídica como fonte formal do direito contribui para a acentuação do elemento sistemático em detrimento do histórico. Embora sem premeditações, o método sistemático e a ideia de sistema científico propugnados por Savigny acabam por sobrepor-se à vertente histórica, culminando na concepção «esterilizadora» da «jurisprudência dos conceitos» (*Begriffsjurisprudenz*).

Por fim, é oportuno sublinhar que o direito surge como um dado radicado na sociedade susceptível de apreensão e elaboração. O direito é fundamentalmente direito positivo. Esta concepção permite a elaboração de uma ciência jurídica assente sobre o direito realmente existente e não sobre um direito construído abstractamente. O estatuto epistemológico desta ciência não é muito diverso do da linguística. É o carácter necessário e não arbitrário do conteúdo do direito que assegura a este tipo de conhecimento uma dignidade científica.

1.2.2. *Manifestações históricas do positivismo*

O positivismo jurídico concretizou-se de forma diversa em cada país. Esta diversidade decorrente de concepções completamente distintas acerca da ordem jurídica e do sentido dos textos, prende-se com as diferenciadas conjunturas e tradições jurídicas de cada direito nacional. Cada sociedade possui os seus valores estéticos, éticos e sociais que se impõem como norma aos operadores do direito. O pensamento jurídico realiza-se num «movimento dialéctico entre a realidade e o pensamento» (André-Jean Arnaud, *Pour une pensée juridique européenne*). De facto, o discurso do positivismo jurídico, como discurso prático que é, só poderia articular-se sobre a realidade, sobre as instituições e as práticas de cada direito nacional.

1.2.2.1. *O desenvolvimento do positivismo em França*

Em França a Revolução de 1789 impõe a unificação do direito para todo o território e para todos os franceses sob a forma de um código único para cada matéria. O *Code Civil* de 1804 é o primeiro texto oficial a apresentar uma renovação completa dos objectivos do discurso jurídico (André-Jean Arnaud, *Essai d'analise structurale du code civil français*, 16). É à volta deste monumento que se gera um legalismo estatista assente na lei concebida como expressão da *volonté générale*.

Embora alheio a esta mentalidade, Portalis, no discurso de apresentação do «project de Code Civil» no Conselho de Estado, não deixa de sustentar que «les lois ne sont pas de purs actes de puissance; ce sont des actes de sagesse, de justice et de raison. Le législateur exerce moins une autorité qu'un sacerdoce» (*La naissance du code civil*, 38). De facto, são os comentadores do código e não os redactores que acolhem o princípio da omnipotência do legislador. Este dogma desenvolve-se à volta do diverso significado atribuído ao art. 4.º do Code Civil. Este artigo, cujo escopo essencial foi o de ab-rogar o *référé legislatif* (o reenvio para o poder legislativo), proíbe a denegação de justiça. Perante a «obscuridade», a «insuficiência», ou o «silêncio» da lei, o juiz não pode recusar-se a julgar.

Os redactores do código concedem, pois, ao juiz a possibilidade de hetero-integração, a possibilidade de procurar uma solução fora do sistema codificado, por exemplo no direito natural ou nos usos. Como escreve Portalis no referido discurso, «nous nous sommes également préservés de la dangereuse ambition de vouloir tout régler et tout prévoir». Para o ilustre jurista, «Quoi que l'on fasse, les lois positives ne souraient jamais entièrement remplacer l'usage de la raison naturelle dans les affaires de la vie». A abertura à criatividade dos juízes chegou a ser consagrada no art. 9.° do Livro preliminar do projecto. Refere-se aí a possibilidade de recurso ao direito natural, possibilidade referida por Portalis no seu mítico discurso. Entretanto, com a eliminação do artigo 9.° pelo Conselho de Estado, o art. 4.° recebe, por via de interpretação, um novo entendimento. Preocupados com a certeza do direito, os comentadores do código extraem duas normas desta disposição: a) a proibição da denegação de justiça; b) e a obrigatoriedade de julgar apenas com base na lei positiva (auto-integração). É o abraçar do dogma da plenitude lógica do sistema jurídico, do dogma segundo o qual o ordenamento jurídico positivo tem capacidade para resolver qualquer caso a partir de uma norma existente no seu âmbito.

É com base neste entendimento que se forma uma escola de intérpretes do Code Civil, denominada *École de l'exégèse*. O vocábulo «interpretação» recebe um outro sentido. Se para a corrente iluminista a interpretação comporta uma actividade criativa que é necessário combater, para a Escola da exegese «Interpréter c'est découvrir, c'est élucider de sens exact et véritable de la loi. Ce n'est pas abranger, modifier, innover; c'est déclarer, c'est reconnaître» (Demolombe, *Cours de Code Napoléon*, Vol. I, 134-135).

O culto do texto da lei e a fé na sua virtude própria marcaram todo o século XIX em França. Toullier, Merlin, Maleville, Delvincourt, Demolombe e outros são marcados por um conjunto de factores que convergem na ideia de que não existe outro direito senão a legislação estadual. Estes factores são: a) o princípio da certeza do direito a impor o prévio conhecimento do direito a ser aplicado; b) a incidência do ensino universitário apenas sobre os aspectos do direito positivo; c) o domínio do princípio da autoridade (a obediência à vontade do legislador); d) a doutrina da separação de poderes (os juízes não são mais do que a boca que pronuncia a palavra da lei); e) e, como factor mais evidente, o próprio evento da codificação.

O Code civil é concebido por esta Escola como uma recolha do direito natural; as prescrições codificadas são a própria razão escrita imposta pelo legislador (princípio da omnipotência do legislador). O código é a lei – «raison écrite» – de um Estado que encarna a «raison» vivente.

Após a publicação do Code civil não tardam a surgir os comentários (Malleville, Delvincourt, Toullier, etc.). Posteriormente, afirmam-se os «grandes comentadores» tais como Duranton (Cours de droit français suivant le Code Civil, 1825 ss, 22 volumes), Troplong (1833 ss, 27 volumes), Aubri e Rau (1838 ss, 8 volumes), etc.

1.2.2.2. O desenvolvimento do positivismo na Alemanha

Conforme já atrás referimos, o racionalismo dedutivo do direito natural foi combatido na Alemanha por Savigny e pela sua Escola. A ideia de um direito único e intemporal é, tal como é proposta pelos arautos do jusnaturalismo, superada pela constatação de que o direito é afinal um produto da história. Por outro lado, deve agregar-se que a ciência jurídica estava preparada para aderir ao movimento espiritual do positivismo graças à valência positivista que a *Pandectística* ou *ciência das Pandectas (Pandektenwissenschaft)* introduz no direito natural e à atitude formalista que este exibe.

Entretanto, faz-se sentir por toda a Alemanha a influência do exemplo da codificação francesa. Testemunha este momento a célebre polémica entre Thibaut (1772-1840) e Savigny (1779-1861). Enquanto aquele defende a promulgação de «um código(…) para toda a Alemanha, subtraído ao arbítrio dos governos singulares», o *caput* da Escola histórica considera «completamente impossível», dada a heterogeneidade dos juristas alemães, encontrar um legislador consensual (Thibaut y Savigny, *La codificacion*). Para Savigny a ciência jurídica alemã não vive nos princípios do século XIX uma época de fulgor. Para o autor do opúsculo «*Da vocação do nosso tempo para a legislação*», a edificação de um código só tem sentido em épocas muito favoráveis.

Do resto, Thibaut, em 1803, já havia escrito, com o objectivo de construir um sistema de direito positivo, um *Sistema do direito das pandectas (System des Pandektenrechts*, 1803). De facto, por volta de 1800, gera-se um movimento de fundamentação de um formalismo jurídico que encontra as suas raízes no método demonstrativo de Wolff. A própria Escola histórica envolve-se na tarefa formal da construção de um sistema de normas. Esta tendência irá conduzir à *jurisprudência dos conceitos (Begriffsjurisprudenz)*. De facto, Puchta (1798-1846), o impulsionador do movimento, apenas reconhece nas suas *Instituições* como direito científico aquele que provém do trabalho sistemático. Ao invés de derivar da convicção popular ou da expressão do legislador, este direito científico em sentido estrito é apenas o que surge como produto de uma dedução científica. Enquanto o direito consuetudinário e o direito legislativo derivam respectivamente da «autoridade exterior» do povo e do poder legislativo, o direito científico é o produto de uma autoridade interior, da verdade dos princípios derivados do direito existente e da justeza das consequências da aplicação destes princípios. Para o discípulo de Savigny, os juristas são os portadores da verdade científica e esta verdade não deriva de uma valoração «exterior» ou de um princípio teológico, ela radica na estrutura sistemática dos conceitos. Se o direito é algo de racional, há-de possuir uma coerência sistemática; a legitimidade da regra jurídica passa então a basear-se exclusivamente na sua correcção sistemática.

Puchta legitima a «construção do direito» a partir do «desenvolvimento» dos conceitos lógicos, Gerber e Laband transportam este método para o direito público. Não deve confundir-se, como muitas vezes sucede, este positivismo científico com o positivismo legalista, isto é, com aquela corrente que concebe que todo o direito é criado pelo legislador estadual (comando) de forma absoluta e automática. De comum têm apenas a recusa de uma justificação metafísica do direito e a defesa da autonomia de uma ciência jurídica especializada.

Figura paradigmática é a de Rudolph Von Jhering (1818-1892). Estamos agora perante o positivismo imperativista que de alguma forma se situa no polo oposto do positivismo historicista da Escola histórica. Aquele "arbítrio do legislador" que Savigny pretende soterrar sob a ideia do "espírito do povo" reaparece agora de novo na ribalta da ciência jurídica. Para Jhering o direito é uma consecução de fins (visão finalista), é algo que se forja na "luta" ("a luta é o perene trabalho do direito"). A máxima "tu encontrarás o teu direito na luta" identifica esta postura positivista. Para o professor de Gotinga, o direito é o «conjunto das condições de vida da sociedade asseguradas pelo poder estatal por meio de coacção externa». O direito encontra-se, pois, intimamente ligado ao conceito de Estado, este é a única fonte do direito e o detentor do monopólio absoluto da força coactiva. O imperativo do Estado é desta forma

Ver (o) Direito 267

transformado no elemento formal da juridicidade. O elemento material
é a finalidade (o que é útil à sociedade). Cabe acrescentar que se numa
primeira fase (*O espírito do direito romano*, 1852-1865) Jhering privilegia a vertente sistemática do direito, mantendo-se na órbita da *jurisprudência dos conceitos*, posteriormente dá maior relevo aos aspectos
teleológico e funcional (*A finalidade do direito*, 1877-1883), preconi-
zando a *jurisprudência dos interesses (Interessenjurisprudenz)* que
havia de encontrar em Philipp Heck (1858-1943) o seu formulador por
excelência.

1.2.2.3. *O desenvolvimento do positivismo em Inglaterra*

Vimos já que Hobbes se recusou a atribuir qualquer relevância política à actividade judicial. De facto, o autor do *Leviathan* oferece uma
primeira formulação sistemática do positivismo jurídico: o direito é um
comando do Estado e os juízes devem orientar-se pela vontade do
soberano. Para Hobbes o texto legal esgota toda a realidade jurídica.
Temos neste pensamento o ponto de partida de uma linha teórica que
encontra em Bentham e em Austin os seus continuadores. As propostas
de Jeremy Bentham (1748-1832) embora não marcassem a evolução do
direito inglês haviam de repercutir-se na Europa Continental e na América. Tal como os representantes do jusnaturalismo racionalista, Bentham
acredita na possibilidade de estabelecer uma ética objectiva (cientificamente verificável) da qual se pudessem extrair critérios aferidores das
leis. A fé no legislador universal e em leis nacionais deriva igualmente
daquele pensamento iluminista. O que o diferencia é a ideia de que todo
o homem *persegue a própria utilidade*, daí que o postulado fundamental
do seu utilitarismo se traduza na fórmula: *a maior felicidade do maior
número*. Este seria o princípio a seguir por todos os legisladores.

Bentham escreve no começo da sua *An Introduction to the Principles of Morals and Legislation* (1789) que «a felicidade pública deve
ser o objecto do legislador». Anota-se que os juízes e os tribunais não
são para o jurista inglês «mais do que um sistema de meios» ao serviço da aplicação da lei. A «fidelidade à lei» é um dos princípios
estruturais de todo o seu pensamento jurídico.

No cerne da sua obra está a crítica «ao sistema do *common law*
e a teoria da codificação».

Bentham pretende substituir este sistema pela elaboração de códigos, pois a actividade jurisprudencial é «tão incerta», «tão sujeita a construções forçadas e a distinções interpretativas» que não deixa de sujeitar os juízes a tentações perigosas (*arbítrio*). O remédio é a elaboração de códigos simples, coerentes e unitários, que possam ser conhecidos por todos os cidadãos. A clareza e a brevidade são dois requisitos essenciais (*Traités de législation civile et pénale*, cod. XXXIII). Defende Bentham que os códigos devem ser feitos por um único legislador. É a via para se alcançar a harmonia e a racionalidade. Se o espírito do sistema jurídico inglês é antitético àquele de Bentham, o mesmo não sucede com o «direito português». O ilustre jurisconsulto troca correspondência com as Cortes portuguesas e algumas das suas obras são traduzidas. Bentham propõe-se mesmo oferecer às Cortes um código penal, um código civil e um «código constitucional».

Finalmente, importa considerar o contributo de John Austin (1790--1859). Pode dizer-se que estamos perante o precursor de um pensamento que atingirá com Kelsen o seu ponto mais elevado. É certo que entre os vários comandos jurídicos não existe na concepção de Austin mais do que a comum derivação de uma vontade superior (soberano) e não uma relação interna, lógica e impessoal (normativismo lógico) tal como defende Kelsen. De qualquer forma, Austin delimita já de forma rigorosa o campo da ciência jurídica. O autor distingue a *jurisprudência* (cujo objecto é o estudo do direito vigente) da *ciência da legislação* (cuja finalidade é o estudo do direito como dever ser). Do já exposto podemos concluir que Bentham se dedicou fundamentalmente à segunda. Austin, por sua vez, privilegia o estudo da *jurisprudência geral*, a análise do direito (princípios, noções, etc.) das sociedades mais evoluídas, extraindo das suas observações elementos para a elaboração de uma teoria do direito positivo (método analítico-estrutural). Estamos pois, perante um precursor do direito comparado. Para Austin a fonte formal do direito é a vontade do Estado. A forma típica do direito não é o costume (Escola histórica) mas sim a lei definida como um comando geral e abstracto (imperativismo). O direito positivo radica nos comandos do «soberano» emanados numa «sociedade política independente». Para Austin a soberania, a independência e a eficácia são os elementos constituintes da juridicidade. O objecto da jurisprudência é o direito positivo não devendo assumir uma posição deontológica.

Ver (o) Direito

1.2.2.4. *O desenvolvimento do positivismo noutros países*

Em Espanha a oposição ao direito natural racionalista manifesta-se numa dupla vertente: a influência do *Code de Napoléon* e da Escola francesa da exegese e a adesão de alguns juristas de relevo às teses da Escola histórica do direito. Da mesma forma, não foram desconhecidos os princípios utilitários de Bentham. Eles encontraram eco, por exemplo, no Código penal de 1822. Na Catalunha obtiveram expressão de relevo as concepções de Savigny (Ramón Martí de Eixalá, Manuel Durán i Bas, etc.). Entretanto, o sistema jurídico tradicional é reformulado pela introdução de diversos códigos (*Cronica de la codificacion española*, 12 ss.). Os textos constitucionais atribuem a primazia à lei e delimitam rigorosamente a interpretação dos juízes; estes não são mais do que meros aplicadores da lei (Const. de 1812, arts. 242 a 246; Const. de 1837, art. 63; Const. de 1845, art. 66, etc.). O próprio movimento da codificação dá origem ao tipo de jurista positivista cuja missão é expor de forma racional os textos legais. Após 1850 cultiva-se em Espanha, com bastante modéstia, o comentário legislativo.

Nos E.U.A. o positivismo jurídico assumiu uma tendência antiformalista e empírico-pragmática. O iniciador desta postura foi Oliver Wendel Holmes (1841-1935) para quem a «vida» do direito é essencialmente «experiência» judicial (Common Law, 1881). De facto, os primeiros anos do século XX são marcados, neste país, por sua influência, pelo realismo jurídico (norte-americano). Para esta corrente, o cerne da problemática do direito não está nas normas, mas no comportamento e nas sentenças dos juízes. Para Holmes estudar o direito (que não é um «mistério») é fundamentalmente estudar o procedimento exigido pelos tribunais.

As ideias de Holmes encontram em Benjamin Cardozo (1870-1938) um seguidor. Dentro de uma postura que pode ser denominada de jurisprudência sociológica, este magistrado (*The Nature of the Judicial Process*, 1921) sobreleva a posição do juiz no acto de julgar, devendo este apoiar-se na lógica, no elemento histórico e no método sociológico.

Neste contexto, perfilhando igualmente uma concepção sociológica da jurisprudência, Roscoe Pound (1870-1964) defende que o direito é fundamentalmente um meio de controle social, «uma instituição social para satisfazer as necessidades humanas». Nesta base, o autor das obras *The Spirit of Common Law* (1921) e *Introduction to the Philosophy of Law*

(1922), partindo da linha de Holmes, configura a jurisprudência como uma «engenharia social». Longe de ser uma ciência, a jurisprudência é concebida como uma técnica, um saber de tipo prático dirigido a alcançar a satisfação das «necessidades humanas». Problemático é saber quais são as verdadeiras necessidades e estabelecer quais são as prioridades num mundo em que os interesses se encontram em permanente conflito. É esta uma das maiores dificuldades com que se depara Pound.

Na Bélgica prevalece a influência da Escola da exegese. Um grande número de tratados da Escola é reimpresso em Bruxelas. O jurista de maior nomeada foi François Laurent (1810-1887), cuja obra (*Principes de droit civil*, 1869/79, 33 volumes) alcançou um assinalável sucesso mesmo em França.

A ciência jurídica italiana foi muito marcada pela aplicação em quase todo o país do código civil napoleónico, cuja influência se mantém até ao código de 1942. As obras dos autores franceses da Escola da exegese tiveram larga difusão nos Estados da península. Para além da tradução das *opera omnia* de Troplong e das de muitos outros juristas franceses (Duranton, Mercadé-Pont, Merlin, Loué, etc.), tiveram sucesso o *Répertoire universel et rasonné de jurisprudence* (Goyot) e o *Répertoire de législation, de doctrine et de jurisprudence* (Dalloz). É sabido que a Restauração tratou de abolir todas as reformas de conteúdo político do período francês. Todavia, à abolição formal do *Code* que vigorava nos vários Estados italianos a partir de um período situado entre 1804 e 1810, consoante os diversos territórios, segue-se a recepção da maior parte da sua substância normativa, utilizada directamente na elaboração dos novos códigos. Os juristas franceses mantêm todo o seu prestígio. Após o código civil unitário de 1865 dá-se um salto qualitativo na ciência jurídica italiana. Este texto legislativo, ao contrário do *Code Napoléon*, prevê o recurso à analogia e aos princípios gerais do direito em caso de lacuna e admite a interpretação para além da letra das regras jurídicas. Apesar de o legislador preferir a Escola francesa por ser «de índole mais positiva, prática e popular», a ciência jurídica italiana amplia os seus horizontes muito para além dos modelos doutrinais da Escola da exegese. Estes perdem o monopólio. Claro que «o espírito inovador acaba por ceder, em muitas questões à mentalidade tradicional» (Rescigno, *Introduzione al codice civile*, 6), no entanto a ciência jurídica não pode, perante uma sociedade em transformação, fixar-se em velhos instrumentos hermenêuticos. O espaço da velha Escola francesa vai sendo ocupado por outras correntes de diversa natureza. Ao método exegético sucede o sistemático e um comportamento doutrinal mais claramente próximo da cultura jurídica germânica (Bernardo Sordi, *Giustizia e amministrazione nell'Italia liberale*, 100 ss.).

1.2.2.5. *O desenvolvimento do positivismo em Portugal*

Em Portugal a influência do *Code Napoléon* e da Escola da exegese fez-se sentir em muitos dos mais representativos juristas do século XIX, muito antes da promulgação do primeiro Código Civil português (1867). No entanto, o positivismo jurídico apenas se manifestou de uma forma integrada e consciente a partir do ensino de Manuel Emídio Garcia (1838--1904). Para tanto contribuiu a divulgação das doutrinas do cientismo e do positivismo filosófico cujos primeiros sinais significativos se detectam na década de 60 do século XIX. O velho jusnaturalismo português de raiz kantiana e krausista entra num estado de profunda anemia (José Ignacio Lacasta Zabalza, *Cultura y gramatica del Leviatan portugues*, 367 ss.). A supressão do ensino do direito natural em 1911 é um marco histórico do triunfo do positivismo jurídico em Portugal. A nova Escola jurídica, criada em Lisboa (30 de Junho de 1913), recebe a significativa denominação de Faculdade de Estudos Sociais e de Direito. De resto, como é sabido, a República «incorporou no seu discurso a mitologia cientista»; «o republicanismo português (aliás, em consonância com o seu émulo francês) foi dominantemente um cientismo» (Fernando Catroga, *O republicanismo em Portugal*).

É certo que o pensamento de Francisco Machado de Faria e Maia (*Determinações e desenvolvimento da ideia do Direito ou síntese da vida jurídica*, Coimbra, 1878) é já marcado pelo cientismo e por uma atitude positivista ainda um tanto afastada das teorias Comtianas. No entanto, é Manuel Emídio Garcia que aderindo ao positivismo ortodoxo (Comte, Lithré) vai reduzir o direito a um mero ramo da sociologia, a uma «ciência das condições de garantia do organismo social humano», rejeitando toda a ideia de direito natural.

Esta corrente, mas agora na sua modalidade inglesa (Stuart Mill, Herbert Spencer), foi continuada por António Henriques da Silva (1850--1906). Para este discípulo de Garcia introdutor do estudo da Sociologia criminal na Universidade, o direito é o que a sociedade e o Estado consideram como tal, é o que o poder soberano considera útil garantir através de coacção.

Entretanto, o movimento da codificação nacional, com destaque para o Código Civil (1867), provoca profundas alterações na produção jurídico-científica, abrindo-se um período marcadamente exegético e pouco criativo. Esta corrente exegética coexistiu no entanto com correntes mais elaboradas. Marnoco e Sousa, recusando tudo o que está para «além da experiência», adere ao evolucionismo de Herbert Spencer e ao sociologismo, corrente que encontrou muitos seguidores entre os últimos anos do século XIX e a década de 30 do século seguinte (José Frederico Laranjo, Pedro Martins, etc.). No direito público Fezas Vital, Magalhães Colaço, Nobre de Melo e Martins Moreira são os representantes de uma geração que se formou com base nos princípios do realismo sociológico. No âmbito do direito privado gera-se, sob a influência da pandectística alemã dos finais do século XIX, uma «orientação dogmático-jurídica» (Guilherme Moreira) de vocação construtivista que sobreviveu até aos nossos dias. Este teorismo específico da «escola de Coimbra» incorporou de forma sucessiva as «novidades da "jurisprudência dos interesses" (Vaz Serra, Manuel de Andrade) ou ulteriores aquisições de sentido antipositivista (Pereira Coelho, Castanheira Neves, Orlando de Carvalho)» (António Manuel Hespanha).

No domínio do direito público, a vertente construtivista foi protagonizada por Fezas Vital, Carlos Moreira, Marcello Caetano e Afonso Queiró, autor que segue a metodologia de Heck (*interessenjurisprudenz*).

1.2.2.6. *A nacionalização da ciência jurídica e alguns fenómenos aglutinadores*

Como acabámos de constatar, os países do antigo *ius commune* não conseguiram conservar um figurino global, tal como havia sucedido entre os séculos XIII e XVII. O fenómeno da nacionalização da ciência jurídica prende-se com o ideário iluminista, com a diversidade linguística (o latim, ao ser abandonado, não foi substituído por outra língua científica) e com o facto de no século XIX não se ter reconhecido o carácter de fontes de direito à jurisprudência e à ciência jurídica. Houve quem considerasse este estado de coisas uma humilhação e uma condição indigna para uma verdadeira ciência, tal como é a ciência jurídica (Jhering). Uma nova disciplina parece contradizer esta dispersão. Referimo-nos ao Direito Comparado. A comparação dos diversos sistemas, leis, princípios e práticas representa o regresso a uma forma de trabalho jurídico supranacional. Por força dos Tratados de Roma desenvolve-se hoje, ainda que sem o suporte imprescindível do pensamento jurídico, um novo direito comum. De qualquer forma, como se deduz igualmente do que foi dito, importa destacar dois eventos que ao transcenderem os seus países de origem se constituíram como fenómenos aglutinadores: o direito do Império de Napoleão e a Pandectística alemã. Aquele impõe na Europa continental um específico modelo de desenvolvimento do direito; esta estabelece uma teoria geral do direito privado.

1.2.2.7. *Hans Kelsen e a doutrina pura do direito*

Kelsen (1881-1973) persegue com a sua obra um ideal tipicamente alemão e kantiano, um ideal que já havia encontrado uma expressão filosófica na obra de Rudolf Stammler (1856-1938), o qual havia pensado a ciência jurídica como teoria pura do direito.

Kelsen constrói uma teoria do direito independente da ética, da psicologia, da teoria política, da sociologia e do direito natural. Através da *Teoria pura do direito* (1934 e 1960) pode constatar-se que à sua concepção apenas importa a questão «o que é e como é o direito» e não já saber «como deve ser o direito ou como deve ele ser feito». Nesta conformidade, identifica-se conhecimento com ciência. Ora esta não deve emitir juízos de valor. De resto, para Kelsen a justiça é um «ideal irracional», estudar o direito justo é algo que está fora do seu horizonte. O que importa é o direito real e possível sem a qualificação de justo ou injusto. Tal como as ciências naturais no seu campo específico, a ciência jurídica deve ocupar-se do direito positivo, perspectivando-o mediante uma análise da sua estrutura.

Kelsen é considerado um dos mais ilustres representantes do normativismo justamente porque na sua teoria o direito é norma, é constituído por normas, sendo o seu estudo o objecto exclusivo da ciência jurídica. As normas são concebidas como juízos hipotéticos que imputam sempre uma sanção (reacção contra o ilícito). Segundo esta teoria, é a coacção que marca a diferença específica do direito face a outras ordens normativas (moral, etc.). No entanto, a coactividade de que fala Kelsen não é a coactividade efectiva (ou de facto), mas a simples previsão normativa da sanção. Uma norma é jurídica se contempla uma sanção.

De um ponto de vista dinâmico, as normas ordenam-se num sistema hierárquico em que «o fundamento de validade de uma norma apenas pode ser a validade de uma outra norma». Uma norma pertence a um certo ordenamento quando foi produzida em conformidade com «uma norma superior». Este conceito de validade pressupõe que as normas não se encontrem todas no mesmo plano. A ordem jurídica é uma «construção escalonada de diferentes camadas ou níveis de normas jurídicas». Uma norma é válida se participa na validade de uma norma imediata superior e em última análise da norma básica, o verdadeiro fundamento comum de validade de todas as normas do ordenamento jurídico.

As leis ordinárias encontram-se condicionadas pela Constituição, os regulamentos pelas ordinárias e entre estas e as individualizadas existe uma relação idêntica. É um sistema em pirâmide em que as relações entre as normas são relações de delegação de autoridade.

Esta dependência mútua e sucessiva das normas vai abicar numa *norma pressuposta*, o verdadeiro «fundamento de validade último que constitui a unidade desta interconexão criadora». Referimo-nos à *Grundnorm*, à norma fundamental, à única norma que não é produzida por um acto de vontade; a que prescreve o dever de respeitar a primeira Constituição como norma obrigatória (Juan Antonio García Amado, *Hans Kelsen y la norma fundamental*, 27 ss.). Deste modo, a regra jurídica é concebida como o produto de diferentes orgãos hierarquizados e dependentes da autoridade suprema da Constituição. O Estado é a fonte primeira do direito. No entanto, a teoria pura do direito (ciência jurídica) exclui e condena uma concepção do Estado diversa da ordem do direito. Antes de tudo, para a concepção que estudamos, o Estado é um ordenamento normativo. O poder do Estado, que é uma condição do direito, não é mais do que a eficácia do ordenamento jurídico. Estado e direito identificam-se. O Estado é legítimo quando o ordenamento jurídico é efectivo. Todo o Estado é um Estado-de-direito.

Eis uma concepção que se afasta do positivismo sociológico pela acentuação de uma postura puramente científica e pela afirmação de um sistema jurídico fechado, autossuficiente e alheio a qualquer referência empírico-material. Como é fácil de compreender o ponto mais débil da teoria de Kelsen é o conceito de norma fundamental (*Grund-*

Ver (o) Direito 275

norm) como instrumento destinado a preservar o carácter axiologicamente neutral da ciência jurídica.

1.2.2.8. *O positivismo sociológico*

O sociologismo consagra-se ao exame dos factos sociais, procurando extrair destes o direito. O facto social sobrepõe-se à regra do direito positivo. Embora inseridos na corrente positivista, o positivismo sociológico e o positivismo jurídico normativo são orientações antitéticas. Enquanto este último concebe a realidade jurídica como um conjunto de normas (Kelsen, etc.), o positivismo sociológico, afastando-se do formalismo e do normativismo, eleva os fenómenos sociais a objecto central da problemática jurídica. É este o traço comum que une as obras de Émile Durkheim (1858-1917) e de Duguit (1859-1928).

O primeiro, na linha de Augusto Comte, sustenta que a humanidade não é um mundo à parte alheia às leis que dominam a natureza. Existem, pois, ainda que específicas, leis necessárias. Durkheim sustenta a existência de uma *consciência colectiva* do grupo que se exprime nas regras do direito; estas não são mais do que o índice objectivo da «solidariedade social» destinada a melhorar as condições da vida. É no entanto Léon Duguit que vai aprofundar esta linha. Gnoseologicamente, o autor do *Traité de droit constitutionnel* parte de um sensualismo: «constater les faits, n'affirmer comme vrai que ce que l'on constate par l'observation directe et bannir du domaine juridique tous les concepts *a priori*, objects de croyance méthaphisique ou réligieuse». O direito encontra-se na realidade social, no mundo dos factos. A noção de direito há-de resultar de uma síntese de factos. O ponto de partida de toda a análise do direito deve ser o homem natural «preso aos laços da solidariedade social» (Durkheim); ou, como Duguit costumava exprimir-se, «a interdependência social». Ora esta solidariedade exige regras objectivas de conduta. São as normas sociais que se impõem a todos. Estas normas sociais podem ser económicas, morais e jurídicas. Estas últimas não se diferenciando pelo seu conteúdo são sempre económicas ou morais. A transformação destas regras em regras de direito opera-se no momento em que os indivíduos pertencentes a um determinado grupo se convencem que a sua imposição é necessária para o bom funcionamento da sociedade. É, pois, esta «consciência» que transforma a norma social em norma jurídica e não qualquer forma especial de obrigatoriedade. É a representação nas consciências individuais do sentimento de solidariedade e do sentimento de justiça que constitui em última análise a «fonte criadora do direito». Assim, a fonte de direito é a consciência dos indivíduos e não o costume, a lei ou a jurisprudência. Como se compreende a noção do justo é variável.

Ao contrário do positivismo jurídico normativo, a concepção de Duguit implica um juízo de valor sobre a regra do direito positivo. A lei positiva não é mais do que um modo de expressão da regra de direito. O legislador não cria esta regra, apenas a constata e a consagra em forma de lei. A obediência à lei deriva do facto de ela exprimir uma norma jurídica. Para Duguit, não é a lei que cria o direito; se for contrária à solidariedade social a lei é antijurídica.

1.2.2.9. *A perspectiva jurídica do marxismo*

De alguma forma, a teoria jurídica marxista aproxima-se do figurino positivista apesar de sugerir uma postura jusnaturalista quando teoriza uma sociedade ideal para a qual deverão tender todas as sociedades históricas. Convém salientar, porém, que esta corrente se diferencia de forma radical do positivismo jurídico comum. O direito, como superestrutura, é concebido como produto da evolução da estrutura económica da sociedade, embora possam existir desfasamentos relativos. Toda a forma de produção gera uma tipologia de relações jurídicas que reflectem o conjunto das relações económicas. Certamente que, ao debruçar-se sobre o fenómeno jurídico e ao concebê-lo como facto social, o marxismo se aproxima das correntes positivistas, ou de forma mais específica do positivismo sociológico. No entanto, esta reflexão é essencialmente crítica. Para esta perspectiva o positivismo jurídico caracteriza-se por um certo «fetichismo» da lei e por uma pretensa atitude de neutralidade científica que conduz a uma descomprometida sistematização, explicitação e aplicação do direito positivo dado.

Ora a concepção marxista produz um juízo de valor (julgamento) sobre a existência e a *ratio* das regras jurídicas. Dado que este juízo é negativo – o direito existente é um direito de classe –, o legislar ao invés de se traduzir num *legere* da ordem natural, tal como na concepção clássica, concretiza-se num *facere*: a lei passa a ser concebida como

Ver (o) Direito   277

um meio para construir a sociedade nova. O ideal de justiça – a cada um segundo as suas capacidades, a cada um segundo as suas necessidades (Marx, *Crítica do programa de Gotha*) – é relegado para a sociedade nova a construir.

O Estado – do qual a lei não é mais do que um prolongamento –, concebido como um produto da sociedade num determinado estádio do seu desenvolvimento, como superestrutura produzida por uma sociedade dividida em classes, não surge como uma fatalidade, uma categoria eterna. De forma progressiva, à medida que desaparecem os interesses antagónicos de classe, o Estado deperece, «o governo das pessoas cede o lugar à administração das coisas e à direcção das operações de produção» (Anti-Dühring). Em vez do político e do governo teremos a administração e a gestão. O direito, tal como é hoje concebido, terá tendência para desaparecer, embora assegure num período intermédio (socialista) não só funções de protecção à nova ordem como tarefas educativas.

1.2.2.10. *Crítica ao positivismo*

São frequentes as críticas ao positivismo jurídico. Estas partem de forma insistente do lado idealista. Referiremos algumas das mais representativas.

Insiste-se que o positivismo conduz ao fetichismo da lei, a uma atitude que, sob o pretexto de neutralidade científica, leva à aceitação de qualquer ordem em vigor ainda que esta seja a negação do próprio direito e da justiça (Radbruch).

Sustenta-se que «a existência de "lacunas" é um *factum* da realidade da vida jurídica». Este fenómeno não deixa, pois, de ser indicativo da insuficiência da lei, identificada por esta corrente com o direito, «para cumprir integralmente a intenção jurídica» (Castanheira Neves).

Da mesma forma, defende-se que não basta uma mera fixação normativa de critérios por via legal (lei=direito) para que se alcance um entrecruzar pacífico das vontades individuais autónomas, isto é, para que se obtenha a harmonia social. Se o princípio de legalidade é indispensável para a obtenção da segurança jurídica, é no entanto insuficiente para a realização da justiça no caso concreto. Não negando a lei, o direito transcende-a. Todavia, o positivismo jurídico ao despersonalizar o labor judicial, reduzindo-o a tarefas lógico-mecânicas,

278   *Instituições de Direito*

coarcta o campo de acção dos juízes, desvirtualizando a sua acção e desta forma prejudicando a submissão ao verdadeiro direito.

Finalmente, argumenta-se que o positivismo legalista é incapaz de acompanhar a dinâmica da vida histórico-social e a historicidade do próprio direito. O recurso indiscriminado à lei como forma de garantir as exigências concretas e conjunturais da sociedade conduz a uma legislação particularizada, cria condições para o predomínio dos mais fortes. É que a perda da generalidade da lei implica, frequentemente, o recurso a uma normatividade extralegal pactada pelas partes litigantes, a uma normatividade que se subtrai ao controle jurisdicional.

1.3. Elementos para uma conclusão

Feito este veloz excurso através de várias Escolas e representantes de algumas das mais significativas correntes da ciência jurídica, pode concluir-se que ao longo dos tempos têm sido defendidas as mais diversas opiniões sobre a problemática da fundamentação do direito. Estas opiniões são divergentes e muitas vezes radicalmente contraditórias. Se uns apelam para o conceito de estadualidade, outros recorrem ao espírito do povo *(Volksgeist)*, à tradição judiciária e às sentenças dos tribunais, à sociedade ou ainda a uma norma superior inerente à natureza das coisas ou ao ser humano (jusnaturalismos). E como se não bastasse cada uma destas concepções ainda se divide e subdivide em novas teorias. Recordemos, por exemplo, a diversa concepção de estadualidade do direito em Jhering, em Kelsen e no próprio Código Napoleónico. Em grande parte, o único denominador comum de posições tão contrastantes é a ideia, em geral aceite, de que o direito é um fenómeno normal da humanidade. Refira-se, no entanto, que não se trata esta, apesar de tudo, de uma ideia universal. Basta lembrar a concepção marxista do direito, tal como foi referida. Basta invocar a substituição dos juristas pelos sociólogos profetizada por Comte.

Perante as duas grandes respostas consideradas (idealista e positivista) por qual optar? Cremos que ambas são unilaterais, pois não abarcam o fenómeno jurídico na sua totalidade. Sobrevalorizar um mundo superior e ideal impondo-o como a grande referência e o verdadeiro projecto ao direito positivo é fazer assentar o ordenamento jurídico em princípios controversos justamente porque nem todos os reconhecem. É, desde logo, o que sucede com as diversas concepções positivistas. Parece pouco pacífico que o recurso ao direito natural ou a uma moral superior possa trazer grandes contributos para a solução das controvérsias do nosso tempo. Faltando o acordo sobre a sua existência e não havendo entre aqueles que o sustentam concordância quanto ao seu conteúdo efectivo como pode o direito natural ser um paradigma (a última referência) para o direito positivo? Por outro lado, quem tem legitimidade para decidir que o direito natural proíbe ou não a pena capital, o aborto, a eutanásia (activa e passiva), etc.? Não deriva a legitimidade do legislador do poder político? Se assim é como pode este poder que deve encontrar os seus limites no direito (Estado-de-direito) cuja última referência apela para a natureza (seja ela qual for) legitimar quemquer que seja para extrair do direito natural as grandes orientações que hão-de justamente limitá-lo na sua acção?

Observe-se que não significa esta postura a rejeição de um sistema superior de justiça a que possa recorrer-se para solucionar os conflitos existentes entre os múltiplos sistemas jurídicos em confronto. O Direito Internacional Público ainda se encontra num estádio relativamente atrasado de desenvolvimento se o compararmos com os sistemas jurídicos de muitos Estados soberanos. É imperiosa a construção de um sistema que possa estabelecer modelos de procedimento tendentes a alcançar a paz, a justiça e a possibilidade de um fluir tranquilo das sociedades em direcção ao progresso e ao bem-estar. Não se vê, no entanto, qual possa ser o contributo material de um sistema tão vago e polémico como o direito natural para este desiderato. Este direito, ao partir do ser natural do homem apenas poderá tornar-se evidente através de alguns princípios de ordem formal. Todavia, estes pouco contribuem para a construção de um conjunto de normas específicas. Vejamos alguns exemplos. Um princípio do direito natural frequentemente invocado é o do *suum cuique tribuere* (atribuir a cada um o que é seu). Trata-se de um princípio formal. Porém, coloca-se a questão. Como se determina o *suum* de cada um? Da mesma forma, afirma-se ser um direito natural a propriedade privada. Pergunta-se, estará ao alcance de todos esta propriedade? Os defensores das correntes jusnaturalistas não descem ao terreno social. Pergunta-se ainda, esperam todos aqueles que se preocupam com a momentosa questão do enquadramento jurídico das recentes tecnologias da engenharia da reprodução genética encontrar um regime adequado no direito natural?

(Guilherme de Oliveira, *O estabelecimento da filiação*; José Cardoso da Costa, *Genética e pessoa humana*; Barbosa de Melo, *Nótula de um jurista*).

Como alguns autores já sublinharam o direito natural mais não é do que «um impulso para um bem sempre procurado». Não sendo mais do que isso, não nos parece que este direito tenha condições para modelar e definir o direito positivo. Houve quem (R. Stammler, M. Villey), tendo-se apercebido da incongruência de um direito natural concebido como ordem superior já traçada, sustentasse a ideia de um direito natural de conteúdo variável, a ideia de que este direito é afinal mutável (Aristóteles, S. Tomás), exigindo um esforço contínuo e localizado para se encontrar o que é justo. Sendo feita a determinação do justo em cada caso concreto não através da dedução mas da confrontação dialéctica não é possível estabelecer um conjunto fixo de leis. Donde se segue a inelutável insegurança e incerteza do conteúdo do direito natural. Este assenta, neste caso, num verosímil sempre provisório e não em algo de mais substancial que possa servir de arquétipo ao direito positivo.

Que dizer agora a respeito das correntes positivistas? Para estas, o direito é, *in primis et ante omnia*, um conjunto de regras jurídicas. Dentro desta ordem de ideias o positivismo jurídico recusa toda a relação hierárquica pois identifica apenas como direito o direito positivo. O *ius naturale* é relegado para a categoria de uma moral para-jurídica. Mas justamente porque esta corrente prescinde da sua conexão com os pressupostos ético-sociais ao mesmo tempo que afirma o dever absoluto e incondicionado de obediência à lei, termina por identificar em última análise o direito com o monopólio do exercício da força, uma força não violenta, autorizada e legitimada pela lei, mas força. Por outro lado, cada vez mais no nosso tempo, as leis (= direito) subtraem-se a uma racionalidade global. A *volonté générale* do século XVIII fragmentou-se em múltiplas racionalidades expressivas de grupos e estratos sociais que procuram tutelar através de actos legislativos concretos os seus interesses e preferências. Como já avisadamente se escreveu, «se quisermos ter os olhos abertos para a realidade, verificamos que a nação não é aquele todo unitário que pensa de uma mesma maneira, sempre ao serviço dos mesmos interesses. Ao contrário, temos uma nação, um quadro nacional, um povo, ou, como queiramos chamar-lhe, constituída por um conjunto de grupos que consegue alcançar um certo equilíbrio na sua luta diária, mas um equilíbrio instável» (Rogério Soares). Assim, devido ao policentrismo da dinâmica dos grupos, vão-se constituindo «micro-sistemas de normas» (Natalino Irti), assumindo frequentemente a lei um «carácter contratual». À velha ideia do «contrato com força de lei» substitui-se aquela da «lei com força de contrato» O velho «Estado soberano-autoritário» converte-se num «Estado negociador de acordos», num «Estado cooperativo» (Pio Caroni, *Lecciones catalanas sobre la historia de la codificacion*, 132). Escolhendo escopos e solicitando actividades, a lei invade constantemente o campo que a ideologia liberal destinava à actividade dos particulares. Perdendo as características tradicionais de permanência e abstracção, a lei prossegue com frequência fins individuais, fins intimamente conexionados com as vicissitudes do político, isto é, dependentes de maiorias contingentes e por vezes contraditórias.

Para o positivismo jurídico a ciência jurídica começa onde começa a regra do direito e acaba quando se consuma a sua aplicação (coacção). A preocupação de objectividade, o desejo de «liquidar» todos os resquícios jusnaturalistas e o esforço para edificar uma verdadeira «ciência» jurídica levaram os países de tradição romano-canónica, a partir da instauração do positivismo legalista, a impor a lei, verdadeiro monumento abstracto, como fonte tendencialmente exclusiva de todo o direito.

Todavia, como observámos na devida altura, por detrás deste projecto existe o mito do interesse geral, a imagem da lei neutra, objectiva, imparcial, subtraída às clivagens da sociedade e encarregada de proteger interesses que transcendem os particularismos sociais.

Ora, a actual mudança de sentido da lei e a subversão por si própria (complexidade, mobilidade, etc.) de muitos valores que ela tradicionalmente visava acautelar (segurança, previsibilidade) impõem aos juristas a abertura para outras referências. Como recentemente se referiu, ao contrário da tradição medieval a modernidade caracteriza-se «por uma ruptura entre o pensamento e a acção», havendo a tendência para a Europa jurídica contemporânea «reabilitar a acção».

De facto, como sublinha André-Jean Arnaud, muitos dos sonhos da época moderna não são mais do que «ilusões». Assim, o universalismo, a simplicidade, a permanência e o reino da lei. Posto isto, o positivismo *tout court* não satisfaz nem dá resposta às tarefas com que se depara o jurista contemporâneo. Que nos resta então? Será inevitável a opção entre idealismo e positivismo? Cremos que não.

De qualquer forma, sempre deixaremos expressa a opinião de que a postura positivista se apresenta mais frutífera do que a idealista. Através dela é mais fácil a determinação do que seja o direito. Os critérios de direito natural, justamente porque não são universais nem constantes, são frequentemente inconclusivos.

Depois, o conceito positivista do direito usufrui do suporte da prática do direito nos diversos sectores das profissões jurídicas. Os profissionais do foro colaboram na realização do direito partindo de regras jurídicas vigentes que aceitam como direito.

Finalmente, é esta a postura que tem sido dominante na ciência do direito desde os finais do século XVIII. Daí que já se tenha defendido a ideia de que perfilhar hoje esta corrente equivale a ser «evolucionista no campo da biologia».

A corrente positivista ao sublinhar o carácter coercitivo das regras de direito toca num dos pontos mais relevantes da essência do direito.

Como veremos mais adiante, a coercibilidade, a institucionalização da sanção, é uma das dimensões essenciais do direito, representando uma segunda linha de garantia do cumprimento das regras jurídicas. Este carácter coercitivo resulta do facto de as regras jurídicas serem a expressão de uma vontade política, de uma vontade forjada na sociedade. A corrente positivista, salvo alguns excessos de formalismo (Kelsen), sublinha, pois, correctamente o fundamento social das regras jurídicas. As disposições normativas impostas pelo Estado exprimem uma ideia da organização da sociedade, exprimem uma concepção da vida social. Em suma, as leis cristalizam «projectos de justiça», um conjunto de princípios, de ideias e de conceitos que colhem um consenso suficientemente representativo para serem impostas e simultaneamente aceites na sociedade. De facto, estes «projectos» nunca colhem a unanimidade (Orlando de Carvalho, *Para um novo paradigma interpretativo*). Daí que a ideia de «combate pelo direito» (Jhering) tenha pleno cabimento.

Deve sublinhar-se também que, embora seja constituído por consensos representativos, o direito subtrai-se ao pleno controlo do Estado. A história do direito é relativamente independente da história dos regimes políticos. Existem no direito fenómenos de continuidade e específicos ritmos de desenvolvimento que explicam este desfasamento. O processo de autonomização do direito (redução ao tecnológico, acentuação do formalismo, etc.) e a sua monopolização estadual são aspectos específicos do direito moderno e este não é mais do que uma forma cultural do direito, uma das múltiplas formas que o direito assumiu historicamente.

Importa no entanto acentuar que, embora importante e iluminante, a concepção positivista não justifica cabalmente o direito. O fundamento social – consenso suficientemente representativo – da regra do direito ajuda a explicar a instituição da coercibilidade mas não esclarece a submissão e a aceitação pelos destinatários da regra jurídica, das suas prescrições normativas.

Estas assentam no facto de o consenso suficientemente representativo se ter formado em redor de valores essenciais do ser humano, ou de princípios essenciais para o bom funcionamento da sociedade. De facto, em geral, as leis respeitam um certo número de valores que se impõem a todos como um quadro de referência. Referimo-nos aos direitos do homem como «um autêntico germe de inconformismo indestrutível» (Orlando de Carvalho). É que existe um conjunto de valores fundamentais (a vida, a liberdade, a igualdade, a integridade física, etc.) derivados da ideia de dignidade humana que se impõem a toda a regra jurídica positiva e a todo o poder. A aceitação do carácter coercitivo das regras jurídicas prende-se com a recepção destes valores pela *voluntas* que cria o direito positivo. Claro que estes valores não são imutáveis como pretende a concepção jusnaturalista. A todo o tempo podem incorporar-se novos valores na normatividade jurídica. Os direitos fundamentais respondem a exigências ou necessidades humanas e estas podem fazer brotar novos valores que se traduzem em novos direitos através da sua positivação. A positivação destes princípios fundamentais depende em cada momento histórico de condições económicas, sociais e culturais.

Da mesma forma, sucede frequentemente que estes direitos se limitam mutuamente. A liberdade de expressão pode, por exemplo, colidir com os direitos à intimidade e à honra. Nem sempre é fácil compatibilizar o valor da liberdade com a manutenção da paz. O exercício da liberdade impõe por vezes certas alterações na ordem pública. É por vezes difícil conciliar a liberdade com o princípio da igualdade. Alguns direitos individuais devem ceder perante certos fins sociais orientados para o robustecimento das liberdades pessoais de todos.

No entanto, a experiência da nossa sociedade mostra que a compatibilização destes valores é perfeitamente possível. No que respeita ao sistema jurídico português, a Parte da Constituição que trata dos direitos fundamentais é aquela que juntamente com a organização económica «mais contribui para a definição de tipo constitucional de sociedade» (J. Gomes Canotilho/Vital Moreira). De facto, os direitos fundamentais são os componentes estruturais básicos tanto de todo o ordenamento jurídico no seu conjunto como de cada um dos ramos de direito que o compõem. Existe neles todo um sistema de valores e fins que se impõem a toda a actividade dos poderes públicos.

É a existência de um quadro de referência que sustenta a possibilidade de um juízo de valor sobre as regras jurídicas. A lei e o direito não podem atentar contra a dignidade do homem. Devemos, no entanto, ser mais exigentes neste ponto. Se é certo que a lei não deve ferir os valores fundamentais do ser humano, também é certo que se deve exigir, agora em sentido positivo, ao direito a realização concreta desses valores, valores que contendem com os direitos civis, económicos, políticos e sociais, não esquecendo os problemas específicos das minorias étnicas e religiosas. A afirmação da salvaguarda dos direitos humanos tem sido objecto de múltiplas declarações entre as quais destacamos a *Declaração dos direitos do homem e do cidadão* de 1789, a *Declaração universal dos direitos humanos* adoptada pela Assembleia Geral das Nações Unidas em 1948, a *Recomendação sobre os direitos do homem* (1971) do Conselho Mundial das Igrejas, etc.. Com maior ou menor amplitude, as constituições dos Estados recolhem nas suas disposições programáticas os valores a que nos referimos, podendo invocar-se a partir deles um direito originário à prestação (cfr. Jorge Miranda, *Direitos do Homem. Principais textos internacionais*). Estes valores são em geral formulados: «a) através de cláusulas de socialidade e de princípios definidores dos fins do Estado; b) através de normas gerais impositivas de certa política (tarefas do Estado) necessária à realização dos direitos fundamentais; c) através de imposições constitucionais concretas que vinculam o legislador ao fornecimento de certas prestações estritamente necessárias à concretização dos direitos económicos, sociais e culturais» (J. Gomes Canotilho).

Sempre que o direito positivo está em contradição ou em desarmonia com estes valores, sempre que viola os direitos fundamentais, que se impõem como fundamento de todo o direito e como justificação da submissão a todas as regras jurídicas, estamos perante prescrições ilegítimas que deverão ser denunciadas. Neste caso limite há quem defenda a obediência à lei sempre que ela provenha do poder legítimo. Invoca-se o argumento da manutenção da ordem (esta deve ser mantida a todo o custo) e sustenta-se ser este o preço das vantagens do direito positivo. Afigura-se-nos, no entanto, que a reacção contra a lei injusta é o exercício de um direito. O Estado social e democrático de direito constrói-se em estrita vinculação às leis justas e ao verdadeiro direito e só tem sentido se tiver como projecto o aperfeiçoamento das condições do reconhecimento da dignidade humana e o aumento da justiça material; em suma, se tiver como projecto a promoção do livre desenvolvimento da personalidade de cada cidadão. É que num sistema de democracia representativa os direitos humanos não estão subordinados à vontade da maioria. A não ser assim cairiamos numa concepção puramente formal do direito e na justificação universal de todas as "ordens". A problemática dos direitos do homem é um tema central do jurista post-moderno.

CAPÍTULO IV

Panorama do Pensamento
Jurídico Contemporâneo

Paulo Dourado de Gusmão
Desembargador. Professor contratado (1952
a 1956) de Filosofia do Direito da antiga
Universidade do Brasil

I. "A época anterior à primeira Grande Guerra" pode ser definida concisamente como época áurea da segurança,[2] que "em seu idealismo liberal estava sinceramente convencida de se achar no verdadeiro caminho para o melhor dos mundos", embalada pela "crença, quase religiosa, na honradez ou, ao menos, na capacidade dos governos.

Nessa atmosfera de doce ilusão, impregnada de cientificismo, sustentada pela crença no progresso, Nietzche vaticinou a morte de Deus e proclamou a necessidade da "transformação da totalidade dos valores" A fé na ciência e na possibilidade de o homem explicar o universo por suas causas, ofuscou a metafísica, fazendo reinar o Positivismo de Comte e o Evolucionismo de Darwin, Haeckel e Spencer, A Sociologia passou, então, a dominar o saber, enquanto a Filosofia retirou-se.

II. Compreensível em "época áurea de segurança", fortalecida pela crença na "capacidade dos governos" para administrar e legislar, adimitir-se a redução do direito à lei, adaptável pelo jurista, com o auxílio das ciências sociais, à realidade social, em lenta transformação. Mais além do direito positivo, com o emprego de processos metodológicos controláveis, sem sair, porém, do direito positivo,[3] (parodiando Saleilles, no prólogo a Gény: "Par le Code Civil, au delà du Code Civil"), eis como pensavam os juristas, fascinados com o *Code*

---

[1] Este capítulo foi publicado no volume *O Direito Contemporâneo de 1990: Novos aspectos. Estudos em homenagem ao Prof. Arnoldo Wald* (São Paulo. Ed. Revista dos Tribunais, 1992, com advertência de ser parte constitutiva do meu livro *Filosofia do Direito*).

[2] *Stefan Zweig. O mundo que eu vi (Minhas Memórias),* Rio de Janeiro, Ed. Guanabara. 1942, trad. de Odilon Gallorti, p. 15.

[3] Ihering aconselhava dever "ir mais além do Código Civil", para mantê-lo em vigor.

Civil, sob a influência das idéias de Comte. Foi assim que, na "época áurea da segurança" e da "crenca, quase religiosa" na "capacidade dos governos", ou melhor, do legislador, que o Positivismo Jurídico predominou no pensamento jurídico ocidental, desbancando a teoria do direito natural, substituída pela Teoria Geral do Direito (Bierling, Weigelin, Somló, Rumelin, Berzbohm, Von Beling, Filomusi Guelfi etc.). Positivismo que pretendeu ter encontrado as leis da evolução jurídica, traçadas por Maine, Morgan e a maioria dos jusfilósofos italianos até os anos 30 (Carle, Vanni, Groppali etc.).

III. Desaparecida a "época áurea da segurança" em agosto de 1914 com o troar dos canhões iniciando a Primeira Guerra Mundial, alertado o europeu para a possibilidade *d'A Decadência do Ocidente,* anunciada por Spengler, lembraram-se os juristas da Filosofia. Atenderam, então, a sugestão de Otto Liebmann de "Volta a Kant", afastando-se do Positivismo. Interessaram-se, então, "pilatianamente", por formas puras, indiferentes ao conteúdo do direito, seguindo uns o néo--Kantismo de Marburgo, apegados à *Crítica da Razão Pura* (Stammler, Kelsen, Del Vecchio), enquanto outros, ao néo-Kantismo de Baden (Lask, Radbruch).

Mas todos, por caminhos diferentes, expressa ou camufladamente, directa ou indiretamente, explícita ou implicitamente, admitiram o relativismo, defendido enfaticamente por Radbruch, implícito na doutrina de Stammler, principalmente em sua idéia de direito natural de conteúdo variável, bem como no normativisrno puro de Kelsen. Exceção de Del Vecchio, assim mesmo devido ao ecletismo de suas idéias.

E foi assim que, no final do século XIX, com Stammler, renasceu a Filosofia do Direito na Europa, como reacção ao Positivismo Jurídico, retornando a Kant.

IV. Mas, se o momento áureo da Filosofia do Direito coincidiu com os "anos dourados" de Weimar, o do Direito Civil ocorreu bem antes, provocado pela necessidade de formular princípios jurídicos para a "época áurea da segurança". Foi então que civilistas, principalmente os franceses, estabeleceram as três vigas mestras da ordem capitalista selvagem: responsabilidade civil fundada na culpa provada pela vítima; liberdade contratual e propriedade no sentido de *domi-*

Ver (o) Direito   *291*

níum romano, destinada a satisfaz interesses egoístas, que Ihering descobrira oculto em toda atividade humana. *O Traité Eléméntaire de Droit Civil* (1899) de Planiol, ampliado mais tarde por Ripert e Boulanger, é a pérola do direito civil dessa "época áurea da segurança",[4] enquanto o *Méthode d'Interprétation et Sources en Droit Privé* (1899) de Gény, fornecendo caminhos para ir além do *Code Civil*, sem abandoná-lo, a obra de um civilista francês que, pressentindo as mudanças, deu a chave para conciliar a legalidade com a justiça.

Entretanto, a "época áurea da segurança" dependia da certeza do direito, da intocabilidade dos direitos adquiridos, pois, do contrário. ficaria abalada a confiança na ordem econômica-social, garantida pelos códigos individualistas. A solução estava na teoria dos direitos adquiridos de Lassale, desenvolvida por Gabba (*Teoria della retroattività delle legge,* 1868-1874), simplificada por Demolombe e Merlin, garantindo os direitos que, no império da lei revogada, passaram a integrar o patrimônio do titular. Como na prática muitas vezes foi difícil determinar o momento da aquisição do direito, ficando sem proteção judicial muitas situações jurídicas, Vareilles-Sommières (*Une théorie nouvele sur la rétroativité des lois,* 1893) propôs a substituição da noção de direito adquirido pela de ato jurídico perfeito, aperfeiçoada depois, na Itália, por Coviello (*Manuale di Diritto Civile,* 1924), como obstáculo à aplicação da lei nova, mas que só Roubier (*Les conflits de lois dans le temps,* 1921), nos anos Vinte, formulou-a satisfatoriamente. Seja como for, direito adquirido e ato jurídico perfeito não mais saíram de moda.

No entanto, se por um lado, essas ideias, no campo do Direito Civil, atenderam às exigências da ordem econômica, por outro, possibilitaram graves injustiças, expondo o homem a riscos de toda ordem. Riscos muitas vezes fatais. Injustiças que abalaram a teoria da responsabilidade civil fundada na culpa provada pela vítima. Foi,

---

[4] Havia outros, muito citados – nem sempre lidos – que naquele tempo consultei na Biblioteca do Tribunal de Justiça do Estado do Rio de Janeiro. Lembro-me dos principais: *Baudry-Lacantinerie, Pacifici-Mazzoni, Enneccerus-Kipp-Wolff,* sem esquecer o pandetista *Windscheid,* com as notas de *Fadda & Bensa* na tradução italiana. Eram os principais tratados até os anos 40. Ensinaram muito, mas eram maçudos, sem a clareza meridiana de *Planiol,* Depois, é certo, *De Page.* Mas, prefiro ainda *Planiol.* Pode o leitor culto pensar que me esqueci do precioso *Manuale di Diritto Civile Italiano* (1924) de *Coviello.* Não, não me deslembrei; mas é uma Teoria Geral do Direito Civil – por sinal muito boa e clara – como a do nosso *Clóvis.*

então, que, na França, Saleilles, em 1894, defendeu, em *Les Accidents du Travail et la Responsabilité Civile,* a substituição da idéia de culpa pela de risco. Idéia desenvolvida, em 1897, por Josserand em *De la Responsabilité du Fait des Choses Inanimées.*

Era pouco ainda. Depois, em razão do exercício desenfreado dos direitos, indiferentes às suas consequências sociais, aparece, no começo do século XX a teoria do abuso do direito, sustendada, em 1901, por Porcherot *(L'abus de Droit),* definindo-o como o uso do direito, mantido dentro dos limites legais, desviado, entretanto, de sua finalidade (teoria *teleológica do abuso do direito),* conceituado mais tarde por Saleilles como exercício do direito contrário à sua destinação econômica e social. Influenciado por essa idéias, nos anos 20, Josserrand defende a *relatividade dos direitos.*

Tentaram assim os civilistas minimizar os efeitos do individualismo jurídico e do capitalismo selvagem, sem levar em conta a crítica de Planiol, condenando, "nova teoria", que "em uma linguagem insuficientemente estudada", vinha ganhando adeptos, quando, a sua "fórmula uso abusivo dos direitos, constitui uma logomaquia, porque, se exerço o próprio direito, o ato é lícito", e, sendo lícito, não pode ser abusivo (que supõe inexistência de direito). É preciso, advertiu, ainda, Planiol, não nos deixar ser enganado pelas palavras: o direito cessa onde o abuso começa, não podendo haver uso abusivo do direito pela razão irrefutável de um só e mesmo ato não poder ser, ao mesmo tempo, conforne o direito e contrário ao direito" Mas, a crítica de Planiol, alicerçada em princípios civilista. clássicos, não produziu efeitos: a teoria do abuso do direito venceu a resistência dos que a combatiam fundados no princípio de o contrato ser a lei dos contratantes e no princípio do absolutismo do direito de propriedade, oriundo do art. 544 do *Code Civil,* indiferentes para as injustiças causadas pelo exercício egoísta do direito e para a questão social agravada com a Revolução Industrial.

Desde então, a velha noção de direito subjetivo, lançada na Alemanha no século passado, como "poder ou senhoria de vontade assegurado pela ordem jurídica" (Windscheid) ou interesse juridicamente protegido (Ihering), que serviu, até 1914, de sistema métrico da legalidade do exercício do direito, foi então, substituída pela noção de normalidade do uso do direito, desde que mantido dentro de limites razoáveis, além dos quais é anormal (Saleilles).

Se não bastassem todas essas questões, outro problema passou a preocupar o jurista, criado com o intenso movimento migratório para as Américas. Políticos e juristas tentaram solucioná-lo. Inicialmente, renascendo velhas regras de conflito de leis no espaço. É quando, no despontar do Direito Internacional Privado, Schaffner dá como solução desse problema a prevalência da lei do lugar da constituição da relação jurídica, Zachariae, manifestou preferência pela lei do lugar em que for exigível a obrigação. Mas esses princípios revelaram-se insuficientes. Completando-os, no século XIX, Savigny lançou a idéia de "comunhão de direito internacional", fundada no princípio da "sede da relação jurídica": as pessoas, regidas pela lei de seu domicílio; as coisas, pela do lugar em que se encontram; a sucessão, pelo último domicílio do falecido; e as obrigações, pela lei do lugar em que devem ser cumpridas.

Mas os italianos não abriram mão da nacionalidade. Coube a Mancini, ainda no século XIX, defini-la desenvolvendo o princípio da personalidade das leis de Bartolo.

Foi assim que o Direito Civil deu os instrumentos que a ordem econômica, inspirada nos princípios do liberalismo econômico, precisava.

O Direito Comercial também, vencendo a resistência dos civilistas, atendeu, gradativamente, às necessidades da atividade econômica. Já havia dado passo largo com o *Code de Commerce* (1808) de Napoleão, destacando no art. 631 o ato de comércio, e não o comerciante. No terreno das sociedades comerciais, o elemento pessoal passou para o segundo plano, ficando limitada a responsabilidade do sócio ao valor de suas quotas. Depois, as ações, e não as pessoas. Agigantou--se, desde então, o Direito Comercial, apesar de os civilistas dos anos 20 e 30 considerá-lo exceção às regras do Direito Civil. Conceituação que, impedindo estender os seus preceitos com o auxílio da analogia, mantinha a hegemonia do Direito Civil. A esse preconceito civilista reagiu Vivante, autor de um grande *Trattato di Diritto Commerciale* (1901), definindo, talvez para possibilitar o recurso à analogia, o direito comercial como direito especial. Com o passar do tempo essa polêmica deixou de ter sentido, rivalizando, então, em importância, o direito comercial com o direito civil. Valorizou-se de tal forma, que Vivante, inspirado no Código Suíço de 1881, defendeu a idéia de código único de obrigações, posteriormente abandonada em seu projeto de Código Comercial (1922). Aliás, muito antes, antes mesmo do Código Suíço, no Brasil, o projeto de Código Civil (1859) de Teixeira de Freitas unificava as obrigações.

Mas a "época áurea da segurança" precisava ainda de instrumentos que dessem eficácia aos negócios jurídicos. Por isso, talvez, o Direito Judiciário, denorninação antiga do direito processual, ganhou importância. Não havia ainda, nesse tempo, noção exata de processo. A ação não era concebida como direito autônomo, mas como uma das faces do direito subjetivo. A esse respeito polemizaram os pandetistas alemães, que, finalmente, admitiram a autonomia jurídica da ação. Mas, deve-se ao alemão Wach a idéia de a ação ser direito subjetivo público, inconfundível com a pretensão. Foi-lhe concedida, assim, autonomia jurídica. Na Itália, Giuseppe Chiovenda (1872-1937), um dos criadores da Ciência do Direito Processual Civil e fundador,da Escola Italiana de Processo, desenvolveu a idéia de "processo", defendendo a oralidade, atribuindo ao juiz papel decisivo na direção do processo. Fundou, com Carnelutti, depois da Primeira Guerra, a *Rivista di Diritto Processuale. Os Principi di Diritto Processuale Civile* de Chiovenda marcam, no começo do século (datam de 1906), a nova fase do direito processual.

Por outro lado, o espírito científico, ou melhor, o cientificismo, influiu fortemente no Direito Penal, principalmente na Itália, que se encontrava sob o domínio da *Escola Clássica* de Francesco Carrara (1805-1888), conhecido mundialmente por seu *Programma del Corso di Diritto Criminale* (1866), abraçando a teoria do delito como ente jurídico, tendo por pressuposto o livre arbítrio e a imputabilidade moral. Enrico Pessina (1828-1916) desenvolveu-a ao defender a teoria da retribuição. Defendeu-a em seus *Elementi di Diritto Penale* (1882), em choque com as novas idéias que penetravam gradativamente no Direito Penal. É nesse tempo que Cesare Lombroso (1836-1909), publicou *L'Uomo Deliquente* (1876), revertendo a direção dos estudos penais, introduzindo-lhe o espírito positivista. Lombroso idealizou tipos de criminosos, dentre os quais o "delinquente nato", revelado por dados morfológicos e fisiológicos. Segundo ele, o homem nasce delinquente. Admitiu depois, haver delinquentes ocasionais, que, não tendo tais características, seriam predispostos para o delito, na dependência da ocasião. Mas é Enrico Ferri (1856-1919), jurista e literato, que revolucionou o direito penal. Negou o livre arbítrio (*La Teoria dell'Imputa-*

bilità e la Negazione del Libero Arbitrio, 1878), considerando anormal o criminoso do ponto de vista psicológico ou orgânico (delinquente anormal). Classificou-o em cinco tipos: passional. incorrigível, habitual, ocasional e louco. Deu muita importância aos fatores sociais e psicológicos da criminalidade. Entendendo resultar o crime desses fatores, abandonou a noção de "culpa moral", substituída pela idéia de "responsabilidade legal". Consequentemente, a pena passou a ser considerada instrumento de defesa da sociedade contra o crime, e não forma de retribuição. Surgiu, assim, a *teoria da defesa social,* dando mais ênfase à periculosidade do delinquente do que à culpa. Em razão disso, insistiu Ferri na natureza defensiva e preventiva do direito penal. Defendeu, por isso, a pena indeterminada na dependência da temibilidade do criminoso. Considerou a prevenção mais importante do que a punição. Elaborou. em 1921, um projeto de reforma do Código Penal italiano, destinado a "meglio attuare la difesa sociale contro la deliquenza", que não foi aproveitado. Essas idéias ultrapassaram as fronteiras da Itália, sendo acolhidas na Alemanha por Von Litz, na Bélgica por Prinz, e na Holanda por Van Hamel. Depois, ecleticamente, a Terza Scuola, aparecida ainda, no século XIX, com Impalomeni (1846-1907) e Alimena (1861-1915) aproveitou idéias da Escola Clássica e da Escola Positiva, principalmente a noção de pena como forma de defesa social, admitindo entre os fatores de delinquência, elementos antropológicos, psicológicos e sociais. Com Ferri, deu destaque às medidas de segurança. Seja como for, seja qual for o princípio defendido pelos penalistas, o fato é que o Direito Penal contribuiu para a época áurea de segurança.

Com o nascimento da Sociologia (Comte, Spencer e Marx), despertando o interesse para as raízes sociais das instituições, das condutas humanas e dos fatos, aparecerarn importantes estudos sociológicos e etnológicos no terreno jurídico, como os de Summer Maine. Bachofen, Foustel de Coulanges. Morgan, Post e do próprio Ferri (*Sociologia Criminale,* 1889). Ultrapassada, com os novos posicionamentos sociológicos, a polêmica sobre a prioridade do matriarcado ou do patriarcado, tendo de um lado, Bachofen (1815-1887) e Morgan (1818-1881), defendendo o matriarcado, enquanto Summer Maine (1829-1888), fundador da Escola Histórica Inglesa, o patriarcado, bem como colocado de lado, o problema da predominância, na Antiguidade clássica, do fator religioso e do culto familiar dos mortos, apontado por Foustel de Coulanges, sobreviveu dessa primeira fase sociológica, a *lei de Maine* de evolução jurídica: movimento do *status* ao contrato.

É nas revistas *La Scuola Positiva* (1891), fundada por Ferri, órgão da Escola Positiva de Direito Penal, e no *Année Sociologique* (1886), fundado por Durkheim, órgão da Escola Sociológica Francesa, que se encontram importantes trabalhos de sociologia criminal, de sociologia jurídica e de criminologia.

V. Depois da "época áurea da segurança", encerrada em 1914, os "anos dourados" da República de Weimer (literatura, filosofia, arte e ciência) foram também os melhores da doutrina jurídica As grandes teorias jurídico-filosóficas do século XX ganharam fama no entre-guerras. Basta lembrar as de Radbruch, Max Weber, Kantorowicz e, principalmente, Kelsen, para convencer-se do acerto dessa afirmação.

Nesse tempo, no entre-guerra, na *Rivista Internazionale di Filosofia del Diritto* (1921), fundada por Giorgio Del Veccchio, e nos *Archives de Philosophie du Droit et de Sociologie Juridique,* editados em Paris de 1931 a 1940, fundados por Le Fur e Gurvitch, encontram-se preciosos ensaios dos mais famosos jus-filósofos e jus-sociólogos daquele tempo.

Mas os "anos dourados" duraram pouco, tendo sido sucedidos por anos de crise, de insegurança, marcados por violência, perseguições e, acima de tudo, por injustiças sociais. Para esses tempos os Códigos vigentes naquela época estavam envelhecidos. Daí o velho Direito Civil, sem ter cortadas as suas raízes romanas, ter se adaptado a esses tempos difíceis, com enfraquecimento de suas colunas básicas: responsabilidade civil, liberdade contratual e propriedade. Gaston Morin foi um dos que prirneiro alertou para a decadência da soberania do contrato, enquanto Savatier, para os efeitos da *sanction du devoir moral en droit positif français* (1916) e na jurisprudência. Utopicamente Ripert pensou encontrar a solução para os abusos praticados no mundo dos negócios introduzindo a *règle morale dans les obligations civiles* (1925). Duguit, mais ou menos na mesma ocasião, abandona o campo constitucional para fazer a defesa da solidariedade social como freio da propriedade privada e da liberdade contratual.

Lícito é dizer terem sido franceses os juristas que mais se preocuparam com os problemas sociais criados pela Revolução Industrial e pelo individualismo jurídico. Franceses foram, também, os civilistas que traçaram os novos rumos da responsabilidade civil (Lalou, Savatier e os Mazeaud's).

A Itália, que não teve, como a Alemanha, em nosso século, "anos dourados", e que foi sacudida por fortes crises política e econômica, enriqueceu a biblioteca jurídica ocidental com o *Digesto Italiano*, depois, ao tempo de Mussolini, com o *Nuovo Digesto Italiano,* que não é segunda edição atualizada do anterior, e depois da Guerra, com o *Novíssimo.*

Mas no limiar dos anos 20 um civílista italiano, Francesco Ferrara, chama a atenção dos juristas para uma das jóias jurídicas do século, o seu magistral *Tratatto di Diritto Civile* (1921), que o seu infeliz editor impossibilitou de ser concluído. A esse respeito não deve ficar esquecido o litígio judicial que envolveu de um lado Ferrara e, de outro, o editor. Publicado, em 1921, o primeiro volume do *Tratatto,* foi um sucesso, apesar de não compreender toda a parte Geral do Direito Civil. Ferrara pretendeu, então, melhores condições para continuar a obra, enquanto o editor insistiu em manter as do contrato. Consequência: foram para os tribunais para resolver o impasse. O *Tribunal di Roma,* em 18 de julho de 1928, considerando que a Doutrina Geral do Direito Civil tem autonomia jurídica; reconhecendo não dever ser revisto contrato de edição, que tiver por objeto obra de criação jurídica, exclusivamente com critérios civilistas, por envolver "condições psicológicas", das quais depende o trabalho intelectual criador; considerando, finalmente, que, nos contratos que tenham por objeto "obra futura de criação original" sem termo, o juiz não pode assinar prazo para o autor concluí-la, obrigou Ferrara a terminar a parte da Doutrina Geral do Direito Civil (objeto do volume publicado) nos termos do contrato. Rescindiu-o, entretanto, no que tange à parte especial (Família, Sucessões, Obrigações), por encontrar-se em curso (naquele tempo) os trabalhos de reforma do Código Civil (*Il Foro Italiano,* 1928, v. 53/903-909). Transcreve a decisão de Roma trechos da carta de Ferrara ao editor, queixando-se de ter se sacrificado muito para adquirir obras jurídicas estrangeiras e italianas para preparar o segundo volume, num país em que só um Pitigrilli podia-se dar ao luxo de se manter com direitos autorais. Ambos recorreram, e a *Corte di Cassazioni del Regno* (Il Foro Italiano, 1931, v. 56/612-622), considerando que iniciada a publicação do *Tratatto* era necessário concluí-lo, reformou, em parte, a decisão de Roma, por não dispor o juiz de base, em se tratando de obra literária, para assinar prazo para a conclusão da mesma. Apesar disso, condenou Ferrara a concluí-lo quando tivesse inspiração, que, não dependendo da vontade, não está sujeita a termo. Fixar prazo para esse fim, acrescentou a antiga Corte italiana dos anos 31, seria psicologicanente contra--indicado por impedir a inspiração criadora. E Ferrara, como era de se esperar, não teve "inspiração" para concluí-lo. Com isso, o patrimônio jurídico ocidental, e não só italiano, teve enorme prejuízo cultural.

Por outro lado, tanto a Itália como as poderosas nações européias daquela época e os Estados Unidos massificaram-se e burocratizaram--se. Iniciou-se, então, no entre-guerra, a "era administrativa", expres-são cunhada pelo pensador francês Andre Siegfried (*Aspects du XXe. Siècle,* 1955), com a predominância de técnicos burocráticos e, acima de tudo, da organização, seja na àrea empresarial, seja na do Estado. O direito administrativo, no setor público, cresceu de importância, ombreando com o direito constitucional, espraiando a idéia de organi-zação para o judiciário e para o instrumento indispensável à prestação jurisdicional: o processo, possibilitando a previsão de como decidirão os tribunais (Holmes). Por outro lado, o Estado autoritário não con-fiava muito no juiz como "porta voz" da lei, de tal forma que, na França de Montesqieu, o Judiciário não pode ser considerado total-mente independente do Executivo. Tivemos, desde então, a fase áurea da ciência direito processual, na qual destacou-se, entre as duas Guerras Mundiais, na Itália, Francesco Carnelutti, que, além de pro-cessualista, grande advogado, versou sobre todos os ramos do direito.[6] Com Chiovenda fundou a *Rivista di Diritto Processuale Civile.*[6]

---

[5] Para esclarecimento das novas gerações: Pitigrilli, pseudónimo do escritor italiano *Gino Segre,* famoso mundialmente nos anos 20 por suas obras eróticas.

[6] A "escola de processo italiana", fundada por *Chiovenda* e *Carnelutti,* não desa-pareceu com a Guerra. *Carnelutti, Calamandrei* e *Liebman,* além de outros, a mantive-ram viva. Aliás, quando esteve refugiado, durante a Guerra, no Brasil, *Tullio Enrico Liebman* cooperou para a formação no Rio de Janeiro de um grupo de processualistas de escol, constituído por *Luiz Macedo Soares Machado Guimarães, Guilherme Estelita, Irineu Joffily, Alfredo Buzaid, César Luchetti, Aguiar Dias, Alfredo Almeida Paiva, Goulart de Barros, Luiz Antonio de Andrade, Martinho Garcez Neto, Helio Tornaghi, Alfredo Lamy Filho, Carlos Linhares, Celso Augusto Fontenelle, Milton Barbosa* e *Eliezer Rosa.* Foi o último que promoveu o círculo de conferências aqui pronunciadas pelo ilustre processualista italiano, que, posteriormente, foi para São Paulo, formando um grupo ilustre de juristas, em que se destacaram *Francisco Eulálio de Bueno Vidigal, Alfredo Buzaid, Moacry Amaral dos Santos, José Frederico Marques, Bruno Afonso de*

Couture, afamado processualista uruguaio, assim definiu a posição de Carnelutti no campo processual: *"Chiovenda representa a autoridade, Carnelutti a invenção e Calamandrei o 'esprit de finesse'"*. Coube a Carnelutti fazer brilhante defesa da tese da ação como direito subjetivo público. A esse respeito devem ser lembradas, por serem sempre atuais, algumas idéias de Carnelutti expostas em *Saggio di una teoria integrale dell'azione*, para não ficarem perdidas na *Rivista di Diritto Processuale Civile* (1946), principalmente no que concerne às relações entre direito e processo. Escreve Carnelutti: "se il diritto si fa mediante il processo, il processo si fa mediante il diritto. Il processo é, invero un'attività strettamente regolata dal diritto. Si non ci fosse questo regolamento, non potreble farsi. Un processo condotto con la collaborazione del tutto libera delle parti, del giudici, del difensori, dei periti, dei testimoni sareble una utopia:... 'Processus non è che una síntesi di quello che sarà del passato e del futuro. Quando un giudice condanna a morte um omicida, che fa egli se non collegare il suo passato al suo futuro? Se io dicesi dunque che ii diritto non è un processo, la mia propozione sareble esatta. E poiché, a sua volta, il giudizio non è altro che la síntesi del passato e del futuro, io potrei dire altres' che il diritto é un giudizio. Così, in linea generale, diritto e proceso non son piu due cose diverse, ma una espresione diversa, statica o dinarnica, della medesima cosa: *il processo è il diritto che si fa, il diritto è il proceso che si è fatto: il fare e il fatto, insomma. Dire* che *il diritto suppone il processo significa* dunque che il diritto ha bisogno di farsi e dire che il processo implica il diritto vuol dire che non puó farsi se non è giá fatto". Temos, assim, o "círculo vicioso", que "representa o problema de origem do direito". A acção como "direito ao direito" é, na realidade, o direito à prática de atos necessários ao reconhecimento do direito"... E por aí continua a rica imaginação criativa de Carnelutti, que, em sua *Teoria Generale del Diritto* (1940), apresenta uma síntese de sua vasta obra, de suas idéias e de sua experiência como professor universitário, jurisconsulto e advogado. Mas, não devemos deixar-nos cegar pelo genial Carnelutti, esquecendo, no campo processual, James Goldschmidt, preocupado com o "direito judiciário material" (*Mare-*

André, Benvindo Ayres e *Sebastião Soares de Faria*. Esse grupo de São Paulo foi pelo processualista espanhol *Nizeto Alcala-Zamora*, na época refugiado no México, denominado *escuela procesal de São Paulo*.

rial Justizrecht), concretizado na situação jurídica de expectativa da sentença cujo conteúdo não pode ser com certeza previsto.

No que concerne ao Direito Penal, o endereço técnico-jurídico atraiu muitos penalistas, preocupados (talvez mordidos pelo kelsenismo) em transformá-lo em ciência rigorosa, razão pela qual lhe deram por objeto exclusivamente a lei penal. É nossa interpretação.

Desgraçadamente, esse tempo de renascimento cultural, que descrevemos, e de segurança em que os "empresários podiam concluir negócios fabulosos visando lucro em futuro certo", em que juristas formularam as teorias mais arrojadas, em que os jusfilósofos desentenderam-se em Congressos Internacionais em Paris e em Roma, e em que os legisladores formularam Códigos para uma sociedade confiante em seu futuro, foi interrompido em 1 de outubro de 1939, com a invasão da Polónia, que, a 3 do mesmo mês, iniciou a Segunda Guerra Mundial. Desde então, do "Gabinete do Dr. Caligari" foram expedidas ordens desumanas sem precedentes, que acabaram por modificar o homem, transformando os valores, banalizando a vida, iniciando nova era de insegurança e de incertezas, seja com o poder que a mídia deu ao Governo, seja com a violação por satélites da privacidade das nações. O mundo se encolheu, as distâncias desapareceram. Assim, o mundo mudou, os valores foram colocados à prova, o homem tornou-se ameaçado, abandonado. Um pouco antes, o relativista Radbruch, depois da Guerra, retornando do exílio, tomando conhecimento *in loco* da destruição da Alemanha, deixa, então, de lado idéias que defendera nos "anos dourados" de Weimar, passando a apelar para o direito supralegal, que legisladores e juízes estariam obrigados a respeitar, mesmo quando *contra legem*. Renova-se, assim, por força das atrocidades cometidas por Governos autoritários, a oportunidade para o renascimento do direito natural, na pena ou na máquina de escrever de Rommen (*Le Droit Naturel. Histoire-Doctrine*), de Johannes Messner, Hans Welzel, Eric Wolf, Jacques Leclerq etc.

Mas, o direito natural do pós-guerra tem conceituação mais ampla, não sendo o direito que ampara o homem somente contra as ameaças do Estado, pois tutela, também, as condições da natureza possibilitadoras da vida. Na Alemanha, Wolf Paul inclui a preservação do meio ambiente dentre os direitos naturais do homem. Tem razão o jusfilósofo alemão, tanto assim que o primeiro número do *Time* de 1989 tem como capa a Terra em perigo (*Planer of the year. Endangered Earth*) onde deveria figurar o "Homem do Ano" de 1988.

Direito natural que, deixando de ser utopia, passou a ter validade internacional a partir da *Declaração Universal dos Direitos do Homem* da ONU (1948), com maior eficácia na Comunidade Européia (União Européia) desde a *Convenção Européia para a proteção dos direitos humanos e das liberdades fundamentais* (Roma, 1950), garantida pelo *Tribunal Europeu de Direito Humanos* (1963), sediado em Strasburg, não previsto no sonho de Jean Monet.

No Brasil, Pontes de Miranda, o último rebento da Escola de Recife, afamado desde o seu *Systema de Sciencia Positiva do Direito* (1922), defendeu a conciliação do "valor tradição" como "valor moral" de modo a revolucionar o direito, sem perturbações. O magistral *Tratado de Direito Privado,* que publicou a partir de 1954, é o coroamento de sua rica atividade intelectual em todos os campos juridicos. Mais moço do que ele, formado no espírito da Academia de São Paulo, Miguel Reale, com a *Teoria Tridimensional do Direito*, transpondo os limites dos monismos e dos dualismos, concebeu, a partir de 1940, o direito tridimensionalmente, como integração de fato e valor na norma, síntese dinâmica da experiência jurídica.

Werner Goldschmidt, filho do grande processualista alemão, defende a teoria "trialista" do direito, enquanto Recasens Siches, sem abandonar Ortega y Gasset, acolheu o enfoque realiano. Aliás, tridimensionalista é a doutrina do norte-arnericano Jerome Hall e do sociólogo, de origem russa, Sorokim. Ainda nos anos 40, na Argentina, Carlos Cossio lança a *Teoria Egológica do Direito*, tentando ir além de Kelsen, sem abandoná-lo.

Desde que estamos falando de Filosofia do Direito, deve ser lembrada a Lógica, que abandonando a Filosofia, conquista fôro de ciência. Não a lógica aristotética, mas as lógicas modernas, por não haver, segundo os modernos estudos de lógica, uma única lógica, mas diversas (lógica formal e lógica material, lógica deôntica, lógica científica etc.). Procurando decifrar o raciocínio jurídico à luz de diversas lógicas. encontram-se Chaim Perelman (*La nouvelle rhétorique*), Georges Kalinovski (*Introdution a la logique juridique*), Recasens Siches (*Nueva filosofia de la intepretación del derecho*), Garcia Maynez (*Introducción a la logia juridica*), Da Costa, Miró Quesada etc., além de outros jusfilósofos europeus e latino-amerieanos. Entretanto, não está pacificado o pensamento jurídico no tocante à existência da Lógica Jurídica. Kelsen, Tammelo e Kalinowski negam haver uma *lógica especial* compatível

302   *Instituições de Direito*

com o discurso jurídico, enquanto Klug e Perelmann a defendem ardorosamente. Recasens Siches, por exemplo é partidário da lógica do razoável muito empregada, antes de 1988, pelo Supremo Tribunal Federal brasileiro, confirmando decisões que, destoando das convencionais, resultam de interpretações razoáveis. Mas, na verdade, os que versam sobre Lógica Jurídica são especialistas em Lógica, professores universitários, e não juízes. Os que vivem o drama da aplicação do direito, como é o caso dos magistrados, é que podem, falar sobre o raciocínio do julgador, porque, como disse, com toda razão, o grande jurista e juiz norte--americano Holmes, o direito é como o juiz o entende, enquanto a ciência do direito, uma profecia de como ele decidirá. Calamandrei em 1951, sem ser juiz, em conferência proferida na Universidade de Pádua, publicada, com a de outros conferencistas, no volume *La Crisi del Diritto* (1953), versando sobre a crise do judiciário, tratou da crise da lógica jurídica, salientando que, nas épocas de estabilidade socioeconômica, é rigorosa, enquanto nas épocas de crise, elementos ecológicos, econômicos, políticos e até sentimentais, como grãos de areia, dificultam a engrenagem dessa lógica, alterando o resultado do raciocínio jurídico. Na velhice, o grande processualista italiano, autor do maravilhoso opúsculo *Elogio dei giudice scritto da un avvocato,* ficou um pouco cético, concluindo, na citada conferência, ter a "suspeita de a pretendida imparcialidade, do juiz ser uma ilusão", porque, no caso do juiz imparcial – não se cogitando das exeções dos casos patológicos de juiz corrompido, venal, motivado por revolta, inimizade ou ódio, o raciocínio sofre a influência da realidade social, por ser o juiz um homem como outro qualquer, "integrado em seu meio social, dotado de determinadas opiniões e interesses comuns aos demais homens de seu meio". Mas, Calamandrei, não sendo juiz, como advogado, julgando o magistrado, pensava ter desvendado o mistério do raciocínio judicial. Ora, julgar não é fácil. Aplicar a fria lei é, em alguns casos, trágico e doloroso para o magistrado, que muitas vezes faz ginástica intelectual para fazer justiça sem sair dos limites estreitos do preceito legal. Mas, essa arte nem todos têm, apesar de necessária. Não é ensinada na Universidade e nem nos estágios probatórios. É adquirida através do exercício da judicatura, com o passar dos anos. Daí certo é dizer acacianamente ser o juiz como o vinho, quanto mais velho melhor. Eis a vantagem da plena vitaliciedade garantida aos magistrados, principalmente nos Estados Unidos, que possibilita maior experiência jurídica, forjando o bom juiz.

Ver (o) Direito 303

No que tange à Sociologia Jurídica do pós-guerra, deixou de se preocupar em formular sistemas sociológicos, mas em aplicar as teorias sociológicas do pré-guerra aos fenômenos ou problemas sociais, como exemplificando, divórcio, greve etc. Apareceram, entretanto, estudos mais amplos, à luz da sociologia, devidos a civilistas, como, por exemplo, os de Ripert (*Le déclin du droit*, 1949 e *Les forces créatices du droit, 1955*), de René Savatier (*Les mètamorphoses économiques et sociales du droit civil d'aujourd'hui*, 1948) e de Carbonnier (*Flexible droit*). Além dessas tentativas, provocadas pelos efeitos catastróficos do pós-guerra, temos ensaios de teoria sociológica como os de Carbonnier (*Sociologie Juridique*, 1972) e de Manfred Rehbinder (*Rechtssoziologie*, 1981), além de outros.

VI. Os novos tempos criaram temas novos. O Plano Marshall, depois, o Mercado Comum Europeu (Comunidade Europeia e União Europeia) e o milagre japonês deram novas forças a ordem econômica. Agigantaram-se as sociedades anônimas, federalizando-se sob a direção e orientação de uma *holding*. Surgiram as multicionais as transnacionais e, finalmente, a tão falada globalização. No campo contratual, no direito comercial, as raízes, profundamente penetradas no direito romano e no direito europeu, começaram a secar, tornando-se estéreis, permitindo o aparecimento de negócios jurídicos novos como, por exemplo, o *leasing* e os contratos celebrados pelos comerciantes com os implantadores de *Shopping Center,* cuja natureza jurídica é complexa, e não simplista, equivocadamente interpretada como locação comercial, talvez, a nosso ver, mais próximo da concessão comercial etc. Novos negócios jurídicos ainda vão surgir, não sendo cabível procurar nos velhos Códigos, na velha doutrina ou no direito romano os seus princípios, devendo ser, atualmente, audacioso o jurista, pondo a sua imaginação criadora a funcionar, como fizeram os que criaram, na época de transição, a teoria do abuso do direito e a teoria da relatividade do contrato etc.

Mas se por um lado a ordem econômica tornou-se complexa nos Estados Unidos, no Japão e na Europa, graças, no caso europeu, ao Mercado Comum e, agora à Comunidade Européia ou União Européia (utopia que se tornou realidade), os países em desenvolvimento estão ameaçados por graves crises econômicas, por desemprego generalizado graças à globalização da economia, que colocam em perigo as suas frágeis instituições políticas. Paradoxalmente, seja nos países

304   *Instituições de Direito*

desenvolvidos, seja nos que lutam para se desenvolver, a crise dos valores se instalou, a criminalidade sofisticou-se, organizou-se e aparelhou-se com os recursos da moderna tecnologia, para obter ilícita vantagem patrimonial e até para alcançar finalidade política (terrorismo). Sequestros de pessoas e de aviões, atentados a bomba, assaltos a Bancos, ilícita penetração nos sistemas de computação etc. são notícias que não mais espantam aos que lêem jornais ou ouvem os telejornais ou as notícias veiculadas pelo rádio ou pela TV. Os valores morais enfraqueceram-se e a corrupção tornou-se transparente, comprometendo o poder público, levando alguns corajosos juízes italianos a desencadear uma série de processos por corrupção contra políticos e empresários, conhecida internacionalmente por "Operação Mãos Limpas" (*Mani Pulite*). Nesse clima de insegurança generalizada e de corrupção, penalistas ressuscitaram Ihering, defendendo a *teoria finalista da ação* (Welzel).

Por outro lado, a última Guerra Européia (1 939) deslocou o centru do Poder do Atlântico para o Pacífico, perdendo a Europa o poder de decisão. A Guerra Fria dividiu-a por um Muro, separando dois estilos de vida. O Muro caiu, a tensão acabou, e a URSS implodiu, sendo incerto o que por lá ocorrerá. Tudo isso aconteceu, mas do Grupo dos 7 continuou a depender o desenvolvimento social e econômico do Mundo. A realidade jurídico-internacional foi desnudada completamente e a teoria de Kelsen na prática confirmada: do reconhecimento da comunidade internacional – no fundo, do G7 – depende a validade e a legitimidade dos Governos, dos Estados soberanos e de seus direitos.

Outra realidade chocante: a familiar. A Guerra, o pós-guerra, principalmente os anos 60, modificaram-na de tal forma que assusta. Desde então, o papel do pai, do marido e da mulher no lar começaram a ser postos à prova. O pai e o marido foram destronados. O concubinato passou a ter mais estabilidade do que o casamento. Na França, nos anos 90, uma pesquisa mostrou que para três casamentos há um divórcio, sendo que, em Paris, "um pour deux" (*L'Express,* n.° 22.084, p. 46). A Constituição brasileira de 1988 definiu o concubinato como entidade familiar, dando-lhe o nome de união estável. Pôs abaixo as desigualdades entre filhos havidos no e fora do casamento. O legislador ordinário apressou-se em admitir o reconhecimento do filho incestuoso. O trabalho liberou a mulher, que com a pílula teve plena liberdade sexual. A "mesa redonda" da família dos anos 30 ou 40 foi substituída pelo isolamento em frente ao vídeo, dando lugar à imagem, e não ao diálogo. O silêncio, o isolamento no lar, apesar da proximidade física, gerou a crise do amor. A ciência possibilitou a procriação sem relação sexual, chegando ao ponto de a maternidade por meios científicos ser pretendida pela mãe solteira, quem sabe até pelas virgens. O *Admirável Mundo Novo* de Huxley está acontecendo. A família, em crise, colocou à prova o Direito de Família. Desafiado o jurista por esse mundo novo, apesar de perplexo, nesse terreno, deve agir com a maior prudência, porque a família. pode-se dizer parodiando o poeta Sully-Prudhomme (soneto *Le vase brisé*), está rachada. muito cuidado com ela, pois pode quebrar-se...

CAPÍTULO V

A Teoria da Justiça
no Pensamento Português Contemporâneo

António Braz Teixeira
Professor do Departamento de Direito
da Universidade Autónoma de Lisboa

I. As graves violações dos direitos fundamentais da pessoa humana e a sua frequente degradação ao nível das coisas, ocorridas antes e durante a II Guerra Mundial, propiciadas ou justificadas quer pela pretensa neutralidade axiológica do positivismo jurídico e pelo seu conceito meramente formal de validade do direito, com total desinteresse pelo conteúdo material das normas, quer pelas concepções transpersonalistas do Estado e da sociedade, dominantes nas décadas de 30 e de 40 do nosso século, vieram chamar, dramaticamente, a atenção dos jurisfilósofos para a imperiosa necessidade de encontrar um fundamento transpositivo e supra-legal para o direito que, ao mesmo tempo, estabelecesse claros limites à tentacular expansão do Estado e do poder político e ao arbítrio dos legisladores.

Assim, ainda durante o conflito mundial, Gustav Radbruch (1878-1949), pensou poder encontrar tal fundamento numa nova interpretação da noção de natureza das coisas como estrutura objectivo-histórica da realidade humana e do mundo social, de evidente recorte vitalista[1], assim se contrapondo à orientação que, partindo da fenomenologia, Adolf Reinach (1883-1917) iniciara, ao conceber a natureza das coisas como estrutura lógico-objectiva da realidade jurídica e ao procurar determinar, a partir dela, os fundamentos apriorísticos do direito civil[2], retomando, assim, em novos termos, a intenção essencial que, quase um século antes, presidira à actividade teórica de John Austin (1790-1859).[3]

Seria, porém, poucos anos depois que a busca do fundamento axiológico do direito iria começar de novo a fazer-se através da reflexão

---

[1] *La natura della cosa come forma giuridica di pensiero*, na "Rivista Internazionale di Filosofia del Diritto", vol. XXI, 1941 e *La naturaleza de la cosa como forma jurídica del pensamiento*, trad. castelhana Ernesto Garzón Valdés, Cordoba, 1963.

[2] *Los fundamentos apriorísticos del Derecho Civil*, trad. castelhana José Luis Álvaret, Barcelona, 1934.

[3] *The Province of Jurisprudence determined*, 1832 e *Lectures on Jurisprudence or the Philosophy of Positive Law*, 1861-1863.

310   *Instituições de Direito*

sobre a ideia de Justiça, por iniciativa, quase simultânea, de Caïm Perelman (1912-1984)[4] e Giorgio Del Vecchio (1878-1970)[5], a qual, desde então, não deixaria de constituir relevante tema especulativo tanto no domínio da Ética e da Filosofia do Direito como no âmbito da Filosofia Política, principalmente na de orientação liberal ou neo-liberal.[6]

Também os filósofos portugueses não ficaram indiferentes a este novo interesse especulativo pela teoria da Justiça, o qual, revelado logo no final da década de 30, nos quadros ainda formalistas e relativistas do neo-kantismo, veio a encontrar significativos e mais aprofundados desenvolvimentos posteriores, quer a partir de uma atitude filosófica de sentido existencial, quer no âmbito de uma livre consideração do pensamento hegeliano, quer numa renovada leitura do pensamento aristotélico à luz da mais recente tradição do pensamento português, quer, ainda, nos quadros de uma ética de matriz fenomenológica e evidente acento religioso.

A restauração da cadeira de Filosofia do Direito, levada a cabo em Coimbra, em 1936, por iniciativa da sua Faculdade de Direito, após um interregno de um quarto de século, e o magistério exemplar que nela desenvolveu Cabral de Moncada (1888-1974), durante duas fecundas décadas, deram origem a uma renovada atenção à problemática filosófico-jurídica, que, por intermédio de António José Brandão (1906-1984), Delfim Santos (1907-1966), Franz Paul Langhans (n. 1908) e José Hermano Saraiva (n. 1919), viria a encontrar também algum eco, embora sempre incompreendido e marginal, na Universidade de Lisboa.

II. Um dos primeiros sinais do despertar do novo interesse pela consideração filosófica do direito foi a breve dissertação sobre a Justiça, apresentada, em 1939, por Arnaldo de Brito Lhamas, na Faculdade de Direito de Coimbra.

---

[4] *De la Justice*, Bruxelas, 1945.

[5] *La Giustizia*, Roma, 1946.

[6] Lembrem-se aqui, entre outras, e para além das consideradas no texto, as relevantes contribuições que à reflexão filosófica sobre a Justiça trouxeram pensadores como L. Recasens Siches, Luigi Bagolini, Sergio Cotta, Ilmar Tammelo, Emil Bruner, Michel Villey, Paul Ricoeur, John Rawls, Ronald Dworkin, Robert Nozick, Jüngen Habermas, Miguel Reale ou Renato Cirell Czerna.

Apesar de haver intitulado o seu estudo *O problema da Justiça*[7], o jovem autor dele não chegou realmente a ocupar-se, fazendo convergir a sua atenção sobre uma questão diferente, a da determinação do conceito formal de Justiça, considerando-a da perspectiva neo-kantiana.

Inspirando-se, visivelmente, no pensamento expresso por Del Vecchio na versão inicial do seu ensaio acerca da Justiça (1923), sustenta Brito Lhamas que o primeiro objecto de conhecimento da consciência é o eu. A existência do eu e o seu conhecimento pressupõem, no entanto, a existência do não-eu. Sob o ponto de vista lógico, o conhecimento analisa-se, assim, através da relação "sujeito-objecto".

A consciência que se conhece como eu conhece-se também como querer, como eu que quer, tendo, necessariamente, esse querer como objecto o não-eu. Mas, para que aquilo que o eu quer seja realizável, é preciso que o não-eu também se apresente como um não-eu, um outro, que quer o mesmo que eu quero. Dado que o querer pressupõe liberdade na escolha e realização dos fins que o eu se propõe, o outro, sendo um não-eu que quer, tem também de ser livre.

Vistos os fins que o eu se propõe exclusivamente no âmbito do sujeito que quer, sobre tais fins apenas é possível emitir juízos de possibilidade intrínseca, relativos à sua possibilidade física ou ao seu valor moral, pois tais fins representam apenas uma emanação da personalidade do sujeito. Se, pelo contrário, olharmos os fins que o eu se propõe na sua realização, transcendendo a esfera do sujeito e projectando-se no campo do não-eu, onde vão produzir uma alteração, poderemos já emitir sobre tais fins juízos de possibilidade extrínseca, ou de justiça.

Para que esses fins sejam realizáveis é, porém, necessário que esse não-eu sobre que o sujeito pretende actuar também os queira, é preciso que exista uma coordenação entre os fins que o eu e o outro, ambos livres, se propõem.

Deste modo, a Justiça apresentar-se-á como "uma ordenação, em que os fins de uma pessoa estão regulados de tal modo, que a sua realização não implique para outra a impossibilidade de realizar igualmente os seus".

O conceito da Justiça, é, assim, meramente formal, nada nos dizendo sobre o que é justo, já que, segundo o autor, no campo pura-

---

[7] "Bol. Fac. Direito de Coimbra", suplemento ao vol. XV, 1939. Cfr. António José Brandão, *Três dissertações de filosofia jurídica*, em "O Direito", ano 72.º, n.º 10, 1940.

312 *Instituições de Direito*

mente racional, é inteiramente impossível dar ao conceito de Justiça qualquer conteúdo de certeza objectiva.

Brito Lhamas reconhece, contudo, que todos nós temos um sentimento de Justiça, prova evidente de que, na consciência dos homens, há uma essência comum e absoluta. Apreendendo essa essência, seria possível formular um certo número de princípios que constituiriam um conteúdo determinado e absoluto para a Justiça, mas tais princípios não seriam susceptíveis de fundamentação. Com efeito, dos princípios compreendidos no conteúdo ideal da Justiça apenas um, a liberdade, admite demonstração, pois ela é, simultaneamente, qualidade essencial da pessoa e pressuposto do conceito formal de Justiça, pelo que está nela contida.

Encerrado na "prisão kantiana" e aceitando, por isso, como únicos órgãos do conhecimento a sensibilidade e a razão, concebida esta segundo o modelo teorético lógico-matemático, Brito Lhamas só conseguiu alcançar um conceito formal de Justiça, não chegando a tratar do seu verdadeiro problema, o da Justiça como valor, a que apenas pode conduzir o conhecimento de natureza intuitivo-emocional, como, desde Brentano, Max Scheler e N. Hartmann, o compreendeu o mais penetrante pensamento axiológico contemporâneo.

III. Foi, precisamente, na dimensão axiológica da Justiça, na sua realidade como valor, que se concentrou a reflexão que, acerca dela, desenvolveram António José Brandão, Delfim Santos e António Castanheira Neves, cujo pensamento, em diversa medida, se orientou numa via existencial, com base num conceito de razão aberto à multiplicidade do real e suas manifestações e ao valor gnósico da intuição e da imaginação e atento ao carácter radicalmente interrogativo da especulação filosófica e, no primeiro daqueles pensadores, ao sentido originário do enigma e do mistério.

A indagação especulativa sobre a Justiça levada a cabo por António José Brandão parte da verificação de que ela constitui problema da vida em comum dos homens por se ignorar o que verdadeiramente seja. Apresenta-se como um enigma inerente à estrutura essencial do homem, surge como algo que emerge, como ideia descoberta, do mais profundo do ser humano, pois, no mistério originário que o envolve, estão também compreendidas as suas ideias e criações espirituais, pelo que a mesma radical dificuldade com que o homem depara para auto-

-desvendar o seu ser dificulta, em igual medida, a sua integral compreensão da realidade da Justiça. Deste modo, a Justiça é inseparável da dimensão espiritual do homem e do modo como ele concebe a realização do seu próprio ser no mundo humano e social.

Outra dificuldade acresce a esta no conhecimento da Justiça, a que resulta de, diferentemente do que acontece com outras realidades espirituais ou axiológicas, não haver quaisquer vestígios ou sinais que atestem a sua existência autónoma nem normas positivas que dela se possam dizer próprias. Assim, um tanto paradoxalmente, embora se fale dela como virtude superior do homem e como um elevado ideal, nunca foi possível descobrir a Justiça em si, sendo até legítimo duvidar que ela tenha ser-em-si.

Adverte, contudo, o solitário pensador que, porque as fronteiras do conhecimento não coincidem com as fronteiras da realidade, esta pode existir sem ser conhecida, em nada dependendo a sua existência do seu eventual conhecimento, o que significará, então, que o nosso actual desconhecimento do ser da Justiça de modo algum afecta a sua existência. Por outro lado, os limites da razão humana não podem alterar a essência da Justiça, tornando-a num irracional em-si. Pelo contrário, é precisamente o não se ter encontrado ainda a via adequada para obter o seu conhecimento que leva a que ela deva ser considerada como algo trans-inteligível, cumprindo não esquecer, porém, que a noção de trans-inteligibilidade é do domínio gnoseológico-teorético e não categoria ontológica.

O nosso desconhecimento do que seja a Justiça não nos impede, porém, de fazer apreciações emocionais-intuitivas acerca do carácter justo ou injusto de situações, actos, comportamentos ou normas, ou seja, de referir um sentimento conhecido e determinado a algo desconhecido e indeterminado. Ora, se o homem tem a capacidade de avaliar o justo e o injusto, apesar de desconhecer o princípio que possibilita tais avaliações, deve admitir-se, pelo menos como hipótese, a existência em-si transcendente da Justiça.

Com efeito, se o homem sente justo e sente injusto, afigura-se necessário que exista algo, a Justiça, a que se contrapõe a Injustiça, sob pena de dever considerar-se um absurdo que o homem tome atitudes decisivas para a sua vida de acordo com esses sentimentos e aceite que essa mesma vida seja regida por normas fundadas naquela distinção. Cabe não esquecer, igualmente, que a Justiça se não esgota no plano ético ou jurídico, já que é chamada a intervir como critério avaliador ou regulador em todas as situações em que o comportamento de duas pessoas é definido pela ideia de troca de valores, em que há que proceder à distribuição dos sacrifícios e proveitos de cada um ou em que a conduta do homem perante os valores não decorre exclusivamente da sua autodeterminação, podendo ser-lhe inculcada ou imposta por outrem.

Por outro lado, na medida em que se afigura inegável que a Justiça se apresenta como o princípio em virtude do qual existe e continuamente se cria uma específica realidade valiosa, poderá concluir-se que ela constitui em-si um valor. Sendo o homem que intui os valores, sobre a sua sensibilidade recai o peso das determinações axiológicas, fazendo com que dele, enquanto sujeito consciente, parta a energia espiritual que o leva a procurar que a sua acção actualize e dê efectividade aos valores intuidos, sem que, contudo, consiga realizar, nunca, a plenitude dos valores, visto que estes são, de si, inesgotáveis e inexauríveis. Deste modo, se a Justiça em-si é um valor e a unidade é seu essencial atributo, múltiplas, incompletas, contingentes e sempre imperfeitas são as normas de Justiça que os homens conseguem visualizar e as concretizações históricas que dela vão fazendo, cuja validade é, por isso, sempre marcada pela temporalidade do próprio homem.

Em que se funda, porém, a afirmação da unidade da Justiça, para além da pluralidade das suas visualizações temporais? A esta interrogação responde o filósofo que é na crença secular de que há uma só Justiça que aquela se deve basear, lembrando, contra os que, porventura, considerem frágil uma tal base, que também a ciência, no seu início, assim como a própria metafísica, assentam sempre numa crença, a da realidade do mundo externo e da sua unidade intrínseca. Esta a razão porque a única via segura a trilhar neste domínio será, não a que parta do preconceito de que a Justiça é um valor absoluto nem a que a identifique com qualquer das suas concretizações históricas, mas a que, laboriosa e pacientemente, procure a unidade através da diversidade, visando descobrir o princípio ideal a priori de que ela depende.

Como proceder, porém, nesta investigação se, como se notou já, as intuições emocionais e a sensibilidade avaliadora do justo e do injusto funcionam ignorando o próprio princípio que confere sentido ao seu funcionamento?

A intuição emocional, pela sua dimensão valorativa, desperta em nós um movimento íntimo de referencialidade para algo – o valor – mas esgota-se na sua instantânea descoberta e na resposta que dá àquele, pelo que se revela insuficiente. Deste modo, segundo António José Brandão, carece de um complemento, que lhe é dado pela consciência avaliadora, emocional, prática e subjectiva, cujo conteúdo são as vibrações emocionais-intuitivas da sensibilidade avaliadora, que lhe fornecem um saber pré-intelectual acerca da realidade valiosa.

Se, no entanto, a consciência avaliadora nos revela que a realidade encerra valores e possui modos diversos de ser valioso, nada nos pode garantir que o valor exista em-si, fora dos seres que o apreendem ou dos seres a cuja estrutura adere, pois ela não é consciência do valor em-si e dos princípios axiológicos, mas, unicamente, um saber acerca do valioso, o qual, no entanto, não deixa de implicar já um certo saber, ainda que obscuro e implícito, sobre o valor. É, precisamente, desse saber dado na consciência avaliadora que a consciência cognoscente deve partir para conhecer a estrutura e a localização ôntica da Justiça e dos outros princípios axiológicos.

No plano das relações entre a Justiça e o direito, o pensamento de António José Brandão opõe-se às doutrinas que sustentam que aquela é o valor a cujo serviço está o direito, visto entender que este é também um valor, porque tem a possibilidade, só aos valores conferida, de tornar valiosas as realidades que dele participam. Por outro lado, se a Justiça fosse o valor para que tende o direito, seria, necessariamente, o seu fim, o que não é verdade, porquanto o verdadeiro fim do direito é o bem-comum e não a Justiça. Esta é, na visão do filósofo, o valor moral de imposição do direito aos homens, que exige que ele, como norma da acção humana, seja justo, sendo, portanto, as relações entre ambos relações axiológicas, relações entre um valor imponível – o direito – e outro valor – a Justiça – que torna possível e valiosa essa imposição.

Também o modo tradicional de conceber a Justiça em função das ideias de igualdade, de generalidade, de troca, de remuneração e de alteridade foi objecto de refutação crítica por parte do nosso filósofo. Com efeito, conforme pensava António José Brandão, a ideia de igualdade de todos perante o que é comum seria própria do direito e não da Justiça, já que é ao primeiro que cabe estabelecer, heteronomamente, o valor da igualdade com o fim de servir o valor da desigualdade, que é hierarquicamente superior àquele, dando a cada um o que lhe pertence, segundo a sua função.

Deste modo, a Justiça corresponderia à igualdade vista do lado da desigualdade e medida por ela, como corresponderia à troca ou remuneração apreciada por meio da equiponderação dos diversos valores em causa e à alteridade que liga o eu ao tu num nós em que ambos pudessem coexistir como sujeitos diferenciados, se bem que iguais perante o género humano e a comunidade de que fazem parte.

Exigindo a realização da igualdade dos homens em todos os campos, como ponto de partida, a Justiça impõe, ao mesmo tempo, o respeito pelo valor que cada homem consegue realizar em si mesmo, pois ela é o valor da desigualdade que cada um deseja tornar efectivo em si por intermédio da igualdade que torna todos os membros da comunidade solidários perante ela.[8]

IV. Patentes afinidades com o pensamento expresso por António José Brandão apresenta a teoria da Justiça breve e sinteticamente enunciada por Delfim Santos alguns anos depois.

Embora haja distinguido três interrogações fundamentais na filosofia da Justiça: "que é" a Justiça, "porque é" a Justiça ou qual a origem da sua ideia, e "como é" ou se manifesta a Justiça, correspondentes, respectivamente, aos problemas ontológico ou do ser da Justiça, do seu fundamento e da sua fenomenologia, o nosso rigoroso e exigente filósofo apenas chegou a ocupar-se do primeiro, que, em seu entender, teria primado especulativo sobre os outros dois, porquanto o saber o que a Justiça é condiciona a inquirição sobre o fundamento ou a origem da ideia de Justiça e sobre as suas formas de manifestação.

Para tratar do problema ontológico da Justiça, para saber o que ela é, importa começar por indagar o que ela não é, pois, conforme Delfim Santos pensava, todo o pensamento é previamente negativo, assentando, por isso, a validade de qualquer afirmação numa anterior negação. Seguindo esta via, não se lhe afigurava difícil concluir que a Justiça não pertencia à ordem das coisas nem à das ideias, devendo, por isso, concluir-se ser ela um valor.

---

[8] *O Direito. Ensaio de Ontologia Jurídica*, Lisboa, 1942, pp. 8-42 e 236-238. Cfr. A. Braz Teixeira, *O pensamento filosófico-jurídico de António José Brandão*, em "Nomos. Revista Portuguesa de Filosofia do Direito e do Estado", n.º 5-6, 1988 e *Caminhos e figuras da Filosofia do Direito Luso-Brasileira*, Lisboa, 1991, pp. 101-124.

Notava, contudo, o malogrado pensador que a determinação do "que é" um valor não pode resolver-se através da tentativa de saber onde ele se situa, qual o seu lugar relativamente ao real e ao ideal – se anterior ao real, se idêntico a ele, se intermédio entre o real e o ideal ou se posterior ao ideal – ou de prescrutar a sua origem – em Deus, em nós ou nas coisas – devendo, antes, circunscrever-se à determinação do seu grau de realidade.

Colocada a interrogação ontológica sobre a Justiça nestes termos, concluía Delfim Santos que ela era um valor não objectivável nem susceptível de determinação, por não ter conteúdo positivo. Assim, a Justiça surge-nos como negação e afirma-se como um nada de que, no entanto, tudo depende.

Com efeito, só a injustiça tem realidade, só ela revela a necessidade da Justiça, a qual se procura, unicamente, por não existir, e só enquanto não é, ou ainda não é, constitui móbil da acção, pois, quando é, deixa de existir como móbil, como valor ou como ideia, quando existe não se manifesta como Justiça.

Assim, o sentido da Justiça e do seu problema só por via dialéctica poderia entender-se, dado que ela, por não ser, seria o próprio acto de determinação do pensamento.[9]

V. Se bem que Castanheira Neves, tal como antes já o haviam feito António José Brandão e Delfim Santos, pense também a Justiça como valor, difere, significativamente, do primeiro no que respeita ao modo de conceber o processo cognitivo próprio do mundo axiológico e de ambos quanto à possibilidade de conferir um conteúdo positivo à ideia de Justiça.

Com efeito, a principal aporia com que se defrontava a filosofia da Justiça de António José Brandão – a relativa ao conhecimento ou à determinação do hipotético ser em-si transcendente da Justiça ou à descoberta do princípio ideal a priori de que ela depende - considera Castanheira Neves poder superá-la a partir da consideração de que, contrariamente ao que pensava o monismo gnoseológico do racionalismo cientista, os problemas não se resolvem todos com o mesmo

---

[9] *Direito, Justiça e Liberdade*, no "Bol. Min. Justiça", n.° 10, 1949. Cfr. A. Braz Teixeira, *Direito e Justiça no pensamento de Delfim Santos*, em "Análise", n.° 13, 1989 e *Caminhos e figuras da Filosofia do Direito Luso-Brasileira*, pp. 153-168.

e único tipo de racionalidade, a racionalidade axiomático-científica, pois há um tipo de racionalidade adequado a cada domínio problemático específico.

Assim, ao lado da racionalidade teorético-científica, com a sua pretensa objectividade axiomática, demonstrativa, dedutiva e sistematizante, existe a racionalidade prática, argumentativa e fundamentadora. Se a primeira se revela adequada para o conhecimento físico-matemático do mundo natural, a segunda é a única que convém ao mundo axiológico, dado que nem os valores nem as intenções normativas são susceptíveis de demonstração. Efectivamente, sendo os valores postulados ou autopressupostos práticos, cujo fundamento se encontra na compreensão que o homem tem de si mesmo e nos quais se baseiam as intenções normativas que, histórica e temporalmente, leva pressupostos e são constitutivos da sua comunicação, coexistência e realização, não são susceptíveis de demonstração puramente racional, porquanto apenas sobre o seu sentido humano concreto, como exigência prática, como indefinidamente variável resposta ao perene apelo da verdade, do bem e da justiça é possível responder e dar justificadas razões.

É, pois, no sentido com que o homem se compreende no plano da historicidade transcendental e da intencionalidade que constitui o próprio sentido, no sentido ontologicamente fundamentante da historicidade que constitui o ser do homem em determinado momento histórico e cultural que se deverão fundar não só a intenção axiológica principial como os valores últimos que o homem refira à sua existência comunitária enquanto condições para que nela se concretize o autêntico sentido humano. Daqui decorrerá, então, ser a pessoa o pressuposto decisivo, o maior e primeiro valor, o fim último e o supremo bem, a que todos os demais valores estão axiologicamente referidos e ordenados no mundo humano finito e histórico.

Necessário é, porém, ter sempre presente que a pessoa é um ser simultaneamente pessoal e social, é unidade dialéctica da objectividade (eu social) e da subjectividade (eu pessoal) humanas, que só se realiza numa comunidade que é, assim, a um tempo, condição de existência, condição empírica e condição ontológica da pessoa.

Deste modo, a dimensão pessoal ou subjectiva, na medida em que postula o valor da pessoa humana, implica, por um lado, o respeito incondicional da sua dignidade e, por outro, a possibilidade da sua realização, tanto em si como perante os outros, o que exigirá, então, a liberdade e a igualdade como exigências axiológicas que mutuamente se implicam.

Por seu turno, à dimensão social ou objectiva da pessoa e da sua realização comunitária andam intrinsecamente associados dois essenciais deveres, o de solidariedade e o de corresponsabilidade.

Deste primeiro e essencial fundamento axiológico personalista retira Castanheira Neves a sua visão da Justiça como suprema axiologia da existência humana comunitária que, no seu pensamento, é entendida como "a intenção e a exigência, normativamente integrante e dinâmica, do reconhecimento de cada um perante os outros na coexistência em um mesmo todo constituido por todos".[10]

VI. Também Augusto Saraiva (1900-1975), pensador aforístico, cujo ideo-realismo, baseado na lição de seu mestre Leonardo Coimbra e numa séria meditação da dialética hegeliana, apresenta clara preocupação gnoseológica e declarada feição antropológica, tinha da Justiça uma concepção axiológica.

Assim, para o discreto pensador, a Justiça não seria uma ideia cujo conteúdo pudesse ser determinado a priori, mas constituiria, antes, uma tendência, um valor, um sentido de vida, em que o critério deveria ser "o mais positivo possível", "o máximo de coerência moral". Advertia, porém, Augusto Saraiva que os valores, longe de serem realidades transcendentes, anteriores e alheias a qualquer grupo humano ou a qualquer comunidade, revestiriam a natureza de criações colectivas, pois o homem era "fonte de todos os valores", os quais brotam ou emanam da natureza humana e, nessa medida, são susceptíveis de ser apreendidos por todos.

Deste imanentismo axiológico, formalista e relativista, resultava, então, que a Justiça deveria ser compreendida como um conceito aberto e em devir, sem conteúdo fixo e permanente, que serviria de referência à vida, evoluindo com ela. Esse conceito era, para Augusto Saraiva, o de "uma identidade ideal que referencia e mede uma diversidade real", que era o fim da liberdade e a sua expressão moral, sendo, assim, a liberdade a potência de que a Justiça era o acto, a matéria de que a Justiça era

---

[10] *Justiça e Direito*, no "Bol. Fac. Direito de Coimbra", vol. LI, 1975 e em *Digesta*, vol. I, Coimbra, 1995, pp. 241-286. Cfr. A. Braz Teixeira, *O pensamento filosófico-jurídico português*, Lisboa, 1983, pp. 135-139.

320   *Instituições de Direito*

a forma. De igual modo, se só a liberdade, como expressão normal do ser, poderia tornar a Justiça possível, também só na Justiça seria dado à liberdade encontrar o seu estado de vivo e dinâmico equilíbrio. Mas tal como a liberdade, enquanto faculdade de conceber fins e poder de utilizar meios, é uma possibilidade nunca plenamente actualizada ou realizada, também a Justiça se apresenta como algo inacessível, como meta sempre inatingível, limite ideal, que se persegue infindavelmente.

A expressão formaı da Justiça é a lei, sua única expressão formal possível, mas sempre inadequada e abstracta, por sacrificar, necessariamente, a singularidade do caso à universalidade da regra. A lei, enquanto absoluto e produto do "pensar em extensão", é sempre inadequada em relação ao caso concreto, que é "compreensão" e relativo. A norma situa-se, portanto, entre o "pensar em compreensão" e o "pensão em extensão" – tira do primeiro a "aplicabilidade" e do segundo a "obrigatoriedade".

Daqui resulta que, à face do absoluto, é mais difícil aplicar a lei do que fazê-la. Aplicar a justiça é colocar-se exactamente no "ponto óptimo" de inadequação que toda a lei traz em si. E colocar-se naquele "ponto óptimo" é tratar os homens segundo o seu "dever--ser", pois ninguém "deve" senão o que "pode" e ninguém pode senão o que "é". Toda a norma é, assim, virtualmente, a "expressão do possível", que só nessa medida será, simultaneamente, obrigatória e exequível, pelo que a realizável justiça não estará, então, na lei, mas na sua aplicação.

Há, porém, entre a identidade ideal que é a Justiça e a diversidade real que ela referencia e mede, um terceiro termo, perpetuamente móvel, que oscila entre aquilo que o real comporta e admite e o que o ideal prescreve e exige: a equidade.[11]

VII. Também para Orlando Vitorino (n. 1922), pensador cuja filosofia se reconhece tributária do magistério directo de Álvaro Ribeiro (1905-1981) e de José Marinho (1904-1975), como Augusto Saraiva, discípulos de Leonardo Coimbra, e se desenvolve a partir de uma reflexão pessoal e livre do pensamento hegeliano, a que dedicou

---

[11] *Reflexões sobre o Homem*, vol. I, Porto, 1946, pp. 157 e 219-229. Cfr. A. Braz Teixeira, *A filosofia jurídica portuguesa actual*, Lisboa, 1959, pp. 69-74 e *O pensamento filosófico-jurídico português*, pp. 124-125.

luminosos ensaios de criadora e original hermenêutica [12], a consideração especulativa da Justiça se apresenta indissociável do pensamento sobre a liberdade.

Em dois aspectos a reflexão de Orlando Vitorino se aparta aqui da da generalidade dos seus companheiros portugueses: no entender a Justiça não já como valor – como, antes dele, o haviam feito António José Brandão, Augusto Saraiva, Delfim Santos e Castanheira Neves – mas como princípio, ou seja, como algo que, não sendo entitativo, de nada depende, e no recusar, de modo mais decidido do que qualquer deles, a concepção que vê na igualdade o critério ou a forma da Justiça.

Com efeito, se, de acordo com a lição platónico-aristotélica, a Justiça consiste em dar a cada um o que lhe pertence, sendo a Justiça absoluta o justo proporcionado ao mérito, a Justiça não pode deixar de referir-se ao que, em cada indivíduo, há de mais radical, inalienável e próprio e de vir, por isso, a traduzir-se no reconhecimento, na afirmação ou na expressão da singularidade de cada homem.

Deste modo, como já Augusto Saraiva o proclamara, a Justiça torna-se um sequaz da liberdade, na sua realização ou na sua efectivação, assim como o seu domínio é, não o da igualdade, como pretende o pensamento que confunde ou identifica a propriedade com a aproprieção e a Justiça com a igual distribuição ou repartição de bens materiais, mas o da infindável desigualdade.

Na verdade, na filosofia de Orlando Vitorino, a propriedade não se identifica com a apropriação, não devendo, por isso, pensar-se em relação com a Justiça, pois, por um lado, a liberdade é propriedade do homem, é, até, a sua mais radical propriedade, e, por outro, a propriedade é efectivação da liberdade.

Por seu turno, o dar a cada um o que lhe pertence, que, como vimos, é o em que a Justiça consiste, não pode entender-se como dar a todos o mesmo nem como dividir igualmente, pela infinita desigualdade de todos, um todo que, por sua vez, é composto por uma multiplicidade, também infinita, de partes entre si desiguais. Eis porque a Justiça, longe de se poder fundar na igualdade ou encontrar nela o seu critério ou a sua forma, é, necessariamente, o domínio da desigualdade sem fim, dado serem desiguais as coisas que pertencem ao homem, desiguais os ho-

---

[12] *Filosofia, Ciência e Religião*, Lisboa, s/d (1959) e *Introdução filosófica à Filosofia do Direito de Hegel*, Lisboa 1961.

322 *Instituições de Direito*

mens a quem as coisas pertencem e desiguais, ainda, as relações que se estabelecem entre os homens e as coisas.[13]

VIII. Ao recusar que a igualdade possa ser considerada como critério da Justiça, o pensamento filosófico de Orlando Vitorino vem a coincidir com o que, sobre o mesmo problema, o seu mestre Álvaro Ribeiro formulara e desenvolvera na sua fundamental obra antropológica *A razão animada*.

Considerando a Justiça na sua relação filosófica com o direito, o filósofo portuense sustenta que este deve ser entendido como um conjunto de princípios racionais que se aplicam na rectificação das actividades humanas. Assim, enquanto o propósito do legislador é a rectificação legislativa da desordem da actividade humana, a definição do que deve ser recto ou direito, ao jurista, que interpreta as leis, compete "discernir o ideal ético cuja normatividade foi garantida pela lógica formal", pois, ao formular o direito, o Estado define valores, estabelece a sua doutrina acerca do que é verdadeiro, belo e bom, substitui o arbítrio subjectivo pela garantia objectiva, adopta uma filosofia e postula uma ontologia. O juiz, por seu lado, "define o que é devido, ou dever, segundo prévia lei que estabeleceu o direito ou rectidão, no domínio particular da querela".

A sentença resulta da relacionação do que foi dito anteriormente pelo legislador, i. e., o predicado, com os sujeitos partes no processo.

O direito, que só se efectiva quando imanente da consciência humana, é, em sua expressão geométrica, "apenas o momento matemático em que a liberdade se integra na mais alta realidade da Justiça", pois as leis sociais dependem das leis divinas, o direito da Justiça, o positivo do normativo.

A Justiça encontra-se ligada directamente à verdade, dado ser o "conjunto das leis divinas ou, por outras palavras, o reino de Deus". Deste modo, para Álvaro Ribeiro, o direito não é mais do que um esforço constante e sempre imperfeito de imitar a Justiça, de passar da potência ao acto e do acto à perfeição. A realização humana da Justiça é, porém, inatingível, porque a Justiça, enquanto lei divina,

---

[13] *Refutação da filosofia triunfante*, Lisboa, 1976, pp., 177-192 e 239 e *O Raciocínio da Injustiça*, na "Rev. Ordem dos Advogados", ano 37.º, 1977, pp. 355-373. Cfr. A. Braz Teixeira, *O pensamento filosófico-jurídico*, cit., pp. 125-127.

transcende o espaço e o tempo em que o homem está situado e no qual e para o qual o direito é formulado e aplicado. Daí que a Justiça não se confunda nem se identifique com a legalidade, nem deva tomar como critério a igualdade, uma vez que a carência de amor difere de homem para homem. A Justiça depende da ética, pois é crueldade o punir vícios humanos contra os quais não tenha havido advertência prévia mediante um sistema de educação que exalte as virtudes opostas.

Para Álvaro Ribeiro, a Justiça dependia, assim, da caridade e da misericórdia, de acordo com o princípio da individuação e da liberdade do ser espiritual. Esta a razão por que as leis não escritas, ou ainda não escritas, deviam prevalecer e ter prioridade lógica sobre as leis escritas, a Justiça sobre o direito.[14]

IX. A mais recente teorização da Justiça que o pensamento português produziu deve-se a Eduardo Abranches de Soveral (n. 1927), que tem desenvolvido a sua reflexão no âmbito de uma ética que, tal como acontece com a filosofia de Álvaro Ribeiro, se fundamenta numa concepção criacionista do ser.

Tendo sido discípulo de A. Miranda Barbosa (1916-1973), cuja obra especulativa, de certo modo, prolonga e completa, nomeadamente no plano ético, Eduardo Soveral pensa a Justiça como valor, como a maioria dos seus imediatos antecessores portugueses.

Para o professor portuense, os valores, de sua natureza bipolares e hierarquizáveis, pertencem à esfera da afectividade, a qual, no seu modo de pensar, corresponde à mais funda revelação do ôntico. Adverte, no entanto, Eduardo Soveral que não há uma experiência axiológica a priori, anterior à fruição dos bens ou à realização dos actos valiosos, já que toda a experiência implica sempre um dado ou um acto, sendo, por isso, necessariamente, a posteriori. O que, em seu entender, possibilita a experiência axiológica é a existência, no que considera ser a indigência ôntica da subjectividade humana, de uma personalidade embrionária, caracterizada por uma sensibilidade

---

[14] *A Arte de Filosofar*, Lisboa, 1955, pp. 114 e 237 e *A Razão Animada*, Lisboa, 1957, pp. 285-299. Cfr. A. Braz Teixeira, obs. cits. e *A filosofia criacionista de Álvaro Ribeiro*, na "Rev. Port. Fil.," tomo XLVIII, Abril-Junho 1992, pp. 263-296, recolhido em *Deus, o mal e a saudade*, Lisboa, 1993, pp. 199-231.

axiológica própria, de que o desejo, na sua acepção mais pura, como conjunto de dinamismos psico-fisiológicos, directamente decorre e pela qual é obscuramente orientado.

Embora pense que os valores se integram na esfera da afectividade e que a experiência axiológica radica na sensibilidade, o filósofo sustenta que isso não só não impede ou dificulta o seu tratamento racional como a sua conceptualização não carece nem exige uma lógica específica ou própria, do mesmo modo que a estrutura dos juízos valorativos não difere da dos juízos de facto.

No mundo axiológico, a Justiça individualiza-se por ser o valor, ou o complexo de valores, que presidem a todas as relações intersubjectivas que visam, genericamente, a coexistência, e, no plano mais elevado, a entreajuda e a compreensão, quer tais relações se situem no domínio jurídico, político e social, quer digam respeito ao final plano teológico, em que Deus nos julgará com suma Justiça.

Observa o filósofo – cuja atitude ético-axiológica se baseia num pensamento de Absoluto, de radicação teológica, marcado por fundo anseio religioso, na linha da nossa mais séria tradição filosófica – que a variedade histórica e doutrinária dos critérios de Justiça não implica qualquer relativismo axiológico, pois que os valores em presença são sempre os mesmos e constantes, centrando-se as divergências em distintas vivências e em diferentes actos de Justiça, resultantes da diversidade das instituições e enquadramentos sociais e da multiplicidade dos condicionalismos ideológicos e culturais.

Deste modo, o conteúdo axiológico da Justiça resulta da unificação, de acordo com uma estrutura objectiva e fixa de relações, de todos os valores em causa, no centro dos quais se encontram os correspondentes à liberdade.

Aceitando a distinção aristotélica entre a Justiça distributiva, que consiste em tratar diferentemente cada um consoante os seus méritos, e a Justiça comutativa, que preside aos contratos de troca de bens e serviços, Eduardo Soveral recorda que esta última implica partir de uma situação de liberdade para estabelecer uma condição de igualdade. Com efeito, a Justiça comutativa apresenta como essenciais aspectos formais e axiológicos o respeitar a uma relação intersubjectiva em que existe uma inicial divergência de interesses que põe em jogo o reconhecimento do valor da liberdade, a instauração de uma situação de igualdade e a renúncia à violência e a cor-

Ver (o) Direito

respondente descoberta dos valores sociais da paz. Daqui retira o filósofo a conclusão de que os actos sociais instauradores da Justiça são os pactos e os contratos cujo objectivo é impedir, limitar ou legitimar a violência.[15]

---

[15] *Sobre a Racionalidade, a Ética e o Ser* e *Ensaio sobre a Justiça*, publicados, respectivamente, nos n.ᵒˢ 5-6 (1988-1989) e 7 (1990) da 2.ª série da "Rev. Fac. Letras do Porto", série de Filosofia e recolhidos no volume de *Ensaios sobre Ética*, Lisboa, 1993, pp. 117-194. Cfr. António Paim, *A Filosofia da Cultura de Eduardo Soveral*, na "Rev. Brasileira de Filosofia", S. Paulo, n.º 165, Jan-Março 1992, pp. 35-49 e *Introdução à obra filosófica de Eduardo Soveral*, nos "Anais do 3.º Encontro Nacional de Professores e Pesquisadores da Filosofia Brasileira", vol. I, Londrina, 1994, pp. 15-35.

PARTE TERCEIRA

NASCER DIREITO

(TEORIA DAS FONTES E DAS NORMAS)

TÍTULO I

Teoria geral das Fontes do Direito

CAPÍTULO I

A Utopia das Fontes

Paulo Ferreira da Cunha

A análise histórica (e sobretudo pré-histórica) e antropológica (proto-histórica em especial) das relações dos povos e comunidades com o fenómeno normativo, iluminada também pelos estudos psicológicos (que nos permitem, assim, paralelos ontogenéticos e filogenéticos) são essenciais para uma compreensão menos unilateral do problema que nos ocupa: o de um verdadeiro entendimento do que está em jogo nas fontes do Direito.

O Homem não é um ser anárquico, imoral ou amoral, antijurídico ou anti-normativo. Pelo contrário: desde a mais tenra idade, e por entre as mais brumosas e lendárias épocas do Mundo, pelos jogos das crianças, pelos rituais e tabus dos adultos se prova a enorme apetência, a necessidade imanente mesmo, de o Homem ter regras, ter interditos, determinar-se com algum rigor por uma linha divisória entre o permitido e o proibido.

Este facto simples, se apreciado *in naturalibus*, em "bruto", pode ser até perturbador. Porque faria da espécie humana um tipo de ser vivo excessivamente previsível, ordenado, e sem ousadias – pleno de regularidades. Mas a História também isto infirma. Em muitos casos – não só hoje tidos como jurídicos, mas também religiosos ou morais – dá mesmo vontade de pensar que a norma é criada com o secreto (mas profundo e irreprimível) desejo da sua violação.

A já referida metáfora bíblica do "fruto proíbido" parece estar carregada de sentido: não há a mais pequena dúvida que o homem é um animal normativo; mas também é óbvio que ele gosta, goza e experimenta frequentemente o outro lado da imperatividade normativa: a violabilidade. O Homem é impositivo, é cumpridor, e é violador.

Há, como se sabe, na "leis" humanas, nessas que não descobrimos, como as das ciências físicas ou naturais, esta dupla faceta: uma ordem se nos impõe, prescrevendo ou proscrevendo. Mas aquele grau de liberdade que ainda nos resta no seio de tantos condicionalismos, o nosso "livre arbítrio", pode fazer-nos optar por cumprir, ou não cumprir – neste último caso arcando com as consequências da sanção.

O Homem é um ser normativo mas é também um ser livre. Ou, pelo menos, com sede de liberdade.

Isto pode parecer contraditório. E quiçá sê-lo-á mesmo. Porque haveríamos de ser geometricamente coerentes?

Sem querer compatibilizar ou não compatibilizar caracteres, o certo é que o mesmo ser que, com supersticioso ritualismo, sacrifica a estes ou àqueles deuses (que hoje são modas, são convenções, são o que se queira – do mais sacro ao mais laico), é capaz da mais fremente indignação ante uma violação do que possa julgar serem os "seus direitos" – ou os alheios! Mesmo se essa violação provier de quem detiver o poder e a força – e até a "legitimação" jurídica para o determinar. Aqui detectamos uma necessidade de ordem e segurança, mas também de respeito e dignidade, traduzidos numa esfera de liberdade.

No limite, o Direito e a Revolução (para alguns, o cúmulo do anti-direito; para outros, a sua mais lídima manifestação), simbolizam ou representam essa ordem e essa ruptura, que são, uma e outra, híbridas e, em certo sentido, cúmplices. Há revoluções contra o Direito, e há-as precisamente para o repor, porque ele foi esquecido ou amordaçado.

Tudo isto só se poderá cabalmente compreender depois de muito estudo, mas, em especial, depois de muita meditação e vívida (por vezes angustiada) participação no mundo do Direito. Sem sentir, não há perceber.

É por isso que, como referia Michel Villey, o Direito não se pode ensinar. Talvez se aprenda. Mas não se ensina.

E todavia, vamos tentar agora explicitar, muito sinteticamente, os principais rudimentos de uma matéria crucial no mundo do Direito. Aquela que o homem vulgar designa por "saber em que lei se vive", ou seja, que Direito vigora. É a questão das "Fontes do Direito".

Esta nossa contribuição limitar-se-á, basicamente, à problematização.

Como surge o Direito? – essa a primeira pergunta.

Já o deixámos entrever: porque tem necessidade de normas (*ou* regras – não *e* regras, como muitas vezes se diz), o Homem cria interditos, imposições e permissões. Mas *como* o faz? Historicamente, sem dúvida começou por fazê-lo do mesmo modo que surgem as regras dos jogos infantis, que são, em grande parte, uma espécie de tabus, ou interditos (não se pode fazer isto, não se pode dizer aquilo), só que circunscritos ao "faz de conta" lúdico.. Insensivelmente, e muitas vezes sem autor singular detectável (ao menos a prazo), foram-se sedimentando regras, cujo cumprimento foi sendo tido por obrigatório, e cuja diuturna repetição, concomitantemente, fez surgir "direito".

Este é o processo designado pelo nome de "direito consuetudinário" ou costumeiro. Ao *corpus*, a prática usual de determinados actos ou de uma certa conduta, ou um certo estado de coisas (humanamente propiciado), se junta obrigatoriamente o *animus*, que é a convicção de se estar a agir segundo um ditame jurídico, civil ou cívico, autónomo, não lúdico, social, moral, ou religioso.

Esta forma de criação normativa e jurídica em geral é espontânea, natural, típica das sociedades tradicionais, arcaicas, em que a Natureza e o Cosmos não foram ainda quebrados por qualquer voluntarismo racional, humano, excessivamente humano.

Grande parte das instituições e mesmo das leis da Antiguidade surgiram deste modo natural: pela experiência e sabedoria dos séculos acumulados.

Mas o costume haveria de sofrer duros golpes ao longo da sua "carreira" no domínio jurídico. Hoje, é um espectro arqueológico, sombra decorativa no museu das "velharias" junto à feira das "novas tecnologias" da juridicidade – que nada tem a ver com a juridicidade das "novas tecnologias", como é óbvio.

É preciso nunca esquecer que o Direito não é uma entidade desenraizada, nem social nem politicamente. E foi sobretudo a política (ou os políticos) a coveira do costume.

Um costume é uma emanação jurídica muito complexa, e também muito eloquente: a complexidade do costume começa logo com o problema de se saber como surgiu ou surge o "salto qualitativo" que leva à convicção da juridicidade, ao *animus*. Visto dos nossos dias, o problema não parece tão agudo. Mas como saber o que é a juridicidade quando não havia senão Direito Costumeiro, ou, pior ainda, *quase* só o havia a ele? Esse salto do rito, ou do hábito, ou de obrigação religiosa ou moral para a vinculação de ordem *jurídica* continua a intrigar-nos e é um desafio a novos estudos. Porém, há mais: de todas as chamadas fontes de direito em sentido técnico-jurídico, quer dizer, de todos os modos (abstractamente ao menos) aptos para gerar ou engendrar Direito (ou seja, de todos os factores normogenéticos) a única que não depende, directa ou indirectamente, do poder, mas, pelo contrário, emana da *so-*

ciedade, ou da comunidade, é o costume. O costume é, realmente, fonte de direito imediata, mas, pela sua difusa criação, costuma dizer-se fonte "não voluntária". Embora correesponda à "vontade silenciosa", mas bem expressamente eloquente pelos factos, de todos – pelo menos de praticamente todos os que, num círculo, numa comunidade, são actores sócio-jurídicos daquela peça, cujo guião é o costume.

Donde se poderá dizer, sem exagero, que a grande divisão na História do Direito, e no timbre específico deste, redunda na que aparta as "formações sociais" ou sociedades *in concretu* que se regem por formas de direito sedimentadas pelo tempo, com o comum acordo da comunidade, e as que, de algum modo, são emanação de um poder, supra-comunitário.

Não é, todavia, fácil colocar o problema nestes termos: porque, ou dissolvemos sem rigor e imprestavelmente a ideia de *Direito*, alinhando num universalismo sincrético sócio-antropológico, que, no limite, afirma sempre ter existido e sempre existir Direito, ou então defrontamo-nos com o eriçado labirinto epistemológico construído pela assunção de uma juridicidade consuetudinária pré-institucional, pré--legal, pré-processualística, no sentido judiciário mais corrente. Dois perigos totais, como Syla e Caribdis.

Só que não é este o lugar para deslindar tão agudas aporias. Correndo o risco de alguma simplificação, diríamos que tudo começou com o costume, mas logo foi sendo positivado e formalmente declarado em *leis*, decidido em litígios concretos pela acção de juízes (singulares ou plurais), e comentado, com vista ao seu aperfeiçoamento (ou à sua simples difusão e compreensão) pela doutrina e pela filosofia jurídicas...

Estas são, sem sombra de dúvida, as principais fontes do Direito: o costume, provindo do querer difuso e colectivo dos povos; a lei, que o consagra, explicita, "regulamenta" (*hoc sensu*, claro), quando é benévola e se não deixou embriagar pela febre da engenharia social, a qual tudo e todos cuida poder governar, à sua voz de comando; a jurisprudência, a quem está cometida a árdua e delicadíssima tarefa (vero múnus) de julgar, e de, julgando um caso, não o fazer de molde a que outro, do mesmo tipo, possa sentir-se, noutro tempo, lugar ou julgador, injustiçado; e a doutrina, que todo o sistema olha em perspectiva, e com distanciamento, o procura explicar, expor, e também criticar, para que melhore, para que se volva cada vez mais justo.

Como facilmente se depreende, o costume é coisa do círculo a que tenha pertinência – desde o muito local ou corporativo, ao internacional. A lei, nas suas diferentes modalidades, é de produção estadual, supra-estadual, ou para-estadual, mais ou menos centralizada, logo, em inteira relação com os titulares do poder e os seus programas e vontade. A jurisprudência é fruto dos tribunais, onde juízes, delegados e advogados entram e actuam segundo normas que tradicionalmente buscam alguma independência do poder político, mas que espelham naturalmente o que se ensinar nas escolas de Direito – desde as Faculdades às Ordens dos Advogados e aos centros pré-profissionalizantes das Magistraturas, entre nós o Centro de Estudos Judiciários (C.E.J.) –, além de não serem alheias aos preconceitos, aspirações e posições pessoais, de classe e de grupo dos que nestas instâncias são recrutados. E o mesmo, *mutatis mutandis*, haverá a dizer da doutrina.

Com um tal panorama, quase se poderia desprevenidamente dizer que defenderíamos uma míope visão materislista histórico-dialéctica do problema: hoje tão fora de moda! Porém, um dos grandes princípios deontológicos do jurista é ser indiferente à fortuna efémera das teorias e das ideologias. Mas não é nada disso. Trata-se apenas de procurar algum realismo e alguma operatividade nos conceitos e na sua exposição.

Compreendendo-se que o costume é a forma normal, fisiológica, de criação do Direito, entende-se também que as relações Direito-Poder estão naturalmente feridas por alguma tensão. Sobretudo quando a varinha de condão do feiticeiro legislador procura transmutar o real "por decreto". Este é o principal problema. O legalismo sempre procurou fazer recuar o valor e o peso do costume – porque isso lhe retirava espaço de manobra política. Porque a lei, a partir da instauração do voluntarismo e do nominalismo, e do seu legítimo herdeiro positivismo legalista, deixa de ser uma descrição estilizada do que já é Direito, para ser mais uma intervenção cirúrgica no corpo social, agressiva, invasiva, ainda que com fins (e por vezes resultados) curativos. Nas medicinas encontrar-se-iam exemplos decerto idênticos. Ou na Arquitectura: intervir ou não intervir, ou como fazê-lo, eis a questão.

Já de todo em todo se não poderá dizer o mesmo da Jurisprudência. O Homem não é só um animal ritualista, jogador e auto-inibidor ou auto-sancionador. O Homem é também animado por um *superego* idealista, e é um actor, que muitas vezes gosta de fazer o papel de

338 *Instituições de Direito*

herói e de justo. Há quem defenda – e convincentemente – que a máscara de Juiz (como, às vezes, a de santo) é susceptível de se colar à face. E que, como em Beckett, um boémio libertino pode vir a transformar-se num santo mártir, se lhe puserem nos ombros a púrpura cardinalícia, e ele levar a sério a sua missão. Há casos desses que a etnometodologia estuda, sobretudo na investigação dos papéis nas instituições criminais: vestir a *pele* ou o *hábito* é assim... Faz em boa medida *o monge*. Ou o *polícia*, ou o *ladrão*.

Acresceria ainda que todo o homem possuiria uma capacidade e uma apetência inatas, para ouvir, para mediar, para decidir e para julgar. Defende-o com brilho um Alexandre Kojève, por exemplo.

Ora assim sendo, independentemente das ideologias e dos hábitos veiculados pelo sistema de recrutamento de actores jurídicos directos (magistrados, advogados, etc.), a jurisprudências, fruto dos tribunais (onde estão também os advogados, que são, como disse Maurice Garçon, "os primeiros juízes das causas"), é uma espécie de depuração em sede patológica daquilo que o costume constitui em sede fisiológica.

Se não houver intervenções politizadoras do poder, e se o corpo judicial (advogados incluídos) forem deixados, ao longo dos tempos, livres nas suas decisões (respeitando os costumes, as leis, etc.), tender-se-á para um sistema como o romano ou o inglês, em que o prestígio da classe será enormíssimo, a sua autodeterminação muito elevada, a sua auto-estima (e, logo, o resultado do seu labor) excelente, e enfim, criar-se-á, com o tempo, uma elite separada da eventual elite política, verdadeiramente independente e apta a julgar com isenção.

Talvez, aqui e ali, uma elite um tanto *snob* ou desajustada aos tempos, mas as mais das vezes activa, e criadora, como mostravam já os expedientes do *praetor* e ainda hoje nos surpreendem, pela inventiva, algumas sentenças britânicas. Aí sim, se poderá dizer que o judicial é um *poder*, e não meramente uma função, ou um conjunto de órgãos.

Quer isto dizer que um judicial verdadeiramente independente passa por um sistema de *precedente judiciário* ou algo análogo? É verdade que tudo, no sistema anglo-saxónico, ajuda a esse elitismo criativo. Mas no sistema romano-germânico o que obstaculiza, ou entrava, (quando entrava) é a lei profusa, confusa, sucessiva, contraditória e toda--poderosa, a par da insuficiente formação humanística, ética até técnico--jurídica de grande parte dos actores jurídicos – que não podem ser recrutados essencialmente por notas obtidas em escolas cujas diferenças são abissais, nem uniformizadas em novas escolas que não têm já meios, nem tempo, nem modo, para transformar, na melhor das hipóteses, mesmo um bom decorador de sebentas num sábio e prudente magistrado, ou num hábil causídico. Tarde demais! Tarde demais desde a Escola Primária. Mas isso são outras (tristes) histórias. O sistema de ensino e a demissão familiar, logo, algumas das mais essenciais questões sócio-económicas estão, sempre, na base da "superestrutura".

Apesar de ainda haver parecerística florescentíssima, ao que se conta, os tribunais já se não curvam como outrora aos doutores e catedráticos em Direito. Fazem bem. Um título ou um lugar não garantem por si qualidade ou razão numa peça. Aliás, já começou a inflação dos títulos, com os reconhecimentos automáticos e o medo deles. Andam, porém mal os desconfiados por sistema. Porque esse mesmo título não é presunção de nesciência, ou aluguer da pena ou da assinatura a uma pérfida causa. Um parecer deveria só valer pelo seu conteúdo.

Mas a doutrina não são só pareceres. Felizmente. Doutrina é a construção e leitura do Direito. É vigilância e crítica. É imaginação e proposta.

O jurisconsulto (esse que faz doutrina), além dos perigos da tentação de uma "advocacia por procuração", florescente e sem riscos – está mais sujeito a outros problemas e tentações. Uma delas, nos tempos que correm, de exaltação impune da opinião (*doxa*), por mais tola e obtusa, é o de aspirar à originalidade, defendendo soluções peregrinas e utópicas: muitas vezes ganhando com isso fama e proveito (depende de como "venda mediaticamente" a sua imagem). O risco do chamado "protagonismo" de alguns juristas é grande. E maior se propuserem coisas tão sedutoras como demagógicas e mirabolantes.

Não é hoje difícil, numa sociedade sem norte e desenraizada de valores pela sua maior parte, capitalizar preconceitos, complexos, culpabilidades e sobretudo ânsias de generosidade – sobretudo nos jovens, mas não só –, e vir clamar pelos direitos dos animais, das plantas, das pedras, das minorias, e de *tutti quanti*. Não por assumido ecologismo, não por robusto amor da igualdade, mas, tão-somente, para chocar, e cativar grupos que precisam de mentores espirituais... quando não somente de advogados. Sobretudo se as soluções são assumidas radicalmente contra outros grupos, sem apelo nem agravo, é de desconfiar ou de fanatismo ou de oportunismo.

Mas toda esta encenação é muito rendosa para quem a faça. E o jurista, normalmente, tradicionalmente recatado e obscuro, a menos que se dedicasse à política tradicional, submetida a sufrágio, vê-se agora com acesso fácil a um *speaker's corner* que não é um simples canto num jardim, mas uma ágora muito alargada – sobretudo a televisiva, sempre pronta a cobrir o insólito.

Outra maleita, simétrica a esta, é a de cair no psitacismo mais ou menos floreado de notas de rodapé ou de perífrases elegantes ou rebarbativas, do que toda a gente já disse – cá dentro ou lá fora. Seria bom que cada novo livro nos brindasse com um resumo daquilo em que é inovador – para avaliarmos.

Porém, a doutrina pode ainda ser a grande vigia do território sempre assediado do Direito. Sem ela não se pode ensiná-lo, nem criticá-lo, nem melhorá-lo com liberdade. Porque sem ela a *pedagogia* seria ordem de serviço, a discussão mero debate de partidos, e o aperfeiçoamento simples magnanimidade do Príncipe.

Em síntese, pois: fontes do Direito essenciais e em sentido técnico-jurídico são o costume, a lei, a jurisprudência e a doutrina. Os princípios fundamentais ou gerais de Direito também (embora possam extrair-se de todas estas fontes). E já não a equidade – que está presente (ou deve estar presente) em toda a aplicação do Direito, carecendo, assim, de autonomia.

Estas fontes em sentido técnico-jurídico completam-se com outras, em acepções diversas.

Em *sentido filosófico*, quando se pretende apelar para as grandes ideias que inspiraram um normativo.

Em *sentido orgânico*, quando se visa indicar o órgão ou entidade responsável pela génese ou elaboração da norma.

Em *sentido sociológico*, se se deseja descobrir e explicitar as condições ou condicionantes contextuais, no âmbito temporal de uma dada medida ou de um certo fenómeno jurídico.

Em *sentido histórico*, quando está em causa a génese contitutiva da norma ou do direito em geral, quando existam trabalhos preparatórios, quando haja norma anterior, que esta venha substituir, etc..

Em *sentido instrumental*, quando nos referimos ao suporte (de papel, papiro, pergaminho, ou de tipo magnético, ou outro) em que figure o texto da norma.

Por vezes as designações destas fontes não são uniformes.

Há quem chame material ao sentido instrumental ou político, ou político ao sentido orgânico, ou confunda o sociológico e o histórico.

Nada disso é muito grave, conquanto se conheçam as variantes designatórias em apreço.

O mesmo fenómeno de polissemia e não coincidência conceitual, ocorre com praticamente todas e cada uma das fontes de Direito em sentido técnico-jurídico enunciadas, e ainda com outras, de inserção duvidosa no nosso elenco.

Doutrina tanto é parecerística, como conteúdo *de iure* da jurisprudência, como tratadística, como *ratio iuris* ou *ratio regis*, ou até, simplesmente, interpretação da lei.

Jurisprudência tanto é todo o próprio Direito, ou Ciência Jurídica, como o conjunto das decisões jurisdicionais do Judicial, como cada sentença ou decisão de um juiz em concreto, como nome comum de várias escolas metodológicas filosóficas de Direito (Jurisprudência dos conceitos, dos interesses, dos valores, etc....).

Lei pode ser a norma imperativa, hipotética, inovadora, coercível, geral, abstracta, etc., de criação duma assembleia legislativa (lei em sentido *material*), como um decreto-lei governamental, como um regulamento, como até uma norma corporativa.

E mesmo sem curarmos das limitações, claramente interessadas, impostas pelo Marquês de Pombal para a consideração do valor jurídico do *costume*, na sua Lei da Boa Razão, em última análise, o costume pode ser ou não jurídico (ou seja, pode ser só "uso"), e, sendo costume, ainda se pode dizer *secundum legem*, *contra legem* ou *præter legem*, o que logo, novamente, o faz depender da lei. Mesmo o que é contra a lei dela depende, embora ilegal. O que procede segundo a mesma, é categoria complementadora de curioso recorte teórico, porque também há costume para além da lei, não a contrariando. O qual só numa visão algo positivista não será uma forma de costume *secundum legem*, embora para além dela.

Se a esta polissemia acrescentarmos o facto de haver autores e obras que discutem sobre a inclusão de fórmulas como os princípios gerais de direito, o direito natural, a equidade, e até o contrato (ou alguns contratos, designadamente os normativos) no rol das fontes de Direito, teremos uma imagem da complexidade do problema, na sua grande pulverização.

Agravada, evidentemente, pelos movimentos humorais da escola do Direito Livre, e suas herdeiras, pelo desconstrucionismo e toda a demolição operada pelo pluralismo jurídico da pós-modernidade tal como viria a assumir-se na sua fase mais madura, e pela concomitante imperturbabilidade olímpica do positivismo, desacreditado teoricamente, mas vendendo saúde no quotidiano.

Não se vislumbra uma fórmula unitária nem uma razão ou critério muito coerente para o escolhido elenco de fontes técnico-jurídicas. Uma certa vontade de equilíbrio e um certo conformismo face à tradição no-lo devem ter ditado.

É que costuma também falar-se, a este propósito, de um catálogo conceitual ou hipotético e de um catálogo institucional, na verdade (hoje) simplesmente "legal", de tais fontes. No primeiro, figurariam todas as que já alguma vez obtiveram vigência *de jure* (e daí uma razão da inclusão da doutrina, que já foi, no Império Romano, fonte directa, com o *jus publice respondendi*). No segundo, apenas estariam presentes as fontes admitidas pela ordem jurídica em causa. E estas estão, no nosso caso, expressas na lei.

O nosso pequeno elenco não parece respeitar nem um nem outro dos critérios.

Ao nível do catálogo hipotético, parece não haver dúvida que os princípios gerais ou fundamentais do Direito (que alguns tomam como sinónimos de Direito Natural e outros de sistema – ou espírito do sistema – da ordem jurídica vigente) foram e são aplicados por alguns tribunais – se não por quase todos, e mesmo pelos nossos. Por isso, aí estaria uma falta. Mas muitas vezes aplica-se o princípio sob a capa minimalista da simples utilização da lei.

Ao nível institucional, a nossa lei (o Código Civil) fala de usos (que são os costumes privados do *animus* – logo, aparentemente, não seriam elementos *jurídicos*), e da equidade, a qual deve presidir a todas as decisões e plasmar-se em todo o Direito, mas que o nosso Código parece entender como mediação, arbitragem, ou algo de parecido.

Do nosso ponto de vista pessoal, julgamos haver que fazer um enorme esforço de distinção entre o real e o ideal em matéria de fontes de Direito.

A Codificação e o Constitucionalismo aparentemente simplificaram muito o problema, estabelecendo pirâmides normativas à primeira vista inteligíveis e exequíveis.

Mas a realidade torna-se muito mais complexa.

Julgando em causa própria, às vezes mesmo contra a expressa

solução proposta pelos autores dos respectivos projectos (como Portalis, ou o Visconde de Seabra), os códigos erigiram a Lei ao altar supremo da divinização jurídica, com uma subalternização evidente de todas as demais fontes. A lei, instrumento por excelência de uma política, logo, o Direito imediata e completamente subordinado ao Poder.

A grande tentação seria, portanto, elaborar uma crítica da lei, reivindicando inclusivamente excelentes raízes históricas, e a fundação greco-romana da nossa disciplina, época em que ela disfrutava de modestíssimo papel. Desde o *Digesto* é claro: a regra deriva do Direito; não o inverso.

Mas não há situações isoladas. Nem a História corre como corre sem mudar tudo por onde o implacável corcel do Cronos passa. A lei não é só a expressão de um poder cada vez mais centralizado ou volatilizado e alheio aos seus destinatários. Ela também vai sendo, apesar de tudo, o único padrão de moralidade e de civilidade aceite numa sociedade que perdeu todos os demais freios sociais (*mores*, ou *boni mores*), desprovida de autoridade (*auctoritas*), de poder (*potestas*) vulnerável e provisório, de crenças vazias e volúveis. Ela também vai constituindo, pese toda a injustiça, o único critério de uniformidade no julgar e no decidir, perante uma civilização burocrática, incomunicativa, e em que os decisores, normalmente anónimos, muitas vezes alheios entre si, e profundamente díspares em formação e valores, poderiam, sem ela, ou com uma sua maior flexibilidade, transformar a Justiça, a Administração e a demais legislação numa roleta sem sentido.

Não há aqui qualquer conversão ao legalismo.

Mas falar de Princípios de Direito ou de Direito Natural não é para burocratas, é para "saboreadores" do Justo. Onde há paladares para tão exquisitas iguarias?

Num Mundo apesar de tudo não muito distante do nosso no universo virtual das possibilidades, não seria ainda completamente impossível conceber – em utopia, claro – que o Juiz seria sábio, humano, prudente, recto, indulgente. Capaz de comunicar com essas "esferas celestes" para tantos tão obtusas e tão nefanda e pejorativamente "metafísicas" como os "Princípios" e o "Direito Natural". Ou, se se preferisse, poder-se-ia dizer que o alegado pluralismo ético do mundo moderno é um carnaval que mascara a desistência dos defensores de valores, e que o Direito, não podendo (nem devendo) ser o braço secular de uma Inquisição moralista, todavia é uma emanação

344 *Instituições de Direito*

directa do eticamente justo – e, portanto, se pode conformar-se com desonestidades menores, não se deixaria jamais rebaixar à categoria de passa-culpas, simples ratificador de todas as vilanias pseudo-socialmente aceites (de facto, defendidas apenas por grupos activos e audíveis/visíveis nos *media*).

Nessa mesma utopia, se poderia dizer que leis as haveria menos e muito mais duráveis, e que boa parte das soluções gerais e abstractas passariam pelo costume. E a resolução dos seus litígios por uma arbitragem simplificada, normal, não tão evidentemente agonística.

A doutrina seria mais atenta, mais humilde, menos erudita, nada rentável, decorrência natural da investigação desinteressada; mais respeitada, mais ouvida, porque melhor. O juiz e os advogados desempenhariam um papel central e exemplar. As respectivas corporações zelariam rigorosamente pela deontologia ou nem teriam necessidade de existir.

Utopia irrealizável com os dados que temos. Não haja dúvida. Até lá (até sempre?) resta-nos ensinar mais convencionalmente a matéria, glosar o código, citar a Constituição?

Quiçá, num momento de loucura ou de inspiração, invocar essas fontes que não vêm escritas nos papéis, nem gravadas nos CD-ROM – mas impressas a fogo, esculpidas em memória e dor nos corações dos Homens.

O aprendiz de jurista prático terá sempre que viver com este dilema, esta duplicidade do jurídico: se há e sempre haverá uma mole imensa de casos que se resolvem com o simples (mas deveras complexo) recurso a regras de prescrições, prazos, selos (e sua falta), requisitos (e sua não alegação), também por vezes tudo isso acaba por ceder ante uma irresistível *constante e perpétua vontade de atribuir a cada um o que é seu*, como sintetizou Ulpianus. Ou, simplesmente, na punição da *hybris*, da desmesura, no imanente impulso da natureza das coisas para o *cosmos*, recusando o *caos*.

Ora se muitas e muitas vezes invocar a Justiça é o mesmo que fazer figura de advogado estagiário sem rasgo e falto de argumentos técnicos, algumas outras é no estudo desta (e das suas razões, nos seus argumentos, nos seus meandros também) que se esconde a solução – e até a chave vitoriosa de um caso. A Justiça está escondida na floresta das normas. Mas está com certeza lá.

As fontes do Direito, na sua multiplicidade actual, no entrecruzamento, sobreposição e intersecção de ordens jurídicas em que vivemos, são cada vez mais semelhantes ao vastíssimo e contraditório espólio do jurista medieval. Quanto mais fontes, e mais confusas, tanto maior é o risco de se cometer um erro palmar (invocando preceito revogado, por exemplo). Mas também tanto maior passa a ser a liberdade de escolha do agente jurídico... Não no exercício de uma liberdade total, pois que não cessam as pirâmides kelsenianas. Mas de liberdade adjuvante, incidental, subsidiária, e tópico-argumentativa. As quais são essenciais, vitais mesmo, no convencimento dos decisores ou dos receptores – juízes, ou partes, público, etc..

A inadequação do sistema de fontes ao mundo de hoje é clara, e passará a ser cada vez mais invocada, sobretudo quando os *media* descobrirem melhor o filão. E já o vão fazendo muito. Mas o mesmo (ou o inverso) se pode dizer do mundo de hoje. É ele também adequado?

Quando nos vierem dizer que são precisas novas leis para acompanhar o Progresso, haverá sempre que perguntar: e porque é que o progresso não fica aí sossegadinho, de acordo com as velhas leis? Ou: e serão as velhas leis que o impedem mesmo, ou é ele mesmo que precisa de um bode expiatório para a sua insuficiência? Ou ainda: ou ainda tantas coisas mais! ...

Claro que o Direito tem de evoluir. Claro que terá de haver novas leis. Claro que o Progresso, se for bom, ou bem usado, é Progresso. Claro que as fontes que temos para a água lustral do Justo estão entupidas, velhas, carcomidas pela ferrugem. Mas onde estão as novas tubagens? E onde encontramos os novos canalizadores? *Para pior*, diz a canção, *já basta assim...*

Gota a gota pinga a morosa Justiça – todos se queixam disso. Mas se houvera torrente que tudo levasse de vencida – *fiat justitia pereat mundus*?

A lentidão processual matura os processos, embora arruíne alguns. O que é bom para a Judite nunca foi bom para Holofernes. É pena, mas é assim.

A lei entala no leito de Procusta situações excepcionais, que não são assim tão raras. Mas uma mais subtil interpretação, ou uma mais engenhosa sentença – ou, no limite, um recurso, não poderão minorar a férrea maldição? Às vezes, sim.

Não se pode desligar o problema das fontes de nenhum dos demais. Nelas, desagua a bifurcação filosófica que começa logo por optar entre monismo (positivista) ou pluralismo (jusnaturalista, etc.)

346   *Instituições de Direito*

jurídicos. A partir do uso que delas se faça (já nem falando das conceptuais – atendo-nos às "legais") as mesmas concepções se testam no fogo da prática. Designadamente na medida em que ler e "jogar " com as fontes de Direito é elaborar uma construção dialéctica a partir de uma tópica previamente dada e estruturada, para desembocar na resolução (ou proposta de resolução) de um litígio: ou seja, trata-se do mais nobre e do mais genuíno *criar* jurídico, interpretando, aplicando. Com o auxílio de todo o velho, o novo *instrumentarium* hermenêutico (e conexo), que não pode – de modo algum! – reduzir-se a uma subsunção pedestre, logicista e fria, mas há-de conformar-se – quer se queira quer não – com uma valoração: pelo que se exigem Juristas-Homens e não máquinas de aplicar clausulados.

Tais e tantos são os problemas das Fontes do Direito, que sem muito exagero se poderia quiçá afirmar a partir deles ser possível levantar todos os principais outros temas das Ciências Jurídicas e afins.

Não é esse, de modo algum, o nosso intento, antes o de problematizar previamente à exposição de uma temática que, além de especulativa, se reveste do maior interesse e complexidade prática. É prcciso conhecer as aporias filosóficas, mas também é conveniente proceder à indispensável *epochê* do insondável, para fincar os pés na realidade do que deve apreender-se como arma de luta na fuzilaria do real casuístico.

CAPÍTULO II

A Tópica das Fontes

Paulo Ferreira da Cunha

Para quem, como nós, acredita que, ontologicamente, não há apenas seres fenomenicamente visíveis e macroscópios, mas também entes de Espírito, criações da alma, e criações independentes da fantasia ou da ilusão de quem neles creia (mesmo não envolvendo esta tese qualquer outro posicionamento trans-ontológico, metafísico), é lícito chamar Direito Natural a uma força dinâmica, historicamente aquisitiva e jamais regressiva, a qual, baseada na necessidade imanente de ordem do cosmos, vai inspirando ao Direito positivo ditames capazes de concretizarem, em cada momento histórico, mais justiça.

Como sabemos já, outros chamarão a esta entidade simplesmente "natureza das coisas" (embora o conceito seja, a nosso ver, mais estático) e outros remeterão directamente para a moral ou para a religião (o que tem o inconveniente de atentar contra a especificidade do jurídico, e limitar a grupos mais fechados o que é património comum – sob pena de tudo ser um logro ideológico).

De todo o modo, acima de qualquer pacto circunstancial, ainda que solenemente votado (*v.g.* uma Constituição) ou outorgado (*v.g.* uma Carta Constitucional), e, naturalmente, de todos os diplomas nesses textos fundamentais subsequentemente ancorados (ou escorados) está, não num misterioso Olimpo, nem na manga de um subtil rabulista, mas na consciência social geral axiologicamente depurada nos Homens de boa vontade, no Homem honesto, plasmada numa noção mais alta e mais funda de juridicidade, a qual acaba por poder ser organizada e decantada – agora só por via doutrinal, através do labor aturado dos jurisconsultos – uma autêntica *ideia de Direito*, ou talvez melhor, *ideia de Justiça*, que se pode analisar numa *ordem de valores*.

As teorias da Constituição como norma jurídica, ou conjunto de normas jurídicas, sobretudo se de igual valor, a "acertar" por métodos tópicos, holísticos, de concordância prática e outros, têm naturalmente valia na resolução de antinomias de pequena monta – ou de falsas antinomias. Ninguém nega o seu valor ancilar, e casuístico.

Mas essas teorias interpretativas não resolvem os magnos problemas, os que estão no cerne de tudo. Aí o irenismo acaba. Aí há que separar o trigo do joio. Aí há que ver claro. E não se pode esconder que há opções, que há interesses, que há valores na Constituição (e nas demais normas). E que pode haver casos em que o sacrifício mútuo e parcial de vários é real perda do valor mais alto.

Evidentemente que falar em ordem de valores significa apelar para o concurso de toda uma teorização jusfilosófica a fazer em torno dos princípios fundamentais, do Direito Natural, do papel de Juiz. Mas é um debate que não pode continuar a ser tabu entre nós, arrumado para a prateleira das inutilidades fora de moda, ou referido como visão ultrapassada, mais ou menos complacentemente.

No domínio das fontes de direito, a questão reveste-se, como é claro, de maior acuidade. Normalmente, o positivismo (nos seus mil e um rostos) diz-nos que a fonte das fontes é, afinal, uma norma jurídica de tipo "legal" superior chamada *Constituição*. Entidade normogenética por si, ou pelo Código Civil (que se torna assim materialmente constitucional) este diploma é a norma das normas, uma espécie de *Grundnorm* kelseniana, onde todas encontram o ponto fixo de Arquimedes de que careciam (embora Kelsen não tenha identificado bem a sua norma das normas).

Politicamente, esta visão cada vez mais se fixa nas ideias de contrato social (*à la* Rousseau, ou *à la* Rawls), ou, em visões mais cépticas, na legitimação pelo procedimento (*à la* Luhmann) ou pelo consenso (*à la* Habermas). A Constituição e, logo, o Direito, é fruto apenas do que se convencionou, em fases sucessivas, que tal deva ser: pela vontade de uns tantos; pelo ritual dumas consultas; pela adesão, ainda que passiva, dos demais.

É evidente que estas justificações não são mais que do melhor que uma sociedade e uma civilização sem ideais e inspirações pode dar.

Como há-de crer em valores, em moral, ou em Direito Natural o cidadão comum de hoje?

Quem se arrisca a "vender-lhe" essa velharia, imprestável – pior, tida como nociva?

O máximo que se consente é, *à la Foucault*, insistir numa certa desesperança e proclamar novamente a "lei de bronze das oligarquias". Mas isso também poderia parecer indecoroso ... E perigoso.

Mas também a verdade é que todos clamam ainda e outra vez por água, com sede de Justiça, e não se vêem saciados. E isso nos dá coragem para – com a liberdade de estarmos quiçá profundamente errado, mas ainda assim! – insistir não só numa utopia das fontes, mas numa *topia* das fontes. Pode haver fontes envenenadas. E mesmo nascentes poluídas: essas poderão ser mesmo normas constitucionais – pasme-se! – inconstitucionais. Otto Bachof desenvolveu uma teorização dessa categoria, que não envolve, como aparenta, uma contradição nos próprios termos. Na medida em que as normas constitucionais inconstitucionais são apenas constitucionais formalmente (fazendo parte do documento tido como constitucional), e não materialmente. Avaliar desta desconformidade material acabará, mais volta menos volta, por nos fazer de novo regressar ao problema da ordem de valores e da força normativa e conformidade de um texto com a consciência axiológico-jurídica geral de uma comunidade, quiçá não sociológica e sincronicamente revelada, mas aquilatada pelo tempo e pelo ser mais profundo.

Compreende-se desde já a complexidade do problema, que nos estudos de Direito Constitucional encontrará mais detido desenvolvimento.

Aqui e agora, em Portugal, para além de todas as revisões constitucionais da Constituição de 1976, aliás parcialmente redigida sob coacção (ante a pressão dos Pactos MFA/Partidos, e depois pelo sequestro da Assembleia Constituinte), está o Direito Natural e a sua Ordem de valores. Mas que Constituição escrita se gerou em pura liberdade? – caberá perguntar também.

A relativa enfatização de uma teoria constitucional e das fontes em geral que acolha os valores, e uma ordem de valores suprapositiva não nega o carácter positivado de muitos deles. Ou seja: haver valores e uma ordem dos mesmos não quer dizer que se não encontrem acolhidos nos textos. Desde logo, no art. 1.° da Constituição vigente, quando se fala da "dignidade da pessoa humana" e no art. 16.°, 2.°, na remissão expressa para a Declaração Universal dos Direitos do Homem (já que constiui esta uma positivação de boa parte dos direitos naturais).

Ao nível dos preceitos sobre fontes expressos do Código Civil, para nós é óbvio que o art. 1.° é pouco mais que nulo no que se refere à solução encontrada para as fontes não legais (julgaria em causa própria – para mais, atenta a sua sede sistemática). O juiz – e, logo, a jurisprudência –, segundo o art. 202.°, n.° 1 da Constituição, deve *administrar a Justiça*, isto é, *fazer Justiça*. Pelo que o n.° 2 do art. 8.°, do Código Civil, estabelecendo-lhe uma aparentemente cega obediência à lei, deverá ser lido apenas como sinal amarelo de prudência no afastamento desta com base em critérios que possam ser tidos como subjectivos. Além do mais, o n.º 2 do art. 9.º, do mesmo Código, obriga implicitamente a uma intervenção criadora do juiz de acordo com a presunção do maior acerto das soluções legislativas encontradas. Se de interpretação enunciativa, extensiva, restritiva ou correctiva se tratar, tudo será de admitir, dentro dos limites da razoabilidade. E, no limite, já a autorizadíssima voz de Manuel de Andrade – autor de um ensaio-tese sobre a interpretação que deve ser lido e relido – lembrava o possível recurso da "interpretação como resistência", donde considerava não poderia vir maior mal ao mundo, antes só bem.

O problema, como quase todos, é muito mais de homens do que de sistemas e de leis. Salomão não parece ter sido ortodoxo no seu julgamento, e conseguiu efeitos justos e surpreendentemente apaziguadores. Um belíssimo sistema de fontes pode tornar-se água inquinada nas mãos de um tirano, e uma rede deficiente de vetustos aquedutos pode ser suficiente e até abundante com a diligência dos vedores. "Deus nos livre da equidade dos tribunais" ("dos Parlements") diziam os franceses, decerto por isso castigados com o código rígido e "eterno" de Napoleão. *Atrás de mim virá...* Não é sempre verdade, mas a memória curta dos homens faz do apenas provável uma lei intocável do destino de decadência.

Quando compreenderemos todos que não há soluções cabais, nem modelos abstractos impecáveis, e que os bens de um sistema são os males do outro? Mas que também misturas e compromissos nem sempre juntam os benefícios do que se casa – mas muito frequentemente os vícios.

Pessoalmente, julgamos é que a esperança se não perderá se acreditarmos que, acima dos erros dos homens, por sentenças ou por leis, há uma Ordem, uma Harmonia, que os melhores de entre eles poderão encontrar. Que petulante ideia, não?

Claro que não poderão ser os melhores escolhidos por todos. Mas os melhores porque dotados dessa virtude da Justiça, da prudência, do discernimento. O qual também não é dado a todo o ser. Esta *aristocracia*, se desejarmos, não é de sangue, nem de dinheiro, nem de popularidade – é da qualidade, é do ser, é de espírito.

E de novo volta a política: é isto antidemocrático? Se a democracia fosse o direito potestativo de caminho para o abismo, sim, sê-lo-ia.

Mas se a democracia é um sistema ético, axiológico, e não a casca fútil da eleição de uns tantos desconhecidos muito mostrados na T.V., a quem passamos periodicamente um cheque em branco, nesse caso não, claro que não. Pelo contrário: só assim se garante a democracia.

Porque a democracia tem de proteger-se contra as suas clássicas doenças – demagogia, plebeísmo, anarquia, e, logo, logo a seguir, tirania, ditadura. Isso só será conseguido com lugar à aristocracia do mérito. E uma das justificações desta é a própria teoria de Rawls com o seu *véu de ignorância*, não se esqueçam os incensadores da moda. Recordando, e em resumo dos resumos: a grande maioria das pessoas, se não soubesse de antemão em que lugar e com que características viria a nascer, que normas escolheria para reger esse lugar? Normas que garantissem a todos direitos, e normas que distinguissem os melhores pelo seu mérito.

Em consequência: ou se abandona o mito (que já Rousseau realmente ultrapassara no *Contrato Social*) da vontade geral como vontade consensual da plebe narcotizada, ou se perecerá: pelo exílio, suicídio (ou pior, pelo esquecimento e até depauperação e envilecimento) dos que poderiam salvá-la. Nomeadamente dos que possam indicar-lhes caminhos árduos, mas seguros e exaltantes.

Pão e circo é relativamente fácil de dar. Haja fundos ou impostos. Mas quando vierem os Bárbaros? Quem lutará por Roma?.

Vivemos de demasiado pão e de excessivo circo. Mais até deste que daquele. E todavia há quem tenha fome. Fome, e sede de Justiça!

As fontes de Direito tópicas aí estão: com a sua água lustral, castálica, cristalina: primeiro, os valores da natureza; depois (e em grande medida já coincidentes), os princípios do Direito. Reabilitação da Jurisprudência, do Costume, da Doutrina.

E da Lei, apoucada a "endireita" de ocasião.

O Direito utópico e o tópico unem-se.

Mas não há Justiça sem homens justos.

Todo este nosso ensaio em torno das Fontes do Direito teve como intenção, além de ir desvelando conexões essenciais entre o todo que é a problemática do jurídico, e de ir avançando alguns conceitos básicos da gramática essencial do problema:

a) Sublinhar a sua complexidade, não univocidade, o seu carácter de tema de polémica filosófica e metodológica;

354 *Instituições de Direito*

b) Alertar para que tal polémica, longe de constituir bizantina querela de ociosos ratos de biblioteca, está no centro do debate, importando muitísssimo, por exemplo, na questão das relações entre Direito, Política e outras ordens sociais e normativas; e sendo de primordial relevo na aplicação quotidiana do Direito, na sua criação de todos os dias.

c) Recordar uma concepção de juridicidade mais tranquila, mais plácida, mais natural, mais realista, que passa por um entendimento menos obsidiantemente legalista das fontes, mas que implica concomitantemente que se repense a formação e o recrutamento dos agentes jurídicos: desde o *manga de alpaca* que, no seu *guichet*, mal humorado e muito senhor do seu pequeno (enorme) poder de maçar e retardar, indefere liminarmente a pretensão justa a que temos direito, por total desconhecimento do Direito, da boa educação, do bom uso do poder, que deve ser serviço e não instrumento do arbítrio ou do capricho de quem o detém. E quantas vezes também não o fará ele por ignorância do Português e da sua interpretação, por medo de ultrapassar o círculo da sua "competência", por desleixo e desinteresse ante a sorte dos seus concidadãos. Por falta de razoabilidade, bom senso, civismo, solidariedade, etc.,etc.. Ora o *homo burocraticus* é apenas um exemplo do *homo juridicus*, caricaturalmente apresentado. Donde todo o jurista que se preze teria de ser o inverso deste caricaturado funcionário.

d) Prevenir que, no ambiente de positivismo empírico envolvente, qualquer razão, por mais nobre, se pode ver enleada nas peias da selva da papelada e do processo, e mesmo nas deficiências da univocidade geral e abstracta da lei. Pelo que, sendo muito conveniente ao nóvel aprendiz de jurista que tenha pelo seu lado a Razão, isto é, que defenda causa justa, tal de modo nenhum lhe vai chegar para a fazer valer: em juízo e fora dele. Terá de munir-se bem municiado do apoio certeiro das *fontes* adequadas.

E deverá precisamente começar quiçá pelas de base da pirâmide normativa: pelas regras mais elementares e comezinhas, pelas normas regulamentares, posturas, regimentos, estatutos, para depois ir subindo, se caso for. A lei e o código são sempre de citar, bem como jurisprudência e até alguma doutrina. Esbracejar com a "justiça material", o "abuso do direito" o "direito natural" ou quejandos argumentos, pelo menos à partida, não parece ser muito de aconselhar.

Como as fontes são tópicos, *lugares comuns*, é preciso justamente enfatizar os mais comuns, os mais aceites. Os que serão menos atacáveis num possível recurso. Os que garantirão a todos alguma tranquilidade ou, ao menos, resignação.

Não é conveniente apelar para o costume, hoje, se há lei. A menos que a lei seja injusta. Mas argumentar com a injustiça da lei é enveredar por um caminho perigoso e normalmente perdido. Jurisprudência contra jurisprudência já parece melhor. Mas sempre de tribunal superior contra inferior. Doutrina contra jurisprudência ou contra lei tem, hoje em dia, efeitos quase tão danosos como falar em lei injusta ou em direito natural. Etc. Há uma sociologia empírica que se aprende em cada especialidade do Direito, mas que tem por base o conservadorismo natural (e até necessário, até certo ponto) dos tribunais. Confesssar ou não confessar? Admitir conciliação ou não? Perdoar ou não? Desistir ou não? Depende de cada caso, claro. Mas também depende dos usos e das pré-compreensões – dos sinais involuntariamente emitidos por essas entidades – em voga em cada foro.

Em suma – o uso das fontes é um uso termal: cada uma tem um efeito curativo próprio; o remédio disto é veneno para aquilo, e as misturas são de usar só com grande conhecimento das propriedades de cada uma das águas.

e) Finalmente, há que deixar duas palavras sobre a produção e a função deste texto: ele pretende perturbar, mas não tanto que afugente ou leve ao pânico.

O trabalho do jurista não é um labor nada, nada, nada fácil. Mentiria quem o afirmasse. Ou então será um génio de muito boa fé e grande ingenuidade.

É com as fontes do Direito e a sua interpretação – aplicação – criação jurídica que principalmente trabalha tecnicamente o jurista (também é orador, especialista em relações públicas, organizador, psicólogo, estratego, etc.). Não podemos colher ilusões sobre a importância complexíssima destes problemas.

Aliás, do estudo das fontes se tratará, essencialmente, pelos menos nas Faculdades tradicionais, em todas ou quase todas as cadeiras de Direito positivo. O jurista aprendiz informar-se-á do conteúdo e das conexões sintácticas das fontes ao longo das cadeiras do curso que, *grosso modo*, coincidem com os grandes códigos, ramos, agregados temáticos, ou ciências jurídicas positivas, técnicas ou materiais: no Direito Civil estudará as fontes do direito civil, designadamente, e antes de mais, o Código Civil, no Direito Penal, as fontes do direito penal, especialmente o Código Penal, no Direito do Trabalho as leis laborais, no Constitucional a Coлstituição e demais diplomas materialmente constitucionais, etc..

Em grande medida, o plano tradicional de estudos, de inspiração napoleónica, é até muito, demasiado, coincidente com o *mapa-mundi* das fontes. Das grandes fontes com fortuna moderna – ou seja, os Códigos. Cada Código, sua Cadeira universitária. Ou Cada livro ou parte de um Código sua Cadeira, tal é ainda o princípio em muitas universidades. Ficam mais desprezadas, ou remetidas para a eventualidade de se encontrarem docentes nisso empenhados, problemas que pairam mais acima, ou descem mais abaixo desta temática.

Como se o Direito estudado devesse ficar *in medias res* do que é, como um todo: pouco se estuda, infelizmente, das ciências Jurídicas Humanísticas (Filosofia, História, Sociologia, Antropologia, Criminologia, Geografia ou Comparística Jurídica, etc.), que têm a virtualidade de *pensar* e explicar o *porquê* do Direito, de *cada* Direito; e também tradicionalmente despreza o processo e o estudo dos casos (no continente europeu), o Direito em acção. Há licenciados em Direito que, durante o curso, nunca viram um processo e nunca pisaram uma sala de audiências. Todavia, não exageremos: o ensino universitário, tendo muito a ganhar com a compreensão prático-problemática do funcionamento efectivo do sistema jurídico, logo, com um olhar mais atento sobre "isso que os juristas fazem", não deve ser nunca um ensino profissionalizante (contrário à vocação universitária), mas um ensino formativo.

Grandes Mestres e grandes Magistrados e grandes Causídicos o têm dito: são os bem preparados teoricamente que dão depois, no contacto com a prática (que é das poucas coisas que por si mesma se aprende – já repararam?), os grandes juristas práticos. Percorra-se a galeria dos grandes nomes do foro e não se verá senão juristas que já levavam da Universidade os grandes quadros mentais. O resto lhes foi dado por acréscimo.

Dito isto, recorde-se que as Fontes de Direito também não são tudo. Seria preciso (e não seria desprestigiante nem anti-universitário) ensinar a analisar sentenças, a redigir contestações, a propor acções, a alegar, a contra-alegar, pelo menos nos seus rudimentos. E também seria curioso explicitar o trabalho do *cavere* do notário e do conservador de registos, lidar com a complexidade (ou a truculência) da redacção dos contratos, e lembrar o pitoresco dos velhos testamentos que fizeram o sumo de tão humorísticos filmes. Sem a pretensão de formar amanuenses de Direito. Mas abrindo as portas enclausuradoras da cidadela da torre de marfim do saber.

Estamos longe, muito longe, de esgotar o rol das nossas angústias sobre as fontes de Direito. Mas cuidamos que este permanente exercício sentido da dialéctica em seu torno poderá servir o candidato a jurista para melhor se preparar e o estudar agora sistematicamente. Sem olvidar as dúvidas. Sem esquecer que no Direito nada é unívoco, linear, fácil. Porque ele é humano, fruto de homens, para homens – e todavia visando um ideal que os transcende: a Justiça.

TÍTULO II

Teoria Especial da Norma Jurídica

CAPÍTULO I

A Norma Jurídica

Manuel Fernandes Costa
Professor da Universidade Internacional
da Figueira da Foz e do Instituto Superior
de Contabilidade e Administração de Coimbra

A NORMA JURIDICA

1 – DEFINIÇÃO E ESTRUTURA

A norma jurídica poder-se-á definir, *grosso modo,* como uma regra de conduta tutelada coactivamente. De facto, o aspecto basilar da norma jurídica consiste no seu carácter de regra de conduta, de regra de dever-ser, de regra que, perante uma situação factual típica, ordena *como devido* um determinado comportamento.

A função do direito é uma função normadora, determinando os termos em que as situações jurídicas se deverão constituir, desenvolver, modificar e extinguir. A norma jurídica, como elemento medular do direito, enuncia as condutas que são devidas pelos sujeitos jurídicos, os interesses que nas situações concretas prevalecem e, nos conflitos de interesses juridicamente relevantes, indica a quem pertence a *razão jurídica,* a parte cujos interesses devem triunfar.

Para realizar este seu objectivo, a norma jurídica mune-se de uma estrutura complexa em que se inserem três elementos: a) previsão; b) estatuição; e c) sanção. [1]

De um ponto de vista lógico, a norma começa por descrever uma situação de facto, que valora, desde logo, como merecedora de

---

[1] Há quem descreva a estrutura da norma como uma *previsão* (*Tatbestand*) a que se conecta uma *consequência jurídica* (*Rechtsfolge*). "Aquele que... violar ilicitamente o direito de outrem (previsão)... fica obrigado a indemnizar o lesado... (consequência jurídica). A esta primeira norma (Verhaltensnorm) vincula-se uma norma secundária (*Sanktionsnorm*) que, dirigida aos órgãos de aplicação do direito, lhes impõe o dever de executarem (sancionarem) o que a primeira determina. Cfr. Profs. Pires de Lima Antunes Varela, *Noções Fundamentais de Direito Civil*, p. 32; Prof. Baptista Machado, *Introdução ao Direito e ao Discurso Legitimador*, p. 79 segs.; Zippelius, *Einführung in die juristischen Methodenlehre*, p. 32 segs. No entanto, cremos que a construção utilizada no texto, além de mais sintética, define com maior harmonia e unidade a estrutura da regra jurídica.

364 *Instituições de Direito*

regulamentação jurídica. É a situação prevista e, por isso, dá-se-lhe o nome de *previsão*. Mas como a situação prevista é enunciada de modo hipotético ("se tal situação se verificar...", "ocorrendo tal situação...") também se usa denominar este primeiro elemento de *hipótese normativa*. Uma expressão que encontramos igualmente no discurso jurídico é a de *facti species:* pela razão de se encontrarem aqui os factos típicos valorados pela norma.

Porém, a norma prevê uma situação para a submeter a certa disciplina, ligando à sua verificação a necessidade ou o dever de uma conduta. A conduta prescrita ou estatuída constitui o segundo elemento da norma. E porque se trata de uma conduta prescrita ou estatuída designa-se este elemento de *estatuição* ou *prescrição normativa*.

Vem, por último, a sanção. A *sanção* consiste no *mal* cominado contra todos aqueles que desobedeçam ao que a norma determina; é assim o elemento da norma que fixa as reacções jurídicas aplicáveis aos prevaricadores ou faltosos. [2]

Tomemos o art. 493.° do Cód. civil para ilustrar o que foi dito. O seu texto é o seguinte: "Quem tiver em seu poder coisa móvel ou imóvel, com o dever de a vigiar, e bem assim quem tiver assumido o encargo da vigilância de quaisquer animais, responde pelos danos que a coisa ou os animais causarem, salvo se provar que nenhuma culpa houve da sua parte ou que os danos se teriam igualmente produzido ainda que não houvesse culpa sua". Simplificando a construção literal da norma, de modo a melhor a ajustar aos fins da exposição, poderemos lê-la da maneira seguinte: "Quem tiver em seu poder coisa móvel ou imóvel, com o dever de a vigiar, e bem assim quem tiver assumido o encargo da vigilância de quaisquer animais..." – é a situação factual que a norma prevê, logo, a *previsão* ou *hipótese normativa*; e a seguir acrescenta: deve cumprir com a exigível diligência esse encargo ou dever – trata-se da conduta prescrita, portanto, da *prescrição* ou *estatuição* da norma; para, por fim, fixar que, sendo a estatuição violada, o faltoso responderá (*responde*) "pelos danos que a coisa ou os animais causarem..." – é o elemento *sanção*.

---

[2] Diz F. Rigaux (*Introduction à la Science du Droit*, p. 28) que na sociedade moderna existem vários e diferentes modelos de sanção e de constrangimento. Todos eles obedecem ao seguinte esquema: "le droit impose un modèle de comportement sous la ménace d'une sanction au service de laquelle sont placés des moyens matériels d'execution".

De igual modo, a leitura do art. 1323.° do Cód. civil, nos seus n.ᵒˢ 1 e 4, deixa perceber a presença dos citados elementos estruturais da norma jurídica: "Aquele que encontrar animal ou coisa móvel perdida e souber a quem pertence..." – *previsão normativa*; "... deve restituir o animal ou a coisa a seu dono..." – *estatuição*; sob pena de o achador, comina o n.° 4, responder por perdas e danos se houve da sua parte "dolo ou culpa grave" – *sanção*.

Muitas normas, porém, estão redigidas em termos elípticos, sendo necessário, para do seu enunciado verbal se desentranharem os três referidos elementos, proceder a uma autêntica operação reconstrutiva. Além disso, a técnica legislativa amiúde conduz à disseminação por vários lugares (disposições legais) dos elementos constitutivos da norma jurídica completa. [3]

Assim, as normas do Cód. criminal têm, de comum, uma redacção deste tipo: "Quem matar outrem será punido com prisão de 8 a 16 anos" (art. 131.°). Da leitura deste preceito decorre a imediata descoberta da sanção: "pena de prisão de 8 a 16 anos". No entanto, se quisermos encontrar os outros dois elementos teremos de fazer da norma uma leitura do seguinte jeito: "Se alguém se encontrar em situação de matar outrem": é o primeiro elemento, logo a *previsão*; "Não o deverá fazer": trata-se da conduta prescrita, logo, do elemento *estatuição*.

Atendamos agora ao disposto nos arts. 1349.° e 1350.° do Cód. civil. É fácil descobrir na redacção dos preceitos citados os elementos hipótese e estatuição. No entanto, o momento sancionatório que garante a posição dos interessados só ganhará vulto se compulsarmos disposições várias dos Codigos civil e criminal (v.g. normas sobre o ressarcimento dos danos, sobre o crime de desobediência, etc.).

Consideremos ainda uma norma tão simples como esta: "O comprador deve pagar o preço, sob pena de responder por perdas e danos". Sem necessidade de alongar a investigação, de imediato se vê que este comando normativo envolve o apelo, entre outros, aos arts. 874.°, 879.°, al. c), 798.° e segs. do Cód. civil.

---

[3] V. Profs. Pires de Lima – Antunes Varela, *Noções Fundamentais de Direito Civil*, pp. 30-32; F. Rigaux, *Introduction à la Science du Droit*, pp. 13-15; Rehbinder, Einführung in die Rechtswissenschaft, p. 67 segs.; Engisch, Introdução do Pensamento Jurídico, p. 92 segs.

Mas qualquer que seja a técnica redaccional empregue pelo legislador, a norma jurídica (completa) é sempre, no seu enunciado total, a conjugação de três elementos: previsão, estatuição e sanção. Ela traduz, portanto, a previsão de uma situação de facto típica, a que se associa o dever de uma conduta, sob pena de o prevaricador suportar as consequências jurídicas sancionatórias.

Apenas de acrescentar que a norma, enquanto figura a situação típica, a valora em termos de merecer uma regulamentação jurídica (a norma é *valoração*); e, enquanto enuncia uma conduta como devida, a impõe aos respectivos destinatários (a norma é *imperativo*).[4]

2 – CARACTERES DA NORMA JURÍDICA

Podem apontar-se como caracteres da norma jurídica os seguintes quatro: a) coercibilidade; b) imperatividade; c) violabilidade; e d) generalidade e abstracção.

a) *Coercibilidade*

A coercibilidade significa, como sabemos, a possibilidade de a norma ser imposta coactivamente. A norma jurídica, porque é assistida de uma sanção coactiva, ou seja, de uma sanção que envolve o apelo à força (pode ser imposta *manu militari*), participa dessa natureza coercitiva, é portanto uma norma dotada de coercibilidade.

---

[4] Esta dupla natureza da norma jurídica é assim traduzida pelo penalista alemão Mezger: "O Direito, enquanto norma *determinativa* (imperativa) não é de modo algum *pensável* sem o Direito enquanto *norma valoradora* – o Direito como norma valoradora é um necessário pressuposto lógico do Direito como norma determinativa... Pois quem pretende *determinar* alguém a fazer algo tem de previamente conhecer aquilo a que o quer determinar: ele tem de *valorar* aquele algo num determinado sentido positivo. Um *prius* lógico do Direito como norma de determinação é sempre o Direito como norma de valoração, como ordenação objectiva da vida".

b) *Imperatividade*

A norma jurídica enuncia aos seus destinatários os comportamentos que são devidos, Ela não se limita a aconselhar ou sugerir aquilo que deve ser feito; mais radical e energicamente, impõe deveres de conduta. Ora, toda a norma que impõe, que é impositiva, é também, a esta luz, uma norma imperativa. [5]

Será interessante referir que se trata de um imperativo, a um tempo, categórico e hipotético. [6]

De facto, a norma jurídica fixa os seus fins de modo peremptório: "não difames", "cumpre os deveres a que estás vinculado", "respeita os direitos alheios", "presta alimentos aos filhos menores", etc. Nesta medida, os fins prosseguidos pelas normas jurídicas são exigidos ou prescritos incondicionalmente. Os fins que as normas se propõem valem em si e por si, não sofrendo no seu valor a refracção ou dependência condicionante de outros quaisquer fins: são fins absolutos.

Mas o imperativo jurídico também é um imperativo hipotético. Na verdade, a sua enunciação ocorre sempre em termos de uma hipótese (hipótese normativa): para que o mandamento da norma opere (impere) é mister que a situação de facto por ela prevista ocorra concretamente. Assim, a aplicação dos comandos das alíneas b) e c) do art. 879.º do Cód. civil pressupõe a prévia celebração de um contrato de compra e venda (*A* só deve pagar o preço *se* dele se tornou devedor por virtude da conclusão de um válido contrato de compra e venda). A aplicação da "pena de prisão até 3 anos" fixada no art. 212.º do Cód. penal só intervirá *na hipótese* de ter sido cometido um crime de dano. Dizer: o estuprador será punido com prisão até 2 anos significa que "*se* alguém cometeu o crime de estupro, será punido com ..." A norma do art. 174.º do Cód. penal que pune o crime de estupro deverá ser lida nos termos seguintes: "Se (Na hipótese de) alguém tiver cópula com maior de 14 anos e menor de 16 anos... será punido..."

---

[5] A natureza imperativa das normas jurídicas depara-se com dificuldades na presença daquelas normas que se limitam a outorgar faculdades (v.g., celebrar contratos, frequentar lugares públicos,etc.). No entanto, também estas normas, as chamadas normas facultivas, se podem compreender em termos de um *imperativo* dirigido à comunidade para que as *faculdades* que pertencem a cada um sejam por todos respeitadas.

[6] V. N. Bobbio, Teoria General del Derecho, p. 71 segts..

368   *Instituições de Direito*

O imperativo jurídico mostra-se, assim, como um imperativo hipotético e categórico. *Categórico,* na medida em que hipostasia (dá valor absoluto) os fins que visa. *Hipotético,* porque a sua concretização está ligada à ocorrência da hipótese prevista. Referindo esta dupla feição do imperativo à estrutura da norma jurídica, poder-se-á dizer que a *hipótese normativa* enuncia os pressupostos necessários do imperativo (se alguém assim proceder...), enquanto a estatuição contém o próprio imperativo.[7]

c) *Violabilidade*

Com a característica da violabilidade marca-se uma distinção entre as leis que socialmente vinculam o homem e as leis da natureza. Estas últimas, porque descrevem relações de causalidade entre fenómenos do mundo físico, são invioláveis; quer dizer: ou a lei enuncia com exactidão as relações de causalidade que intenta explicar, e então, como *lei verdadeira,* é inviolável, ou há fenómenos da natureza que escapam ao seu enunciado, mas em tal hipótese não se diz que a lei é violada, mas que a *lei é falsa.*

As normas jurídicas, como leis sociais, respeitam uma outra lógica. Em primeiro lugar, estas normas dirigem-se a seres livres, a seres que, no uso da sua liberdade, podem desobedecer ao que a lei ordena. Em segundo lugar, a violação da norma jurídica não prejudica a sua "verdade", uma vez que a verdade própria das normas jurídicas não é de tipo lógico, mas de tipo deontológico[8]. Com isto quer-se dizer que, enquanto as relações próprias das leis da natureza oscilam entre os dois pólos verdade-falsidade, as regras jurídicas assentam o seu sentido no diferente plano da validade (a norma jurídica ou vale ou não vale). E é por isso que a pretensão de validade da norma jurídica não é molestada pela violação do seu comando. Apesar de violada, a norma ainda vale. Não obstante serem diariamente cometidos crimes de homicídio, quem duvida que continua a valer (num sentido translato, que continua a ser verdadeira) a norma jurídica que proíbe matar?[9]

---

[7] V. Engisch, Introdução ao Pensamento Jurídico, p. 37 segts; Maynez, Introduccion al Estudio del Drerecho, p. 9 segts..

[8] Cfr. Ghestin-Goubeaux, Traité de Droit Civil, pp. 34-35.

[9] V. Maynez, Introduccion al Estudio del Derecho, p. 5 segts; Miailles, Introdução Crítica ao Direito, p. 290 segts.; Prof. Galvão Telles, Introdução ao Estudo do Direito, I, p. 25 segs..

Nascer Direito

d) *Generalidade e abstracção*

Diz-se que a norma jurídica é abstracta porque, em vez de se referir a uma só e concreta situação, abarca um número indeterminado de situações. Diz que é geral porque, em vez de se dirigir a um único destinatário, dirige-se a uma pluralidade de destinatários.

Os comandos jurídicos podem ser concretos e individuais ou gerais e abstractos. Tomemos o exemplo de uma sentença judicial: na sentença, o juiz condena *um réu* (A) a determinada punição em virtude da prática de *um crime* (um crime de furto praticado em 10 de Janeiro do ano findo, por exemplo). O comando que a sentença contém é dirigido a uma pessoa determinada e concerne uma situação determinada: são estes os comandos individuais e concretos. Analisemos agora uma norma jurídica: "Pertence aos pais decidir sobre a educação religiosa dos filhos menores de dezasseis anos". A estrutura destoutro comando é bem diversa, uma vez que abarca um número incontável de situações (todas as relações entre pais e filhos menores de dezasseis anos, no domínio da educação religiosa) e concerne a um número indefinível de pessoas (todas as que são pais e têm filhos menores de dezasseis anos). Ora, são estes comandos, que atingem números indeterminados de pessoas e de situações, que revestem as características da generalidade e da abstracção.

A norma jurídica só é norma jurídica se for geral e abstracta. Um comando individual e concreto pode ser uma decisão judicial, um acto administrativo, etc., mas nunca é uma norma jurídica.

No entanto, para bem aquilatarmos destes requisitos da generalidade e da abstracção torna-se necessário proceder a alguns esclarecimentos complementares.

Não se julgue que as normas jurídicas têm todas em igual extensão os mencionados atributos. Há normas mais gerais do que outras, há normas menos abstractas [10] do que outras. A norma" É proibido matar" possui em grau máximo as características da generalidade e da abstracção. Mas admitamos que entra em vigor no ordenamento jurídico português um diploma que sujeita todo aquele que obtém um rendimento anual superior a cem mil contos a um imposto especial. Será esta norma individual e concreta na hipótese de um só cidadão auferir rendimentos de tal montante? Não! De facto, não só a pessoa

---

[10] V. J. L. Bergel, Théorie Générale du Droit, p. 45.

atingida pela aplicação da norma é determinada segundo critérios objectivos, como nada obsta a que no ano seguinte muitos mais cidadãos caiam sob a incidência fiscal da norma. Pela mesma razão se têm de considerar gerais e abstractas as normas que, por exemplo, definem as competências do Presidente da Republica (do titular do cargo, não do senhor *A*) ou do Primeiro-Ministro.

De salientar ainda que uma norma, apesar de redigida em termos genéricos, pode bem pretender a regulamentação de um caso concreto ou de uma pessoa individual (norma *ad hominem*).O saber se assim é constitui problema que só poderá resolver-se em sede interpretativa, com a certeza de que, se de facto a norma é individual e concreta, ela é uma norma ilegal e, como norma ilegal, a sua aplicação deverá ser recusada[11].

3 – CLASSIFICAÇÕES DAS NORMAS JURÍDICAS

Neste número iremos examinar as normas que nos aparecem nos códigos e leis e submetê-las a um estudo classificatório. De facto, as normas jurídicas, na sua variedade e heterogeneidade, prestam-se a uma análise conduzida segundo múltiplos critérios, podendo agrupar-se em categorias construídas sobre notas comuns, de modo a darem de si uma imagem mais ordenada e melhor reveladora da sua natureza.

Nesta senda, consideraremos sucessivamente as seguintes classificações:

a) normas imperativas, permissivas e supletivas;
b) normas interpretativas;
c) normas directas e normas indirectas;
d) normas universais e normas locais;
e) normas gerais, normas especiais e normas excepcionais;
f) normas perfeitas, normas imperfeitas e normas mais e menos que perfeitas;
g) normas remissivas, ficções legais e presunções legais.

---

[11] Ilegalidade que desde logo decorre da violação do princípio da separação de poderes em que assenta o moderno Estado de Direito.

a) *Normas imperativas, permissivas e supletivas*

Atende-se nesta classificação ao modo como a norma jurídica actua sobre a vontade daqueles a quem se dirige.

Normas imperativas (ou cogentes, *ius cogens*): definem condutas a que os indivíduos, seus destinatários, estão inarredavelmente vinculados. Se essas condutas são positivas (um *facere:* pagar impostos, pagar a renda ao senhorio, prestar alimentos aos filhos), a norma diz--se *preceptiva*; se a conduta é negativa (*non facere:* não matar, não difamar), a norma toma o nome de *proibitiva.*

Normas permissivas (ou facultativas) são as que conferem poderes ou faculdades. Umas vezes essas faculdades concernem à prática de actos materiais (arts. 1353.º: direito de demarcação; 1356.º: direito de tapagem; 1453.º: perecimento natural de árvores e arbustos – do Cód. civil) e outras vezes ao exercício de actividades jurídicas (art. 405.º do Cód. civil: "as partes têm a faculdade de fixar livremente o conteúdo dos contratos...").

Normas supletivas: dizem-se supletivas as normas que se destinam a suprir a falta de manifestação de vontade das partes sobre questões negociais carecidas de regulamentação jurídica. Conquanto se encontrem normas deste tipo em todos os domínios do direito privado, é no âmbito dos contratos e do princípio da autonomia da vontade que se situa o seu campo de eleição. Sabemos que os sujeitos jurídicos, no exercício da faculdade que lhes atribui o art. 405.º do Cód. civil, podem celebrar os contratos que melhor satisfaçam os seus interesses e dar-lhes o conteúdo mais condizente com a situação concreta desses mesmos interesses. Simplesmente, os contraentes, por incúria, desleixo ou imprevidência, a mais das vezes limitam-se a acordar as cláusulas principais do contrato, omitindo a regulamentação de questões importantes da relação negocial. Por exemplo, não provêem à disciplina de pontos como o lugar onde as prestações devem ser cumpridas, quem deve arcar com as despesas do contrato, a que obrigação deve ser imputado o cumprimento, etc.. Ora, é justamente para colmatar tais lacunas negociais que surgem as normas supletivas; normas que, deste modo, só se tornam aplicáveis na falta de uma vontade em sentido contrário dos contraentes. E, assim, pela leitura do art. 784.º ficamos a saber – não obstante o silêncio das partes – a que dívida imputar o cumprimento; pela leitura dos arts. 772.º e segs., qual o lugar do

372 *Instituições de Direito*

cumprimento da prestação; pela leitura do art. 878.º, quem, se comprador ou vendedor, suporta as despesas do contrato.

A fundamentação das normas supletivas explica que, no geral, o seu conteúdo seja uma tentativa de interpretação da vontade hipotética ou presumida das partes. Se estas podiam regular o ponto negocial omisso, é natural que o legislador, ao suprir a lacuna através de uma norma, o faça por apelo ao que as partes provável ou razoavelmente teriam querido se houvessem pensado e provido à disciplina global do contrato. A fonte de inspiração do legislador ao criar as normas supletivas é assim, e no geral, a vontade dos contraentes. Contudo, no direito moderno – em que as preocupações de justiça social irrompem com força acentuada – a *pari passu* o legislador aproveita o silêncio das partes para impor as soluções que melhor traduzam as concepções fundamentais da comunidade jurídica. Trata-se de aspectos regulamentares que não justificam uma disciplina imperativa; mas se os sujeitos jurídicos se mantêm silenciosos, o legislador aproveita esse silêncio para fixar o regime jurídico que se lhe afigura de mais justo ou conveniente. Os fenómenos dos contratos de adesão (cláusulas contratuais gerais) e da protecção do consumidor são disso exemplos bem ilustrativos. Mas também a disciplina da sucessão legítima (arts. 2131.º e segs. do Cód. civil) reflecte análogas preocupações. E no âmbito do regime de bens do casamento, o legislador de 1966, ao romper com a tradição centenária da comunhão geral de bens (a definição é dada pelo art. 1732.º do Cód. civil), e ao consagrar o regime supletivo (art. 1717.º do Cód. civil) da comunhão de adquiridos (arts. 1721.º e segs.), assumiu, pura e simplesmente, as ideias de justiça (de uma maior e melhor justiça) reinantes na consciência comunitária.

b) *Normas Interpretativas*

Consideram-se *interpretativas* as normas que visam aclarar o sentido de outras normas ou de expressões usadas nos negócios jurídicos. Por exemplo, as normas dos arts. 874.º, 940.º e 980.º do Cód. civil fixam os termos em que as expressões "compra e venda", "doação" e "sociedade" devem ser entendidas quando utilizadas na linguagem legal. O mesmo propósito caracteriza os arts. 204.º e 205.º do Cód. civil ao indicarem o que são coisas imóveis e coisas móveis. Os arts. 2262.º e 2263.º do Cód. civil são normas interpretativas de negócios jurídicos.

E também o art. 279.º do Cód. civil contém disposições cujo fim é o de resolver eventuais dúvidas de interpretação que se suscitem a propósito do termo (cláusula negocial) aposto a um negócio jurídico.

c) *Normas directas e normas indirectas*

Os arts. 954.º (efeitos essenciais das doações), 1366.º (plantações de árvores e arbustos), 1690.º (legitimidade dos cônjuges para contrair dívidas) e 2101.º (direito de exigir a partilha da herança) do Cód. civil são normas directas. E são *normas directas* porque visam a resolução de problemas concretas da vida social. Todas as normas que se dirigem aos intervenientes no tráfico jurídico, apontando-lhes as condutas que aí devem adoptar, são, a este título, normas directas.

As *normas indirectas,* ao invés, têm por destinatários os orgãos de aplicação do direito (tribunais, notários, etc.), indicando-lhes os termos em que devem solucionar as questões puramente jurídicas. Assim, o art. 9.º do Cód. civil respeita apenas ao problema da interpretação da lei e o art. 10.º do mesmo diploma tão-só regulamenta a questão do preenchimento das lacunas. Em qualquer dos casos, não estamos perante normas definidoras do estatuto jurídico de situações concretas (v.g., o casamento de *A* e *B*, a venda de um imóvel feita por *C* a *D*), mas em face de normas que se limitam a orientar o jurista nas tarefas de interpretação e aplicação da lei – de normas indirectas, portanto.

Próxima desta classificação está uma outra que distingue, dentro das normas jurídicas, as autónomas e as não autónomas[12]. São *normas autónomas* as que definem por inteiro as condutas juridicamente devidas ou permitidas, contendo em si mesmas, autonomamente, as soluções que querem ver concretizadas na realidade social. São *normas não autónomas* as que fazem referência a outras normas. As normas indirectas, por se referirem sempre a outras normas, pertencem à categoria das não autónomas, já que a sua actuação terá de realizar-se por combinação com outras normas[13].

---

[12] Cfr. Prof. M. Rebelo de Sousa-Sofia Galvão, Introdução ao Estudo do Direito, pp. 173-174; Prof. Galvão Telles, Introdução ao Estudo do Direito, II, p. 433 segs.; H. Kelsen, Teoria Pura do Direito, pp. 88-92.

[13] Vide o que à frente se diz sobre as normas remissivas.

374 *Instituições de Direito*

d) *Normas universais e normas locais*

Universais dizem-se as normas cuja eficácia se alarga a todo o território nacional. As normas do Código penal, do Código civil, do IRS são normas universais.

São *locais* as normas aplicáveis apenas dentro de uma circunscrição ou parcela do território nacional. As posturas municipais, os decretos das assembleias regionais da Madeira e dos Açores pertencem a esta categoria.

e) *Normas gerais, normas excepcionais e normas especiais*

Os Profs. Pires de Lima e Antunes Varela dão-nos a seguinte definição de *normas gerais:* "Dizem-se gerais (ius commune) as normas que correspondem a princípios fundamentais do sistema jurídico e por isso constituem o regime-regra do tipo de relações que disciplinam". Tomemos o exemplo do art. 219.° do Cód. civil que consagra o princípio da liberdade de forma (princípio da consensualidade) ou o do art. 405.° do mesmo Código que enuncia o chamado princípio da liberdade contratual (autonomia da vontade). Estão vertidos nestas normas princípios fundamentais do nosso direito: em geral, a declaração negocial vale independentemente da forma que revista e os contraentes podem estipular as convenções mais ajustadas aos seus interesses. Fixam-se, assim, as grandes linhas de regulamentação de questões gerais do direito. Às normas com esta função dá-se o nome de *normas gerais*.

Porém, as normas gerais não valem irrestritamente, determinando, sem excepções, a disciplina jurídica de todos os casos localizados no âmbito abstracto da sua previsão. Atendamos ao disposto no art. 875.° do Cód. civil: "O contrato de compra e venda de bens imóveis só é válido se for celebrado por escritura pública". Há aqui uma clara derrogação do princípio da liberdade de forma que o art. 219.° enuncia. Ora, são as normas que, dentro de sectores restritos e por razões privativas deles, contrariam as soluções consagradas nas normas gerais que constituem a categoria das *normas excepcionais*.

O art. 875.° (bem como os arts. 1029.° e 1143.°) é, assim, uma norma excepcional. Também o art. 1146.° representa uma norma excepcional face ao art. 405.°. Relativamente ao art. 1305.° (norma geral) são excepcionais, entre outras, as regras dos arts. 1349.°, 1370.° e 1550.° do Cód. civil.

Temos, em último lugar, as *normas especiais*. Estas são as que, perante questões cada vez mais concretas, desenvolvem, adaptando ou especializando, princípios fixados em normas anteriores de alcance mais geral. Não se trata, agora, de consagrar para um círculo mais restrito de situações uma disciplina oposta (como vimos suceder com as normas excepcionais) à estipulada numa norma geral. Muito pelo contrário, o fenómeno que ocorre é o do desenvolvimento de uma disciplina geral, adaptando-a às particularidades de casos mais específicos, mais restritos e mais concretos.

Se analisarmos um diploma legal como o Código civil, de imediato constataremos que entre as suas várias normas se estabelecem relações de especialidade. Assim, o Código abre por uma "Parte Geral" – geral, relativamente aos Livros II, III, IV e V. O Livro II, relativo ao "Direito das Obrigações", também se inicia por um título "Disposições Gerais" – gerais em face, além do mais, do Título II, concernente aos "Contratos em especial". Por sua vez, o Capítulo I, sobre o contrato de compra e venda, contém, primeiro, "Disposições Gerais", e só depois disposições especiais sobre a "Venda de bens alheios", a "Venda de bens onerados", a "Venda de coisas defeituosas", etc..

E não surpreende que assim seja. De facto, toda a elaboração sistemática assenta no desenvolvimento sucessivo e escalonado dos princípios do sistema, devendo partir-se dos princípios mais gerais para se terminar na enunciação dos princípios mais especiais. Entre esses dois extremos perfilam-se vários escalões onde se situam normas que, sendo especiais relativamente às superiores, são gerais perante as outras que lhes ficam a jusante. É deste modo (o da relação de especialidade) que se estrutura o sistema jurídico. De salientar apenas que as relações de especialidade não se estabelecem apenas entre normas singulares, podendo também constituir-se entre sectores (ramos) do direito. Assim, o Direito Comercial constitui um direito especial face ao Direito Civil, uma vez que se limita a consagrar um regime particular (especial) no domínio das relações mercantis.

f) *Normas perfeitas, normas imperfeitas e normas mais e menos que perfeitas*

É esta uma classificação que remonta aos jurisconsultos romanos e que dá atenção às consequências decorrentes da violação das normas imperativas.

São *normas mais que perfeitas* (*leges plus quam perfectae*) aquelas que determinam a nulidade dos actos que as violam e ainda a aplicação de uma pena aos respectivos autores. Se dois ou mais indivíduos firmarem um contrato para o fornecimento e venda de estupefacientes, não só o contrato é nulo, como ainda se prevêem sanções penais contra os contraentes.

Normas perfeitas (*leges perfectae*) são as que determinam apenas a nulidade dos actos que lhes são contrários. Se se celebrar oralmente ou por escrito particular um contrato de venda de um bem imóvel, esse contrato será nulo *ex vi* art. 875.° do Cód. civil.

Normas menos que perfeitas (*leges minus quam perfectae*): caracterizam-se por a sua violação envolver uma sanção diferente da nulidade. Se um menor contrai casamento sem a autorização do seu representante legal, contravindo assim à norma da al. a) do art. 1604.° do Cód. civil, o matrimónio é válido, mas o menor sofre a punição fixada no art. 1649.°.

Consideram-se *imperfeitas* (*leges imperfectae*) as normas que podem ser impunemente (sem sanção jurídica) desrespeitadas. Se o governo, no exercício da sua acção política, não cumprir orientações como as marcadas nos arts. 64.° (direito à protecção da saúde), 65.° (direito à habitação) e 66.° (ambiente e qualidade de vida) da Constituição, é difícil de vislumbrar qualquer reacção jurídica contra tais infracções. As reacções possíveis serão, no geral, de natureza política. Mas é duvidoso que seja verdadeiramente jurídica uma norma cuja violação não envolve nenhuns efeitos jurídicos [14].

g) *Normas remissivas. Ficções legais. Presunções legais*

As normas remissivas pertencem à categoria das normas indirectas ou não autónomas. Trata-se de normas em que o legislador, em vez de regulamentar directa e autonomamente a questão jurídica ocorrente, o faz convocando outras normas, isto é, mandando aplicar-lhe normas que regem diferentes questões. É precisamente por estas normas não regularem directa e autonomamente a *sua questão* que têm assento na categoria das

---

[14] Cfr. Germann, Grundlagen der Rechtswissenschaft, pp. 28-29; N. Bobbio, Teoria General del Derecho, p. 129 segs.; Prof. Cabral de Moncada, Lições de Direito Civil (5.ª ed.), pp. 51-52.

normas indirectas ou não autónomas; e é por remeterem essa disciplina para outras normas que recebem a designação de remissivas.

Um exemplo: o art. 970.° do Cód. civil permite que o doador revogue a doacção por ingratidão do donatário. Mas em que casos haverá uma ingratidão susceptível de fundamentar a pretensão revogatório do doador? Esta pergunta é respondida pelo art. 974.°. Simplesmente, em vez de enunciar detalhadamente o regime da ingratidão, o citado artigo remete para as normas sobre a indignidade sucessória (art. 2034.° Cód. civil) e a deserdação (art. 2166.° Cód. civil) – de modo que será pela leitura conjugada dos arts. 974.° e 2166.° que ficaremos a saber que o doador pode requerer a revogação da doação, entre outros casos, quando o donatário foi condenado por crime doloso cometido contra a pessoa, bens ou honra do doador... desde que ao crime corresponda pena superior a seis meses de prisão.

As remissões que as normas operam podem ser materiais ou formais. São *materais*, quando a remissão é feita tendo em conta o conteúdo da segunda norma (aquela para que se remete). O exemplo atrás dado ilustra esta categoria. Também o art. 1935.° do Cód. civil, ao estabelecer que "O tutor tem os mesmos direitos e deveres dos pais..." opera uma remissão material. De facto, a lei subordina o estatuto do tutor às normas sobre o poder paternal por considerar que as soluções consagradas nos arts. 1877.° e segs. do Cód. civil servem, no geral, à regulamentação do instituto da tutela. Outros casos que ilustram esta categoria da remissão material são os previstos nos arts. 433.°, 678.° e 913.° do Cód. civil e art. 3.° do Cód. comercial [15].

Nas *remissões formais* a norma remissiva chama outra norma, não em consideração do respectivo conteúdo, mas por ser a norma (qualquer que seja o seu conteúdo) em vigor em determinado momento ou em determinado espaço. As normas sobre os conflitos de

---

[15] É o seguinte o teor do art. 3.° do Cód. comercial: "Se as questões sobre direitos e obrigações comerciais não puderem ser resolvidas, nem pelo texto da lei comercial, nem pelo seu espírito, nem pelos casos análogos nela prevenidos, serão decididas pelo direito civil". A convocação do direito civil para colmatar as lacunas da lei mercantil é determinada pela adequação material daquele direito para o desempenho desta tarefa, fruto do forte parentesco existente entre os dois referidos ramos do direito privado. Como melhor veremos adiante, o Direito Comercial teve a sua origem no Direito Civil e é esta ligação genética a causa das similitudes substanciais que justificam o estatuto de *direito subsidiário* que o transcrito art. 3.° atribui ao Direito Civil face à lei mercantil.

378   *Instituições de Direito*

leis no tempo e as normas de Direito Internacional Privado representam casos de remissões formais.

Quando duas leis se sucedem no tempo e uma mesma relação jurídica tem contactos com ambas, põe-se o problema de saber se deverá ser aplicada a lei antiga ou a lei nova. Suponhamos que *A* e *B* se casaram em 1965, sem escritura antenupcial, e que hoje dissolvem o seu casamento por divórcio. Segundo que regime deverá ser feita a partilha dos bens do casal? A pergunta é pertinente porque no momento em que *A* e *B* celebraram o seu matrimónio estava em vigor uma lei (Código de 1867) que estipulava o regime da comunhão geral de bens, enquanto hoje vigora outra lei (Código de 1966) que estabelece o regime da comunhão de adquiridos.

É função das normas sobre os conflitos de leis no tempo designar a lei aplicável. No caso concreto, ordena-se a aplicação da lei vigente à data da celebração do matrimónio – mas, repare-se, essa lei é mandada aplicar, não por fixar este ou aquele regime de bens, mas por estar em vigor num certo momento, no momento em que o casamento foi contraído.

Idênticas considerações cabem a propósito das regras de Direito Internacional Privado. Se uma situação jurídica tem conexões com dois ou mais ordenamentos, é mister apurar qual deles deverá ser aplicado. Assim, se um italiano, domiciliado em Paris, quiser comprar um apartamento na cidade de Coimbra, põe-se ao notário que oficiar a escritura de venda o problema de saber qual das leis (italiana, francesa ou portuguesa?) deverá aplicar à determinação da capacidade negocial do adquirente. Qual delas? Pela leitura dos arts. 25.° e 31.°, 1, do Cód. civil ficamos a saber que é a lei italiana. Quer dizer, os mencionados artigos ordenam a aplicação da lei nacional do contraente, lei que é mandada aplicar, não por ter este ou aquele conteúdo, mas por ser a lei em vigor num determinado espaço.

Nas *ficções legais*, o legislador, em vez de remeter através de disposição expressa a regulamentação de determinado caso para as normas reguladoras de um caso análogo ou semelhante, prefere afirmar que o primeiro caso *é ou se considera* igual ao segundo. Assim, o legislador logra realizar uma *remissão implícita* para as normas aplicáveis ao segundo caso, tornando-as, destarte, também as normas do primeiro caso.

A ficção legal, diz certeiramente Larenz [16], "consiste em equiparar voluntariamente algo que se sabe que é desigual".

---

[16] *Metodologia da Ciência do Direito*, p. 312.

Um exemplo destas ficções legais é-nos dado pela al. c) do n.º 2 do art. 805.º do Cód. civil, ao prescrever que "Se o devedor impedir a interpelação" considera-se (isto é, tem-se esta situação por igual ou equivalente a esta outra)" interpelado, neste caso, na data em que normalmente o teria sido" [17-18].

As *presunções legais* traduzem uma operação que permite, com base na lei, deduzir de um facto conhecido um facto que se ignora. Na definição do art. 349.º do Cód. civil, "presunções são as ilações que a lei ou o julgador tira de um facto conhecido para afirmar um facto desconhecido".

As presunções legais podem ser absolutas (*iuris et de iure*) ou relativas (*iuris tantum*) [19]. São absolutas quando não admitem prova em contrário. Por exemplo, o art. 1260.º, n.º 3 do Cód. civil, ao determinar que "a posse adquirida por violência é sempre *considerada* de má-fé", consagra uma presunção que, por não ser destrutível pela prova do contrário, integra a categoria das presunções *iuris et de iure*. As presunções relativas, por sua vez são as que admitem prova em contrário. Assim, o credor é admitido a ilidir a presunção de que "estão pagos os juros ou prestações" a que se refere a parte final do n.º 1 do art. 786.º do Cód. civil. Trata-se, por conseguinte, de uma presunção *iuris tantum*.

---

[17] V. Também o disposto no n.º 2 do art. 275.º do Cód. Civil.

[18] V. Prof. Baptista Machado, *Introdução ao Direito e ao Discurso Legitimador*, p. 108 segts.; Prof. Galvão Telles, Introdução ao Estudo do Direito, II, p. 441 segts.; Prof. Oliveira Ascensão, O Direito (9.ª ed.), pp. 545-546; Dr. M. Reis Marques, Introdução ao Direito, I, pp. 229-232; J. L. Bergel, Théorie Générale du Droit, pp. 300-302.

[19] Cfr. art. 350.º, n.º 2, Cód. civil.

CAPÍTULO II

Da Lei

Manuel Fernandes Costa
Professor da Universidade Internacional
da Figueira da Foz e do Instituto Superior
de Contabilidade e Administração de Coimbra

1 – DA LEI

A lei é no Estado moderno a principal fonte de direito. A grande maioria das normas jurídicas em vigor tem a sua origem em actos legislativos. Para justificar este acentuado predomínio da fonte legislativa no direito moderno apontam-se diferentes motivos, devendo ter--se por principais os que afirmam, por um lado, a maior plasticidade da lei e, pelo outro, a crescente complexidade do Estado e das relações sociais.[1]

Mas o que é a *lei*?

Num sentido amplo, pode dizer-se que lei é toda a norma formalmente prescrita por um orgão estadual com poderes normativos (v.g., decreto-lei, decreto regulamentar, portaria, etc.).

Numa *acepção intermédia,* lei equivale à norma jurídica formalmente declarada por um orgão com poderes legislativos e no exercício de tais poderes (v.g., leis da Assembleia da República e decretos-leis do Governo).

Por último, *numa acepção restrita* (lei em *sentido formal*) o termo lei serve apenas para referir os diplomas legislativos elaborados pela Assembleia da República.

Ao procedermos ao estudo da *lei* como uma das fontes do direito português deveremos ater-nos à sua significação ampla, tomando-a como sinónimo – nos termos do art. 1.°, n.° 2, do Cód. Civil – das "disposições genéricas provindas dos orgãos estaduais competentes".

Liminarmente, dever-se-á frisar um ponto da maior importância: as leis não são todas da mesma espécie nem têm todas o mesmo valor. Há diferentes categorias de leis e a cada categoria corresponde um valor próprio. Pelo que as diferentes leis, em vez de se disporem num

---

[1] V. Prof. Castanheira Neves, Fontes do Direito, Digesta, II, pp. 72-74; Prof. Pinto Monteiro, Sumários de Introdução ao Estudo do Direito (polic.), p. 139 segs..

384 *Instituições de Direito*

mesmo plano, afirmando aí um valor igual às restantes, antes se estruturam numa organização hierarquizada, com as leis mais importantes no topo e as leis de menor valor relativo na base. Pelo que na estrutura do corpo legislativo surgem leis que são de valor ou importância superior ao de outras leis. Esta disparidade do valor relativo das diferentes leis origina a *importantíssima* consequência de as leis de valor inferior não poderem contradizer, sob pena de *ilegalidade,* o que dispõem as leis que lhes são superiores. As leis de grau hierárquico inferior têm de conformar-se ao estatuído nas leis hierarquicamente superiores.

2 – LEIS CONSTITUCIONAIS

O diploma legislativo fundamental da ordem jurídica é a Constituição (Constituição da República Portuguesa). As normas que nela se contêm, denominadas de normas constitucionais, ocupam o primeiro lugar dentro da hierarquia das leis.

Desta posição privilegiada das normas constitucionais decorre a necessidade de todas as outras normas se terem de subordinar ao que nelas se prescreve. A violação pelas normas inferiores dos princípios consagrados na Constituição dá origem a um vício designado de *inconstitucionalidade*, devendo os tribunais recusar a aplicação das *normas inconstitucionais.* [2]

A inconstitucionalidade pode revestir três diferentes formas:

a) *inconstitucionalidade material* – quando a norma inferior, pelo seu conteúdo, lesa qualquer princípio ou preceito constitucional (v.g., seria materialmente inconstitucional a norma que fixasse para o crime de homicídio a pena de morte – art. 24.º da Constituição, ou que atribuísse ao marido um poder de direcção familiar – art. 36.º, n.º 3, da Constituição);

b) *inconstitucionalidade orgânica* – ocorre sempre que a norma provém de um orgão sem poderes para a criar (v.g., quando o Governo legisla sobre matéria confiada, nos termos do art. 164.º da Constituição, à competência exclusiva da Assembleia da Republica);

c) *inconstitucionalidade formal* – tem lugar quando são preteridas formalidades essenciais no processo de formação da norma (v.g.,

---

[2] V. o disposto no art. 204.º da Constituição.

não serem ouvidas as associações sindicais na elaboração das leis do trabalho – art. 56.° da Constituição).

O controle da constitucionalidade das leis pertence aos tribunais (cfr. arts. 204.° e 277.° e segts. da Constituição), devendo estes denegar a aplicação das normas inconstitucionais.

A dignidade fundamental das leis constitucionais manifesta-se ainda em outros aspectos do seu regime, designadamente no que concerne ao processo da sua aprovação (são aprovadas por maioria de dois terços dos Deputados em efectividade de funções, segundo o determinado no art. 286.° da Constituição) e às garantias de estabilidade (em princípio, é-lhes assegurado um período mínimo de cinco anos de vigência – art. 284.° da Constituição).

3 – NORMAS DE ORIGEM INTERNACIONAL

Muitas das normas em vigor na ordem jurídica têm a sua origem em actos internacionais. De facto, a regulamentação jurídica das relações entre os Estados compete a normas (normas de Direito Internacional Público) cuja execução determina amiúde a sua aplicação pelos órgãos internos (v.g., tribunais,agentes da Administração, etc.). A estas normas de origem internacional (v.g., normas fixadas em tratados sobre comércio e cooperação, normas constantes de acordos internacionais sobre assistência judiciária, normas relativas às imunidades de jurisdição dos Chefes de Estado e agentes diplomáticos, etc.) faz referência o art. 8.° da Constituição:

"1. As normas e os princípios de direito internacional geral ou comum fazem parte integrante do direito português.

2. As normas constantes de convenções internacionais regularmente ratificadas ou aprovadas vigoram na ordem interna após a sua publicação oficial e enquanto vincularem internacionalmente o Estado Portugues".

Do estatuído na última parte do n.° 2 da norma transcrita claramente se infere que os preceitos de origem internacional ocupam, dentro da hierarquia das leis, um lugar logo a seguir ao das normas constitucionais (cfr. também os arts. 277.°, n.° 2, 278.°, 279.° e 280.°, n.° 3, da Constituição).

386   *Instituições de Direito*

Dentro das normas de proveniência internacional destacam-se, hoje, as produzidas pelos órgãos da União Europeia, a elas se referindo o n.º 3 do citado art. 8.º da Constituição.

4 – LEIS ORGÂNICAS COM VALOR REFORÇADO [3]

A revisão constitucional de 1989 introduziu no direito português a categoria das leis orgânicas com valor reforçado. A esta nova categoria alude o n.º 2 do art. 166.º da Constituição, determinando que "Revestem a forma de lei orgânica os actos previstos nas alíneas *a*) a f), h), j), primeira parte da alínea l), q) e t) do art. 164.º e no art. 255.º'".

O processo de aprovação das leis orgânicas é o fixado no n.º 5 do art. 168.º da Constituição e a sua importância relativa transcorre do preceituado nos arts. 112.º, n.º 3, 280.º, n.º 2, *a*) e 281.º, n.º 1, *b*), da Constituição.

5 – LEIS DA ASSEMBLEIA DA REPÚBLICA E DECRETOS-LEIS DO GOVERNO [4]

As leis e os decretos-leis constituem, sem sombra de dúvida, a parte mais volumosa do corpo legislativo.

As leis são elaboradas pela Assembleia da República (art. 168.º, *c*), da Constituição) e os decretos-leis pelo Governo (art. 198.º da Constituição). Trata-se de diplomas do mesmo valor, podendo uma lei alterar ou revogar um decreto-lei e vice-versa. Não existe qualquer posição de prevalência relativa entre estes dois tipos de diplomas, cabendo-lhes igual dignidade hierárquica. No entanto, importa salientar que os arts. 164.º e 165.º da Constituição reservam à Assembleia da República (e, portanto, à *lei*) competência exclusiva sobre certas matérias, as quais não poderão ser objecto de qualquer acto legislativo do Governo (art. 164.º) ou só poderão ser regidas por decreto-lei se a Assembleia da República conferir ao Governo a pertinente autorização legislativa (art. 165.º).

---

[3] V. nota seguinte.

[4] Diplomas que, juntamente com as leis orgânicas, formam a chamada *legislação ordinária*.

O processo de elaboração das leis está regulamentado, fundamentalmente, nos arts. 166.º e segs. da Constituição, destacando-se como principais actos desse *iter* formativo os seguintes:

a) *Iniciativa da lei*

A iniciativa da lei compete aos Deputados, aos grupos parlamentares e ao Governo[5] (art. 167.º, n.º 1, da Constituição), tomando a forma, nos dois primeiros casos, de projecto de lei, e, sendo a iniciativa do Governo, de proposta de lei (arts. 156.º, *b*), e 197.º,1, *d*), da Constituição).

Apresentado o projecto ou a proposta, terá lugar, como passo imediato, a discussão e votação do respectivo texto pela Assembleia da República.

b) *Discussão e aprovação*

É o art. 168.º da Constituição que contém as regras basilares desta fase do processo de criação da lei. O n.º 1 da norma estabelece que "A discussão dos projectos e propostas de lei compreende um debate na generalidade e outro na especialidade". O n.º 2 acrescenta que "A votação compreende uma votação na generalidade, uma votação na especialidade e uma votação final global". Decorre dos preceitos transcritos que o texto proposto é, num primeiro momento, sujeito a uma discussão e votação na generalidade, isto é, nas grandes linhas que o informam e nos fins que intenta promover. Se a votação é favorável, seguir-se-á uma discussão e votação na especialidade, a qual incide sobre cada um dos artigos (artigo por artigo) que o compõem. Neste momento, é permitido aos Deputados apresentar propostas de emenda ao texto, sugerindo modificações, supressões, aditamentos, etc.. Diz o n.º 3 do citado art. 168º da Constituição que "Se a Assembleia assim o deliberar, os textos aprovados na generalidade serão votados na especialidade pelas comissões, sem prejuízo do poder de avocação pela Assem-

---

5 Cabendo ainda, segundo a última revisão constitucional, *a grupos de cidadãos eleitores*, nos termos e condições estabelecidos na lei, e, no respeitante às regiões autónomas, às respectivas assembleias legislativas regionais.

388　　　　　　　　　　　*Instituições de Direito*

bleia...". Concluída a votação na especialidade, deverá o texto ser de novo presente à Assembleia para uma votação final global[6].

c) *Promulgação pelo Presidente da República*

A seguir, o diploma, já aprovado, é remetido para a Presidência da República a fim de ser promulgado (art. 134.°, *b*), da Constituição). A promulgação é um acto solene, através do qual o Presidente da República afirma a existência da lei e ordena o seu cumprimento[7]. É também um acto de participação efectiva do Presidente da República no processo legislativo, podendo, nos termos do art. 136.° da Constituição, proceder à apreciação do mérito jurídico (eventual inconstitucionalidade) e político do diploma, e, se dele discordar, opor-lhe o seu veto. A importância do acto de promulgação é atestada pelo art. 137.° da Constituição, o qual determina que "A falta de promulgação... implica a inexistência jurídica" da lei.

d) *Referenda do Governo*

De harmonia com o prescrito na al. *a*) do n.° 1 do art. 197.° da Constituição, deve o Governo, no exercício das suas funções políticas, "Referendar os actos do Presidente da República, nos termos do art. 140.°". E este art. 140.° da Constituição acrescenta (n.° 2) que "A falta de referenda determina a inexistência jurídica do acto".

e) *Publicação no Diário da República*

A última fase do processo de criação da lei consiste na sua publicação no Diário da República. O art. 119.° da Constituição enumera os

---

[6] Interessa referir aqui que "As deliberações dos orgãos colegiais são tomadas com a presença da maioria do número legal dos seus membros" e que, ressalvadas as excepções expressamente determinadas na lei, "... as deliberações dos orgãos colegiais são tomadas à pluralidade de votos, não contando as abstenções para o apuramento da maioria" (art. 116.° da Constituição).

[7] V. Prof. Galvão Telles, Introdução ao Estudo do Direito, I, pp. 66-67.

diplomas cuja publicação no "jornal oficial" é obrigatória, resultando do seu n.° 2 que "A falta de publicidade dos actos ... implica a sua ineficácia jurídica".

O processo de elaboração dos decretos-leis corresponde ao mesmo figurino, com a só diferença de a discussão e aprovação ter lugar no Conselho de Ministros (arts. 198.° e 200.°, 1, *d*) da Constituição).

6 – DECRETOS LEGISLATIVOS REGIONAIS

São de mencionar, por fim, os actos legislativos criados por órgãos com competência meramente local.

De facto, a Constituição atribui poderes legislativos às regiões autónomas (Madeira e Açores), prevendo, no seu art. 227.°, que "As regiões autónomas são pessoas colectivas territoriais e têm... poderes... de legislar, com respeito da Constituição e das leis gerais da República, em matérias de interesse específico para as regiões que não estejam reservadas à competência própria dos orgãos de soberania". O art. 232.°, 1, da Constituição delega, por seu turno, tais poderes nas assembleias legislativas regionais, as quais os exercem, como diz a *c*) do n.° 1 do art. 119.° da Constituição, através de decretos legislativos regionais.

Do exposto claramente se conclui que, enquanto os actos legislativos do Governo e da Assembleia da República têm uma eficácia alargada a todo o território nacional (normas universais), os decretos legislativos regionais gozam de uma eficácia circunscrita à região cuja assembleia regional os produziu (normas locais). Por outro lado, a necessidade em que estes decretos legislativos são colocados de respeitarem "a Constituição e as leis gerais da Republica" arrasta-os, no quadro da hierarquia das leis, para uma posição subordinada às leis da Assembleia da República e aos decretos-leis do Governo.

7 – REGULAMENTOS. PODER REGULAMENTAR

As categorias de diplomas de que até agora tratámos correspondem ao conceito de lei em sentido intermédio, isto é, correspondem a actos criados por orgãos estaduais no exercício de poderes legislativos pro-

390   *Instituições de Direito*

priamente ditos. São *leis,* neste sentido, a Constituição, as normas internacionais, as leis orgânicas com valor reforçado, as leis da Assembleia da República, os decretos-leis do Governo e ainda os decretos legislativos das assembleias regionais da Madeira e dos Açores.

Razões de variadíssima ordem, contudo, aconselham, ou mesmo impõem, que estas leis, em vez de regerem esgotantemente as matérias a que concernem, se limitem a definir "as bases gerais dos regimes jurídicos", ou seja, a enunciar os princípios disciplinadores das questões de que tratam, confiando a pormenorização e desenvolvimento de tais princípios a actos normativos posteriores. Ora, os actos normativos que têm por função executar as leis constituem, no seu conjunto, os *regulamentos.* A criação dos regulamentos é da competência do chamado *poder regulamentar* e o poder regulamentar é atribuído, em via principal, ao Governo (art. 199.°, *c*), da Constituição).

Do enunciado de que os regulamentos se destinam a assegurar a boa execução das leis já decorre a posição subordinada do poder regulamentar face ao legislativo, tendo-se por ferido de ilegalidade o regulamento que contradiga a lei que visa executar.

É sobre este aspecto geral do regime jurídico dos regulamentos que o Prof. Afonso Queiró[8] escreve: "...não é possível à Administração, no exercício do seu poder regulamentar, em termos vinculativos para os tribunais, interpretar, integrar, modificar, suspender ou revogar actos legislativos. Os regulamentos têm de ser sempre normas não iniciais, normas secundárias ou subsequentes em relação aos actos legislativos... Uma coisa é a "força de lei", outra a "força de regulamento". A "força de regulamento" é sempre de considerar inferior à "força de lei"..."

Este poder regulamentar, que se integra nos quadros da competência administrativa do Governo (art. 199.° da Constituição), é exercido através de inúmeras categorias de diplomas, sendo de destacar, dentro delas, os decretos regulamentares, as resoluções do Conselho de Ministros, as portarias e os despachos normativos[9]. "Entre os regulamentos do Governo não há hierarquia: têm todos eles a mesma força jurídica. O que podem é provir de orgãos governamentais incompeten-

---

[8] Boletim da Faculdade de Direito de Coimbra, LVIII (1982), p. 783.

[9] A identificação e formulário destes diplomas constitui objecto das disposições do Decreto-Lei n.° 3/83, de 11 de Janeiro, e da Portaria n.° 47/83, de 17 de Janeiro. V. Prof. M. Rebelo de Sousa-Sofia Galvão, Introdução ao Estudo do Direito, p. 106 segts.

Nascer Direito 391

tes (o Governo é um complexo orgânico) ou revestir forma diferente da fixada pela Constituição ou pela lei. A violação destas normas legais ou Constitucionais de competência ou de forma não tem que ver com o princípio da hierarquia; redundará, sim, em vícios de incompetência ou de forma, ou em inconstitucionalidades formais" [10].

Além do Governo, ainda dispõem de poder regulamentar (local):

a) as assembleias regionais da Madeira e dos Açores, para "regulamentar as leis gerais emanadas dos orgãos de soberania" (art. 232.°, 1, da Constituição);

b) os governos regionais da Madeira e dos Açores;

c) as autarquias locais (art. 241.° da Constituição [11-12]

8 – INÍCIO DA VIGÊNCIA DAS LEIS

Disse-se atrás que o processo de feitura das leis culmina com o acto da sua publicação no Diário da República. De facto, o art. 119.° da Constituição exige, sob pena de ineficácia jurídica, a *publicidade* de "qualquer acto de conteúdo genérico dos orgãos de soberania", sendo a mesma solução reafirmada pelo art. 5.°, n.° 1, do Cód. civil e pelo art. 1.°, n.° 1, da Lei 6/83,de 29 de Julho. E é compreensível que assim seja: com efeito, se as leis definem os comportamentos jurídicos a que os cidadãos estão vinculados, é mister, para que possam exercer cabalmente esta função rectora, que sejam levadas ao conhecimento de todos aqueles a quem se dirigem, dando-lhes a saber o que juridicamente lhes é exigido. Ninguém pode conformar a sua conduta a uma norma cujo conhecimento prévio lhe é interdito.

Esta mesma razão justifica a normal admissão do transcurso de um certo período de tempo entre o momento da publicação da lei

---

[10] Prof. Afonso Queiró, loc. cit., p. 784. V. também Prof. M. Rebelo de Sousa--Sofia Galvão, Introdução cit., pp. 136-137.

[11] É tambem possível que autoridades públicas dependentes do Governo se vejam investidas de um poder regulamentar localmente circunscrito e subordinado à aprovação ou controle do mesmo Governo. Acontece isso com os governadores civis que, nos termos do § único do art. 408.° do Código administrativo, podem "elaborar regulamentos obrigatórios em todo o distrito sobre as matérias das atribuições policiais..."

[12] Sobre as relações de dependência hierárquica que se podem estabelecer entre estes regulamentos locais e os regulamentos gerais do Governo, v. Prof. Afonso Queiró, loc. cit., pp. 783-790.

392   *Instituições de Direito*

e o início da sua vigência. Quer dizer, para possibilitar aos destinatários da lei o conhecimento da sua existência e do seu conteúdo difere-se o começo da vigência da lei para um momento posterior ao da sua publicação no Diário da República. A este lapso de tempo – tempo de publicitação da lei – dá-se usualmente o nome de *vacatio legis*.

E que lapso de tempo deverá ser esse?

A tal pergunta respondem os arts. 5.°, n.° 2, do Cód. civil e 2.° da Lei 6/83.

O primeiro dos artigos citados determina que "Entre a publicação e a vigência da lei decorrerá o tempo que a própria lei fixar ou, na falta de fixação, o que for determinado em legislação especial". O art. 2.° da Lei 6/83 estabelece, por seu turno:

"1 – O diploma entra em vigor no dia nele fixado ou, na falta de fixação, no continente no quinto dia após a publicação, nos Açores e na Madeira no décimo quinto dia e em Macau e no estrangeiro no trigésimo dia.

2 – O dia da publicação do diploma não se conta".

Face ao assim preceituado, impõe-se averiguar, quando a lei é publicada, se no respectivo dispositivo algo se determina sobre a sua entrada em vigor. Se a própria lei fixar o momento do início da sua vigência, é esse momento que valerá. De contrário, prevalecerão os prazos fixados no art. 2.° da Lei 6/83, entrando o diploma em vigor, sucessivamente, no continente (cinco dias), na Madeira e Açores (quinze dias) e no estrangeiro e em Macau (trinta dias).

9 – CESSAÇÃO DA VIGÊNCIA DAS LEIS

É o art. 7.° do Cód. civil que trata desta questão, dispondo no seu n.° 1: "Quando se não destine a ter vigência temporária, a lei só deixa de vigorar se for revogada por outra lei".

São assim mencionados os dois modos mais comuns de cessação da vigência das leis: a caducidade e a revogação.

A *caducidcde* tem lugar quando a lei deixa de vigorar por força de qualquer circunstância por ela própria prevista e a que atribui tal eficácia ou quando desaparecem definitivamente as circunstâncias ou realidades que se destinava a regular.

A caducidade da lei poderá, assim, ocorrer, *inter alia,* quando:

a) decorrer o prazo de vigência que a lei se assinala (vigência temporária);
b) cessar o estado de coisas (guerra, inundações, epidemias, etc.) que visava disciplinar (leis transitórias);
c) desaparecer o objecto da sua regulamentação.

A *revogação* é um processo diverso de cessação da vigência das leis, caracterizando-se pela ocorrência de uma nova manifestação da vontade do legislador. O legislador, em atenção às mais variadas circunstâncias, edita novas leis que vêm substituir as anteriores: as leis novas revogam as leis antigas.

Quanto à sua *extensão,* a revogação pode ser total ou parcial.

É *total* (abrogação) quando a nova lei regulamenta toda a matéria da lei anterior.

É *parcial* (derrogação) quando só algumas disposições da lei anterior são atingidas pela nova lei, conservando as restantes a sua vigência.

No que concerne à *forma,* a revogação pode ser expressa, tácita e de sistema.

A revogação é *expressa* sempre que a nova lei indica concretamente as leis ou disposições anteriores que ficam revogadas.

A revogação diz-se *tácita* quando resulta, não de uma declaração expressa e formal do legislador, mas da incompatibilidade entre o disposto na lei antiga e o que a nova lei vem determinar (*lex posterior derogat legi priori*).

Por último, a revogação de *sistema* ocorre sempre que o legislador, através do novo acto legislativo, revela a intenção de regulamentar total e esgotantemente determinada matéria jurídica.

A estas três formas de revogação se refere o n.° 2 do art. 7.° do Cód. civil, ao dispor que "A revogação pode resultar de declaração expressa (*revogação expressa*), da incompatibilidade entre as novas disposições e as regras precedentes (*revogação tácita*) ou da circunstância de a nova lei regular toda a matéria da lei anterior (*revogação de sistema*).

O n.º 3 do mencionado art. 7.º contém uma directiva importante para balizar os limites da revogação tácita naqueles casos em que entre as leis nova e antiga intercedem relações de especialidade: "A lei geral não revoga a lei especial, excepto se outra for a intenção inequívoca do legislador" (*lex posterior generalis non derogat legi priori speciali*). Desta directiva extrai-se, *a contrario*, que a lei especial posterior revoga a lei geral anterior, mas apenas no âmbito restrito da sua aplicação (*lex special derogat legi generali*).

De mencionar, por fim, que "A revogação da lei revogatória não importa o renascimento da lei que esta revogara" (n.º 4 do citado art. 7.º), sendo necessário, para que tal suceda, que o legislador expressamente o declare atraves de uma *disposição repristinatória*.

CAPÍTULO III

A Aplicação da Lei no Tempo

Luís M. Couto Gonçalves
Assistente Convidado do Departamento
Autónomo de Direito da Universidade do Minho

1 – CONSIDERAÇÕES INICIAIS

Trata-se, reconhecidamente, de uma matéria complexa mas de grande interesse prático. Como já sabemos uma lei cessa de vigorar quando é revogada por uma lei nova. Esta simples constatação, contudo, não raras vezes, esconde uma série de delicadas questões. Se é verdade que a lei anterior deixa de vigorar isso não significa, necessariamente, que deixe de poder ser aplicada nem que acabem muitas das situações nascidas na sua vigência. Ao contrário, um grande número de situações perduram importando determinar se é a lei anterior ou a lei nova que deve ser aplicada.

O problema da aplicação da lei no tempo não é, portanto, o de saber qual a norma em vigor mas o de saber qual a lei competente[1]. Em rigor do que se trata não é de resolver um conflito de normas aplicáveis, mas de resolver um conflito de leis no tempo concorrendo na disciplina de um mesmo facto ou situação jurídica.

A aplicação da lei no tempo reveste um crescente interesse prático, porquanto, cada vez mais são evidentes as enormes, múltiplas e desencontradas pressões a que a ordem jurídica se encontra sujeita numa sociedade, que é a nossa, aberta, plural, dinâmica e, por vezes, com preocupações imediatistas e repentistas, que em nada contribuem para a necessária ponderação das mais estáveis, razoáveis e sensatas soluções jurídicas Mas ao mesmo tempo que se assiste a este fenómeno mais se vai consolidando na consciência da comunidade jurídica o princípio de que, por regra, as leis devem ser irretroactivas. Perante o torrencial legislativo o princípio da irretroactividade há-de revestir

---

[1] Como chama a atenção BAPTISTA MACHADO, *Introdução ao Direito e ao Discurso Legitimador*, Almedina, 1983, p. 220, "por força do princípio *lex posterior derrogat legi priori* (art. 7.º do C.C.) a sucessão de leis não chega a gerar um conflito real de normas aplicáveis (um conflito intra-sistemático)".

uma dignidade jurídica do maior alcance a merecer, muito justamente, um lugar no patamar dos princípios gerais do ordenamento jurídico interno. Isto significa que à lógica das constantes mudanças operadas no tecido normativo por razões de ordem política, económica ou social, e outras, não pode ser intoleravelmente sacrificado o interesse do cidadão que confia na razoabilidade de um Estado de Direito, dinâmico mas não inseguro, autocrítico mas não imprevisível. Para o Direito ser o que deve ser tem que revestir uma função dirigida ao futuro mesmo que reconheça ter falhado no passado. "O Direito é um dever-ser que é" e não "um dever ser ter sido"[2].

2 – A RETROACTIVIDADE E A CONSTITUIÇÃO

A nossa Constituição proíbe expressamente a retroactividade no domínio do direito penal (art. 29.º n.º 1, CRP) e Direito fiscal (art. 103.º, n.º 3 CRP) e no de leis restritivas de direitos, liberdades e garantias (art. 18.º n.º 3, CRP). As leis penais mais favoráveis ao arguido aplicam-se retroactivamente, vigorando neste aspecto o chamado princípio da retroactividade "in mitius" (art. 29.º n.º 4, CRP e art. 2.º do C. Penal[3]).

Para além daquelas proibições expressas entendemos que deve ainda ser considerada inconstitucional a retroactividade de grau máximo, ou seja, a retroactividade que não respeite o caso julgado, por violação clara do princípio da separação de poderes (art. 111.º, CRP) e, como corolário lógico do que atrás defendemos, a retroactividade irrazoável, intolerável ou manifestamente imprevisível, por violação do princípio do Estado de Direito Democrático (art. 2.º, CRP). À luz deste princípio o legislador ordinário não deve exercer a função legislativa de modo livre e discricionário, como se de um "direito subjectivo" se tratasse (nomeadamente através da imposição

---

[2] Para uma perspectiva histórica sobre o modo de encarar o fenómeno da sucessão de leis no tempo vid., v.g., BAPTISTA MACHADO, ob. cit., pp. 223 e ss. e INOCÊNCIO GALVÃO TELES, *Introdução ao Estudo do Direito*, Lisboa, 1993, vol. I, pp. 208 e ss.

[3] Aprovado pelo DL n.º 400/82, de 23/9 e amplamente revisto pelo DL 48/95 de 15/3.

infundada de leis retroactivas), mas deve exercê-la de modo condicionado pelos fins de realização de uma comunidade jurídico-política legitimada pelo princípio democrático e pelos valores do Direito, como se de um "poder-dever" se tratasse.

3 – SOLUÇÕES POSSÍVEIS PARA O CONFLITO DE LEIS NO TEMPO

As soluções possíveis podem ser as seguintes:

a) O legislador pode estabelecer que a lei nova seja aplicada retroactivamente, respeitados que sejam os referidos limites constitucionais. O problema do âmbito de aplicação da lei fica resolvido por iniciativa do próprio legislador embora, reconheçamos, não seja a situação mais frequente.

b) O legislador pode, ainda, resolver o problema através das chamadas disposições transitórias. Não sendo uma solução, em todos os casos, eficaz e cabal é certamente um auxiliar de grande utilidade.

As disposições transitórias podem ter carácter formal ou material, consoante, respectivamente, se limitem a determinar qual das leis é aplicável ou a estabelecer um regime específico para resolver as situações abrangidas pela lei anterior e a lei nova [4].

c) Na maioria dos casos, o legislador nada diz. Para estas situações, e só para estas, há que recorrer aos importantes critérios de solução previstos no art. 12.º do C. Civil.

O principal propósito do art. 12.º é fixar o âmbito de competência da lei nova e da lei antiga. Da leitura do art. 12.º retira-se o princípio basilar da não retroactividade (art. 12.º n.º 1). Mas não nos iludamos: o que isto significa não é necessariamente a proibição da aplicação retroactiva da lei, mas apenas a proibição de um certo tipo de retroactividade. Da análise mais cuidada ao art. 12.º (especialmente ao seu n.º 2) retira-se, aliás, a possibilidade de uma lei nova se aplicar retroactivamente. Qual então o critério de delimitação exacta da aplicação da lei antiga e da lei nova?

---

[4] Um exemplo de disposições transitórias materiais é-nos fornecido pelos arts. 6.º e ss do Decreto-Lei n.º 47344 de 25/11/1966 que aprovou o nosso Código Civil.

400 *Instituições de Direito*

Dentre as várias teorias possíveis[5], o art. 12.º consagra a chamada "teoria do facto passado"[6]. Esta teoria assenta em dois aspectos essenciais:

1.º O facto jurídico, em si, é regulado pela lei vigente no momento da sua prática.

Isto significa que a lei nova deve regular, apenas, os factos ocorridos após a sua entrada em vigor, deixando para a lei antiga a regulação dos factos ocorridos ou praticados no tempo da sua vigência, ainda que os mesmos se projectem ou produzam efeitos na vigência da lei nova.

2.º A lei antiga regula os efeitos passados dos factos passados ou ainda os efeitos presentes e futuros de factos passados sempre que o contrário pudesse representar uma reapreciação do próprio facto passado. *A contrario* isto significa que a lei nova pode regular os efeitos presentes e futuros de factos passados se isso não significar uma nova apreciação do facto passado.

O respeito pelo facto passado que inspira, claramente, o n.º 1 do art. 12.º, não deixa, também de estar presente no seu n.º 2.

Há que distinguir três situações:

1.ª A lei nova dispõe sobre as condições de validade substancial ou formal de quaisquer factos[7].

Nestes casos aplica-se a lei antiga. E, atentos os pressupostos da teoria do facto passado, outra não deveria ser a solução, porquanto do que se trata é de impedir a inviabilização da produção de efeitos jurí-

---

[5] São elas, fundamentalmente, a teoria dos direitos adquiridos e a teoria das situações jurídicas objectivas e subjectivas. Sobre estas teorias, para mais desenvolvimentos, vid. I. GALVÃO TELES, ob. e loc. cits., pp. 212 e ss. e OLIVEIRA ASCENSÃO, *O Direito – Introdução e Teoria Geral*, Almedina, 1993, pp. 483 e ss.

[6] Embora na versão corrigida que lhe foi dada por Enneccerus, na Alemanha, e que acabou por ser transposta para o art. 12.º do nosso C.C. cf. ENNECERUS/NIPPERDEY, *Tratado de Derecho Civil – Parte General*, trad. de Pérez González e José Alguer, t. I – 1.º, pp. 227 e ss.; Sobre este ponto, vid., ainda MARCELO REBELO DE SOUSA, *Introdução ao Estudo do Direito*, Publ. Europa América, 1991, pp. 69 e ss.

[7] Os requisitos substanciais respeitam à capacidade ou legitimidade dos sujeitos, à validade do consentimento e ao cumprimento das exigências legais relativas ao objecto. Os requisitos formais, o nome o diz, prendem-se com a validade da forma prescrita para a constituição de um determinado facto jurídico.

dicos de um facto que, no momento em que se produziu, cumpriu todos os requisitos, substanciais e formais, que lhe eram exigíveis.

2.ª A lei nova dispõe sobre o conteúdo de certas relações jurídicas, abstraindo dos factos que lhes deram origem.

Nestas situações aplica-se a lei nova. A razoabilidade da solução está no facto de o legislador ter legitimidade para, em casos em que estejam em causa novas concepções relacionadas com princípios estruturantes da vida em sociedade, nos mais diversos domínios, dever-se garantir, por via da aplicação retroactiva, a igualdade de situações e a estabilidade social [8]. E tudo isto sem se pôr em causa os factos passados. Estes, a bem dizer, nem sequer foram equacionados pelo legislador. A sua preocupação foi pensar para além e apesar deles e não pensar neles; daí a expressiva referência legislativa à ideia de abstracção dos factos.

3.ª A lei nova dispõe sobre o conteúdo de certas relações jurídicas, mas não abstrai dos factos que lhes deram origem.

Nestes casos aplica-se a lei antiga. O legislador da lei nova pensa de maneira diferente sobre o conteúdo das situações jurídicas pertinentes mas não vai ao ponto de as considerar de tal modo relevantes que as deva impôr retroactivamente. E por essa razão não abstrai nem quer abstrair dos factos passados geradores dessas situações [9].

4 – INSUFICIÊNCIA DA TEORIA DO FACTO PASSADO

A aplicação da lei nova a factos passados nem sempre implica retroactividade. Como ensina o Prof. Baptista Machado, "não são quaisquer factos que determinam a competência da lei aplicável, mas só

---

[8] Veja-se, por exemplo, o que seria não se aplicar a todos os casamentos o princípio da igualdade dos cônjuges, introduzido no C.C. pelo DL n.º 496/77 de 25/11, em cumprimento de um imperativo constitucional da CRP de 1976, ou não se aplicar a todos os casamentos católicos a possibilidade de dissolução por divórcio, após a entrada em vigor do DL n.º 261/75 de 27/5, subsequente ao Protocolo Adicional à Concordata com a Santa Sé, de 15 de Fevereiro do mesmo ano.

[9] Assim, por exemplo, se uma lei nova revoga uma norma supletiva por outra norma supletiva, em matéria de conteúdo, é óbvio que não pretende impô-la a situações anteriores à sua entrada em vigor. Se o pretendesse teria que usar mão de uma norma de tipo imperativo ou injuntivo.

402 *Instituições de Direito*

os *factos constitutivos* (modificativos e extintivos) de situações jurídicas" [10]. Isto significa que a lei nova não se aplica a factos passados por ela assumidos como *factos constitutivos* mas nada impede que sendo legítima para regular o facto constitutivo ocorrido na sua vigência possa aplicar-se a factos passados por ela assumidos como *factos-pressupostos* (impeditivos ou desimpeditivos) da sua própria aplicação. Se a lei nova é competente para regular o facto constitutivo, por maioria de razão, é competente para regular todos os factos-pressupostos que ditam ou não a sua aplicação [11]. No caso da aplicação da lei nova a factos-pressupostos anteriores o problema é, pois, substancialmente diferente do problema da retroactividade. Baptista Machado (socorrendo-se de um autor alemão) chama-lhe um problema de "retroconexão" e de uma retroconexão quanto á "hipótese" para a distinguir daquilo que designa como retroconexão quanto à "estatuição" [12].

---

[10] Ob. cit., p. 235.

[11] Assim, v.g., se uma lei é competente para regular uma sucessão por morte (facto constitutivo) é-o igualmente para regular as causas de indignidade sucessória (factos pressupostos) que aferem da legitimidade do chamamento sucessório ainda que no momento em que aqueles factos pressupostos hajam sido praticados não constituíssem causas de indignidade sucessória. De nada importa, porém, essa circunstância. É no momento da morte do autor da sucessão, e só nesse momento, que se deve atender à observância dos requisitos de capacidade sucessória. Suponhamos que A, no passado, tivesse sido condenado pelo crime de denúncia caluniosa contra B, e que esse facto, ao tempo, não era causa de indignidade sucessória. Posteriormente, uma lei nova vem estabelecer que essa situação constitui um fundamento de incapacidade sucessória por indignidade (ver, a esse propósito, o art. 2034.º al. b) do C.C.). Nestas circunstâncias, a ocorrer a morte de B, no presente, A já não lhe pode suceder por indignidade sucessória. Se a lei nova é competente para regular a sucessão (e é inquestionável que o seja) então ela também é competente para regular os factos pressupostos impeditivos da sua aplicação, independentemente de no momento em que estes tivessem sido praticados não fossem considerados como tal.

O mesmo se diga de outros factos pressupostos, como sejam os impedimentos matrimoniais, os fundamentos de deserdação, etc.

[12] Idem, p. 236.

Por "retroconexão" quanto à estatuição pretende aludir a todo um conjunto de figuras materialmente retroactivas que, também, nada têm a ver com o fenómeno da retroactividade. São os casos, v.g., das figuras da ratificação, nulidade, anulabilidade e resolução que, por definição, operam retroactivamente mas sem que com isso estejam "em causa a validade ou os efeitos de um facto passado, pois apenas se cura de definir a amplitude do efeito de um facto presente" (ob. cit., p. 237).

5 – LEIS SOBRE PRAZOS

Sobre o problema da sucessão de leis no tempo respeitantes a prazos aplica-se o art. 297.º do C.C..

A norma do n.º1 refere-se à hipótese de a lei nova fixar um prazo mais curto. A lei nova aplica-se aos prazos que já estiverem em curso, embora se conte o prazo a partir da sua entrada em vigor, a menos que, pela lei antiga, falte menos tempo para o prazo se completar[13].

A norma do n.º 2 refere-se à hipótese de a lei nova fixar um prazo mais longo. A lei nova também se aplica aos prazos que esteja em curso mas computar-se-á neles todo o tempo decorrido desde o seu momento inicial.

Também em relação aos prazos, Baptista Machado distingue os prazos constitutivos dos prazos-pressupostos, de modo a afastar estes últimos do âmbito de aplicação do art. 297.º[14]. Os prazos constitutivos são os que pelo decurso do tempo implicam a constituição, modificação ou extinção de situações jurídicas; os prazos-pressupostos são os que pelo decurso do tempo se traduzem num "pressuposto que deve acrescer a um facto principal para que este se torne relevante e produza certa consequência de direito"[15]. Entre os prazos-pressupostos podem incluir-se os que são fundamento de certa presunção legal ou pressuposto do reconhecimento de certa capacidade ou faculdade[16].

---

[13] Assim se a lei antiga tiver fixado um prazo de 20 anos e a lei nova um prazo de 15 anos podemos distinguir três situações no momento da entrada em vigor da nova lei: 1.ª já passaram 3 anos: aplica-se a lei nova, faltando 15 anos para o prazo se completar; 2.ª já passaram 5 anos: falta o mesmo tempo (15 anos) por ambas as leis; 3.ª já passaram 10 anos: aplica-se a lei antiga por faltar menos tempo para o prazo se completar (10 anos contra 15 da lei nova).

[14] Cfr., ob. cit., p. 244.

[15] Se, por exemplo, uma lei nova impusesse o prazo do pedido de conversão da separação em divórcio previsto no n.º 1 do art. 1795.º-D do C.C. às situações previstas no n.º 2 essa alteração aplicar-se-ia aos casais já separados judicialmente de pessoas e bens que propusessem um pedido de conversão porquanto ao tempo do facto principal, que importa para a determinação da competência da lei aplicável e que é o pedido de conversão, já a lei em vigor imporia o prazo de dois anos como prazo pressuposto do reconhecimento dessa faculdade.

[16] Para mais desenvolvimentos, vid. BAPTISTA MACHADO, ob. cit., p. 244.

404　　　　　　　　　*Instituições de Direito*

6 – LEIS INTERPRETATIVAS

O art. 13.º do C.C. consagra o princípio da integração da lei interpretativa na lei interpretada. Duas questões essenciais decorrem deste princípio: a noção de lei interpretativa e a noção de retroactividade.

A lei interpretativa deve reunir os seguintes requisitos:

a) ter por finalidade exclusiva, revelada de modo inequívoco ainda que não expresso [17], interpretar retroactivamente uma lei anterior de significado interpretativo controverso;

b) adoptar uma orientação hermenêutica compreendida no âmbito dessa controvérsia interpretativa [18];

c) não ser hierarquicamente inferior à lei interpretada [19].

Preenchidos que sejam estes requisitos estamos em condições de distinguir uma lei interpretativa de uma lei inovadora ou de uma falsa lei interpretativa, o mesmo é dizer em condições de aplicar só à primeira o dispositivo legal específico e mais benevolente do art. 13.º.

Mas sendo a lei interpretativa, isso mesmo, uma lei que vai interpretar outra lei, ainda que com efeitos projectados para o início de vigência da lei interpretada, há fundamento para se falar aqui em retroactividade substancial da lei interpretativa?

Antes de respondermos, vamos reflectir mais um pouco acerca do valor da lei "interpretada" antes e depois da actuação da lei interpretativa.

O que significa a lei "interpretada" *antes* da lei interpretativa? Por definição, a lei "interpretada" significa uma lei equívoca, sujeita a uma aplicação mais diferenciada, proporcionando, pode-se mesmo dizer, uma conflitualidade doutrinária e jurisprudencial superior ao normal das leis.

---

[17] Nesse sentido, igualmente, OLIVEIRA ASCENSÃO, ob. cit., p. 496.

[18] Vid., mais desenvolvimentos desta ideia, em BAPTISTA MACHADO, ob. cit., pp. 245 e ss.

[19] OLIVEIRA ASCENSÃO (idem, p. 575), vai mais longe, e defende, mesmo, que a interpretação autêntica possa ser feita por fonte diversa do autor da fonte interpretada (v.g. a interpretação autêntica de uma lei da Assembleia da República feita pelo Governo ou vice-versa) e por fonte de nível diferente mas equivalente (v.g., a interpretação autêntica de um costume feita por uma lei).

O que significa a lei interpretada *depois* da modulação imposta pela lei interpretativa? A lei interpretada passa a comportar, apenas, um sentido, tornando-se uma lei sem conflitualidade interpretativa, bastante diferente das demais leis e, seguramente, o contrário (em termos de univocidade) do que era anteriormente. A lei interpretada não passando a ser uma nova lei passa a ser, indubitavelmente, uma lei diferente: deixa de ser uma lei equívoca e polissémica e passa a ser uma lei inequívoca e unívoca.

Isto vale por dizer que, na nossa opinião, se a aplicação da lei para o futuro vai ser diferente do que foi no passado, a aplicação da lei interpretada para o passado implica que a lei interpretativa seja substancialmente retroactiva, embora de modo "mediato"[20]. A retroactividade é "mediata" porquanto não é o resultado da aplicação de uma lei nova a factos ou situações anteriores (retroactividade "imediata" visada no art. 12.°) mas é o resultado da diferente aplicação (no sentido em que passa a ser uma aplicação imposta) de uma mesma lei a factos ou situações anteriores. Poder-se-á objectar, ainda, como faz Baptista Machado que "(...) se porventura se pode dizer que as variações e mudanças de jurisprudência no que respeita à interpretação da regra de direito, pelo menos na medida em que esta nunca foi considerada certa não têm efeito retroactivo, então também a lei interpretativa (...) não será *substancialmente* retroactiva"[21]. Não pensamos, contudo, que sejam situações e resultados equiparáveis. No caso da actividade normal da jurisprudência continua a haver, por definição, a possibilidade de mudanças de jurisprudência; no caso da lei interpretativa deixa de poder haver mudanças de jurisprudência, devido à imposição de uma das orientações possíveis.

E é por se tratar de uma retroactividade substancial e não apenas formal que o n.° 1 do art. 13.° tem o cuidado de ressalvar "os efeitos já produzidos pelo cumprimento da obrigação, por sentença passada em julgado, por transacção, ainda que não homologada, ou por actos de análoga natureza" e o n.° 2 concede a faculdade ao desistente ou confitente, a quem a lei interpretativa for desfavorável, de revogar, respectivamente, a desistência e a confissão não homologadas pelo tribunal.

---

[20] No sentido favorável à retroactividade, entre nós, OLIVEIRA ASCENSÃO, ob. cit., pp. 496/497.

[21] Ob. cit., p. 247

PARTE QUARTA

LER E FAZER DIREITO

(METODOLOGIAS JURÍDICAS)

CAPÍTULO I

La Tópica Jurídica

Francisco Puy
Catedrático Numerario da Facultade
de Direito da Universidad de Santiago
de Compostela

1 – APROXIMACIÓN A LA TÓPICA

De acuerdo con sus más conspicuos representantes actuales, la tópica jurídica puede ser visualizada desde cuatro ángulos, a saber:

a) Como un repertorio, catálogo o depósito en que se guardan, ordenados de alguna manera, aquellos datos que más interesan a los operadores jurídicos para desenvolver sus misiones.

b) Como un arte, técnica o práctica particularmente conveniente para resolver problemas jurídicos o de atribución de derechos discutidos a quienes litigan por ello.

c) Como un método, procedimiento o estilo de pensar especialmente adecuado para desenvolver un pensamiento jurídico complejo.

d) Como una doctrina, teoría o sistema de conocimientos jurídicos altamente desarrollados.

He aqui algunos tópicos definitorios de la tópica, tomados prestados de la literatura jurídica de los últimos años y agrupados según tal esquema de mi cosecha propia.

1.1. **Consideración de la tópica como un repertorio**

La concepción más universal, elemental y común de la tópica jurídica es la que la identifica de entrada con un repertorio, catálogo o depósito de datos jurídicos.

Su materialización más sensible son los libros llamados *repertorios* de legislación y jurisprudencia, y los *diccionarios* de derecho, *enciolopedias* jurídicas o *antologías* de textos de diversos autores sobre un mismo sujeto. Se trata de libros generalmente ordenados por series alfabéticas y multiplicados en muchos volúmenes. La urgencia y constancia del repertorio tópico es tal para los juristas que realmente ningún documento jurídico que sobrepase la docena de páginas puede prescindir del repertorio guía denominado *indice general o sistemático*; y por lo mismo, ningún documento jurídico que sobrepase las cien páginas puede prescindir de otros repertorios fundamentales para su manejo como son *los índices de nombres, de conceptos, de normas, de sentencias* y de otros eventuales documentos de aplicación del derecho como los citados.

También son ingentes repertorios tópicos, desde ahora, los *bancos de datos informatizados* y las *redes* conectadas a autopistas de la información, que aunque no son exclusivamente jurisprudenciales, sí encuentran en el campo jurídico uno de sus dominios más desarrollados ya, y ello en los tres grandes campos de la experiencia jurídica que son la legislación, la jurisdicción y la jurisprudencia. De hecho, todo lo que hasta ahora hemos dicho sobre libros vale para el soporte informático.

Desde este ángulo la tópica puede ser definida como "el muestrario de los tópicos con que se opera en un campo jurídico"; o como "el juego de los elementos y las consideraciones con que se puede resolver un caso jurídico"; o como "el listado de los conceptos, proposiciones y argumentos sobre cuya discusión se asienta la decisión del caso que enfrenta a las partes de un proceso dialógico"; o de formas parecidas.

Resumiendo los matices con que unos y otros adornan esta idea, cabe decir que *la tópica jurídica es el repertorio (mámoa, urna, olla, arsenal, almacén, fichero, base de datos) donde un jurista, actor en un procedimiento (dialéctico o retórico), puede encontrar con comodidad y rapidez, cuando los necesita, aquellos tópicos (conceptos, argumentos, datos, temas, tesis, ejemplos) que su adversario (individual o colectivo, silencioso o contestón) aceptará de grado, posibilitando el ulterior consenso sobre la decisión deseada para el caso que provoca el conflicto, o la solución preferida para el problema que provoca el discurso.*

Esta es, insisto, la concepción más universal, elemental y común de la tópica jurídica, y la más recomendable para tener en cuenta por el jurista práctico generalista. Pero, según lo ya avanzado, hay otras tres formas de entender la tópica jurídica más reducidas y depuradas, cuya existencia no se debe ignorar. Me refiero a ellas de inmediato, siquiera sea sucintamente.

1.2. Consideración de la tópica como un arte

La primera a citar es la tópica entendida como un arte, sencilla-mente porque consiste en la elaboración doctrinal de la anterior; o sea, porque es una argumentación sobre la forma de utilizar los repertorios o diccionarios existentes (y en menor medida, de mejorarlos o hacer-los nuevos). Los objetos físicos en que cristaliza de modo ejemplar esta concepción son los libros de *tópica;* pero no sólo ellos. También contienen esta materia los libros de *retórica y* de *dialéctica.* Y desde ahora, también los libros de *informática* para juristas.

En general esta forma de considerar la tópica se revela en alu-siones a ella, muy reiteradas en todos los autores, que la describen como "técnica del pensamiento que se orienta al problema jurídico"; o como "arte de encontrar la respuesta mejor fundada y más justa a un problema jurídico"; o como "arte de manejar las opiniones en la solución de los problemas jurídicos"; o como "arte de hallar, inventar o crear argumentos jurídicos"; o como "arte de alcanzar consensos que eliminan disensos jurídicos"; o como "arte de orientar la acción y la decisión jurídica"; o como "arte de buscar premisas jurídicas"; etc.

Desde esta perspectiva, se puede ilustrar el asunto diciendo que *la tópica es el arte de la discusión de problemas jurídicos por la utilización de premisas que se buscan y consisten en enunciados que reciben un reconocimiento de todos los intercomunicantes.*

O bien, que *la tópica es el arte de la argumentación que, con vis-tas a la fundamentación de una decisión jurídica (individual o colec-tiva), usa un arsenal de postulados tenidos por necesarios por todas las partes involucradas en un conflicto.*

1.3. Consideración de la tópica como un método

Este tercer punto de vista es aún un poco más concreto y a la vez más formal que el anterior. Ahora se concibe la tópica como un método de pensar (más o menos formalizado, pero siempre tendente a formali-zarse), montado para resolver casos concretos, pero asumidos de alguna manera en forma utópica y ucrónica. La metodología tópica se con-trasta, ahora, sobre casos alejados en el tiempo (eso, de modo real o ficticio); para ello, el topicista se sitúa, bien mucho antes de que ocurran (casos imaginarios), para imaginar cómo se podrá reaccionar cuando ocurran; bien mucho después de que acontecieron (casos históricos), para formalizar lo que se hizo y resultó operativo (y para cursar aviso de que se evite en adelante la regla abstracta extraída del comportamiento concreto que condujo al fracaso ya una vez).

Podemos proponer como una materialización de esta imagen de la tópica dos clases de libros. Para los casos imaginarios, los libros llamados *formularios, catecismos, manuales o enquiridiones* (libros generalmente ordenados en forma de margarita, árbol o abanico simple; y breves, comprimidos en un solo volumen y de tamaño pequeño). Y para los casos históricos, las *antologías de dictámenes*, las *biografías de juristas* (en especial las autobiografías) o las *colecciones de comentarios* (de reformas normativas, sentencias o resoluciones judiciales y recensiones doctrinales).

Las imágenes metodológicas de la tópica jurídica aparecen cuando se alude ella como un método o vía en el género póximo de la definición, lo que es bastante frecuente. Quienes se interesan por esta suerte de tópica la conciben, más o menos, como "un método eurístico puesto al servicio de la argumentación jurídica"; o bien como "una vía para alcanzar, en un marco social, una cierta concordia a la medida de los sujetos enfrentados en sus posiciones jurídicas concretas"; o bien como "un procedimiento de búsqueda racionalizada de premisas para el razonamiento jurídico"; o bien como "la forma del pensamiento jurídico de la naturaleza de la cosa o de lo justo natural concreto"; o bien como "un pensamiento que opera por ajustes concretos para resolver problemas jurídicos singulares, partiendo de directrices aceptadas por los involucrados en la discusión de dichos problemas"; o, en fin, como "un método de encontrar los lugares comunes a todos los interlocutores en una disputa dialéctica o en una oración retórica, y de razonar a partir de ahí hasta convencerlos de que realicen el dictamen, decisión o ejecución deseada".

Retomando toda esa gama de posibilidades resulta esta otra posible definición: *la tópica jurídica es un método de articular una solución racional a los casos jurídicos consistente en el desarrollo de una discusión del problema aceptando su peculiaridad, y en la búsqueda de una propuesta resolutoria consensuada a partir del entramado de ostulados, directrices y evidencias no rechazadas por ninguno de los coimplicados en el caso, asumiendo la experiencia de lo ocurrido en situaciones semejantes anteriormente ocurridas o imaginadas.*

1.4. Consideración de la tópica como una doctrina

La que la imagina como una doctrina viene a ser la consideración más abstracta de la tópica: y si se me permite el retruécano, la menos tópica de todas. La plasmación real de este enfoque está en los libros jurídicos denominados *tratados o ciencias* de modo que todos ellos son tópicas metodológicas camufladas con una veste de rigor científico que enseña el almidón que les confiere su falso apresto, apenas se los humedece con un chorro de crítica detergente. Sus autores, para ocultar lo que en ellos hay de retórica y dialéctica, suelen incluir un apartado expreso de metodología, en que la tópica se presenta como uno más de los métodos empleados en la teoría o el sistema de turno. Pero no es raro que el prejuicio cientista lleve a los más puristas a rechazar expresamente la tópica, la retórica, la dialéctica y el uso de todas ellas a la vez (lo que hacen hablando en tópica sin saberlo, como perfectos *bourgeoises gentilhommes*).

Los que ven así la tópica la definen como "una teoría de la praxis jurídica"; como "una doctrina de los puntos de vista que guían las deliberaciones de los juristas"; como "un sistema de las conexiones existentes entre los puntos de vista referibles a un caso jurídico"; como una doctrina de la argumentación jurídica"; como una "teoría del estilo argumentativo de los juristas"; como "una sistematización del lugar y peso de los argumentos jurídicos particulares", etc. Lo que se enfatiza siempre es lo mismo: que la tópica jurídica trata de teorizar el empleo argumentativo de una serie de postulados generales, o de los puntos de vista comunmente aceptados en el ámbito de un grupo social dotado de una tradición jurídica propia, con vistas a ofrecer posibles fundamentos aceptables para la decisión de los casos de confrontación que se puedan plantear.

Resumiendo los matices que ofrece este último punto de vista se define diciendo que *la tópica jurídica es la doctrina de los lugares comunes (experiencias y valoraciones) que el doctrinario que las formula cree que han alcanzado una amplia plausibilidad dentro del grupo que ha de actuar, decidir o dictaminar en un número amplio de situaciones jurídicas similares.*

2 – PROBLEMÁTICA DE LA TÓPICA

Como se puede apreciar, el concepto es el primer problema teórico de la tópica. También salta a la vista que los diversos enfoques que tratan de describir la misma cosa real están indicando la existencia de otros muchos problemas. Seleccionaremos aqui simplemente una lista de los diez más llamativos. Por consiguiente, procedo a elencarlos ofreciendo a la vez una respuesta orientativa a cada una de las cuestiones.

2.1. ¿En qué consiste la tópica?

La tópica es un repertorio de lugares comunes u opiniones compartidas, desde luego. Y también es el arte de buscar ahí tópicos, y de argumentar con ellos, y de convencer y disuadir con ellos, y de motivar la acción pacificadora de los involucrados en un conflicto, después que se produjo, o antes de que se produjera (normalmente, en sus primeras escaramuzas). Y también es, aunque ya menos, la teoría que sistematiza, en cualquier aspecto la confección del repertorio o el arte de usarlo. Y también es, en fin, el método de trabajo más adecuado para todo ello, pensado para que lo sea. Todo ello es la tópica. Todo ello forma un continuo. Pero parece claro que el paso crucial de ese conjunto está en el arte. Por lo tanto, la tópica consiste sobre todo en ser un arte, una técnica jurídica.

2.2. ¿Es la tópica una denominación exclusiva y excluyente?

La tópica se llama *tópica* con general aceptación. La historia ha producido, sin embargo, otras expresiones simples y compuestas, fruto sobre todo de la diversidad de lenguas y de la diversidad de escuelas. Entre esas denominaciones están las siguientes: retórica, dialéctica, ereusis, inventio, invención, inventiva, ars inveniendi praemissae, topología, casuística, escuela del derecho libre. No hay inconveniente en usar tales expresiones como sinónimas con tópica, sabiendo que todo sinónimo conlleva un desajuste significativo de hondas raíces culturales.

2.3. ¿En qué consisten los tópicos?

Los tópicos son conjuntos de datos comunicativos cuyo contenido comparten como consabido todos, o casi todos, los intercomunicantes (por las razones que sean, que son generalmente varias y no una sola). ¿De qué se trata? ¿Qué puede ser un tópico? Cualquier cosa. Un concepto o una proposición. Una descripción o una norma. Un mandato o una prohibición. Una parábola o una historia. Cualquier cosa puede ser un tópico, con tal de que de hecho sirva como premisa aceptada sobre la que seguir comunicando para llegar a otra proposición de carácter normativo o deóntico, aceptada por todos, que es la buscada con carácter final.

2.4. ¿Existe una jerarquía entre los tópicos?

Los tópicos no guardan entre ellos ninguna relación de orden o jerarquía que valga con carácter general y previo a su empleo en un caso. Pero cuando se los encuentra en la discusión del caso, la fórmula que los jerarquiza por pequeños grupos, sucesivamente acotados (parejas, tríos, y usualmente no más de eso) es un tópico excelente, porque ayuda a ir apartando del camino las cuestiones incidentales o subsidiarias y a concentrarse más en la resolución de la principal. Por lo tanto se recomienda mucho la jerarquización provisional de los tópicos contenidos en el caso, cuando hay la menor posibilidad de encontrar una coincidencia en ese punto.

2.5. ¿Qué problemas puede resolver la tópica?

Toda clase de problemas de comunicación para la acción colectiva, pero especialmente los jurídicos, en todas sus vertientes, en especial las procedimentales o procesales de los conflictos civiles, penales, administrativos, políticos, económicos y sociales. Es que la tópica es un invento de juristas y para juristas, entendiendo este término en su más lato sentido. La tópica es un depósito de datos y de reglas cuya arte, doctrina y método se aplican por igual a problemas jurídicos en sentido estricto (los que manejan los operadores jurídicos profesiona-

Instituições de Direito

les, vgr. profesores, abogados, jueces, notarios, registradores, inspectores, diplomáticos, secretarios, etc.) que a problemas jurídicos en sentido lato (los que manejan otros operadores, v.gr., políticos, economistas, sindicalistas, consejeros, parlamentarios, etc.). La tópica se aplica por igual en unas que en otras ramas del derecho (civil, penal, mercantil, laboral, procesal, administrativo, constitucional...). La tópica sirve por igual en todas las funciones de la experiencia jurídica (jurisnormativas, jurisdiccionales, jurisprudenciales...).

2.6. ¿A qué modelo de discurso jurídico sirve la tópica?

La tópica sirve para ser aplicada en cualquier argumentación o discurso en que se pretenda alcanzar un consenso a partir de que nadie será obligado a aceptar como indiscutible nada más que lo que se acuerde que lo es en el curso de la propia discusión. Por tanto sirve óptimamente para los dos modelos básicos del discurso que conduce a resolver problemas operativos de un grupo cualquiera. Que son, *el dialéctico* – cuyos modelos realizan las partes en el proceso judicial, los diputados en el congreso y los profesores en los congresos –; *y el retórico* – cuyos modelos materializan la sentencia judicial del Tribunal Supremo, el discurso de la Corona o de la Jefatura del Estado, y la lección magistral universitaria –.

2.7. ¿En dónde reside el consenso tópico?

El principal consenso tópico se produce en el comunicado final que resuelve el conflicto. Pero ése consenso va precedido de otros muchos que lo fundamentan y que van surgiendo a lo largo del proceso dialógico, apareciendo en todas sus articulaciones. Las principales de ellas se producen en estos momentos: en la negociación de las circunstancias de la confrontación (día, hora, lugar, local, número de participantes, presencia de observadores...); en la fijación de las premisas a considerar; en las sucesivas exclusiones de premisas; en las sucesivas exclusiones de métodos; en las sucesivas exclusiones de propuestas de resolución; en la redacción del comunicado final que se hace público... Todos esos consensos parciales son tan importantes que, sin ellos, no se produciría el definitivo.

2.8. ¿En qué se basa la plausibilidad tópica?

La plausibilidad tópica se basa principalmente en la verdad de lo que se dice y en la veracidad del que habla. Teóricamente, parece tener más importancia lo primero, pues la adecuación entre la realidad conocida y la descripción escuchada aporta una evidencia que se convierte fácilmente en aceptación de la veracidad. Pero la experiencia práctica acredita que la veracidad depende mucho más que de la verdad de lo que se dice, de la autoridad que se concede a quien lo dice: y ahí intervienen multitud de elementos irracionales, como son la gracia expresiva, la oportunidad coyuntural, el timbre, el gesto o la simpatía personales, etc. etc. Y eso es lo que movió a los socráticos a decir que este conocimiento no garantizaba el conocimiento de la verdad real, sino de la opinión generalizada. De donde la propensión a devaluar el conocimiento así alcanzado. Cosa aceptable cuando se trata de alcanzar una exacta descripción teórica de un fenómeno, pero no cuando se trata de convencer a alguien (individuo o grupo) de que haga algo que hay que hacer ya, o de que deje de hacer algo que está haciendo ya; pues en este último supuesto el reloj no se puede parar, ya que hay que decidir contra reloj, porque siempre es más dañosa la prolongación del conflicto que su detención defectuosa.

2.9. ¿Cuáles son las causas del asentimiento tópico?

La causa principal del asentimiento tópico es el logro de los propósitos, el hecho de que se llega a una posición en que aunque todos pierden algo, todos ganan lo suficiente. Ese resultado es evaluable racionalmente (incluso cuantificable) y por lo tanto es racional. Pero no se debe olvidar que al margen de esa componente racional actúa otra irracional, que se desprende de la evidencia de que el asentimiento no se produce nunca cuando los cálculos acreditan conseguida una proporcionalidad razonable entre cesiones y recepciones, sino que ocurre antes o después dependiendo de una serie de variables (lingüísticas, psicológicas, estilísticas, etc.) casi siempre impregnadas de un muy alto contenido mágico.

2.10. ¿A quiénes es común el lugar-común tópico?

Como los tópicos son por definición lugares-comunes, es de enorme importancia ajustar el conjunto humano o grupo social cuyo *mínimo común lugar mental* se trata de manejar. El grupo modelo de comunicación tópica es un grupo evolutivo y cambiante por su propia naturaleza. Comienza estando formado por dos personas nada más, las partes enfrentadas –; luego pasa a estar formado por tres – aquéllas dos y un árbitro –; luego cada una de esas tres arrastra a un grupo tras de sí – partidarios y colaboradores –; a veces, todos esos elementos son colectivos desde el comienzo; y no siempre pequeños colectivos, sino tan grandes como pueden ser masas (auditorios en mass-media o cuerpos electorales continentales) o públicos (regiones, patrias, pueblos, naciones) o la humanidad entera (todos los hombres); en fin, las partes enfrentadas son muchas veces plurales, es decir que están formadas por grupos independientes entre ellos. Bien, pues el topicista tiene que saber exactamente a quiénes y cuántos se dirige, y además, se tiene que dirigir por efecto alzado a varios conjuntos: de donde la gran dificultad de toda utilización de la tópica. Y de donde la conclusión de que el arte tópica es tanto más útil cuanto los conflictos a que se aplica involucran a menos participantes.

3 – REFLEXIÓN FINAL SOBRE LA TÓPICA

Tanto la selección de cuestiones como las respuestas ofrecidas en lo que antecede son de la incumbencia del autor. Éste espera obtener algún asentimiento a sus opiniones, por supuesto. Pero avisa lealmente que, en general, no hay mucho consenso doctrinal en ningún asunto tópico. Se comprenderá bien, por lo tanto, que las fuentes (que después se dan), ofrecen posicionamientos parcial o totalmente divergentes a los adoptados, para todos esos supuestos. De hecho, unos u otros autores mantienen, incluso con calor, tesis discordantes con las anteriores. Por tanto, no debe causar desasosiego ver desenvolverse a los topicistas bajo supuestos distintos, y menos aún ver cómo los defienden.

Me refiero a tesis, como las siguientes. *a)* La tópica es sólo un repertorio; o sólo un arte; o sólo una teoría; o sólo un método. *b)* La tópica se reduce a la ereusis; o a la invención; o a la casuística; o a la problemática; o a la topología; etc. *c)* Los tópicos no son más que conceptos; o sólo proposiciones descriptivas; o sólo propuestas deónticas; o sólo principios normativos; etc. *d)* La tópica carece de interés teórico, dado que el conjunto de sus elementos carece de orden, jerarquía o sistema. *e)* La tópica sólo sirve para alguna argumentación concreta, como la procesal; o la electoral, o la parlamentaria, o la forense... *f)* La tópica se confunde con la dialéctica, o con la retórica, o con la informática. *g)* El consenso sólo se refiere al establecimiento de las premisas; o sólo al establecimiento del convenio; o a algunos momentos intermedios de la negociación. *f)* La plausibilidad tópica depende sólo del contenido; o de la forma, o del sentimiento, o de la razón, o de una combinación de algunos elementos que excluye otros. *g)* El asentimiento tópico depende sólo de la lengua; o de la historia; o de la tradición... *h)* El único grupo al que puede convenir un lugar común es la humanidad entera, o el grupo mínimo, o el grupo comunicativo ideal...

Por mi parte, respeto mucho esos posicionamientos pero creo que en términos generales esas actitudes frente a la tópica adolecen de dos defectos importantes. El primero es que no reflejan la realidad de la praxis tópica, es decir, de la práctica efectiva de los juristas topicistas. Y el segundo es que son criterios basados en puntos de vista estáticos (científicos, teóricos, sestemáticos, lógicos) de carácter heterogéneo respecto de los puntos de vista dinámicos - discusión in *fieri,* oración en presente, polémica en acto – que necesariamente adopta la tópica, atendiendo a las necesidades de la dialéctica, la retórica, la jurisprudencia, la economía, etc.

BIBLIOGRAFÍA

ALEXY, R., *Theorie der juristischen Argumentation,* Frankfurt, Suhrkamp, 1978 *(Teoría de la argumentación jurídica,* trad. de M. Atienza, Madrid, Centro de Estudios Constitucionales, 1989).

ARISTÓTELES, "Tópicos", *Obras,* ed. Aguilar, (Madrid, Aguilar, 1967), pp. 415 ss.

BERK, U., *Konstruktive Argumentationstheorie,* Stuttgart, Frommann Holzboog, 1979.

BOKELOH, A., *Der Beitrag der Topik zur Rechtsgewinnung,* Diss. Göttingen, 1973.

BORNSCHEUER, L., *Topik,* Frankfurt, Suhrkamp, 1976.

422   *Instituições de Direito*

BREUER (Ed.), D., *Topik*, München, Fink, 1981.

CANO, M., *De locis theologicis*, Madrid, B. Cano, 1792-1792.

CICERÓN, M.T., "De la invención retórica", *Obras Completas*, 1 (Madrid, Hernando, 1913) 1 ss.

- "Retórica a Cayo Herennio", *Obras Completas*, 1 (Madrid, Hernando, 1913) 107 ss.
- "Tópica a Cayo Trebacio", *Obras Completas*, 1 (Madrid, Hernando, 1913) 211 ss.
- "Del mejor género de oradores", *Obras Completas*, 1 (Madrid, Hernando, 1913) 275 ss.
- "Diálogos del orador", *Obras Completas*, 2 (Madrid, Hernando, 1914) 5 ss.
- "El orador", *Obras Completas*, 2 (Madrid, Hernando, 1914) 323 ss.

COROMINAS, J., *Tópica hespérica*, Madrid, Gredos, 1972.

DEGADT, P., *Littératures contemporaines sur la topique juridique*, Paris, PUF, 1981.

EISENHUT, W., *Einführung in die antike Rhetorik und ihre Geschichte*, Darmstadt, Wissenschaftliche Buchgesellschaft, 1982.

EKELOF, O., "Topik und iura", *Le raisonnement juridique*, (Bruxelles, Bruylant, 1971) 43 ss.

FERNÁNDEZ-ESCALANTE, M., *Topónima Ibérrika*, Huelva, Mojarro, 1976.

FERREIRA DA CUNHA, P., *Tópicos jurídicos*, Porto, Asa, 1995.

FROSINI, V., "Topica e teoria generale del diritto" *Rivista Internazionale di Filosofia del Diritto* 48 (1971) 26 ss. *[Teoremi e problemi di scienza giuridica* (Milano, Giuffrè, 1971) 3 ss.].

GARCÍA AMADO, J., *Teorías de la tópica jurídica*, Universidad de Oviedo, 1988.

HURTADO BAUTISTA, M., "Sobre la vida solitaria. Rasgos de una tópica de la soledad", *Filosofia, Sociedad e Incomunicación* (Universidad de Murcia, 1983) 25 ss.

- "Sobre la tópica jurídica en Giambattista Vico", *Pensamiento jurídico y sociedad internacional. Homenaje a A. Truyol y Serra*, 1 (Madrid, Centro de Estudios Constitucionales, 1986) 583 ss.

KOPPERSCHMIDT, J., *Allgemeine Rhetorik*, Stuttgart, Kohlhammer (2.ª ed.) 1976.

LERTORA MENDOZA, C.A., "La tópica en la lógica jurídica" *Anuario de Filosofia del Derecho* 18 (1975) 203 ss.

LÓPEZ MORENO, Á., "El topos de la krasis: su aplicación a categorías del pensamiento actual", *Problemas de ciencia jurídica. Estudios homenaje a F. Puy Muñoz*, 1 (Universidad de Santiago de Compostela, 1991) 359-384.

MARTIN, J., *Antike Rhetorik*, München, Beck, 1974.

MARTÍNEZ DÍAZ DE GUEREÑU, E., "Realia circa Topicam Ciceronis", *Problemas de ciencia jurídica. Estudios homenaje a F. Puy Muñoz,* 2 (Universidad de Santiago de Compostela, 1991) 27-36.

ORTH, E., "De Ciceronis Topicis", *Estudios,* 15 (Madrid, 1959) 487 ss.

OTTE, G., "Zwanzig Jahre Topik-Diskussion: Ertrag und Aufgaben" *Rechtstheorie* 1 (1970) 183 ss.

– *Dialektik und Jurisprudenz,* Frankfurt, Klostermann, 1971.

PERELMAN, C., *La nouvelle rhétorique. Traité de l'argumentation,* Paris, PUF, 1958.

POCH, A., "Nota para un esquema caracteriológico de la realidad preceptual", *Homenaje a X. Zubiri,* 2 (Madrid, 1970) 505 ss.

PÖGGELER, O., "Dialektik und Topik", *Hermeneutik und Dialektik,* 2 (Tübingen, Mohr-Siebeck, 170) 273 ss.

PUY MUÑOZ, F., *Tópica jarídica,* Santiago de Compostela, Paredes, 1984.

– "Algunos tópicos actuales sobre derechos humanos", *Estudios de Filosofía del Derecho y Ciencia Jurídica en memoria y homenaje a L. Legaz Lasambra,* 2 (Madrid, Centro de Estudios Constitucionales, 1985) 275-289.

– "El tópico derechos humanos", *Revista General de Legislación y Jurisprudencia,* 95 (Madrid, 1987) 199-218.

– "El tópico derechos fundamentales en el Título I.º de la Constitución", *Introducción a los derechos fundamentales* (Madrid, Ministerio de Justivia, 1988) 893-932.

– "Una aportación a la tópica jurisprudencial de los derechos humanos", *Anuario del Centro Asociado de la Universidad Nacional de Edacación a Distancia de Málaga,* 3 (Málaga, 1989) 187-208.

– "El tópico del pacifismo", *Ágora,* 8 (Universidad de Santiago de Compostela, 1989) 37-52.

– "Una crítica teórica a la tópica" *Anuario de Filosofia del Derecho,* 6 (Madrid, 1989) 467-474.

– "El tópico del deber jurídico", *Obligatoriedad y derecho* (Universidad de Oviedo, 1991) 407-426.

– "El tópico modernidad", *Ágora* 10 (Universidad de Santiago de Compostela 1991) 107-118.

– "El tópico del derecho económico reconsiderado", *Estudios en homenaje a C. Otero Díaz* (Pedro Puy Ed., Universidad de Santiago de Compostela, 1991) 577-591.

– "O tópico do nacionalismo en Galicia", *IX.ª Semana Galega de Filosofia* (Pontevedra, Aula Castelao, 1992) 24-29.

– "El tópico fin en el derecho", *Funciones y fines del derecho. Homenaje a M. Hurtado Bautista* (Universidad de Murcia, 1992) 301-323.

- "El tópico vida en el art. 15 de la Constitución", *Los derechos fundamentales y libertades públicas (I)*, (Madrid, Ministerio de Justicia, 1992) 259-274.
- "El tópico mujer en perspectiva Galicia 1992", *Anuario de Filosofa del Derecho*, 9 (Madrid 1992) 135-160.
- "El tópico Teoría del Derecho", *Persona y Derecho*, 31 (Pamplona, 1994) 239-266.
- "El tópico del derecho en Francisco Elías de Tejada", *Francisco Elias de Tejada, figura y pensamiento* (Madrid, Universidad Complutense, 1995) 207-228.
- "Un léxico de los nacionalismos", *Razonalismo. Homenaje a G. Fernández de la Mora* (A. Maestro Ed., Madrid, Fundación Balmes, 1996) 309-315.

QUINTÁS, A. M., "Razonamiento categórico y razonamiento tópico en la jurisprudencia", *Ethos*, 11 (1983) 215 ss.

ROBLES MORCHÓN, G., "La decisión en el derecho y la tópica jurídica", *Estudios de Filosofia del Derecho y Ciencia Jurídica en memoria y homenaje a L. Legaz Lasambra*, 2 (Madrid, Centro de Estudios Constitucionales, 1985) 381 ss.

RÖDIG, J., *Die Denkform der Alternative in der Jurisprudenz*, Berlin, Springer, 1969.

RODINGEN, H., *Pragmatik der juristischen Argumentation*, Freiburg, Alber, 1977.

SAMPAIO FERRAZ, T., "Justiça e tópica jurídica", *Estudios de Derecho*, 77 (Universidad de Antioquía, Colombia, 1970) 195-214.

SARDINA PÁRAMO, J.A., "Topoi retóricos y temática iusnaturalista en la labor legislativa de Jaime I y su continuación en las cortes medievales catalanas", *X Congreso de Historia de la Corona de Aragón* (Zaragoza, CSIC, 1980) 537 ss.

SCHMITT, C., *Gesetz und Urteil*, Berlin, Liebmann, 1912.

STOECKLI, W. A., "Topic and argumentation. The contribution of Viehweg and Perelman in the field of methodology as applied to law", *Archiv fur Rechts- und Sozialphilosophie* 54 (1968) 581 ss.

STOLJAR, S., "System und Topoi", *Rechtstheorie*, 12 (1981) 385 ss.

STRUCK, G., *Topische Jurisprudenz*, Frankfurt, Athenäum, 1971.

TIERNO GALVÁN, E., "El tópico, fenómeno sociológico", *Escritos 1950-1960* (Madrid, Tecnos, 1971) 187 ss.

UEDING, G., *Grundriss der Rhetorik: Geschichte, Technik, Methode*, Stuttgart, Metzner (2.ª ed.) 1986.

VALLET DE GOYTISOLO, J., "La jurisprudencia y su relación con la tópica en la concepción de Vico (1976)", *Estudios sobre fuentes*, (Madrid, Montecorvo, 1982) 799 ss.

VICO, G.B., *De nostri temporis studiorum ratione (1708)*, Padova, Cedam, 1941.

– *Scienza nuova seconda (1730)*, Bari, Nicolini, 1928.

VIEHWEG, T., *Topik und Jurisprudenz*, München, Beck, 1953. *[Tópica y Jurisprudencia*, trad. J.L. Díez Picazo, Madrid, Taurus, 1964; *Tópica y Filosofía del Derecho*, trad. J.M. Seña, Barcelona, Gedisa, 1991].

– 'Zur zeitgenössischen Fortentwicklung der juristischen Topik", *Anales de la Cátedra Francisco Suárez* 13 (Universidad de Granada, 1973) 9 ss.

– "Sobre el futuro de la Filosofia del Derecho como invetigación fundamental", *Cuadernos de Filosofía del Derecho*, 6 (Caracas, 1969) 1 ss.

– "Sobre el desarrollo contemporáneo de la tópica jurídica", en *Tópica y Filosofía del Derecho* (Barcelona, Gedisa, 1991) 176-184.

WALTER, M., *Topik und richtiges Recht*, Diss. Zürich, 1971.

WEINBERGER, O., "Topik und Plausibilitätsargumentation", *Archiv für Rechts- und Sozialphilosophie* 59 (1973) 17 ss. *[Studien zur Normenlogik* (Berlin, Schweitzer, 1974) 308 ss.]

ZEPOS, P.J., "Topik und Glaubhafcmachung im Prozess", *Festschrift Karl Larenz* (München, Beck, 1973) 289 ss.

CAPÍTULO II

Judicialismo

António Carlos Pereira Menaut
Profesor de Dereito Constitucional
en la Universidade de Santiago de Compostela, Galicia

1 – INTRODUCCIÓN: LA GRAN DIVISIÓN *

El Derecho es plural, no monista. La visión judicialista ayuda precisamente a percibir esa pluralidad porque si el Derecho consiste en sentencias que resuelven casos concretos, *ex definitione* no formará un sistema completo, cerrado ni perfecto. Un normativista extremo será, posiblemente, monista y sistemático, y querrá convencernos de que el Derecho consiste sólo en normas, pero un judicialista extremo siempre tendrá que admitir principios y *regulae iuris* generales, aunque sólo sean las producidas por la jurisprudencia y sus comentadores.

En estas cortas páginas apenas trataremos de mostrar la contraposición entre sentencia y ley, y a continuación pasaremos a señalar la peculiar posición constitucional de la judicatura, reparando brevemente en el extendido error español de asociar normativismo con constitucionalismo. Terminaremos advirtiendo que la propia consideración de judicialismo y normativismo como dos tendencias equiparables en peso específico y vigencia histórica puede ser, en sí misma, la primera de las falacias.

$$* \quad * \quad *$$

Es sabido que la teoría jurídica se divide en dos grupos principales: judicialistas y normativistas. Es ésta una de las más profundas divisiones entre juristas, quizá más profunda que iusnaturalistas y

---

* Este pequeño trabajo se basa en otros míos anteriores, especialmente en algunas páginas de *El ejemplo constitucional de Inglaterra,* (Madrid, 1992), "Constitution and the Law" (inédito, 1993) y *Temas de Derecho Constitucional español: una visión problemática* (Santiago de Compostela, 1996). Reconozco la influencia de diversos autores judicialistas angloamericanos, así como de Álvaro d'Ors, *caro magistro scholaribus simul et magistris compostellanis.*

430 *Instituições de Direito*

positivistas – hay iusnaturalistas convencionales que hablan un lenguaje normativista, con lo que ya ceden la mitad del campo a sus oponentes – y, desde luego, más profunda que izquierdas y derechas – pues el judicialista izquierdista medio se parece más al judicialista derechista medio que al legalista izquierdista medio –. Y es explicable que sea así, pues lo que realmente nos separa son nuestras concepciones últimas del Derecho y de la Política[1].

Huelga decir que "normativismo" y "judicialismo" pueden resultar simplificaciones, pues detrás de cada una de ellas se oculta un complejo universo de visiones del Derecho, de su enseñanza y de la propia profesión de jurista. El normativismo haría consistir el Derecho en las normas y su simple aplicación, culminaría en el positivismo, incrementaría el papel del Estado, del que los jueces serían funcionarios, y tendería a una enseñanza dogmática. El judicialismo haría reposar el Derecho sobre *regulae*[2], principios y sentencias, y tendería a una judicatura menos profesionalizada, bastante independiente y autorregulada[3]. La enseñanza tendería a la práctica, al estudio de la jurisprudencia y sus comentarios[4].

El juez tiende a estar más cómodo cuando adjudica entre iguales, de ahí que sólo se pueda conseguir la plena juridificación de los asuntos públicos cuando el Estado actúa como una persona jurídica más, sin privilegios, y, aun así, no siempre: por hipótesis, si un juez condenara a un Estado deficitario a abonar fuertes indemnizaciones a todos los jubilados, no sería raro que la sentencia quedara incumplida, alegando el ejecutivo graves daños al erario público.

---

[1] No nos ocuparemos ahora de otras líneas de fractura más importantes: si el mundo es básicamente bueno y tiene un orden, y si la razón humana puede conocerlo, o más bien al contrario. Es igualmente ocioso repetir la alineación histórica de los pensadores que han tomado partido: Sócrates, los sofistas, Platón Aristóteles, San Agustín, Santo Tomás, Lutero, Suárez, Belarmino, Hobbes, Locke... Ha sido frecuente entre los pesimistas optar por el poder fuerte y la ley positiva.

[2] Nos remitimos a la contraposición orsiana entre regla y norma; *cfr.* d'Ors (1980, 1995).

[3] Sobre la contraposición entre las judicaturas europea continental y angloamericana, *cfr.* Damaska. Sobre la contraposición entre la judicatura española y la inglesa, *cfr.* Aulet.

[4] Sobre el contraste entre la educación jurídica europea continental y la norteamericana, con una fuerte crítica a la segunda, *cfr.* Stith.

Pero en la realidad no se trata de una confrontación maniquea entre norma y sentencia; no se trata de elegir entre sólo normas abstractas o sólo casos concretos. Hay otras categorías sin las que no habría vida jurídica, en especial, *regulae iuris* y principios, que, por eso, han aparecido ya aquí. Algunas buenas leyes, como el Código Civil español, contienen muchos, aunque ahora revestidas de la forma de artículo de ley. Derecho es lo que dicen los jueces, pero también crean Derecho, cada uno en su medida, los que pactan y cumplen lo pactado, los que contribuyen a la formación de una costumbre y – ¿cómo no? – los notarios. No se pretende aquí criticar un monismo para sustituirlo por otro.

2 – SENTENCIA *versus* NORMA

¿Qué es más jurídico, la sentencia o la ley? ¿Cuál de las dos es más adecuada para dar a cada uno lo suyo? ¿Cuál garantiza más la seguridad jurídica? Si tuviéramos que elegir, ¿qué preferiríamos, vivir bajo buenas sentencias o bajo buenas leyes, tener nuestros derechos protegidos por el juez o por el legislador? ¿Qué sería más tolerable, la vida con buenas sentencias y malas leyes, o lo contrario? El punto débil del normativismo es que, por buena que sea la ley, siempre vendrá a ser aplicada, *velis nolis,* por un juez, el cual, en los casos no muy claros – y así son muchos, pues de lo contrario no proliferarían los litigios – tendrá una cierta facultad de interpretarla como mejor le parezca, pésele a Hobbes, Montesquieu y Robespierre.

Francia es un buen ejemplo, pues seguramente ningún otro Estado se esforzó tanto por deteriorar la posición y funciones del juez ya desde el Antiguo Régimen, pero sobre todo desde la Revolución. Los resultados de aquellas medidas anti-judicialistas, formalmente produjeron un triunfo en toda regla del normativismo; materialmente, produjeron unos nuevos judicialismos disfrazados: la casación vino a ser una nueva y superior instancia jurisdiccional, y el Consejo de Estado, un supremo tribunal de Derecho Público que practicaría una jurisprudencia del caso. O considérense también los tribunales constitucionales: parecen frutos de la desconfianza hacia legisladores y jueces. Respecto a los primeros, han conseguido controlarlos (o ser controlados por ellos; según los casos), pero respecto a los segundos, lo que han conseguido es controlar a los inferiores, para convertirse ellos mismos en nuevos jueces supe-

432   *Instituições de Direito*

riores, jueces de los jueces. En definitiva, algo no muy distinto de lo ocurrido antes con la casación.

En cuanto a las interrogantes anteriores, cabe responder que, desde luego, uno preferiría vivir bajo buenas leyes y buenos jueces, pero ese es el tipo de posibilidad que, gustando a todos, raramente se encuentra en la realidad. Así que sólo tiene sentido preguntarnos si es preferible vivir bajo jueces con amplia discreción o muy sujetos a la ley. Antes de responder convendrá notar que, en última hipótesis, la vida social sería posible sin leyes[5], pero no sin jueces.

Si buscamos argumentos en favor de la norma, la sentencia tendrá que reconocerle una inicial superioridad para garantizar la seguridad jurídica, la certidumbre y la generalidad del Derecho; ya Montesquieu lo argüía en su posición anti-judicialista. Otro argumento esgrimido a veces es la santidad de la ley *per se*, basándola en una heterogénea suma de bondades de diversos orígenes, desde la ley moral universal precristiana, las Siete Partidas, la *ordinatio rationis ad bonum commune,* las *leges imperii,* hasta la expresión de la voluntad popular. Pero ese argumento es tan místico como científico. Otras veces se alega la mayor legitimación democrática de la legislación frente a la adjudicación, pues la ley sería fruto de la voluntad popular, al menos indirectamente, y la sentencia, no. *Sed contra,* ordinariamente parecen ser menos tenidos en cuenta los electores al elaborar la ley que los litigantes al elaborar la sentencia. Por otra parte, no puede darse por supuesta en cada ley la incorporación de todas las ideas e intereses de los electores, ni es un principio constitucional dar cheques en blanco a nadie, tampoco a los legislativos democráticamente elegidos.

No entramos ahora en que la mayor parte de las normas actuales está hecha por los ejecutivos directamente, y que incluso en las pocas leyes formales, el parlamentario medio interviene poco o nada, para no hablar de lo que intervenimos nosotros, el pueblo. Desde cualquier punto de vista que lo consideremos, "norma positiva" y "ley" no significan necesariamente "Derecho", ni "Justicia", ni siquiera "norma democráticamente elaborada".

Pero aun suponiendo, por hipótesis, que en toda norma escrita se diera ese carácter más democrático, el argumento sería terminante cuando se tratase de cuestiones políticas, cuestiones de *potestas*. La

---

[5] Sin normas positivas escritas, no sin *regulae* y principios.

auctoritas, sea el saber Física o la *prudentia iuris,* se escapa a ese razonamiento: se tendrá o no, pero no es democratizable porque por naturaleza no es divisible. Los ciudadanos no tenemos una parte alícuota de la belleza estatal, ni de la sabiduría estatal, ni de la *prudentia iuris* estatal – si tales cosas existen, lo cual es dudoso –. Sí la tenemos, en cambio, del poder y del dinero estatales, primero, porque no pertenecen originariamente al Estado y, además, porque la *potestas,* como la riqueza, por naturaleza es transferible, delegable y divisible, sea en votos, sea en monedas.

Mientras que las leyes se hacen para todo el pueblo, las sentencias se dictan para las partes. Por todo ello, la escasa democracia de las sentencias es un argumento más débil que la escasa democracia de las leyes, que pertenecen al género de la *potestas* y están destinadas por principio a toda la población.

Es cierto que la jurisprudencia repetida termina adquiriendo alcance general y afectando a todos, no sólo a los litigantes originarios. Pero los poderes legislativo y constituyente siempre retienen la posibilidad de cambiar las leyes y la propia constitución, aparte de que el juez, por su condición pasiva, nunca podrá realmente lanzarse a competir con ellos. Ciertamente, las cosas cambian algo si los jueces toman la vía del activismo judicial, pero incluso éste es sólo posible si los demás poderes y la sociedad lo consienten.

Por principio, la sentencia es más imparcial que la ley, tiene menos ingrediente político, da más oportunidades a los afectados, y se refiere al caso concreto, lo que no es poco tratándose de Derecho, que es una ciencia práctica. Esta línea argumental es importante, pues si la seguimos concluiremos que la sentencia es más jurídica que la ley. Así como es más constitucional la fragmentación que la concentración del poder, así la audiencia de las partes, la igualdad de ambas en el proceso, la imparcialidad del tercero que adjudica y la sumisión a reglas no dictadas por ninguno de los litigantes, garantizan a la sentencia un mínimo de juridicidad que la ley no tiene garantizada. Cierto que hay sentencias injustas, como también leyes injustas, ideológicas, mal hechas, organizativas en vez de jurídicas o, sencillamente, triviales. Si percibimos más sentencias injustas que leyes injustas es porque se dictan muchas más sentencias que leyes formales, y porque somos mucho más sensibles a la injusticia en la sentencia que en la ley. Y esta diferente sensibilidad también debe hacernos pensar.

434 *Instituições de Direito*

Así, la adjudicación se nos aparece como más jurídica y más próxima a las partes que la legiferación. Si bien su democratización no es posible, se podría dar pasos en esa dirección si el estatismo no lo impidiera. Si las revoluciones de los siglos XVII a XIX devolvieron la legislación y la ejecución al pueblo – al menos en teoría –, ¿por qué no devolverle la adjudicación? ¿Por qué no dejar a los litigantes elegir a su juzgador, limitándose el juez profesional a supervisar la idoneidad del juzgador y la marcha del proceso?[6]

Añadamos que lo normal es que sepa más Derecho el juez medio que el legislador medio. Últimamente muchas sociedades han conseguido dotarse de cuerpos de jueces aceptablemente competentes e imparciales, pero no de generaciones de legisladores de los que pueda decirse lo mismo, entre otras cosas porque los parlamentarios no forman, ni deben formar, un cuerpo o profesión fijo.

∗   ∗   ∗

Para terminar este apartado recordaremos que, según decíamos, lo que en el fondo nos separa es nuestra concepción profunda del Derecho y de la Política. Pero como ambas producirán una concepción de la Constitución, tendremos a continuación que ocuparnos de la posición constitucional de los jueces.

3 – POSICIÓN CONSTITUCIONAL DE LOS JUECES

Pasando ahora al terreno constitucional, las dos principales visiones de la judicatura son la angloamericana y la europea continental representada sobre todo por Francia, desde Montesquieu y la Revolución Francesa en adelante. Montesquieu, que era juez, tenía un mal concepto de los jueces y pensaba que debían actuar como simple boca muerta que pronuncia las palabras de la ley. La Revolución, con el recurso de casación, quiso reducirlos a la mera aplicación de la ley.

Se dice frecuentemente que, *mutatis mutandis,* el modelo angloamericano se parece algo al romano. Ello es cierto, aunque no del todo, por varias razones, la primera, porque a lo largo de la dilatada

---

[6] Volvemos a topar con ecos romanos, y no por casualidad.

historia de Roma se produjo un cambio: con el tiempo se pasó de jueces privados carentes de poder, a funcionarios públicos (como diríamos hoy) dotados de jurisdicción. De ahí vino la identificación de "jurisdicción" con "poder", que puede verse hoy en el lenguaje ordinario cuando un funcionario dice que algo "es (o no es) de mi jurisdicción". El problema es la identificación de jurisdicción con gobierno, *prudentia iuris* con *potestas*. Nuestra justicia – me refiero a la española de hoy, la más cercana al autor de estas líneas – estaría en el extremo de máxima identificación, mientras que la romana clásica estaría en el de máxima separación:

> "Las decisiones oficiales de todo tipo que toma el magistrado se expresan como 'decretos' (*decreta*), en tanto la opinión de los jueces es una 'sentencia' (*sententia*, de *sentire* o pensar). Cuando los emperadores llegan a asumir una función judicial, sus sentencias aparecen como 'decretos', pero esto mismo demuestra ya una confusión de funciones, de gobierno y juicio. Porque también en esta distinción entre jurisdicción [del pretor] y judicación [del juez] se puede ver la diferencia entre la potestad pública del magistrado y la autoridad – reconocida directamente por los litigantes en conflicto, pero también por el mismo magistrado que da orden de juzgar, y por la sociedad en general, que acepta ese régimen judicial – de los jueces privados elegidos por las partes. En efecto, la mentalidad romana consideraba como contrario a su idea de *libertas* que se impusiera oficialmente un juez para resolver un conflicto, como se hace, en cambio, en nuestro tiempo, [...] Sólo de manera extraordinaria, que se fue generalizando con el tiempo y se impuso en la época de decadencia, se fue introduciendo, [...] un régimen de jueces burocráticos, parecidos a los de hoy, que llamamos de 'cognición oficial'" [7].

Desde 1700 en el mundo jurídico europeo continental el juez pasa a ser una figura pasiva, sometida a la ley, concebida ésta como expresión de la voluntad popular, y al tribunal de casación, que garantizará la legalidad en la aplicación de la norma. Por una parte, el juez no intervenía en asuntos constitucionales; por otra, las constituciones no podían ser alegadas ante un juez en el curso de un litigio. Era un paisaje legalista formado por leyes y jueces, pero sometidos los segundos a las primeras; después de 1789, también con constituciones, pero con escaso

---

[7] D'Ors (1992), 37-38.

papel jurídico. En el fondo, estos dos esquemas respondían a las dos maneras de concebir la Constitución y el Derecho. España, como otros estados, seguía la línea francesa.

Ante todo, nótese que la judicatura es un poder muy distinto de los otros dos clásicos. Casi puede decirse que no es propiamente un poder ni propiamente democrático, aunque ocupe un lugar central en el constitucionalismo[8]. Los jueces no son elegidos por el pueblo, ni directamente como el legislativo ni indirectamente como el ejecutivo. Esto no quiere decir que sea antidemocrático, sino que ese adjetivo, como su contrario, no se le aplica bien. Asimismo, mientras los otros dos poderes son activos y tienen iniciativa para legislar, gobernar o controlar, el poder judicial es en cierto modo pasivo, porque normalmente actúa a instancia de quien recurra a los tribunales.

Cuando se habla de gobierno de los jueces no pasa de ser una imagen analógica. La judicatura no puede hacer leyes, ni establecer impuestos, ni tiene un ejército. Los jueces podrán más o menos fácilmente ser injustos, pero difícilmente opresores. Así que, como no tienen *potestas*, pueden escapar un tanto a la general regla democrática de la elección y el control populares. Además, no dictan normas generales, sino que actúan caso por caso: por ejemplo, diciendo si en tal o cual litigio tenemos o no que pagar tal deuda, multa o impuesto. En contrapartida, no responden de sus sentencias ante nadie; exagerando, podemos decir que es como si fueran irresponsables[9]: al revés que el legislativo, que responde ante los electores, o el ejecutivo, que responde ante el legislativo. Parece paradójico, pero ha de ser así si se quiere que sean imparciales.

Como se ve, al menos en un caso del tipo del español, su posición constitucional *prima facie* es independiente pero más bien pasiva, y no pasa de modesta. A mayor abundamiento, la Constitución los declara sometidos a la ley y les coloca al lado una jurisdicción constitucional encargada de interpretar la Constitución y proteger los

---

[8] Uno de los criterios para identificar la existencia de constitucionalismo es la resolución de los conflictos políticos por un tercero imparcial ante el que ambas partes son iguales y que adjudica conforme a reglas que no han sido dictadas por ninguno de los litigantes.

[9] Nos referimos a su irresponsabilidad política, no a la penal en caso de que incurran en delito. Que un tribunal superior case la sentencia de uno inferior ocurre todos los días, pero no es un caso de exigencia democrática de responsabilidad. Tampoco nos referimos a la responsabilidad del Estado por errores judiciales.

derechos constitucionales. Su papel como fuente del Derecho Constitucional en principio no es muy brillante ni está completamente claro. La posición europea continental tradicional les atribuía simplemente la misión de dirimir pleitos de derecho privado entre los particulares, pero eso ya no era así entre nosotros antes de 1978.

Pero es interesante reparar en que, a pesar del normativismo *de rigueur* en España tanto según la Constitución como según la opinión dominante, la adhesión a las Comunidades Europeas ha producido alteraciones en la posición y funciones del poder judicial. En el caso español hoy ya hay tres niveles constitucionales, el autonómico, el español y el europeo. Por lo que se refiere a la judicatura, las comunidades autónomas son casi irrelevantes, por carecer de poderes judiciales propios, pero en el nivel comunitario europeo hay que advertir que el poder judicial de las Comunidades, si se puede llamar así, es capaz de dictar sentencias que vinculan a las autoridades y ciudadanos españoles, como a los de todos los estados miembros. Las Comunidades Europeas no tienen un conjunto de tribunales diferenciados, propios, distribuidos por los estados miembros de la Unión, como los federales norteamericanos. Pero tienen en Luxemburgo dos tribunales, de los cuales el más importante es el de Justicia de las Comunidades Europeas.

Vale la pena señalar algunas cosas. La primera, que el Tribunal de Justicia de las Comunidades tiene una posición muy distinta de la visión ya tradicional entre nosotros: es activo, crea Derecho y no sólo lo aplica; no está tan sujeto a la ley y no es boca muerta de la norma. En estas últimas décadas, mientras en España se expandía el normativismo, ingresábamos en una organización superior cuyo Derecho es muy *judge-made,* muy *Case Law.* Los jueces de Luxemburgo crearon, o expandieron mucho, los principios generales del Derecho público europeo, hasta el punto de extraer, de los principios, los derechos. Aun más, en cierto modo, el Derecho constitucional europeo[10] es creación del dicho Tribunal, que desenvolvió los principios constitucionales europeos en las conocidas sentencias *Costa* y *Van Gend en Loos.* Está fuera de duda que el Derecho europeo administrativo (el constitucional está menos desarrollado) es en gran medida un derecho del caso, como

---

[10] Si se puede hablar así con plena propiedad, lo cual no es indiscutible por ahora.

lo es el que desarrolló el Consejo de Estado francés[11]. Como recuerda Schwarze, el Tribunal de Luxemburgo, cuando se encontraba ante un vacío en la ley, creaba efectivamente Derecho por la presión del principio de que el juez nunca se niega a dar sentencia; sobre todo, desde la sentencia *Algera v. Assembly* (1957-58).

De esa manera, la "legitimidad del Tribunal de Justicia para emprender [...] una tarea creativa de producción de Derecho, apenas está en discusión hoy"[12], y así ha sido admitido también por alguna jurisprudencia de los estados miembros. En el caso *Kloppenburg v. Finanzamt Leer,* de 1984, el Tribunal Constitucional Federal alemán consideró conforme a su *Grundgesetz* la creación de Derecho por el Tribunal de Luxemburgo. Contra lo que puede considerarse opinión pacífica entre los estudiantes de cualquier facultad de Derecho española, el Tribunal alemán dijo que "en Europa el juez nunca fue meramente *'la bouche qui pronounce les paroles de la loi'*"[13], aduciendo los ejemplos del Derecho romano, el *Common Law,* el *Gemeines Recht* alemán y el Derecho administrativo francés producido por el Consejo de Estado[14]. Mientras esto se declaraba en Europa, corría la tinta en España insistiendo en la frase de Montesquieu y presentando el normativismo como el último hallazgo científico, irrefutable y esencial al constitucionalismo.

Una segunda cuestión, menor, es que, por activo que sea, el Tribunal es consciente de que la competencia legiferante primaria es del poder legislativo y no trata de arrogarse una atribución formal de competencias ni un poder ilimitado para establecer normas abstractas[15]. Eso contribuye a que su tarea legislativa creadora sea aceptada mientras "continúe desarrollando su *Case Law* sobre los principios del derecho administrativo general de una manera cauta y pragmática"[16].

Así que al final, irónicamente, el normativismo español ha producido el neo-judicialismo del Tribunal Constitucional y ha venido a integrarse en un Derecho del caso europeo.

---

[11] *Cfr.* Schwarze, 1446.
[12] *Cfr.* Schwarze, 1447.
[13] Francés en el original.
[14] *Cfr.* Schwarze, 1448-1449.
[15] *Cfr.* Schwarze, 1450-1451.
[16] *Cfr.* Schwarze, 1455.

4 – ¿DOS MODELOS?

Por tanto, si bien es cierto que en teoría hay dos modelos principales fácilmente identificables, en la práctica sólo se puede elegir entre el judicialismo pleno y otras versiones disminuídas de judicialismo – limitado, disfrazado, inconsciente – que no dejan de ser tal aunque se presenten como normativismo, pues ni es inherente a la norma jurídica la aplicabilidad inmediata [17] ni hay norma que no necesite interpretación. Incluso aquellos jueces como, por ejemplo, los de Chile, que profesan el máximo respeto a la ley, al decir eso no dejan de tomar partido, y al aplicarla no dejan de interpretarla. Así que cuando distinguimos dos tipos dentro del llamado Estado de Derecho, el legalista y el judicialista, olvidamos que, al final, ambos vienen a depender de la interpretación que hagan los jueces.

Existe la posibilidad de que el normativismo, en su forma fuerte de los siglos XIX y XX en ciertos países, venga a ser un paréntesis. Hubo naciones en las que no triunfó ni siquiera en sus mejores momentos; por lo tanto, no ha sido universal. Cierto que ya los romanos conocieron la diferencia entre las concepciones sistemática y casuística del Derecho; cierto que ya Justiniano codificó el Derecho; cierto que hacia el siglo XVI comenzaron las leyes en sentido moderno; pero no nos hallamos ante el típico par de tendencias igualmente presentes en todo tiempo y cultura jurídica. Los judicialistas, en sus diversas formas, siguen unas tendencias multiseculares aunque a menudo no articuladas, pero los anti-judicialistas modernos no pueden remontarse mucho más arriba de Robespierre, Montesquieu y el capítulo XXVI del *Leviathan*. La verdadera codificación no apareció hasta finales del siglo XVIII y principios del XIX en Prusia y Francia [18]. El normativismo kelseniano que todavía hace furor en España, Argentina, Chile o México fue resultado de una conjunción de factores decimonónicos como el racio-

---

[17] Puede haber leyes que no sean susceptibles de aplicación inmediata y que para ello necesiten un reglamento. En España, el influyente trabajo de García de Enterría *La Constitución como norma* ha contribuído a extender la idea de que convertir las constituciones en normas – a diferencia de las antiguas constituciones retóricas de estirpe francesa – es una conquista y de que toda norma es *eo ipso* jurídica, nada retórica e inmediatamente aplicable ante un juez (*cfr.* García de Enterría).

[18] De donde se deduce que la de Justiniano no era verdadera; si hemos usado tal palabra fue por comodidad. En realidad era más bien una compilación.

440 *Instituições de Direito*

nalismo, el kantismo, el positivismo filosófico, el estatismo, la soberanía popular y el purismo cientificista, factores todos recientes y de discutible continuidad, al menos en su presente forma.

Algunos legalistas piensan que la actual proliferación de normas escritas, que no tiene precedentes, garantiza la preeminencia del normativismo. Pero la realidad muestra que la proliferación inmoderada de normas, a menudo triviales cuando no contradictorias, devuelve el protagonismo al intérprete y produce un efecto descodificador, especialmente visible en disciplinas como el Derecho Mercantil. También es ilustrativo el ejemplo del Tribunal de Luxemburgo que adujimos antes, aunque no queremos decir que vayamos a volver a una edad de oro del judicialismo, pues ni las situaciones se repiten ni tal época áurea ha existido nunca.

5 – CONCLUSIÓN

La gran división que atraviesa la teoría jurídica es la de judicialistas *versus* normativistas. Decimos "la teoría" porque la práctica del Derecho nunca es normativista a ultranza: no se conocen abogados que desprecien las sentencias de los jueces que van a conocer su litigio.

El Derecho es lo que aprueban los jueces. Es plural y está compuesto por varios factores, por lo que no tratamos de oponer un monismo a otro.

Las sentencias parecen ser, por principio, más jurídicas que las leyes. Las normas no siempre son inmediatamente aplicables, ni necesariamente tienen naturaleza jurídica.

Desde el punto de vista constitucional, aunque hay dos modelos, todas las constituciones tratan la judicatura como un poder especial y distinto que, en cierto modo, ni siquiera es verdadero poder. No es democrático ni responsable, lo cual no le impide ser de la máxima importancia para la existencia de un constitucionalismo. Pero su carácter no democrático no sería obstáculo para que, al menos en ciertos procesos o fases del proceso litigioso, el protagonismo fuese devuelto a las partes y a quien ellos eligieren para adjudicar.

El normativismo, en sus diversas formas, nunca ha sido capaz de eliminar el papel central de los jueces u órganos equivalentes. Tampoco se ha establecido una conexión necesaria entre normativismo y constitucionalismo, a pesar de las diversas formulaciones del principio de legalidad. A mayor abundamiento, hay importantes tribunales en nuestros días que vuelven a practicar abiertamente una jurisprudencia del caso. Cabe plantearse si no estaremos ante el final del legalismo en su versión moderna. Por otra parte, su triunfo nunca ha sido completo ni universal.

$$* \quad * \quad *$$

BIBLIOGRAFÍA

AULET, José Luis: *La organización de la justicia en Inglaterra y en España,* tesis doctoral inédita, Universidade de A Coruña, 1995.

DAMASKA, Mirjan: *The Faces of justice and State Authority,* New Haven y Londres, 1986.

GARCÍA DE ENTERRÍA, Eduardo: *La Constitución como norma y el Tribunal Constitucional,* Madrid, varias ediciones.

ORS, Álvaro d': "Ordenancistas y judicialistas", *Nuestro Tiempo* 75-76 (1960), 273-283.
– *Elementos de Derecho Privado Romano,* Pamplona, 1992, tercera edición completamente reformada.
– *Derecho y sentido común,* Madrid, 1995.

SCHWARZE, Jürgen: *European Administrative Law,* Londres, Sweet and Maxwell, 1992.

STEIN, Peter: *Regulae Iuris. From Juristic Rules to Legal Maxims,* Edimburgo, 1966.

STITH, Richard: "Can Practice Do Without Theory? Differing Answers in Western Legal Education, *Indiana International & Comparative Law Review* 4 (1993), 1-14.

CAPÍTULO III

Hermenêutica Jurídica: do problema em geral e da clássica visão "factualista" e "interpretativa"

Paulo Ferreira da Cunha

Todos sabemos quem é Hermes: esse simpático e andarilho deus helénico com asas nos pés, o Mercúrio dos romanos, deus dos caminhos, dos contactos, do comércio... e até dos ladrões, que realmente são comunicativos ou translativos de coisas... Curiosamente, e assinalando a essencial duplicidade e ambivalência das coisas, de Hermes deriva também *hermético*, e *hermetismo*...

Hermes é, assim, e muito justamente, o deus tutelar da Hermenêutica (é-o, pelo menos, etimologicamente). Disciplina reverenciada nos tempos actuais, estudada com profundidade nas Faculdades de Letras, tema de filologias e filosofias.

Mas há muitas correntes hermenêuticas, muitas escolas, muitos métodos – há mesmo lutas (subtis ou abertas) entre diversos tipos de cultores de diversos géneros e perspectivas. E para nós, juristas, embora o assunto seja da maior importância e nos deva suscitar a maior atenção (a simples curiosidade seria de menos), realmente o que queremos é usufruir do que os hermeneutas tenham conseguido para nos ajudar no nosso trabalho. Somos aqui bastante egoístas e utilitaristas. Não está, evidentemente, posto de parte que alguém com formação jurídica cultive profundamente tal matéria. Seria desejável e benéfico para todos. Mas é proeza rara. Normalmente seremos sempre mais receptores e re-elaboradores que autênticos criadores.

Só que não é fácil encontrar os achados dos hermeneutas: eles não se expõem nos museus como os salvados do tempo desenterrados pelos arqueólogos. A hermenêutica, tanto quanto profanamente nos tem sido dado observar, tal como a semiótica, acabou por alargar tanto o seu âmbito, formalizar tanto o seu discurso, cristalizar ou enquistar em correntes tão definidas (ou entre si definíveis) os seus cultores, que se arrisca a ser uma mundividência totalizante do universo e uma autónoma e bem determinada *forma mentis*. Algo de quase identificável com a própria Filosofia, ou com as Filologias. Ou mais até, em certos casos: com um credo, ou credos.

446   *Instituições de Direito*

É claro que já no seu próprio projecto imanente, em si inscrito, havia para tal potencialidades. Julgamos, porém, que se terá por vezes caído no muito vulgar, certamente desculpável, mas pernicioso, fenómeno do solipsismo e isolamento, vertidos depois em redescrição epistémica exportadora para outras áreas, tudo procurando ver pela luneta própria. Havia economicismo, sociologismo, hoje há semiotismo e hermeneutismo. Isso em nada tira à Economia, à Sociologia, à Semiótica e à Hermenêutica, como é mais que evidente. E o que é curioso é que, por vezes, parece que os mais totalizantes dos entusiastas da nova "chave mestra" dos sentidos nem são filólogos nem filósofos. O epigonismo tem destes fenómenos!

Mas permitimo-nos insistir: aqui há mais atenuantes que noutros casos, precisamente porque a hermenêutica busca sentido, e a busca do sentido é a nossa comum e imorredoira grande demanda do Graal. Além de que ela própria não pouco deve aos estudos hermenêutico-jurídicos sincréticos e hoje de algum modo já "arcaicos".

Com o que dissemos não nos queremos furtar ao estudo dos grandes temas e dos grandes nomes das modernas metodologias de aplicação, leitura, interpretação, criação do Direito, que têm mais ou menos paradigma hermenêutico, semiótico, estruturalista, ou afim. Embora tudo isto e dentro disto haja um mundo de diversidades. O que desejamos singelamente afirmar é que nos não pareceu ainda suficientemente sedimentadas nem as certezas nem as dúvidas para as expormos a um público que se inicia. Assalta-nos por vezes a ingénua questão de saber se certas teorias e técnicas interpretativas não serão mais ocultações que desvelamentos, mas é decerto a nossa ignorância que no-lo sugere.

Ficamos, portanto, a saber que, nas altas esferas de especulação filosófica e do estudo metodológico, na Filosofia, e no Direito, há eminentes investigadores que consagram a sua vida ao desvendamento comunicacional do que, para os simples e chãos positivistas legalistas, é claro como a água: a letra da lei, ou de que texto ou signo for. Para o positivista, factos são factos e há que "apurá-los". Para o hermeneuta, no limite, não há factos – só há interpretações, narrações, focalizações. O primeiro dá mostras de uma grande miopia. Mas o exagero da segunda perspectiva (que realmente abriu horizontes) faz-nos por vezes cair num relativismo dissolvente.

Um dos colóquios mais divertidos que nos é dado pela imaginação efabular seria o de um positivista canhestro, desses de *argumen-*

tum baculinum, a esbracejar, de código em riste, ante o olhar cintilante, fino e subtil do hermeneuta. Olhar trocista ou complacente? Ambas as coisas, certamente.

De nada adiantaria, senão pelo espectáculo.

A diversidade de posições é, realmente, enorme.

Em termos muito comezinhos, *grosso modo*, pode dizer-se que, se operarmos a devida redução didáctica das conceptualizações da hermenêutica pura ou aplicada, especializada, poderemos profanamente chamar Hermenêutica Jurídica àquilo a que os velhos manuais consideravam ser a interpretação da lei, e a sua aplicação, no tempo e no espaço.

Ora a forma de pôr um problema é já meio caminho andado para o resolver (não era assim com as equações e os sistemas de equações algébricas?).

Para a clássica teoria interpretativa, essencialmente baseada na glosa, no comentário, e depois na exegese, do que se trata não será senão de descobrir nos signos linguísticos um sentido, que deverá ser aplicado. Tal parece simples, com bordões interpretativos rudimentares: antes de tudo o mais os literais e gramaticais. Funcionando então depois (ou antes) o silogismo judiciário, ou administrativo (ou outro...), quer normalmente, quer invertido (e subvertido). Sendo o caso em apreço a premissa menor, e a norma a premissa maior, a sentença ou outra decisão do agente jurídico intérprete é a conclusão. Ou algo de parecido, jogando com estes elementos.

A aplicação da lei no tempo acabaria por ser um caso particular de interpretação de normas sobre tal matéria, e do mesmo modo (ou apenas um tanto mais complexamente) se passariam as coisas com os conflitos de leis ou aplicação da lei no espaço.

Assim, o problema fulcral é mesmo o da *interpretação* da lei, na sua relação com o fazer viver uma norma na prática.

O esquema clássico, tradicional é simples: primeiro, interpreta-se. Depois, aplica-se.

Para interpretar melhor, foram-se forjando alguns elementos adjuvantes, e algumas teorias interpretativas.

Para além da já muito chocante interpretação literal, que leva a uma simples declaração do que a "clareza" (aparente, só) da lei diga – e daí o brocardo, erroníssimo, *in claris non fit interpretatio* –, encontram-se as complexas acrobacias racionais dos argumentos constantes da interpretação enunciativa, que operam saltos lógicos ou apenas probabilísticos, por maioria de razão (a *fortiori*), por absurdo, analogia, *a contrario*, ou mediante máximas de lógica formal, tais como "quem permite o mais permite o menos", ou "quem proíbe o menos proíbe o mais", sendo sempre ou quase sempre, muito difícil operar subsunções claras. E por isso tudo se torna argumentativo e anfibológico. Retórico, se quisermos.

O aparelho interpretativo assim alcançado, sobretudo quando se resume àquela meia dúzia de operações, tanto não permite focalizar minimamente o sentido de um texto, por lhe faltarem instrumentos de análise, como também permite acrobacias e fogos-fátuos de malabarismo construtivista capazes de torcer qualquer normativo. Se a tal acrescentarmos os adágios ou brocardos jurídicos, aí teremos a justificação de qualquer solução, como nos provérbios populares se encontra quase sempre um a concretizar outro, logo, um que nos seja útil.

Com menor brilho lógico-dialéctico se apresentam, porém, outros elementos adjuvantes, que se enquadram já num tipo interpretativo que formalmente se afasta do aparentemente claro. Quer dizer que, em casos mais complexos, se aconselha a leitura do texto com o recurso a elementos da sua génese (argumento ou elemento histórico), do seu enquadramento (inserindo-o no seu contexto, como argumento ou elemento sistemático), ou da sua razão de ser, teleologia, ou natureza (apelando quer para a *ratio legis* quer para a *ratio iuris*, mas esta última remetendo para o elemento sistemático, num argumento considerado ou lógico ou racional). A este tipo tripartido de apelos argumentativos, de indagação mais aturada, também se chama interpretação lógica ou racional.

O problema da aplicação hoje de uma norma de ontem, ou de um ontem já muito recuado, colhe as atenções das teorias interpretativistas.

Objectivistas, subjectivistas, historicistas e actualistas propõem de per si unilateralismos maniqueus, ora desejando apenas que valha a letra da lei, ou a vontade (dir-se-ia quase pessoal) do seu autor, ora atendendo às condições históricas da época da sua redacção, ora apenas ao tempo para que se deseja aplicá-la.

Sabiamente, o nosso Código Civil, amalgamando e neutralizando em potenciação criadora todos os unilateralismos, obteve um resultado de grande equilíbrio, em que, sem se desejar dar um pouco de razão a toda a gente, pelo contrário se procura retirar de cada qual a parte de sem-razão que em si residia.

Nesse sentido, afirma-se no art. 9.º do Código Civil, que

"1. A interpretação não deve cingir-se à letra da lei, mas reconstituir a partir dos textos o pensamento legislativo, tendo sobretudo em conta a unidade do sistema jurídico, as circunstâncias em que a lei foi elaborada e as condições específicas do tempo em que é aplicada."

É com cautelas maiores que tal conciliação se afirma, porquanto, de forma nem sempre clara (e por isso bem maleável interpretativamente – é curioso e exemplarmente pedagógico como também as normas sobre a interpretação têm tanto que interpretar), o legislador previne que:

"2. Não pode, porém, ser considerado pelo intérprete o pensamento legislativo que não tenha na letra da lei um mínimo de correspondência verbal, ainda que imperfeitamente expresso.

3. Na fixação do sentido e alcance da lei, o intérprete presumirá que o legislador consagrou as soluções mais acertadas e soube exprimir o seu pensamento em termos adequados."

Era mais ou menos este o arsenal do passado de interpretação [1]. Ainda hoje, pouco mais sabem muitos e muitos causídicos brilhantes. Isto lhes chegou, com a prática e o engenho. O resto está pressuposto neles, como que latente, inconsciente e vital: é, em grande medida, intuído.

Mas é preciso dizer mais alguma coisa, além de que as ciências hermenêuticas retóricas e semióticas continuam trabalhando, produzindo, e que, além disso, já existe uma vastíssima e rica análise literária do Direito, por exemplo, cujos labores têm contribuído para a ilustração (nos nossos dias tanto em perda) dos juristas, quer para a melhor compreensão da actividade judiciária, quer para dotar os práticos de temíveis armas de subtil alcance. É preciso dizer que o jurista do futuro terá de tentar aprender mais. E procurar colher das demais experiências.

E mais que tudo, como temos vindo a repetir, neste problema importa mudar radicalmente o paradigma sobre que labora o jurista. Porque, quaisquer que sejam os resultados futuros, isso é o mais importante.

---

[1] Para mais desenvolvimentos e cabal compreensão da nossa perspectiva, mas quase ainda sem sair sequer do "arsenal do passado", cf. o nosso *Princípio do Direito. Introdução à Filosofia e Metodologia Jurídicas*, Porto, Rés, 1993, pp. 391-490. Para uma compreensão das interrogações sobre este problema, hoje, cf. o capítulo seguinte, do Prof. Dr. Calvo González.

450   *Instituições de Direito*

É que se encontra totalmente superada a ideia da mecânica interpretação e da transposição interpretação-aplicação. Assim como é pré-histórico o mecanismo do silogismo judiciário simples. Bem como a ingénua visão factualista do mundo real.

Cada uma destas afirmações tem de produzir consequências ainda dificilmente imagináveis para quantos, como quase todos nós, ainda há não muito acreditávamos candidamente nesses dogmas positivistas, mesmo quando envolvidos numa tintura pós-positivista.

Como raciocina o intérprete? Como pensa e julga o juiz? Porque falam assim a acusação e a defesa? Que histórias/estórias nos contam? Como acreditámos numas e noutras, e porquê? Não serão só as ciências hermenêuticas a ajudar-nos aqui: também a psicologia, a medicina, a sociologia, a lógica, as novas lógicas, as novas psicologias, as novas medicinas...

Tudo começa a ser cada vez mais complexo. E trememos diante da responsabilidade de proferir uma sentença: pois se afinal não é só ler a parte especial do Código!...

E como disto se ri o nosso positivista de código em punho, e como dele se sorri, discreto, o hermeneuta sábio, que sabe que há mais mundo, e tanta gente ainda julga que o que é preciso é apenas saber de cor o artigozinho...

Voltemos aos princípios: o Direito pré-existe à norma. O que um intérprete tem de fazer, ante uma norma, é seguir por essa pista o resto do Direito, para obter uma solução de Justiça. A norma é uma bússola, mas, como sabemos, não indica senão o norte magnético. Por isso, o intérprete é um descobridor, um pesquisador do Direito. Mas, em muitos casos, quiçá sempre, tem de ser também um inventor, um criador. É que grande parte do Direito que pré-existe à norma é o dos grandes princípios, e, mesmo que seja um tanto mais particular ou específico, nunca é direito para um caso. Ao resolver um caso, lendo a norma para buscar o Direito, o intérprete-aplicador (juiz ou não) está a criar Direito, direito de segundo ou terceiro grau ou geração. Mas está a fazê-lo. Porque não há casos rigorosamente iguais.

E é por isso que, quaisquer que sejam as teorias, velhas ou novas, subsiste válido o brocardo, velho e bem português, do nosso Amador Arrais, que citamos de cor: valem mais bons juízes que boas leis, porque estes, com elas ou sem elas, são leis vivas, enquanto sem aqueles, estas últimas, por melhores que possam ser, permanecem letra morta.

Isto não é sinónimo de uma total e acrítica adesão ao judicialismo, nem, muito menos, a um *Estado de Juízes*. Antes é um sinal de alerta para a urgência da formação integral dos agentes jurídicos, da qual beneficiarão também as leis, pois, muito frequentemente, acabam por levar significativa intervenção normogenética de juristas.

Fazer justiça é ofício muito delicado: não é uma profissão, não é um ganha-pão, não é um *job*. É sacerdócio. É sacrifício. É vocação.

Ler, muitos sabem, ou julgam saber.

Interpretar, menos, mas ainda uns tantos. A quantos é dada a virtude, o carisma da prudência judicial? A quantos é facultada a capacidade de acção jurídica de índole executiva, no respeito pela legalidade? A quantos é conferida a *vocação*, o *chamamento*, para o nobre múnus de juristas? Esses, sabem. Os demais, podem querer aprender. Virão a saber? Não negamos que a fé move montanhas. Mas é raro !...

CAPÍTULO IV

¿Qué va a ser de la interpretación jurídica?
Seis propuestas para el próximo milenio

José Calvo González
(Universidad de Málaga)

En otoño de 1985 estaba previsto que Italo Calvino, invitado por la Universidad de Harvard (Cambridge. Mass), dictara un ciclo de conferencias en la cátedra *Charles Eliot Norton Poetry Lectures*. Y si la muerte no hubiera aturdido, fatalmente, aquel proyecto – que tituló "Six Menos for the Next Millennium" – las habría presentado de esta forma [1]:

"Quince años apenas nos separan de un nuevo milenio. Por el momento no veo que la proximidad de esta fecha despierte una emoción particular. De todas nameras no he venido aquí para hablar de futurología sino de literatura... La señal de que el milenio está por concluir tal vez sea la frecuencia con que nos interrogamos sobre la suerte de la literatura y del libro en la era tecnológica llamada postindustrial. No voy a aventurarme en previsiones de este tipo. Mi fe en el futuro de la literatura consiste en saber que hay cosas que sólo la literatura, con sus medios específicos, puede dar. Quisiera, pues, dedicar estas conferencias a algunos valores, cualidades o especificidades de la literatura que me son particularmente caros, tratando de situarlos en la perspectiva del nuevo milenio".

Aquella proximidad de ayer se estrecha hoy, en 1997, hasta casi la cotidiana inmediatez. Y así, en efecto, el "próximo milenio" más que orientar y conducir *sitúa y dispone* ya la mayor parte de nuestros planes y programas de trabajo. Por lo mismo, también yo puedo ahorrarme toda tentación sobre cualquier clase de pronósticos y, en consecuencia, limitar mis reflexiones sólo a *exponer propuestas* estrictamente planteadas desde este *presente tardío* que, de tan concernido por el milenio venidero, se sabe *edad crepuscular*.

Como toda otra *edad crepuscular*, también la actual – y acaso más, estando intensificados sus rasgos al coincidir lo finisecular en un final de milenio – se caracteriza por convocar la insistencia en el re-

---

[1] I. Calvino, *Seis propuestas para el próximo milenio,* trad. de A. Bernárdez, Ediciones Siruela, Madrid, 1989, p. 11.

examen y la introspección. Se trata, pienso, de una especial "unidad de tiempo" intrínsecamente abocada a un esfuerzo de análisis interpretativo cuyo lenguaje no trasciende las interrogantes, sino que las reabre e internaliza cada vez más y más al fondo, por lo que ese mismo signo de *incertidumbre* es su mejor y más singular marca identificadora.

Para plantear y satisfacer de acuerdo a tal consigna la oportunidad de una *interrogante global sobre la interpretación jurídica* me pareció adecuado enunciarla en un genérico "¿Qué va a ser de la interpretación jurídica?", consciente no obstante de que al formularla así, en nuestra lengua, nunca llegaría a expresar cuanto había pretendido. Otros idiomas (inglés, alemán o francés), seguramente haciendo virtud de su limitación, propician mejor que el español la apertura a un más denso y rico panorama semántico. En efecto, la construcción en tiempo de futuro con infinitivos como *To be*, *Werden* o *Être* concitaría en aquella interrogante dos sentidos del "devenir": tanto uno referible por relación a lo puramente estático y preservativo de la interpretación jurídica (lo que "va a estar" o "permanecer"), como otro dinámico y evolutivo proyectado hacia lo que en la interpretación jurídica vendrá (lo que "va a ser" o "se transformará"). De esta suerte, observamos que indagar acerca de *qué será* de la interpretación jurídica, lejos de suministrar una inmediata respuesta hace brotar renovados signos de interrogación: *v. gr.*, para qué servirá o qué propósitos ha de cumplir la interpretación jurídica, e implicado en lo anterior – ya sea por decretar su muerte o al proclamar su resurrección – otros más; así, qué es lo definitivamente destinado a redimirse o bien a extraviarse de/en lo conocido como interpretación jurídica.

El convencimiento de que la misma incógnita sobre *"¿Qué va a ser de la interpretación jurídica?"* actúa como una función semiótica generadora de nuevos signos interrogantes mueve mi *primera propuesta*.

– La Teoría de la Intrepetación se desarrolla como un ejercicio autoinducido que siempre – continua e ininterrumpidamente – habla de sí misma. Esta afirmación es válida sobre todo en lo que se vincula a la continuidad de algunas de las preocupaciones e intereses básicos de la moderna Teoría del Derecho: tratar de responder a qué sea y qué objetivos tenga la interpretación se induce desde o sobre cuál sea la naturaleza del objeto (o problema, o sentido-significado) *"acto interpretativo"* en relación (qué clase de relación guarde) al mismo objeto interpretativo (si es o no posible su *devellatio*) y con el "efecto" (directo o reflejo, autónomo o heterónomo) del sujeto que le presta voz ("magistratum legem esse loquentem, legem autem mutum magistratum", o "la bouche qui prononce les paroles de la loi" [2]) y lo traduce (*fidus interpres*).

Y son muchos, sólo interrogando en esto último, los cortes en facetas convergentes que ese "efecto" permite. Por ejemplo, al constatar que si antes, esto es, en una larga tradición acumulada desde el Mundo Antiguo a *L' Ancien Regime*, el rol interpretativo de la *iuris-dictio* a través de la voz de su dicente, limitada a comunicar mediante "personación" el dictum "deseo-satisfacción" (instantáneo *"quod princeps placuit legis habent vigorem"*), resultó ideológicamente intransmisible, hoy (esto es, mañana), la voz interpretativa puede estar padeciendo, agotada en el incomensurable trámite procesal de algunos métodos (caminos) de argumentación racional o por la decepción ante sus infranqueables limitaciones, una igual irrelevancia no ya a causa de la instanteneidad deseo-satisfacción sino por su insalvable hiato. Todo me recuerda cierto pasaje en *La construcción de la muralla china*, de Kafka; un mensajero que ha recogido el "último deseo" del emperador en su lecho de muerte, susurrado por éste al oido y hecho repetir en su propio oido para corroborar la exactitud de la reproducción, emprende en el acto una carrera, para la que apenas queda tiempo, cruzando y atravesando infinitas estancias y lugares, que nunca terminará de recorrer, así pues, sin acortar jamás bastante la distancia que lo separa del subdito a quien el mensaje estaba destinado [3].

Pero existen más facetas imbricadas. Una de ellas trae mi *segunda propuesta*.

---

[2] Vid. Cicerón, De legibus, III, 2-3, y Mostesquieu, *De l'Esprit des Lois,* lib. XI, cap. VI.

[3] F. Kafka, "La construcción de la muralla china", en *La muralla china. Cuentos, relatos y otros escritos, trad. de A. Pippig y A. Guiñazu,* Alianza Editorial, Madrid, 1973, pp. 7-20, en espc. 16-17. El pasaje, a saltabarandas de siglos y bibliotecas, claramente recuerda la fábula de Zenon de Elea sobre "La perpetua carrera de Aquiles y la Tortuga", que si allí constituía en metáfora acerca de la inconmensurabilidad del espacio y el tiempo, transformándose ahora en su "diversión" como paradoja de la comunicación y el deseo a través de la precariedad e inexpresividad de la palabra. Sobre la aquélla, vid. B. Russell, *The Principles of Mathematics,* London, 1903; H. Bergson, "On Zeno's Paradoxes" (1911), Capek, London, 1976, pp. 245-250; J. L. Borges, "La perpetua carrera de Aquiles y la Tortuga", en *Discusión* (1932), *Prosa Completa,* Bruguera, Barcelona, 1980, T. I, pp. 187-192, y "Avatares de la tortuga" (1957), *ibidem*, pp. 199--204, además de A. Monterroso, "La Tortuga y Aquiles", en *La Obeja negra y demás fábulas,* Anagrama, Barcelona, 1991, p. 33.

458   *Instituições de Direito*

– Se ha dicho que postmodernidad, conducida en tiempo de reexamen, va circunscrita al *Remake,* y se ha criticado que el espíritu de nuestra época sólo sea capaz de *Rewriting*[4]. El fenómeno repercute sobre la interpretación jurídica, particularmente en orden a la "actualización judicial del Derecho". ¿Debe ser la interpretación una recreación?. Para situar el debate e intentar responder a este dilema creo que habrán de asumirse, al menos en punto de partida, algunos postulados desprendidos desde la Estética de la Recepción (*Rezeptionsästhetik*)[5] y la Semiótica[6] en sus teorías sobre el "acto de leer" y la cooperación interpretativa del lector. Porque es sin duda cierto que al interpretar se está en el viaje del acto de leer lo ya escrito por otro, reescribiéndolo, de nuevo, con intenciones (intereses) diferentes, diversamente, mediante una participación interpretativa que no puede quedar reducida al *strictissimo* mecanismo *transpositivo.* Por eso, la dicción jurídico-interpretativa en la iurisdictio es, como mínimo, un efecto de traducción que yendo desde la *escritura* a la *lectura* reescribe[7] el texto *ab ovo,* es decir, desde el principio, y no *ab origene,* esto es, a partir un trazado, limitándose pues a "seguir un rastro" ya presente en el texto y de donde toda traducción siempre y sólo pudiera resultar *per accidens,* accidental.

Mi propuesta se dirige a concentrar esfuerzos para averiguar y esclarecer los presupuestos y procedimientos por los cuales se actualiza en los textos ese mecanismo de traducción. Y todo ello sin olvido de que autor (legislador) y traductor (intérprete) suelen practicar su teoría y

---

[4] M. Kundera, *El Arte de la novela,* trad. de F. Valenzuela y Mª. V. Villaverde, Tusquets Editores, Barcelona, 19942, p. 164.

[5] R. Ingarden, *Das literarische Kunstwerk,* Niemeyer, Tübingen, 1931; una versión parcial, "Concreción y reconstrucción", en R. Warning (ed.), *Estética de la recepción,* Visor, Madrid, 1989, pp. 35-53; H. R. Jauss, *La Literatura como provocación,* trad. de J. Godo Costa, Eds. Península, Barcelona, 1976, pp. 130-211 y *Experiencia estética y hermenéutica literaria. (Ensayos en el campo de la experiencia estética),* trad. de J. Siles y E. Mª. Fernández-Palacios, Taurus, Madrid, 1986; W. Iser, *El acto de leer. Teoría del efecto estético,* trad. de J. A. Gimbernat y M. Barbeito, Taurus Eds., Madrid, 1987. También, J. A. Mayoral (ed.), *Estética de la recepción,* Arco Libros, Madrid, 1987, y L. A. Acosta Gómez, *El lector y la obra. Teoría de la recepción literaria,* Editorial Gredos, Madrid, 1989.

[6] U. Eco, *Lector in fabula. La cooperación interpretativa en el texto narrativo,* trad. de R. Pochtar, Editorial Lumen, Barcelona, 19872.

[7] M. Lederer, "La traduction: transcoder or réexprimer", en *Études de Linguistique appliquée,* 12, 1973, pp. 8-24, y J. Talens, "La escritura llamada traducción", Pról. a F. Hölderlin, *Las grandes elegías (1800-1801),* Hiperion, Madrid, 1980, pp. 7-18.

Ler e Fazer Direito 459

teorizar sobre su práctica, que ambos poseen una poética, en la que explican la gramática de sus discursos; pero también que ambos producen esas poéticas, con las que ejemplifican una pragmática "paraigual", siquiera porque la creación jurídica, a semejanza de una liturgia, es una concelebración donde el juez (intérprete) oficia como un sacerdote y el texto de la ley funciona como protocolo de su ritual[8].

Y así, de aquí, igualmente enlazo mi *tercera propuesta.*

— Adoptar la necesaria sensibilidad o el mínimo de favorable disposición requerido para abrir a esta perspectiva el panorama de la interpretación jurídica precisa reconocer la existencia de riesgos. Quizás el principal sea el extravío y desbordamiento de las potencialidades de una tesis hermenéutica cuyo alcance de "deriva"[9] demasiado a menudo raya el horizonte de la "sobreinterpretación"[10]. Efectivamente, se han detectado problemas y excesos en torno a la abolición de la unidad primitiva o univocidad y propiedad del sentido, o en la comprensión de un constructo heurístico como "différance"[11]. No obstante, la fórmula *lectura-traducción-creación* que explica el removimiento de la jerarquía de los discursos y permite que la noción de "suplemento"[12] sea aplicable tanto

---

[8] Vid. R. Frost, *Al norte de Boston,* trad. de S. Masó, Libertarias /Prodhufi, Madrid, 1996.

[9] Respecto a las aventuras de la "semiosis ilimitada" y el "juego de la deriva continua" es percibible la evolución registrada entre 1962 y 1990 por U. Eco, desde *Obra abierta,* trad. de R. Berdagué, Ariel, Barcelona, 1979, a *Los límites de la interpretación,* trad. de H. Lozano, Lumen, Barcelona, 1992. Igualmente oportuno resulta recuperar *Le conflit des interprétations,* P. Ricoeur, Le Seuil, Paris, 1969.

[10] Acerca de "overinterpretation", vid. U. Eco, "Interpretación e historia" y "La sobreinterpretación de textos", pp. 25-95, y "Réplica", pp. 151-164, por discusión con J. Culler, "En defensa de la sobreinterpretación", pp. 119-134, en S. Collini (comp.), *Interpretacion y sobreinterpretación* (1992), trad. de J. G. López Guix, Cambrigde University Press, Cambridge, 1995.

[11] Contra los abusos deconstructivistas, G. Steiner, *Después de Babel. Aspectos del lenguaje y la traducción,* trad de A. Castañón, FCE, México-Madrid-Buenos Aires, 1980, y *Presencias Reales,* trad. de J. G. López Guix, Destino, Barcelona, 1991.

[12] A mi entender, la noción de "suplemento" no ha estado conexa a las ideas de integridad y perfección. Por el contrario, tomó el sentido de concomitancia o adyacencia; esto es, de acompañamiento, de lo situado en la proximidad o inmediación. Así se comprueba en la Historia del Derecho y la Ciencia jurídica. Basta con examinar la labor de los glosadores. Éstos aprovechan el espacio marginal que, como soporte-superficie, rodea al texto. Y, sin duda, fue un acierto convertir el "borde blanco" que enmarcaba al texto en un espacio recuperable; pero también se balizó así un *"non plus ultra"* que señalaba la entrada a las entrañas del vacío, advirtiendo del horror vacui en la prolongación del excurus. Por consecuencia la "marginalidad" de los glosadores era, en realidad, *supuesta*

460

Instituições de Direito

al texto traducido respecto del original, como a éste para con aquél, situando uno y otro en un plano de relevancia paraigual y en fase su recíproca comunicabilidad mediante recorridos reversibles, sin duda comportará una extraordinaria innovación sobre el tradicional planteamiento de la idea de "sistema jurídico", así como para el ajuste de control y legitimación del derecho judicial.

En todo caso, las posibles resonancias de esta controversia me conducen hasta mi *cuarta propuesta.*

– Porque si, como incluso Bloom admite [13], "los grandes textos son siempre reescritura o revisionismo" y "los originales no son originales", entonces la lectura de un texto es necesariamente la lectura de todo un sistema de textos, y *sólo* lo contrario supone *misreading.* No obstante, la ilegibilidad de las *a-versiones* aún dice poco acerca del conjunto lectoralmente admisible de *re-versiones, in-versiones, diver-siones, con-versiones* y hasta posibles *per-versiones.* Esto me lleva, por extensión, al problema del estatuto epistemológico de la "verdad" en tales interpretaciones. La postmodernidad ha desvelado que el colosismo formal de la verdad en el Antiguedad y la Modernidad se alzaba

---

tanto por ir *en el texto* como por hacer signo de lo *insuperable.* Su natural condición se redujo, pues, a la concomitancia y la adyacencia. Ciertamente, como señala C. A. Cannata, *Historia de la Ciencia jurídica europea,* trad. de L. Gutiérrez-Masson,Tecnos, Madrid, 1996, "los glosadores ponían como punto de partida el texto [*Corpus Iuris Civilis*], es decir, un libro inefable, fuente de toda verdad, perfecto y exento de contradicción", trabajando sobre él "con la idea de vivir en el mismo mundo en que habían aparecido sus fuentes", cap. VIII "El nacimiento de la jurisprudencia romanista en la Europa continental", pp. 145 y 149. Creo que esta actitud sacral de los glosadores, así como su estética, se heredó por la modernidad transmitida a través de la Escuela de la Exégesis (B. Frydman, "Exégèse et Philologie: Un cas d'hermenutique comparée", en *Revue Interdisciplinaire d'Etudes Juridiques,* 33, 1994, pp. 59-82, *passim*) al formalizar en la disciplina de las fuentes del Derecho la superioridad de la *ratio scripta* del derecho positivo y otorgar a la jurisprudencia mera condición "complementaria"; *v. gr.,* art. 1. 6, Cod. civil: "La jurisprudencia *complementará* el ordenamiento jurídico...". La jurisprudencia resulta por tanto sólo un paratexto al que se reconocen funciones explicativas por concordancia y simetría con el texto base o hipotexto, quien además, con frecuencia, habla o se refiere a ese paratexto prescribiendo concretas instrucciones de uso. Desenmascarar y remover toda esa antigua "jerarquía" y "disciplina" de discursos permitiría plantear el problema de la "asimetricidad" de una creación judicial del derecho en un ámbito distinto al de la "división de poderes".

[13] H. Bloom, *El canon occidental. La escuela y los libros de todas las épocas,* trad. de D. Alou, Anagrama, Barcelona, 1996, p. 21. Cito sin "resentimiento".

sobre pies de barro. La "grandes" verdades de antaño, las verdades "enormes" de ayer, han caido y ya desde este hoy tardío o mañana prematuro convivimos en un estado de fragmentos que tiene por verdaderas múltiples verdades dispuestas en un plural de ángulos. La teoría coherencia normativa se ha hecho así eco de la búsqueda de la verdad como verdad débil desde la compatibilidad y el consenso racional. Existe también una teoría jurídica de la coherencia en lo fáctico, aunque con un desarrollo menor por el momento. Pretende la intelección narrativa de los hechos; el *discurso de los hechos* alberga diversas formas (jurídicas) de verdad débil y razonable articuladas en una "verosimilitud" despegada de lo "inverosimil" y la "enormidad". Así, adverar una verdad fáctica implica discutir su razonabilidad por coherencia y verosimilitud, incluso llegando a poder aceptar que algo que no es verdadero no resulte sin embargo inveraz. En el ámbito de la interpretación operativa esa condición de veracidad basada en un concepto de verdad como "normalidad" posee, sin duda, naturaleza narrativa, de relato, pero resta aún por determinar mejor mucho de lo relacionado con su control discursivo un paso-más-allá de la inconsistencia lógica de las narrativas puramente auto-contradictorias (*self-voiding fiction*) [14]; así como sobre el llamado "juicio de verosimilitud" [15]; o en lo relativo *factum probandum* y "duda razonable", *"fuzzy probability", "inductive probability", "veridical veredicts"*, etc. [16]; o para con la construcción "del sentido" en el relato de los hechos, las reglas del *common-sense* y el "anclaje fáctico" de las narraciones

---

[14] U. Eco, *Seis paseos por los bosques narrativos* (1994), trad. de H. Lozano Miralles, Editorial Lumen, Barcelona, 1996, p. 90.

[15] Vid. por ejemplo, las referencias contenidas en la STC 186/1990, de 15 de noviembroe en la Exposición de Motivos y articulado de la L.O. 5/95, de 22 de mayo, del Tribunal del Jurado.

[16] Z. Bankowki, "The Value of Truth: Fact Scepticism Revisited", en *Legal Studies,* 1, 1981, pp. 257-266; F. Cavalle "A proposito della ricerca della verità nel processo", en *Verifiche,* XIII, 1984, p. 23 y ss.; P. J. Bertolino, *La verdad jurídica objetiva,* Eds. Depalma, Buenos Aires, 1990; H. T. Klami- J. Sorvettula- H. Hatakka, "Burden of Proof. Truth or Law?, en *34 Scand. St. in Law, 1990,* pp. 119 y ss y 128 y ss., y "Evidence and Legal Reasoning: On the Intertwinment of the Probable and the Reasonable", en *Law and Philosophy,* 10, 1, 1991, pp. 73-107; G. Zaccaria, "Dimensione dell'ermeneutica e interpretazione giuridica", en *Rivista Internazionale de Filosofia del Diritto,* 2, 1995, pp. 373-386, en espc. pp. 384-385; M. Taruffo, "La prove", en *Rivista Trimestrale di Diritto e Procedura Civile,* 4, 1995, pp. 1479-1483 (en espc. 2. "Probabilità e verosimiglianza"); E. Mª. Catalano, "Prova indiziaria, probabilistic evidence e modelli matematici di valutazione", en *Rivista di Diritto Processuale,* LI, 1996, pp. 514-536.

("*anchored narratives*")[17]; o respecto a la "verdad judicial" ("*res iudicata pro veritate accipitur*") la dicotomía entre verdad formal-verdad material (ante mismos hechos, diferentes soluciones; dependiendo del tipo penal o civil de procedimiento, del impulso procesal, del principio de rogación y de la representación y postulación técnica); y, sobre todo, a su misma dimensión narrativa y a su metarelato (verdad de la verdad judicial).

Y con ello voy ya a mi *quinta propuesta.*

– De lo anterior me parece posible advertir un cambio de mentalidad en las tareas interpretativas. La interpretación debe rebasar, trascender, los antiguos límites de la representación realista. Hace tiempo que la figuración externa en la moderna estética de las artes plásticas dejó de ser resultado de la correspondencia con lo que se pretendiera representar; y si algo de ello nos vale para ejemplo, a la "figuración" jurídica no le bastará con mostrar una mimética representación del mundo externo, como tampoco su "interpretación" podrá quedar reducida, tal que hasta ahora, a una mera presentación de lo figurado, por más que en algunos casos se haya ajustado bien, y hasta muy bien, a una incluso crítica plasmación externa de determinados modelos sociales. Un nuevo rumbo en la orientación interpretativa significará "tomar en serio" que la "interpretación" ha de producir además de la superación del referente formal también un movimiento hacia los últimos límites del lenguaje con el fin de alcanzar *nuevos* conceptos, ideas, valores[18]. La interpretación será-estará así, abiertamente, en el papel social propicio a la construcción

---

[17] Vid. W. A. Wagenaar, P. J. van Koppen & H. F. M. Crombag, *Anchored Narratives. The Psychology of Criminal Evidence,* Harverster Weatsheaf and St. Martin's Press, 1993; M. den Boer, "Anchored narratives" (Rewie of W. A. Wagenaar, P. J. van Koppen & H. F. M. Crombag, *Anchored Narratives. The Psychology of Criminal Evidence*), en *International Journal for the Semiotics of Law,* VIII, 24, 1995, pp. 327-334; W. L. Twining, "Anchored Narratives. A Comment", en *European Journal of Crime, Criminal Law and Criminal Justice,* 1995, 1, pp. 106-114; B. S. Jackson, *Making Sense in Law,* Deborah Charles Publications, Liverpool, 1996, pp. 177-184. y "Anchored Narratives and the Interface of Law, Psychology and Semiotics", en *Legal Criminological Psychology,* 1, 1996, pp. 17-45.

[18] M. Foucault, *Las palabras y las cosas,* Siglo XXI Editores, México, 197911, cap. VII, "Los límites de la representación", pp. 213-244, y H.-G. Gadamer, *Verdad y Método,* trad. de A. Agud Aparicio y R. de Agapito, Ediciones Sígueme, Salamanca, 1988, cap. III. 12, "El lenguaje como medio de la experiencia hermenéutica", pp. 461-468.

"del sentido" del imaginario jurídico-cultural en las sociedades postindustriales. Se puede objetar que siempre ha existido una cierta tensión entre naturaleza (Die Natur) y representación (Die Kultur), entre el mundo y su cartografía. Pero la cuestión no es ahora tanto si la naturaleza imita al arte, cuanto si la realidad es distinguible de la representación; dilema que tal vez se explique porque en este momento apenas si quedan "realidades", pues las "experiencias de realidad" hace tiempo que comenzaron a escasear, o quizás porque mañana (desde hoy mismo) sólo las aprehenderemos en cuanto mediatamente dadas, o lo que es igual, que sólo *estarán y serán* sólo si son y están de un modo u otro mediadas, construidas, fabricadas, y a cada día más, prefiguradas, virtuales [19]. Por tanto, "interpretar" como tarea en meditar sobre los efectos de ese nuevo espectáculo de la representación, de la cosificación de los mensajes desde el interior mismo unos *media* a los que hasta hoy sólo fuimos capaces de interrogar en términos de fidelidad o infidelidad para con la realidad (presunta) y, si es posible, escudriñar bajo su "otro" (distinto) lenguaje, sus símbolos, sus juegos de aparciencias y sus contradicciones a fin de recrear figurativamente (refigurar) la imagen-imaginario de unas relaciones jurídico-formales muy probablemente del todo nuevas y hablar-contar también en ellas la *ultima ratio* del "enmascaramiento virtual".

Por último, mi *sexta propuesta*

– Uno de los constantes déficits en la interpretación jurídica ha sido desvelar el "misterio" de su ejecución. Desde antiguo la interpretación estuvo vinculada a la gestión del arcano. Y es cierto que el hermetismo, mientras fue sincero hijo de la necesidad y tan directo como espontaneo, constituía con todo el resultado de una *magia disciplinada*, de lo que permaneciendo cerrado hacia fuera y lo estaba también hacia dentro, hacia el interior de la percepción y de la conciencia, pues no se olvide que al acentuar el misterio de los lugares, *topoi*, en

---

[19] J. Braudrillard, *El otro por sí mismo,* trad. de J. Jordá, Editorial Anagrama, Barcelona, 1988; M. Brusatin, *Historia de las imágenes,* trad. de L. Gal Lina, Julio Ollero Editor, Madrid, 1992; D. Lyon, *The Electric Eye. The Rise of Surveillance Society,* Polity Press, Cambridge, 1994; S. G. Jones (ed.), *Cybersociety. Computer-Mediated Communication and Community,* Sage Publications, London, 1995; Ph. Quéau, *Lo virtual. Virtudes y vértigos,* trad. de P. Ducher, Paidos, Barcelona, 1995; R. Shields (ed), *Culture of Internet. Virtual Spaces, Real Histories, Living Bodies,* Sage Publications, London 1996.

464 *Instituições de Direito*

cuya metafísica sustancia se originaban ritos y significaciones, se buscaba crear un metalenguaje [20]. La Modernidad sin embargo, sólo parcialmente mutó las formas del viejo hermetismo [21] (inmotivación absoluta del *nunquam exprimere causam, o nunquam causam adicere*) al favorecer modelos de motivación endoprocesal que consienten no aportar respuesta a importantes problemas de publicidad y comprensión en el rendimiento decisional (admisibilidad de la motivación ''no exhaustiva'', ''por remisión'', ''implicita'' y ''no dicha'' [22]). Persistiendo viva *ad extra* aquella imagen hermética, la nueva interpretación debería transformase en ganzua narrativa para practicar y participar el indisponible recinto de conciencia de quienes (jueces) actúan como guardianes de un secreto o un tesoro (la justicia) que se nos ha de ''administrar'', y hacer aparente, patentizar, sacar a luz, y ''dar cuenta de'', o sea ''contar'' y así ''justificar'', la abolición final en todo intento de repliegue o cierre.

---

[20] R. Barthes, *Elementos de Semiología,* Alberto Corazón editor, Madrid, 1971, p. 91: ''un metalenguaje es un sistema en el que el plano del contenido está a su vez constituido por un sistema de significación; o también es una semiótica que trata de una semiótica''. Un ''metalenguaje'' es, por tanto, un lenguaje cuyo referente es otro lenguaje.

[21] M. Taruffo, ''L'obbligo di motivazione della sentenza civile tra diritto commune e illuminismo'', en *Rivista di Diritto Processale,* XXXIX, 1979, pp. 265-295.

[22] Vid. SSTC SSTC 63 y 64/1985, 100 y 192/1987, 184 y 196/1988, 125/1989, 74/1990, 14 y 122/1991, 88 y 175/1992, 150/1993, 28 y 169/1994, 11 y 154/1995, y, 32, 66 y 169/1996, y ATC 73/1996. También, M. Taruffo, *La motivazione della sentenza civile,* Cedam, Padova, 1975, pp. 437 y ss.